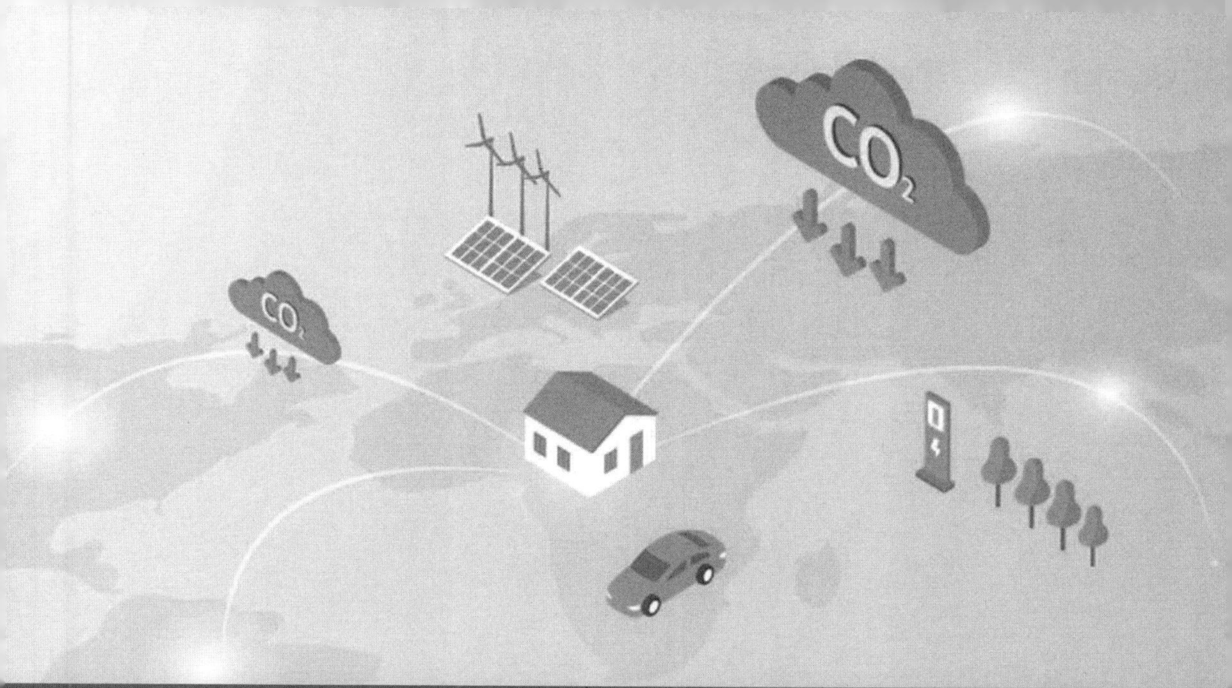

CCUS법률의 국외 입법동향

- EU, 독일, 노르웨이, 일본을 중심으로 -

김동련 · 권이균 · 김명엽· 고문현 · 이순자

pnc
publishing and culture
피앤씨 미디어

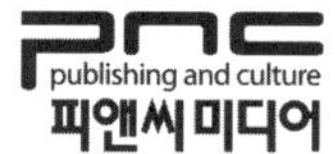

머리말

우연한 기회에 CCUS에 대한 연구를 시작하여 벌써 10년이 넘어가고 있습니다. CCUS는 기후위기를 대응하기 위한 기술 중에 하나로, 우리나라 뿐만 아니라 전 세계적으로 활용되고 있는 기술이라고 할 수 있습니다.

기후위기란 지구온난화와 기후변화를 설명하는 용어로, 지구의 평균 기온이 점진적으로 상승하면서 전 지구적 기후 패턴이 급격하게 변화하는 현상 또는 이러한 변화로 인한 위험의 증가를 통틀어 일컫는 단어입니다.

현대 이전에도 기후변화는 있었지만, 현대의 기후변화는 급격하며 급진적으로 발생하고 있다. 이러한 기후변화는 전 세계인과 동·식물들에게 극심한 고통을 주고 있습니다. 이를 완화하기 위한 다양한 방법이 논의되고 있으며, 그 중에 하나가 바로 CCUS입니다.

CCUS는 Carbon Capture Utilization and Storage의 약자로 공기 중에 배출되는 이산화탄소(CO_2)를 포집(Capture)하여 활용(Utilization) 또는 저장(Storage)하는 기술이다. CCUS는 미국, 캐나다, 호주, 독일, 노르웨이, 영국, 일본 등 많은 나라에서 실시되고 있습니다.

CCUS를 정책적 기술적으로 실시하면서 관련한 입법들도 마련되기 시작하였습니다. 그러나, 각 나라의 언어로 입법이 이루어지고 이를 정확히 이해하기란 쉽지 않았습니다. 그러다보니, 다양한 입법에 대한 내용을 분석할 필요성이 부각되었으며, 이를 계기로 각국의 입법동향 분석을 위한 번역서를 출가하게 되었습니다.

다만, 모든 국가의 번역서를 출간하는 것이 쉽지 않아, EU, 독일, 노르웨이, 일본을 중심으로 입법번역서를 출간하게 되었습니다. 이를 통해서 우리나라의 입법뿐만 아니라 입법정책을 연구하는 모든 분들에게 도움이 되었으면 합니다.

이번「CCUS의 입법동향」저서를 출간하시는데 도움을 주신 권이균 교수님, 이종영 교수님, 고문현 교수님, 이순자 교수님, 김명엽 교수님께 깊이 감사드립니다. 공동 저자분들이 아니었다면, 이 저서는 빛을 볼 수 없었을 것 입니다. 또한, 피앤씨미디어 박노일 대표님 및 학생연구원 분들에게 깊은 감사를 드립니다.

앞으로 꾸준한 연구를 통해서 후발 연구자 분들에게 도움이 될 수 있는 자료를 지속적으로 만들도록 노력하겠습니다. 감사합니다.

2024. 6. 20.

저자대표 김동련

차 례

제 1 장 기후변화와 CCUS

제 2 장 EU의 CCUS 정책동향과 입법

제 3 장 독일의 CCUS 정책동향과 입법

제 4 장 노르웨이의 CCUS 정책동향과 입법

제 5 장 일본의 CCUS 정책동향과 입법

제 1 장

기후변화와 CCUS

기후변화에 따른 대응의 필요성

1. 기후변화란 무엇인가?

1) 기후변화의 정의

2023년은 코페르니쿠스 기후변화연구소에 따르면 지구 평균 기온이 14.98℃로 1850~1900년대 산업화 이전보다 1.48℃나 더 높아 '역사상 가장 더웠던 해'로 기록[1]되었으며, 기후변화로 인한 기온상승은 지속될 전망이다. 2023년 6월 이후 지구 온도는 매달 역대 최고 수준을 기록하면서, 547개월(약 46년)간 20세기 평균 이상의 온도가 관측되었다. NOAA(미국 해양대기청(National Oceanic and Atmospheric Administration))는 2023년 1~11월 지구 표면 온도가 1901~2000년 평균인 섭씨 14℃보다 1.15℃ 높아진 15.15℃ 가량이라고 밝혔다.[2]

'기후변화'는 자연스럽고 점진적으로 발생하는 현상이 아니며,[3] 급격하게 나타나, 우리사회·환경·문화 등을 변화시켜 우리의 삶을 바꿔 놓고 있다.

이러한, '기후변화'에 대한 정의는 다양하게 이루어지고 있다. IPCC(The Intergovernmental Panel on Climate Change)에 의하면, 장기간에 걸친 기간(수십

---

1) 2023년은 기상관측상 가장 뜨거운 한 해였다. 세계기상기구(WMO)의 '2023년 전지구 기후현황' 보고서에 의하면, 지구 평균 표면 온도는 1850~1900년대 산업화 이전보다 1.45℃나 더 높았다.

2) https://www.newsis.com/view/?id=NISX20240102_0002577879&cID=10101&pID=10100 (검색일자 : 2024. 1. 02)

3) IPCC SR15 Ch1 2018, 54쪽: Since 1970 the global average temperature has been rising at a rate of 1.7 °C per century, compared to a long−term decline over the past 7,000 years at a baseline rate of 0.01 °C per century (NOAA, 2016; Marcott et al., 2013). These global−level rates of human−driven change far exceed the rates of change driven by geophysical or biosphere forces that have altered the Earth System trajectory in the past (e.g., Summerhayes, 2015; Foster et al., 2017); even abrupt geophysical events do not approach current rates of human−driven change.

년 또는 그 이상)동안 지속되면서, 기후의 평균상태나 그 변동 속에서 통계적으로 의미 있는 변동 "인간 행위로 인한 것" 이든 "자연적인 변동(Variability)"이든 시간의 경과에 따른 기후의 변화를 포괄하는 것을 말한다. UNFCC(United Nations Framework Convention on Climate Change)에 의하면, 전 지구 대기의 조성을 변화시키는 인간의 활동이 직접적 또는 간접적으로 원인이 되어 일어나고, 충분한 기간 동안 관측된 자연적인 기후변동성에 추가하여 일어나는 기후의 변화를 말한다.

우리나라는, 「기후위기 대응을 위한 탄소중립·녹색성장 기본법」(이하 탄소중립기본법이라 한다) 제2조에서 “기후변화”란 사람의 활동으로 인하여 온실가스의 농도가 변함으로써 상당 기간 관찰되어 온 자연적인 기후변동에 추가적으로 일어나는 기후체계의 변화를 말한다.

이를 종합해 보면, 기후변화란 인간의 활동에 의한 온실효과 등의 인위적인 요인과 자연적 요인에 의한 전체 자연의 평균 기후체계의 변화를 말한다고 할 수 있다.

2) 온실가스

기후변화의 원인으로 지목받는 것 중에 하나가 온실가스이다. 온실가스란 지구온난화를 유발하는 물질로서 적외선 복사열을 흡수하거나 재방출하여 온실효과를 유발하는 대기 중의 가스 상태의 물질을 말한다(탄소중립기본법 제2조제5호). 온실가스에는 이산화탄소(CO_2), 메탄(CH_4), 아산화질소(N_2O), 수소불화탄소(HFCs), 과불화탄소(PFCs), 육불화황(SF6) 등을 말한다.

특히, 이산화탄소는 전체 온실가스 배출의 80% 이상을 차지하므로 기후변화에 대한 대응을 위해서는 이산화탄소를 감축할 수 있는 방법이 가장 중요하게 부각되고 있다.

2. 기후변화에 따른 국제사회의 대응

국제사회는 인간이 배출한 온실가스에 따른 지구온난화에 대한 심각성을 인식하고, 기후 위기에 대응하기 위해 노력하고 있다. 1992년 유엔기후변화협약을 시작으로 하여 1997년 12월 일본 교토에서 개최된 기후변화협약 제3차 당사국총회에서 교토의정서를 채택하였다. 교토의정서는 감축 대상 가스 6가지를 규정하고 있으며, 의무이행 대상국으로 오스트레일리아, 캐나다, 미국, 일본, 유럽연합(EU) 회원국 등 총 37개국이다. 각국은 2008~2012년까지를 제1차 감축공약기간으로 하여 온실가스 총배출량을 1990년 수준보다 평균 5.2% 감축하기로 하였다.

이후 2015. 12. 12. 파리에서 열린 제21차 유엔기후변화협약 당사국총회 본회의에서 195개의 당사국이 참여해 2015 파리협정을 채택하였다. 파리협정은 교토의정서의 한계를 극복하기 위하여 2020년 교토의정서가 만료된 후 2021년 1월부터 적용되는 교토의정서를 대체할 새로운 기후변화협정이다. 기존 교토의정서가 주로 온실가스 배출량을 줄이는 데 집중했다면, 파리협정은 감축뿐만 아니라 적응과 재원, 기술이전, 역량배양, 투명성 등 다양한 분야에서 관심을 기울였다. 교토의정서는 1차 공약기간 동안 감축 의무를 부담하는 국가가 40개 정도였으나 파리협약은 195개국으로 확대하면서 교토의정서가 가지고 있었던 한계를 보완했으며 선진국은 온실가스 배출량의 절대량을 감축하고, 개발도상국은 경제 전반에 걸친 감축 방식을 사용하도록 권장하는 등 국가의 책임 수준에 따라 감축 의무를 배당하였다.

협약의 주요 내용을 보면 전 세계는 최대한 빨리 배출량을 급속하게 감축해야 하며 21세기 후반에는 자체적으로 발생한 온실가스 배출량만큼 흡수량을 증가하여 배출과 흡수 사이의 균형을 달성해야 한다. 또한 당사국들은 스스로 정한 국가 결정 기여 온실가스 감축 목표(Nationally Determined Contribution·NDC)를 5년마다 제출하여 이행사항들을 주기적이고 투명하게 점검하고 이전보다 더 높은 수준의 목표를 담고 있는 새로운 NDC를 제출해야 한다.

3. 기후변화에 따른 우리나라의 대응

우리나라는 기후변화가 부담이 아닌 새로운 경제성장 동력 창출의 기회라는 인식 하에 기후변화 문제에 적극적으로 대응하고 있다. 우리는 2009년 '2020년 온실가스 배출전망(BAU, Business As Usual) 대비 30% 감축'이라는 자발적인 목표를 제시하고, 2011년 「저탄소녹색성장기본법」을 제정하여 목표 이행을 위해 법적 기반을 마련하였다. 이후 2012년 온실가스·에너지 목표관리제 실시, 2014년 온실가스 감축 로드맵 수립, 2015년 배출권거래제 실시, 2010년·2015년 국가 기후변화 적응대책 마련 등 노력을 경주하였다.

우리나라는 2016년 11월 3일 파리협정 국내 비준 절차를 완료하고, 유엔(UN)에 비준서를 기탁하여 12월 3일 부터 국내에서 발효되기도 하였다.

모든 국가가 광범위하게 참여하는 신기후체제의 핵심은 각국이 자국의 상황을 감안하여 마련하는 '국가결정기여(NDC, Nationally Determined Contribution)'라고 할 수 있다. 이에 우리나라는 파리협정 타결에 기여하기 위해 2015년 6월 '2030년 온실가스 배출전망(BAU) 대비 37% 감축' 목표를 포함한 국가별 기여방안(INDC)를 제출하였으며, 동 INDC는 국회의 파리협정 비준 동의를 얻어 UN에 비준서를 기탁한 2016년 11월 3일 공식 NDC로 등록되었다. 2030 국가 온실가스 감축목표 달성을 위해 국무조정실 주도로 관계부처와 함께 2016년 12월 '제1차 기후변화대응 기본계획' 및 '2030 국가 온실가스감축 기본로드맵'을 수립하였고, 2018년 7월에는 국가 온실가스 감축목표의 이행가능성을 높이는데 초점을 두어 '2030 국가 온실가스감축 기본로드맵 수정안'을 마련하였다. 2019년 10월에는 신기후체제 출범에 따른 기후변화 전반에 대한 대응체계 강화 및 '2030 국가 온실가스 감축 로드맵'의 이행점검·평가체계 구축을 조기에 수립하기 위해 제2차 기후변화대응 기본계획을 수립하였다. 또한, 우리나라는 강력한 기후변화 대응 의지를 국제사회에 시현하기 위해 기존 BAU 방식의 NDC를 절대량 방식으로 수정하고 2030년까지 2017년 대비 24.4% 감축하는 목표를 포함한 2030 NDC 갱신안을 2020년 12월 30일 제출하였다. 나아가 우리나라는 2050 탄소중립 목표 달성에 기여하고자 2021년 10월 영국 글래스고에서 개최된 COP26에서 2030년까지 2018년 대비 40%를 감축하는 2030 NDC 상향안을 발표하고, 2021년 12월 유엔에 제출하였다.

우리나라는 기후 재원이 선진국과 개도국 간의 신뢰 구축을 위해 필수적인 요소임을 인식하고, GCF(녹색기후기금) 사무국 유치를 계기로 기후변화 협상의 주요 쟁점인 기후재원 분야에서도 활발하게 활동하고 있다. 2014년 9월 개최된 유엔 기후정상회의에서 우리나라는 멕시코와 함께 '기후 재원(Climate Finance)' 세션의 공동 의장 역할을 수행하였고, GCF에 대한 1억불 기여공약을 발표하여 GCF 초기 재원조성을 위한 선도적 역할을 수행하였다. 2019년 10월 프랑스 파리에서 열린 GCF 고위급 공여 회의에서 GCF는 첫 재원보충('20－'23)을 결정하였으며, 우리나라는 초기재원 대비 2배인 2억불 기여를 공약하였다.

우리 정부는 파리협정 1.5도 목표 실현을 위해 설정한 2030 NDC와 2050 탄소중립 목표를 실현하기 위해 범정부적인 노력을 지속할 것이다. 특히 COP26 등 국제 논의에서 도출된 합의사항을 국제사회와의 협력을 통해 충실히 이행하여 글로벌 중추국가로서 기후변화 대응 리더십을 지속 강화할 것이다. 이와 동시에, 우리나라의 기후정책을 지속 보완하고 모범정책들을 개도국들과 적극 공유하여 선진국－개도국 간 가교역할을 수행함으로써 국제사회의 포용적 탄소중립 달성에 기여해 나갈 것이다.

[표] 부문별 온실가스 감축목표

단위 : 백만톤 CO_2eq

구분	부문	기준연도 ('18)	기존NDC('21.10) ('18년 대비 감축률)	수정 NDC('23.3) ('18년 대비 감축률)
배출량*		727.6	436.6(△40.0%)	436.6(△40.0%)
배출	전환	269.6	149.9(△28.5%)	145.9(△45.9%)
	산업	260.5	222.6(△14.5%)	230.7(△11.4%)
	건물	52.1	35(△132.8%)	35(△32.8%)
	수송	98.1	61(△37.8%)	61(△37.8%)
	농축수산	24.7	18(△27.1%)	18(△27.1%)
	폐기물	17.1	9.1(△46.8%)	9.1(△46.8%)
	수소	－	7.6	8.4
	기타(탈루 등)	5.6	3.9	3.9

흡수 및 제거	흡수원	−41.3	−26.7	−26.7
	CCUS	−	−10.3	−11.2
	국제감축**	−	−33.5	−37.5

* 기준연도('18) 배출량은 총배출량, '30년 배출량은 순배출량(총배출량−흡수·제거량)

** 국내 추가감축 수단을 발굴하기 위해 최대한 노력하되, 목표 달성을 위해 보충적인 수단으로 국외 감축 활용부문별 온실가스 감축목표 : 구분, 부문, 기준연도, 기존 NDC, 수정 NDC에 따른 배출량, 배출, 흡수 및 제거를 안내

[표] 연도별 온실가스 감축목표

단위 : 백만톤 CO_2eq

부문	2018	2023	2024	2025	2026	2027	2028	2029	2030
전환	269.6	223.2	218.4	215.8	211.8	203.6	189.9	173.7	145.9
산업	260.5	256.4	256.1	254.8	211.8	203.6	189.9	173.7	145.9
건물	52.1	47.6	47.0	46.0	44.5	42.5	40.2	37.5	35.0
수송	98.1	93.7	88.7	84.1	79.6	74.8	70.3	66.1	61.0
농축수산	24.7	22.9	22.4	21.9	21.2	20.4	19.7	18.8	18.0
폐기물	17.1	15.1	14.7	14.1	13.3	12.5	11.4	10.3	9.1
수소	(−)	3.4	4.1	4.8	5.5	6.2	6.9	7.6	8.4
탈루 등	5.6	5.1	5.0	5.0	4.9	4.8	4.5	4.2	3.9
흡수원	−41.3	−33.5	−31.3	−28.9	−30.4	−29.1	−28.3	−27.6	−26.7
CCUS	(1)	−	−	−	−0.4	−0.7	−1.3	−3.2	−11.2
합계	686.3*	633.9	625.1	617.6	602.9	585.0	560.6	529.5	436.6**

* 국제사회에 제출된 '18년 총 배출량은 727.6백만톤이나 순배출량 기준으로는 686.3백만톤이며, 모든 연도별 합계는 순배출량 기준(부문별 소수점 첫째자리 아래 절삭)

** 국내감축은 관련 국제기준 확정, 최초 활용시기('26년 예상) 등을 고려하여 연도별 목표를 설정할 예정으로 '30년 목표에만 반영연도별 온실가스 감축목표 : 부문, 합계, 전환, 산업, 건물, 수송, 농축수산, 폐기물, 수소, 탈루 등, 흡수원, CCUS를 안내

CCUS란 무엇인가?

1. 정 의

전 지구의 온실가스 농도는 산업화 이전 대비 지속적으로 증가하고 있으며, 이산화탄소는 1.49배, 메탄은 2.62배 증가하였다. 우리나라도 지구와 비슷하게 증가율 가속화 되고 있다. 과거(2001－2010) 연평균 2.2ppm에서 최근(2011－2020) 년 2.7ppm으로 가속화되어 가고 있다.[4]

우리나라는 2020. 12. 2050 탄소중립 비전 국내·외 선언을 시작으로 2021. 09.「기후위기대응을 위한 탄소중립·녹색성장기본법」(약칭:탄소중립기본법)을 제정, 2022. 03. 시행하였다.

2021.10. 탄소중립이 실현된 미래상을 전망하고, 전환·산업·건물·수송 등 부문별 정책방향을 제시하는 '2050 탄소중립 시나리오를 수립하였으며, 2022. 10. 탄소중립·녹색성장 추진전략[5]을 수립하였다.

CCUS는 2050 시나리오에서 2050년까지의 순 제로 배출량 누적 배출량 감소의 8%를 차지한다. CCUS는 특히 고도로 농축된 CO_2 스트림과 기술적 또는 상업적으로 이용 가능한 탄소 저감 솔루션이 부족한 애플리케이션에 적합하다.

게다가, 포집한 이산화탄소가 공기로부터 직간접적으로 포집되고 지하에 영구적으로 저장되는 탄소 제거를 위한 유일한 기술 기반 해결책이다. 탄소 제거는 중공업으로부터의 잔여 배출과 장거리 운송의 균형을 유지하는 것을 도울 수 있다.

CCUS란 연료연소 및 산업공정에서 배출된 이산화탄소를 포집하여, 저

4) 탄소중립·녹색성장 국가전략 및 제1차 국가 기본계획(중장기 온실가사 감축목표 포함, 2023. 4., 4면.

5) 탄소중립 글로벌 중추국가로의 도약을 비전으로 4대 전략과 12대 과제를 마련.

장 및 전환하여 활용하는 기술로, 이산화탄소 처리 방법에 따라 CCS(Carbon Capture and Storage)와 CCU(Carbon Capture & utilization)로 구분된다.

2. 이산화탄소 포집

석탄발전, LNG 발전, 철강, 시멘트, 석유화학, 천연가스의 개질 반응을 통해 생산된 수소 등의 배기가스와 대기 중에서 이산화탄소를 분리하여 포집하는 기술로, 이산화탄소를 포집하는 시기와 방법에 따라서 구분할 수 있다.

포집하는 시기에 따라, 연소 후 포집(post-combustion carbon capture), 연소 전 포집(pre-combustion carbon capture), 그리고 순산소 연소(carbon capture during combustion)으로 구분된다.

① 연소 후 포집(Post-Combustion CO_2 Capture)

화석연료 연소 시 발생되는 배기가스에 포함된 이산화탄소를 포집하는 방법으로 이산화탄소를 수송 및 저장하기 위해 농축시킨 고순도 이산화탄소를 회수하는 기술을 말한다. 해당 기술은 기술에 따라 흡수법(습식), 흡착법(건식), 막분리법 등이 포함된다. 흡수법은 배기가스의 이산화탄소를 액체 상태의 아민계열의 수용액을 흡수제로 사용해 흡수하여 분리시키는 방법이며, 흡착법은 고체 상태의 흡착제를 사용하여 배기가스의 이산화탄소를 흡착 및 분리하는 방법을 말한다. 막분리법은 이산화탄소를 선택적으로 막을 통과 후 분리하는 방법을 말한다.

② 연소 전 포집(Pre-combustion CO_2 Capture)

연료를 전처리를 통해 이산화탄소와 수소로 전환 후 이산화탄소를 분리 혹은 혼합가스를 연소하여 이산화탄소를 포집하는 기술을 말한다. 해당 기술로 생성된 이산화탄소는 농도와 압력이 높아 분리하기 쉬운 장점을 갖고 있다.

③ 순산소 연소 포집(Oxy-combustion)

연료 중에서 산소만을 사용하여 연소 후 이산화탄소를 포집하는 방법을 말한다. 배기가스 중의 이산화탄소 농도가 높을 경우 분리가 용이하고 질소화합물이 저감되는 장점이 있으나 많은 양의 산소가 필요하고 낮은 경제성을 갖고 있다는 단점이 있다.

포집방법에 따라 습식포집기술, 건식포집기술, 분리막포집기술 등으로 분류된다.

① 습식포집기술

이산화탄소가 액체와 접촉하였을 때, 헨리의 법칙에 의한 기체 용해도 차이 또는 액상흡수제와 이산화탄소 사이의 산·염기중화 반응을 활용하여 기체 내 포함되어 있는 이산화탄소를 액체 쪽으로 본루하는 기술이다. 우리나라는 연소배가스를 대상으로 보령화력에서 10MWe급 실증을 수행하였으며, 시멘트, 제철,석유화학 분야에서 벤치급 실증을 추진하고 있다.

② 건식포집기술

화석연료(석탄, 석유, 천연가스 등)를 사용하는 발전소, 보일러, 소각로 등의 에너지 전환 시스템에서 배출되는 연소배가스나 가스화기에서 생성되는 합성가스 중에 포함된 이산화탄소를 고체입자를 이용하여 선택적으로 포집하는 기술이다. 해외의 경우 아민담지 건식흡수제를 이용한 1－2MWe급 파일럿 플랜트 연구를 진행하고 있다.

③ 분리막 포집기술

연소 전·후 과정에서 이산화탄소를 선택적으로 투과시키는 소재인 분리막(Membrane)을 이용하여 이산화탄소를 포집하는 기술이다. 고분자 분리막에 대한 연구가 지속되고 있으며, 사용화 수준의 Co_2 투과도, 선택도를 달성하기 위한 연구가 진행되고 있다.

3. 포집한 이산화탄소의 수송

포집한 이산화탄소는 다양한 방법으로 저장소 또는 활용할 수 있는 장소로 이동시킬 수 있다. 안전하게 전세계적으로 인정되고 있는 수송방법으로는 파이프라인 수송, 차량(철도를 포함) 수송, 선박수송이 있다.

① 파이프라인 수송

단거리 수송에 적합한 기술이며, 높은 동력과 100bar 이상의 압력을 견디는 파이프라인 구축 및 안전성 기술이다. 배관수송 설계 최적화 기술, 해저배관 구축 및 운영기술, 고압가스배관관리기술, 해저배관설치기술, 부식방지 배관 소재 개발 등이 연구되고 있다.

이산화탄소는 석유회사에서 석유 증산을 위해서 이미 많이 사용하고 있다. 이산화탄소에 의한 석유 회수율 증산은 현재 미국, 캐나다, 터키 등에서 사용 중이다.

② 선박수송

원거리 수송에 적합한 기술이며, 특수선박 조선 기술 및 운영하는 기술이다. 특수선박 조선 및 운영기술개발, FPSO특수선건조 기술 등이 연구되고 있다.

선박을 활용한 이산화탄소 운송에 대한 업계의 관심이 높아지면서 선박 이산화탄소 운송의 다양한 조건에 따른 경제성 분석 연구가 활발히 수행되고 있으며, 노르웨이,[6] 일본,[7] 벨기에, 네덜란드에서는 이산화탄소 운송수단으로써 이산화탄소 운송선박을 활용한 다양한 프로젝트를 추진 중에 있다.[8]

③ 차량수송(철도수송)

차량수송은 탱크로리를 활용하여 포집한 이산화탄소를 수송하는 방법으로서, 근거리에 위치한 장소로, 작은 양을 자유롭게 이동시킬 수 있는 장점이

---

6) 노르웨이는 세계 최초로 CCS 상용화 성공 이후 2020년 CCS 프로젝트인 Long-Ship 프로젝트에 약 3조 5,000억 원의 규모를 투자하여 중국 대련중공업(DSIC, Dalian Shipbuilding)에 7.5K급 CO2 운반선 2척을 건조 요청하였고. 2024년 4월에 2척의 진수식을 거행하였다.

7) Tomakomai CCS 프로젝트 일환으로 일본 미쯔비시 중공업(Mitsubishi Heavy Industries,Ltd.)은 1.45K급 CO_2 운반선을 2023년 3월 진수 완료하였고, 2023년 11월 미쓰비시 중공업 시모노세키 조선소 에우라 공장에서 해당 운반선을 NEDO에 인도하였다.

8) 노르웨이 NorthernLights 프로젝트에서 선박 수송을 활용하여 진행하고 있다.

있다. 그러나, 장기간·장거리에 대한 효율성이 떨어지기 때문에, 전세계적으로 파이프라인 수송과 선박수송이 주요 연구 대상으로 인정되고 있다.

4. 포집한 이산화탄소의 저장

저장(Carbon Capture and Storage : CCS)이란 포집한 CO_2를 지하 깊은 곳에 저장하는 기술이다. 파이프라인이나 선박을 이용해 운반한 CO_2를 고갈된 유전·가스전 등 지하 800m 이상 깊이의 육지와 바다의 깊은 땅속에 주입 및 저장한다. 주입된 CO_2는 시간이 지나며 용해되거나 광물화가 된다.

저장의 경우 저장소 탐사기술, 주입기술, 모니터링 기술로 구분되며, 저장장소에 따라서 육상지중저장과 해양지중저장으로 구분된다.

5. 이산화탄소의 활용

활용(Carbon Capture and Utilization : CCU)이란 포집한 CO_2를 활용해 새로운 부가가치를 만드는 기술로, 포집한 CO_2를 활용하여 연료, 화학물질, 건축자재 등 새로운 제품을 만드는데 활용된다.

이산화탄소를 전환하는 방식에 따라 크게 화학적 전환, 생물학적 전환, 광물화로 구분된다. 화학적 전환이란 이산화탄소를 화학반응의 원료로 사용하여 연료, 기초화학제품 등 다양한 탄소화합물로 전환하는 기술로 세부적으로 촉매, 전기화학, 광전기화학, 광화학 전환으로 구분된다. 생물학적 전환이란 이산화탄소를 고정할 수 있는 미생물 등을 활용하여 바이오매스를 생산하고 이를 바이오 기반 유용물질로 전환하는 기술로서, 세부적으로 광합성 및 비광합성 전환으로 구분된다. 광물화나 이산화탄소를 알카리토금속을 포함하는 광물 또는 수용액과 반응시켜 탄산염 광물로 전환하는 기술로, 세부적으로 직접 탄산화 및 간접 탄산화로 구분된다.

III 국내외의 CCUS 사업 및 입법 현황

1. 국내 기업의 해외 CCS 사업현황

국내 기업들도 해외 이산화탄소 저장소 확보를 위해서 다각도로 사업을 확장하고 있다. SK E&S는 호주와 동티모르에서 30년 기준 연 300만 톤 규모의 CCS사업을 추진 중에 있으며, 삼성엔지니어링은 6개 회사와 협력하여 말레이시아에서 2027년부터 연 200만톤 규모의 사업을 추진 중에 있다.

[표] 국내 기업들의 해외 CCS사업 진행 현황

국내 기업명	프로젝트명	해외 저장소	예상 저장량	예상 개시년도
SK E&S	BU CCS 등	호주, 동티모르	연 300 만 톤	2026년
삼성엔지니어링 등	Shepherd	말레이시아	연 200 만 톤	2027년
GS 칼텍스	여수 수소 Hub CCUS 클러스터	호주	연 110 만 톤	2030년
포스코인터내셔널	Petronas J/S 등	말레이시아	연 100 만 톤	2030년

2. 해외의 CCS 사업 및 입법 현황

2024년 3월 기준 상업용 탄소 포집 및 저장 시설 파이프라인에서 북미 지역이 약 198개로 가장 많은 프로젝트 수를 차지하고 있으며, 이 중 175개가 건설 또는 개발 중에 있고 23개가 운영 중에 있다. 이에 비해 유럽에는 4개의 CCS시설이 운영 중에 있다.[9)]

글로벌 CCS 연구소(Global CCS Institute)의 대표 보고서 최신판에 따르면 현재 전 세계적으로 41개의 상용 규모 CCS 프로젝트가 운영 중이며 351개의 프로젝트가 개발 중이다. 대규모 확장이 필요한 가운데 유망한 추세이다.

9) https://www.statista.com/statistics/1308723/worldwide-ccs-facilities-by-region/

[그림] 2024년 기준 전 세계 일부 지역의 CCS시설 수 현황

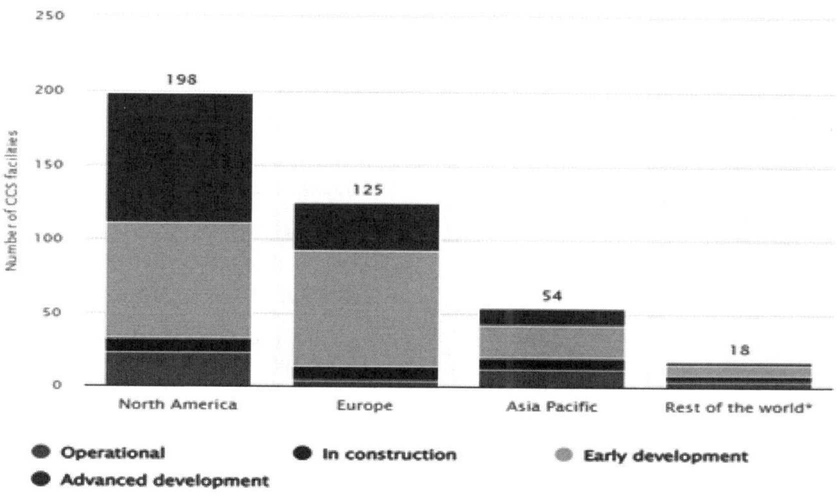

Region	Total
North America	198
Europe	125
Asia Pacific	54
Rest of the world*	18

Number of CCS facilities

● Operational ● In construction ● Early development ● Advanced development

출처 : © Statista 2024

CCS는 지난해 102% 증가한 198개의 신규 시설이 추가되면서 전 세계적으로 CCS 프로젝트가 급증하는 등 또 한 번 광범위한 성장을 보였다. 세계 최고의 기후 및 에너지 분석가들이 글로벌 배출 감소 목표를 달성하기 위해 CCS가 필요하다는 데 동의하기 때문에 이는 기후 행동에 좋은 소식이다.

시설 수와 이산화탄소 포집 용량 측면에서 CCS의 프로젝트 파이프라인은 사상 최고치를 기록하고 있다. 현재 운영 중인 41개의 CCS 프로젝트는 연간 4,900만 톤(Mtpa)의 CO_2 포집 능력을 갖추고 있다. 한편, 총 프로젝트 파이프라인 용량은 2022년 대비 50% 증가한 361Mtpa의 CO_2로 확장되었으며, 이는 2018년 이후 가장 높은 증가율을 보이고 있다.

[표] 세계 각국의 CCUS관련 규정 현황

Issue	국가	관련 입법
Storage resource	노르웨이	Regulations relating to exploitation of subsea

Issue	국가	관련 입법
assessment		reservoirs on the continental shelf for storage of CO_2 and relating to transportation of CO_2 on the continental shelf
Storage resource assessment	EU	CCS Directive
Storage resource assessment	호주 (Victoria주)	Greenhouse Gas Geological Sequestration Act 2008
Storage resource assessment	미국	Class VI – Wells used for Geologic Sequestration of Carbon Dioxide
Ownership of pore space	호주 (Victoria주)	Greenhouse Gas Geological Sequestration Act 2008
Ownership of pore space	노르웨이	Regulations relating to exploitation of subsea reservoirs on the continental shelf for storage of CO_2 and relating to transportation of CO_2 on the continental shelf
Ownership of pore space	캐나다 (Alberta주)	Mines and Minerals Act
Ownership of pore space	미국 (Montana주)	SB 498
Ownership of pore space	미국 (North Dakota주)	SB 2139
Ownership of pore space	미국 (Wyoming주)	HB 57
Ownership of pore space	미국 (Nebraska주)	Nebraska Geologic Storage of Carbon Dioxide Act
Measurement, monitoring and verification plans	호주 (South Australia주)	Petroleum and Geothermal Energy Regulations 2013
Measurement, monitoring and verification plans	호주 (Victoria주)	Greenhouse Gas Geological Sequestration Act 2023
Measurement, monitoring and verification plans	EU	CCS Directive

Issue	국가	관련 입법
Measurement, monitoring and verification plans	노르웨이	Regulations relating to exploitation of subsea reservoirs on the continental shelf for storage of CO_2 and relating to transportation of CO_2 on the continental shelf
Measurement, monitoring and verification plans	캐나다 (Alberta주)	Carbon Sequestration Tenure Regulation
Measurement, monitoring and verification plans	미국	Subpart RR – Geologic Sequestration of Carbon Dioxide
Storage site inspections	영국 (Northern Ireland)	The Storage of Carbon Dioxide (Licensing etc.) Regulations (Northern Ireland) 2015
Storage site inspections	EU	CCS Directive
Storage site inspections	노르웨이	Regulations relating to Act relating to petroleum activities
Storage site inspections	캐나다 (Saskatchewan주)	Saskatchewan Oil and Gas Conservation Act
Storage site inspections	호주 (Victoria주)	Greenhouse Gas Geological Sequestration Act 2023
Storage site inspections	영국	UK Energy Act of 2008
Storage site inspections	EU	CCS Directive
Operational liabilities and financial security	호주 (South Australia주)	Petroleum and Geothermal Energy Act 2000
Operational liabilities and financial security	호주 (Victoria주)	Greenhouse Gas Geological Sequestration Act 2023
Operational liabilities and financial security	EU	CCS Directive

Issue	국가	관련 입법
Operational liabilities and financial security	노르웨이	Regulations relating to exploitation of subsea reservoirs on the continental shelf for storage of CO_2 and relating to transportation of CO_2 on the continental shelf
Operational liabilities and financial security	미국	Class VI – Wells used for Geologic Sequestration of Carbon Dioxide
Operational liabilities and financial security	미국 (Texas주)	Texas Administrative Code, Title 16: Economic Regulation, Part 1: Texas Railroad Commission, Chapter 5: Carbon Dioxide
Site closure process	영국 (Northern Ireland주)	The Storage of Carbon Dioxide (Licensing etc.) Regulations (Northern Ireland) 2015
Site closure process	호주 (Victoria주)	Greenhouse Gas Geological Sequestration Act 2008
Site closure process	노르웨이	Regulations relating to exploitation of subsea reservoirs on the continental shelf for storage of CO_2 and relating to transportation of CO_2 on the continental shelf
Site closure process	미국	Class VI – Wells used for Geologic Sequestration of Carbon Dioxide
Long–term liability post–site closure	호주 (Western Australia주)	Barrow Island Act 2003
Long–term liability post–site closure	노르웨이	Regulations relating to Act relating to petroleum activities
Long–term liability post–site closure	영국	The Storage of Carbon Dioxide (Termination of Licences) Regulations 2011
Long–term liability post–site closure	미국 (Indiana주)	SB 442
Long–term liability post–site closure	미국 (Texas주)	HB 1796

Issue	국가	관련 입법
Long-term liability post-site closure	미국 (Louisiana주)	Louisiana Geologic Sequestration of Carbon Dioxide Act
Long-term liability post-site closure	미국 (North Dakota주)	SB 2095
Long-term liability post-site closure	미국 (Montana주)	SB 498
Long-term liability post-site closure	미국 (Nebraska주)	Nebraska Geologic Storage of Carbon Dioxide Act
Financial assurances of long-term site stewardship	호주 (Victoria주)	Greenhouse Gas Geological Sequestration Act 2008
Financial assurances of long-term site stewardship	캐나다 (Alberta주)	Mines and Minerals Act
Financial assurances of long-term site stewardship	노르웨이	Regulations relating to exploitation of subsea reservoirs on the continental shelf for storage of CO_2 and relating to transportation of CO_2 on the continental shelf
Financial assurances of long-term site stewardship	EU	CCS Directive
Financial assurances of long-term site stewardship	미국 (Louisiana주)	Louisiana Geologic Sequestration of Carbon Dioxide Act
Financial assurances of long-term site stewardship	미국 (Kansas주)	HB 2419

Issue	국가	관련 입법
Financial assurances of long-term site stewardship	미국 (Wyoming주)	HB 17
Financial assurances of long-term site stewardship	미국 (Montana주)	SB 498
Classification and purity of CO_2	미국 (Montana주)	Montana Oil and Gas Statute
Classification and purity of CO_2	미국 (North Dakota주)	North Dakota CO_2 Storage Statute
Classification and purity of CO_2	미국 (Texas주)	Texas Administrative Code, Title 16: Economic Regulation, Part 1: Texas Railroad Commission, Chapter 5: Carbon Dioxide
Classification and purity of CO_2	영국	The Storage of Carbon Dioxide (Licensing etc.) Regulations 2010
Environmental impact assessments	호주 (Victoria주)	Greenhouse Gas Geological Sequestration Act 2023
Environmental impact assessments	노르웨이	Regulations relating to exploitation of subsea reservoirs on the continental shelf for storage of CO_2 and relating to transportation of CO_2 on the continental shelf
Environmental impact assessments	영국	The Storage of Carbon Dioxide (Licensing etc.) Regulations 2010
Permitting and authorisation	EU	CCS Directive (Article 7)
Permitting and authorisation	영국 (Northern Ireland주)	The Storage of Carbon Dioxide (Licensing etc.) Regulations (Northern Ireland) 2015
Permitting and authorisation	미국 (Texas주)	Texas Natural Resources Code

Issue	국가	관련 입법
Permitting and authorisation	미국 (New Mexico주)	2012 New Mexico Statutes
Permitting and authorisation	미국 (Louisiana주)	Louisiana Revised Statute 30:1109
Public engagement and consultation	호주 (Victoria주)	Greenhouse Gas Geological Sequestration Act 2023
Public engagement and consultation	영국	UK Energy Act of 2008
One−off or project−specific legislation	호주 (Victoria주)	Greenhouse Gas Geological Sequestration (Exemption) Regulations 2023
One−off or project−specific legislation	호주 (Western Australia주)	Barrow Island Act 2003
One−off or project−specific legislation	캐나다 (Alberta주)	Carbon Capture and Storage Funding Act
One−off or project−specific legislation	캐나다 (Alberta주)	Carbon Capture and Storage Statutes Amendment Act, 2011
Permitting and authorisation	노르웨이	Regulations relating to exploitation of subsea reservoirs on the continental shelf for storage of CO_2 and relating to transportation of CO_2 on the continental shelf
Permitting and authorisation	호주 (Queensland주)	Greenhouse Gas Storage Act 2010
Permitting and authorisation	캐나다 (British Columbia주)	Petroleum and Natural Gas Act
Permitting and authorisation	EU	CCS Directive
Permitting and authorisation	캐나다 (Alberta주)	Carbon Sequestration Tenure Regulation
Access to shared transport infrastructure	EU	CCS Directive

Issue	국가	관련 입법
Access to shared transport infrastructure	미국	Mineral Leasing Act
Access to shared transport infrastructure	미국 (Texas)	Texas Natural Resources Code
Facilitating shared storage infrastructure	EU	CCS Directive
Interactions with other surface and sub-surface resources	호주 (Victoria주)	Greenhouse Gas Geological Sequestration Act 2023
Interactions with other surface and sub-surface resources	EU	CCS Directive
Interactions with other surface and sub-surface resources	미국 (Louisiana주)	Louisiana Geologic Sequestration of Carbon Dioxide Act
Facilitating shared storage infrastructure	노르웨이	Regulations relating to exploitation of subsea reservoirs on the continental shelf for storage of CO_2 and relating to transportation of CO_2 on the continental shelf
Interactions with other surface and sub-surface resources	미국 (Texas주)	Texas Administrative Code, Title 16: Economic Regulation, Part 1: Texas Railroad Commission, Chapter 5: Carbon Dioxide
Transitioning from CO_2-EOR to dedicated storage	미국	Class II – Oil and Gas Related Injection Wells
Transitioning from CO_2-EOR to dedicated storage	캐나다 (Alberta주)	EOR Quantification Protocol

Issue	국가	관련 입법
Transitioning from CO_2−EOR to dedicated storage	EU	CCS Directive
Regulating cross−border CO_2 transportation	EU	CCS Directive
Interaction of pressure fronts across international borders	노르웨이	Regulations relating to exploitation of subsea reservoirs on the continental shelf for storage of CO_2 and relating to transportation of CO_2 on the continental shelf
Ownership and title of CO_2	미국 (Nebraska주)	Nebraska Geologic Storage of Carbon Dioxide Act

3. 유럽의 CCUS 현황

유럽의 2022/2023년까지 CCUS 프로젝트는 66개가 진행되고 있으며, Full−chain CCS : 4개, CO_2 Transport and Storage : 19개, CCS in industry : 12개, CCS in energy Production : 7개, Low−carbon hydrogen production : 8개, Carbon Capture and Utilisation : 9개, Test centre : 4개, Limited information available : 3개 등으로 현재 진행되고 있다.[10)]

[표] 현행 유럽의 CCUS 프로젝트 현황

프로젝트 명	국가	프로젝트 세부사항
ViennaGreenCO_2	Austria	Test centre
ArcelorMittal Steelanol Ghent	Belgium	CCS in industry
LEILAC	Belgium	CCS in industry
C4U	Belgium	CCS in industry

10) CCS/CCU projects − Zero Emissions Platform

프로젝트 명	국가	프로젝트 세부사항
FLITE	Belgium	Carbon Capture and Utilisation
North–CCU–Hub	Belgium	Carbon Capture and Utilisation
Power–to–Methanol Antwerp BV	Belgium	Carbon Capture and Utilisation
Antwerp@C	Belgium	CCS in industry
CO_2 TransPorts	Belgium/The Netherlands	CO_2 transport and storage
Carbon Connect Delta Program	Belgium/The Netherlands	CO_2 transport and storage
Geothermal Plant with CO_2 Re–injection	Croatia	CCS in energy production
Project Greensand	Denmark	CO_2 transport and storage
C4 - Carbon Capture Cluster Copenhagen	Denmark	CCS in energy production
3D Project–DMX Demonstration in Dunkirk	France	CCS in industry
Port Jérôme CO_2 Capture Plant	France	Low–carbon hydrogen production
Dartagnan	France	CO_2 transport and storage
H2morrow	Germany	CCS in industry
LEILAC 2 project	Germany	CCS in industry
Westküste100	Germany	Carbon Capture and Utilisation
CO_2 liquefaction and buffer storage in Wilhelmshaven	Germany	CO_2 transport and storage
Downstream CO_2 pipeline Hastedt - Bremen	Germany	CO_2 transport and storage
CarbFix Project	Iceland	CCS in energy production
ERVIA CCUS	Ireland	Full–chain CCS
Adriatic Blue CCS	Italy	CO2 transport and storage
Cleanker	Italy	CCS in industry

프로젝트 명	국가	프로젝트 세부사항
Aramis	The Netherlands	CO_2 transport and storage
ATHOS	The Netherlands	CO_2 transport and storage
AVR－Duiven	The Netherlands	Carbon Capture and Utilisation
H－Vision	The Netherlands	Low－carbon hydrogen production
Hydrogen 2 Magnum (H2M)	The Netherlands	Low－carbon hydrogen production
Porthos	The Netherlands	CO_2 transport and storage
HIsarna Pilot Plant	The Netherlands	CCS in industry
Twence Waste－to－Energy CO_2 Capture and Utilisation	The Netherlands	Carbon Capture and Utilisation
Norway Full Chain CCS - Longship	Norway	CO_2 transport and storage
Sleipner CO_2 Storage	Norway	CO_2 transport and storage
Snøhvit CO_2 Storage	Norway	CO_2 transport and storage
Technology Centre Mongstad (TCM)	Norway	Test centre
Hafslund Oslo Celsio	Norway	CCS in energy production
HyDemo	Norway	Low－carbon hydrogen production
Norcem	Norway	CCS in industry
Norsk e－fuel	Norway	Carbon Capture and Utilisation
Northern Lights	Norway	CO_2 transport and storage
Borg CO_2	Norway	CO_2 transport and storage
Polaris	Norway	CO_2 transport and storage
Stella Maris Large Scale CCS Infrastructure	Norway	CO_2 transport and storage
CHEERS - Chinese－European Emission－Reducing Solutions	Norway/China	Test centre
ECO_2CEE	Poland	CO_2 transport and storage

프로젝트 명	국가	프로젝트 세부사항
CCU Lighthouse Carboneras	Spain	Carbon Capture and Utilisation
FReSMe	Sweden	CCS in industry
Stockholm Exergi bio-CCS plant	Sweden	CCS in energy production
STEPWISE Pilot of SEWGS Technology at Swerea/Mefos	Sweden	CCS in industry
CinfraCap	Sweden	CO_2 transport and storage
Project AIR	Sweden	Carbon Capture and Utilisation
Acorn CCS Project	United Kingdom	CCS in industry
Acorn Hydrogen project	United Kingdom	Low-carbon hydrogen production
CO_2 Sapling Transport Infrastructure Project	United Kingdom	CO_2 transport and storage
Drax bioenergy carbon capture pilot plant	United Kingdom	CCS in energy production
HyNet North West	United Kingdom	Low-carbon hydrogen production
Northern Gas Network H21 North of England	United Kingdom	Low-carbon hydrogen production
UKCCSRC Pilot-scale Advanced Capture Technology (PACT)	United Kingdom	Test centre
H2H Saltend	United Kingdom	Low-carbon hydrogen production
Net-Zero Teesside	United Kingdom	Full-chain CCUS project
Northern Endurance Partnership	United Kingdom	CO_2 transport and storage
Zero Carbon Humber	United Kingdom	Full-chain CCS
Humber Zero	United Kingdom	Full-chain CCS
South Wales Industrial Clusters (SWIC)	United Kingdom	CO_2 transport and storage

프로젝트 명	국가	프로젝트 세부사항
Peterhead CCS Power Station	United Kingdom	CCS in energy production
STEMM－CCS	Multiple	Test centre

출처: https://zeroemissionsplatform.eu/about－ccs－ccu/css－ccu－projects/

제 2 장

EU의 CCUS 정책동향과 입법

EU의 탄소중립정책과 입법 동향

1. 2040년 기후목표로 온실가스 배출량 90% 감축 목표

세계 각국은 지구온난화의 주범인 온실가스 감축을 위해 노력 중이며 EU는 탄소중립 사회로의 전환을 입법으로 명문화하면서 탄소배출량 감축을 위한 정책 수립 의무화하였다. 이렇게 제정된 유럽기후법(European Climate Law)에 따라 EU의 행정부 격인 EU집행위원회(European Commission)는 2024 2월 6일 '2050년 탄소중립 사회로의 전환을 위한 2040년 온실가스 감축 목표 권고안(Recommendation for 2040 emissions reduction target to set the path to climate neutrality in 2050)'을 발표했다.

이번 권고안에서는 '2040년까지 EU의 온실가스 배출량을 1990년 수준 대비 90% 감축하겠다'는 목표가 제시됐다. 이 목표를 달성하기 위해 EU집행위원회는 기존 온실가스 배출량을 8억 5,000만 톤 미만으로 낮추는 동시에 탄소 포집·활용·저장 기술(Carbon Capture, Utilization and Storage, CCUS) 등을 활용해 탄소제거량을 4억 톤 이상으로 끌어올려야 할 것으로 보고, ① Fit for 55, ② 에너지 시스템 혁신, ③ 산업의 탈탄소화, ④ 운송수단의 탈탄소화와 효율성 증대, ⑤ 공정전환, ⑥ 미래를 위한 투자 등을 주요 이행 방안으로 제시했다. 다만 올해 6월 유럽의회 선거 후 차기 EU집행위원회가 구성되는 만큼, 온실가스 감축 최종 목표 수준과 구체적인 이행 방안은 새로운 EU집행위원회와 의회에 의해 수립될 예정이다.

2. EU의 탄소 감축 관련 입법현황

2023년 3월 EU는 탄소중립산업법(Net-Zero Industry Act, NZIA)을 제안했

다. 탄소중립산업법은 넷제로 기술의 유럽 제조 역량을 강화하고 유럽 내 제조 역량 확대의 장벽을 극복하는 것을 주요 내용으로 하고 있다. 동법은 EU의 기후 중립 목표를 달성하는 데, 핵심적인 제품의 생산 능력에 대한 투자를 촉진하는 것을 목표로 하는 예측 가능하고 단순화된 규제 환경을 위한 그린 딜 산업 계획의 기둥의 일부이다. 저렴하고 안정적이며 지속가능한 청정 에너지 시스템의 중추를 구성할 EU의 넷제로 기술 산업 기반의 경쟁력과 탄력성을 높일 것이다. 이 법은 또한 탄소중립의 기술의 개발과 생산을 가속화함으로써 러시아산 화석연료에 대한 의존도를 녹색 전환을 위한 핵심 기술 및 부품에 대한 접근을 방해할 수 있는 다른 전략적 의존성으로 대체하는 위험을 줄이는 것을 목표로 한다.

CCS(탄소 포집·저장)를 '전략적 넷제로 기술', CCUS를 '넷제로 기술'로 지정하고 관련 산업을 EU 역내 유치하기 위한 인허가 기간 단축 지원에 나섰다. 시장 확대를 위해 관련 제품의 연 수요 40%를 역내에서 생산하겠다는 목표도 수립했다.

CCUS를 활용한 산업계의 기후 목표 달성 지원에 나선, EU가 2050년까지 산업탄소 배출량 제로화를 위해 2050년까지 연간 최대 4억 5000만 톤의 이산화탄소를 포집, 저장하는 계획 초안을 작성했다.

이산화탄소의 수송 및 저장에 대해 2009/31/EU CCS 지침을 통해 EU 수준에서 규제되며, 이 지침은 또한 허가 제도를 수립하고 재정측면에서 CCS와 EU의 배출권거래제 간의 관계를 정의하였다.

포집 및 저장된 CO_2는 '배출되지 않음'으로 간주되므로 생산자가 EU의 탄소 시장에서 비용을 절감하는 데 도움이 될 수 있다. 잠재적으로(적어도 부분적으로) 기술 배포 및 개발 비용을 상쇄할 수 있다. 이 지침에 따라 회원국은 CCS를 허용하는 자국 지역을 선택할 수 있으며 자국 영토에서 CCS 허용을 완전히 거부할 권리가 있다. 2023년 10월에 구현 보고서가 발행되었다.

EU ETS의 2021년 개정판은 CCS 및 영구적으로 화학적으로 결합된 CCU가 ETS에서 완전히 면제됨을 명확히 한다. 유럽연합 집행위원회(European Commission)는 CCU가 영구적으로 화학적으로 결합된 것으로 간주되는 경우를 명확히 하기 위해 2차 법안을 채택할 것이다. 마이너스 배출은 현재 추가 ETS 허용량의 형태로 보상되지 않지만, 유럽연합 집행위원회는 2026년까지 배출권 거래에서 이를 회계 처리하고 충당할 수 있는 방법에 대해 보고해야 한다.

EU 집행위원회의 계획 초안에 따르면, EU는 2050년까지 연간 최대 4억 5000만톤의 이산화탄소를 포집해야 한다. 특히 시멘트와 화학 부문 배출량은 대부분 포집, 저장해야 한다. 2050년까지 포집된 이산화탄소 대부분은 지하에 영구적으로 저장될 것이며, 일부는 화학물질 제조 등 산업 공정에 활용될 예정이다.

또한, 2023년 3월 EU는 탄소중립산업법(Net-Zero Industry Act, NZIA)을 제안했다. 탄소중립산업법은 넷제로 기술의 유럽 제조 역량을 강화하고 유럽 내 제조 역량 확대의 장벽을 극복하는 것을 주요 내용으로 하고 있다. 동법은 EU의 기후 중립 목표를 달성하는 데, 핵심적인 제품의 생산 능력에 대한 투자를 촉진하는 것을 목표로 하는 예측가능하고 단순화된 규제 환경을 위한 그린 딜 산업 계획의 기둥의 일부이다. 저렴하고 안정적이며 지속가능한 청정 에너지 시스템의 중추를 구성할 EU의 넷제로 기술 산업 기반의 경쟁력과 탄력성을 높일 것이다. 이 법은 또한 탄소중립의 기술의 개발과 생산을 가속화함으로써 러시아산 화석연료에 대한 의존도를 녹색 전환을 위한 핵심 기술 및 부품에 대한 접근을 방해할 수 있는 다른 전략적 의존성으로 대체하는 위험을 줄이는 것을 목료포 한다.

CCS(탄소 포집·저장)를 '전략적 넷제로 기술', CCUS를 '넷제로 기술'로 지정하고 관련 산업을 EU 역내 유치하기 위한 인허가 기간 단축 지원에 나섰다. 시장 확대를 위해 관련 제품의 연 수요 40%를 역내에서 생산하겠다는 목표도 수립했다.

EU의 CCS 관련 입법 현황

1. EU CCS 지침(Directive 2009/31/EC)의 개요 및 용어의 정의

1) CCS의 지침 개요

지질학적 CO_2 저장을 위한 환경규제와 책임소재를 규정하면서, 회원국들로 하여금 자국 영토내 CCS 시설 설치계획, 설치시 위치에 대해 결정토록 촉구하였다(2009.4.23.일 공포). 포집·저장된 CO_2는 ETS 체제상 배출이 되지 않은 것으로 간주되며, 발전사들은 CCS를 이용한 CO_2 포집이 가능하도록 추가설비를 구축하도록 요구된다.

모든 EU 회원국들은 2011.6.25일까지 자국 법체계 내에서 위의 내용을 규정하여야 하며, 현존하는 규정 또는 법률에 포함시키도록 함으로써 CCS를 위한 제도적 기반을 마련하였다.

유럽의회(parliament)/이사회(council)의 2018/853 결정은 기술적, 과학적 진보에 적응하기 위해 위임된 행위를 통해 위원회가 CCS 지침의 부속서를 수정할 수 있는 권한을 부여하였다.

2) CCS의 지침에서의 용어정의

EU의 CCS 지침에서 관련 용어를 정의하고 있으며 이 중 포집, 수송, 이산화탄소스트림에 대한 정의는 매우 중요하게 다루어지고 있다. 첫째, 포집(Capture)이란 유럽연합 통합환경관리 지침(IPPC Directive 2008/1/EC)에서 규정한 바와 같이 화학물질/발전부문의 위험이 유사하다고 규정하고 있다.

둘째, 수송(Transport)이란 환경영양평가지침(EIA Directive 85/337/EC)에서 규정한 천연가스 운송과 유사한 위험이 있다고 인정되고 직경 800mm이상이며 길이가 40km를 넘는 파이프라인의 경우 EIA의 적용을 받으며, EIA는 저장소와 CO_2 스트림 포집장치에도 적용된다.

셋째, CO_2 스트림(CO_2 stream composition, §12)이란 CO_2 포집 과정으로부터 발생하는 물질의 흐름을 말한다고 규정하고 있다. 이외에도 모니터링, 폐쇄 이후의 의무 등에 대해서 규정하고 있다.

2. Net Zero Industry Act 제정

2023년 3월 유럽연합 집행위원회는 유럽의 탄소중립 기술 제품 제조 및 생태계를 강화하기 위한 조치로 탄소중립산업법(Net Zero Industry Act)를 제정하였다. 전반적인 목표는 유럽이 2030년까지 청정 에너지 기술 수요의 최소 40%를 국내에서 제조할 수 있도록 하는 것이다.

동법은 CCUS를 EU의 기후 목표 달성에 제조역량 확대가 중요한 8가지 전략적 넷제로 기술 중 하나로 규정하고 있다. 특히, CCUS에 대해서 다음과 같이 규정하고 있다. 허가 가속화 및 전략적 넷제로 프로젝트에 대해서 정의 : 제조프로젝트의 허가를 조정하기 위해 각 국가에 원스톱 샵(one stop shop)을 설립하도록 요구하고, “전략적” 프로젝트에 우선 순위를 부여하여 허가 절차에 대한 세부 일정을 설정하였다.

이산화탄소 주입 용량 증가 : 2030년까지 연간 이산화탄소 주입용량을 5,000만톤(Mt)을 달성하기 위한 EU 전체 목표를 설정. 특히, 석유 및 가스 생산업체는 EU의 원유 및 천연가스 생산에서 각 주체의 점유율에 따라 비례하여 계산된 50Mt 목표에 기여하도록 요청하였다.

EU의 CCS 지침 번역

제명 : Directive 2009/31/EC of the European Parliament and of the Council of 23 April 2009 on the geological storage of carbon dioxide and amending Council Directive 85/337/EEC, European Parliament and Council Directives 2000/60/EC, 2001/80/EC, 2004/35/EC, 2006/12/EC, 2008/1/EC and Regulation (EC) No 1013/2006 (Text with EEA relevance)

원문	번역문
THE EUROPEAN PARLIAMENT AND THE COUNCIL OF THE EUROPEAN UNION, Having regard to the Treaty establishing the European Community, and in particular Article 175(1) thereof, Having regard to the proposal from the Commission, Having regard to the opinion of the European Economic and Social Committee After consulting the Committee of the Regions, Acting in accordance with the procedure laid down in Article 251 of the Treaty Whereas:	유럽의회 및 유럽연합이사회는, 특히 제175조 제1항을 고려하여 유럽공동체를 설립하는데 있어 위원회의 제안과 유럽경제사회위원회의 의견을 고려하여 지역위원회의 자문을 받은 후에 조약 제251조에 규정된 절차에 따르는 한편,
(1) The ultimate objective of the United Nations Framework Convention on Climate Change, which was approved by Council Decision 94/69/EC of 15 December 1993, is to stabilise greenhouse gas concentrations in the atmosphere at a level that would pre-vent dangerous anthropogenic interference with the climate system.	(1) 1993년 12월 15일 이사회 결정 94/69/EC에 따라 승인된 유엔기후변화협약의 궁극적 목표는 기후시스템에 대한 위험한 인위적 개입을 방지할 수 있는 수준으로 대기 중 온실가스 농도를 안정화시키는 것이다.

원문	번역문
(2) The Sixth Community Environment Action Programme established by Decision No 1600/2002/EC of the European Parliament and of the Council of 22 July 2002 identifies climate change as a priority for action. That programme recognises that the Community is committed to achieving an 8% reduction in emissions of greenhouse gases by 2008 to 2012 compared to 1990 levels, and that, in the longer term, global emissions of greenhouse gases will need to be reduced by approximately 70% compared to 1990 levels.	(2) 유럽 의회와 2002년 7월 22일 이사회의 결정 번호 1600/2002/EC에 의해 제정된 제6차 지역 환경 행동 프로그램은 기후변화를 최우선으로 한다. 이 프로그램은 지역사회가 2008년부터 2012년까지 1990년 수준에 비해 온실가스 배출량을 8% 줄이는데 전념하고 있으며, 장기적으로 전 세계 온실가스 배출량을 1990년 수준에 비해 약 70% 줄일 필요가 있다는 것을 인식하고 있다.
(3) The Commission Communication of 10 January 2007 entitled 'Limiting global climate change to two degrees Celsius - The way ahead for 2020 and beyond' clarifies that in the context of the envisaged global reduction of greenhouse gas emissions of 50% by 2050, a reduction in greenhouse gas emissions of 30% in the developed world by 2020 is required, rising to 60%-80% by 2050, that this reduction is technically feasible and the benefits far outweigh the costs, but that, to achieve it, all mitigation options must be harnessed.	(3) 글로벌 기후변화를 섭씨 2도로 제한하는 '2020년 및 그 이후의 방향'이라는 2007년 1월 10일 집행위원회 통신문(Communication)은 2050년까지 전 세계 온실가스 배출량의 50% 감축이 예상되는 상황에서, 선진국에는 온실가스 배출량을 2020년까지 30%, 2050년까지는 60%에서 80%까지 감축할 것이 요구되며, 이러한 감축은 기술적으로 실현 가능하고 그 이익이 비용을 훨씬 능가할 것이지만 이를 달성하기 위한 모든 경감 대책을 활용해야 한다는 것을 분명히 한다.
(4) Carbon dioxide capture and geological storage (CCS) is a bridging technology that will contribute to mitigating climate change. It consists of the capture of carbon dioxide (CO_2) from industrial installations, its transport to a storage site and its injection into a suitable underground geological formation for the purposes of permanent storage. This technology should not serve as an incentive	(4) 이산화탄소 포집 및 지중 저장(CCS)은 기후변화를 완화할 수 있는 가교적(Bridging)기술이다. 이 기술은 산업 시설에서 이산화탄소(CO_2)를 포집하고 저장소로 운송하여, 이를 영구적으로 저장할 목적으로 적합한 지하의 지질층에 주입 기술로 구성되어 있다. 이 기술이 화석연료 발전소의 점유율을 증가시키는 장려책으로 작용해서는 아니 된다.

원문	번역문
to increase the share of fossil fuel power plants. Its development should not lead to a re-duction of efforts to support energy saving policies, renewable energies and other safe and sustainable low carbon technologies, both in research and financial terms.	이 기술의 개발이 연구 및 재정 측면 모두에서 에너지 절약 정책, 재생에너지 및 다른 안전하고 지속가능한 저탄소 기술을 지원하기 위한 노력의 감소로 이어져서는 아니 된다.
(5) Preliminary estimates, carried out with a view to assessing the impact of the Directive and referred to in the impact as-sessment of the Commission, indicate that seven million tonnes of CO_2 could be stored by 2020, and up to 160 million tonnes by 2030, assuming a 20% reduction in green-house gas emissions by 2020 and provided that CCS obtains private, national and Community support and proves to be an environmentally safe technology. The CO_2 emissions avoided in 2030 could account for some 15 % of the reductions required in the Union.	(5) 지침의 영향을 평가하기 위해 수행되고 집행위원회의 영향평가에서 언급된 예비 추정치는 2020년까지 온실가스 배출량의 20%를 감축한다는 가정 하에 CCS가 민간, 국가 및 유럽공동체의 지지를 받고 환경적으로 안전한 기술이라는 것이 증명된다면 2020년까지 700만 톤, 2030년까지 1억 6천만 톤의 CO_2가 저장될 수 있음을 나타낸다. CO_2 배출량은 유럽연합에서 요구되는 감축량의 약 15%를 차지할 수 있다. 2030년에 회피되는 이산화탄소 배출량은 연합에서 요구되는 감축량의 약 15%를 차지할 수 있다.
(6) The Second European Climate Change Programme, which was established by the Commission Communication of 9 February 2005 entitled 'Winning the Battle Against Global Climate Change' to prepare and ex-amine future climate policy in the Community, set up a Working Group on Carbon Capture and Geological Storage. The Working Group's mandate was to explore CCS as a means of reducing climate change. The Working Group published a detailed report on the topic of regulation, which was	(6) 2005년 2월 9일 집행위원회 통신이 유럽공동체의 미래 기후 정책을 준비하고 검토하기 위해 '지구 기후 변화와의 싸움 승리'라는 이름으로 설립한 제2차 유럽 기후 변화 프로그램은 탄소 포집 및 지중 저장에 관한 실무 그룹을 설립하였다. 이 실무그룹의 책무는 기후변화의 경감 수단으로 CCS를 탐구하는 것으로 실무그룹은 2006년 6월에 채택된 규정의 주제에 관한 상세 보고서를 발표하였다. 이 보고서는 CCS를 위한 정책 및 규제 체계의 개발 필요성을 강조하였고,

원문	번역문
adopted in June 2006. It stressed the need for the development of both policy and regulatory frameworks for CCS and urged the Commission to undertake further re-search into the subject.	집행위원회가 이 주제에 대한 추가 연구에 착수할 것을 촉구하였다.
(7) The Commission Communication of 10 January 2007 entitled 'Sustainable power generation from fossil fuels: aiming for near-zero emissions from coal after 2020' reiterated the need for a regulatory frame-work based on an integrated risk assessment for CO_2 leakage, including site selection re-quirements designed to minimise the risk of leakage, monitoring and reporting regimes to verify storage and adequate remediation of any damage that may occur. The Communication set out an action plan for the Commission in this area during 2007, which required the development of a sound man-agement framework for CCS, including the work on the regulatory framework, incentive framework, and support programmes, as well as external elements, for example technology cooperation with key countries on CCS.	(7) 2007년 1월 10일 '화석 연료로부터 지속 가능한 발전 : 2020년 이후 석탄으로부터 거의 제로에 가까운 배출을 목표로'라는 제목의 집행위원회 통신은 누출 위험을 최소화하기 위해 설계된 현장 선정 요건과 발생가능한 손상의 적절한 복구를 포함한 CO_2 누출에 대한 통합 위험 평가에 기초한 규제체계의 필요성을 재차 강조하였다. 해당 통신은 2007년 집행위원회 행동계획을 세웠는데, 이 계획은 규제체계, 인센티브 체계 및 지원 프로그램뿐만 아니라 주요 국가와의 기술협력과 같은 외부 요소에 대한 작업을 포함하여 CCS를 위한 적절한 관리체계 개발을 요구하였다.
(8) The European Council of March 2007 also urged the Member States and the Commission to work towards strengthening research and development and developing the necessary technical, economic and reg-ulatory framework in order to remove ex-isting legal barriers and to bring environ-mentally safe CCS to deployment with new fossil power plants, if possible by 2020.	(8) 2007년 3월 유럽이사회는 또한 회원국과 집행위원회에 2020년까지 기존의 법적 장벽을 제거하고 환경적으로 안전한 CCS를 새로운 화석 발전소와 함께 배치할 수 있도록 연구 개발을 강화하고 필요한 기술, 경제 및 규제체계를 개발하기 위해 노력할 것을 촉구하였다.

원문	번역문
(9) The European Council of March 2008 recalled that the objective of proposing a regulatory framework on CCS was to ensure that this novel technology would be deployed in an environmentally safe way.	(9) 2008년 3월 유럽이사회는 CCS를 위한 규제 체계를 제안하는 목적이 이러한 새로운 기술을 환경적으로 안전한 방식으로 배치되는 것을 보장하기 위한 것임을 상기하였다.
(10) The European Council of June 2008 called on the Commission to bring forward as soon as possible a mechanism to incentivise Member State and private sector investments to ensure the construction and operation by 2015 of up to 12 CCS demonstration plants.	(10) 2008년 6월 유럽이사회는 집행위원회에 2015년까지 최대 12개의 CCS 실증시설의 건설 및 운영을 보장하기 위해 회원국 및 민간영역의 투자자들에게 인센티브를 주는 메커니즘을 가능한 신속히 제기할 것을 요청하였다.
(11) Each of the different components of CCS, namely capture, transport and storage of CO_2, has been the object of pilot projects on a smaller scale than that required for their industrial application. These components still need to be integrated into a complete CCS process, technological costs need to be reduced and more and better scientific knowledge has to be gathered. It is therefore important that Community efforts on CCS demonstration within an integrated policy framework start as soon as possible, including, in particular, a legal framework for the environmentally safe application of CO_2 storage, incentives, notably for further research and development, efforts by means of demonstration projects, and public awareness measures.	(11) CCS의 다른 각 구성요소, 즉 CO_2의 포집, 수송 및 저장은 산업 적용 단계에서 요구되는 것보다 작은 규모의 시범 프로젝트의 대상이 되어왔다. 이 구성요소는 여전히 완전한 CCS 과정에 통합되어야 하며, 해당 기술 비용이 감축되고, 더욱 향상된 과학 지식이 수집되어야 한다. 따라서, 특히 환경적으로 안전한 CO_2 저장에 대한 법적 체계, 추가 연구개발을 위한 인센티브, 실증 프로젝트를 통한 노력, 대중 인식제고 수단을 포함하여, 가능한 신속하게 통합 정책 체계 내에서 CCS 실증을 위한 집행위원회의 노력이 중요하다.
(12) At the international level, legal barriers to the geological storage of CO_2 in geological formations under the seabed have	(12) 국제적으로는 해저 지질층에의 CO_2 지중 저장에 대한 법적 장벽이 1972 폐기물 및 그 밖의 물질의 투기에 의한 해양

원문	번역문
been removed through the adoption of re-lated risk management frameworks under the 1996 London Protocol to the 1972 Convention on the Prevention of Marine Pollution by Dumping of Wastes and Other Matter (1996 London Protocol) and under the Convention for the Protection of the Marine Environment of the North-East Atlantic (OSPAR Convention).	오염방지에 관한 협약의 1996 런던의정서(1996 런던의정서)와 북동대서양 해양환경보호에 관한 협약(OSPAR 협약) 하에서의 관련 위험에 대한 관리체계 채택을 통해 제거되었다.
(13) In 2006, the Contracting Parties to the 1996 London Protocol adopted amendments to the Protocol. These amendments allow and regulate the storage of CO_2 streams from CO_2 capture processes in geological formations under the seabed.	(13) 2006년 1996 런던의정서의 당사국들은 의정서 개정을 채택하였다. 해당 개정은 해저 지질층에서의 CO_2 포집 과정으로부터 발생하는 CO_2 스트림의 저장을 허용 및 규제한다.
(14) The Contracting Parties to the OSPAR Convention in 2007 adopted amendments to the Annexes to the Convention to allow the storage of CO_2 in geological formations under the seabed, a Decision to ensure environ-mentally safe storage of CO_2 streams in geological formations, and OSPAR Guidelines for Risk Assessment and Management of that activity. They also adopted a Decision to prohibit placement of CO_2 into the wa-ter-column of the sea and on the seabed, because of the potential negative effects.	(14) 2007년 OSPAR 협약 당사국들은 해저 지질층에 CO_2의 저장을 허용하는 협약 부속서, 지질층에 환경적으로 안전한 CO_2 스트림의 저장을 보장하기 위한 결정문, 그러한 활동에 대한 위험 평가 및 관리 가이드라인을 채택한 바 있다. 이들은 또한 잠재적인 부정적 영향을 이유로 해양의 수주 및 해저로의 CO_2 배치를 금지하는 결정문을 채택하였다.
(15) At Community level, a number of legislative instruments are already in place to manage some of the environmental risks of CCS, in particular regarding capture and transport of CO_2, and they should be used where possible.	(15) 유럽공동체 차원에서는, 이미 CCS의 환경 위험 중 일부, 특히 CO_2 포집 및 수송을 관리하기 위한 입법적 장치가 마련되어 있으며, 이들은 가능한 경우 활용되어야 한다.

원문	번역문
(16) Directive 2008/1/EC of the European Parliament and of the Council of 15 January 2008 concerning integrated pollution prevention and control is suitable for regulating, in respect of certain industrial activities, the risks of CO_2 capture to the environment and human health and, as a result, should be applied to the capture of CO_2 streams for the purposes of geological storage from installations covered by that Directive.	(16) 통합 오염 방지 및 통제에 관한 2008년 1월 15일 유럽의회 및 이사회 지침 2008/1/EC는 특정산업활동과 관련하여 환경 및 인간 건강에 대한 CO_2 포집 위험을 규제하는데 적합하며, 결과적으로 해당 지침이 적용되는 산업 시설에서 지중 저장을 목적으로 CO_2 스트림을 포집하는데 적용되어야 한다.
(17) Council Directive 85/337/EEC of 27 June 1985 on the assessment of the effects of certain public and private projects on the environment should be applied to the capture and transport of CO_2 streams for the purposes of geological storage. It should also apply to storage sites pursuant to this Directive.	(17) 특정 공공 및 민간 프로젝트가 환경에 미치는 영향에 대한 평가에 관한 1985년 6월 27일 이사회 지침 85/337/EEC는 지중 저장을 위한 CO_2 스트림의 포집 및 수송에 적용되어야 한다. 이는 이 지침에 따른 저장소에도 적용되어야 한다.
(18) This Directive should apply to the geological storage of CO_2 within the territory of the Member States, in their exclusive economic zones and on their continental shelves. The Directive should not apply to projects with a total intended storage below 100 kilotonnes, undertaken for research, development or testing of new products and processes. This threshold would also seem appropriate for the purposes of other relevant Community legislation. The storage of CO_2 in storage complexes extending beyond the territorial scope of this Directive and the storage of CO_2 in the water column should not be permitted.	(18) 이 지침은 회원국의 영토, 배타적 경제수역 및 대륙붕 내에 있는 CO_2의 지중 저장에 적용되어야 한다. 이 지침은 연구, 개발 또는 신규 제품 및 프로세스의 테스트를 위해 수행된 총 예상 저장량이 100킬로톤 미만인 프로젝트에는 적용되지 않아야 한다. 이는 또한 다른 관련 공동체의 입법 목적에도 적합할 것이다. 이 지침의 영토적 적용범위를 벗어난 저장단지에 CO_2를 저장하거나 수주에 CO_2를 저장하는 것은 허용되지 않아야 한다.

원문	번역문
(19) Member States should retain the right to determine the areas within their territory from which storage sites may be selected. This includes the right of Member States not to allow any storage in parts or on the whole of their territory, or to give priority to any other use of the underground, such as exploration, production and storage of hydrocarbons or geothermal use of aquifers. In this context, Member States should in particular give due consideration to other energy-related options for the use of a potential storage site, including options which are strategic for the security of the Member State's energy supply or for the development of renewable sources of energy. The selection of the appropriate storage site is crucial to ensure that the stored CO_2 will be completely and permanently contained. Member States should, in selecting storage sites, take account of their geological characteristics, for example seismicity, in the most objective and effective way possible. A site should therefore only be selected as a storage site, if there is no significant risk of leakage, and if in any case no significant environmental or health impacts are likely to occur. This should be determined through a characterisation and assessment of a potential storage complex pursuant to specific requirements.	(19) 회원국은 저장소 지정에 대해 그들 영토 내에서 지역을 결정할 수 있는 권리를 보유해야 한다. 이는 회원국이 그 영토의 일부 또는 전체에 그 어떠한 저장도 허용하지 않거나 유가스의 탐사, 생산 및 저장 또는 대수층의 지열을 사용하는 것과 같은 기타 다른 지하의 이용에 우선권을 주는 권리를 포함한다. 이러한 맥락에서, 회원국은 특히 자국의 에너지 공급 안정성 또는 재생 가능한 에너지원의 개발을 위한 전략을 포함하여, 잠재적 저장 장소의 이용을 위한 다른 기타 에너지 관련 옵션을 적절히 고려하여야 한다. 저장된 CO_2가 완전히 영구적으로 저장되도록 하려면 적절한 저장 장소를 선택하는 것이 매우 중요하다. 회원국은 저장 장소를 선택할 때에 가능한 가장 객관적이고 효과적인 방법, 예로 지질활동과 같은 자국의 지질학적 특성을 고려해야 한다. 따라서 저장 장소는 중대한 누출 위험이 없고, 환경 혹은 건강에의 중대한 영향이 발생할 가능성이 없는 경우에만 저장소로 선택될 수 있다. 이는 특정 요건에 따른 잠재적 저장소 및 주변지역의 특성화 및 평가를 통해 결정되어야 한다.
(20) Enhanced Hydrocarbon Recovery (EHR) refers to the recovery of hydrocarbons in addition to those extracted by	(20) 탄화수소회수증진(EHR)은 주입 혹은 기타 수단에 의해 추출된 가스의 회수를 말한다. 탄화수소회수증진(EHR)은 그

원문	번역문
water injection or other means. EHR is not in itself included in the scope of this Directive. However, where EHR is combined with geological storage of CO_2, the provisions of this Directive for the environmentally safe storage of CO_2 should apply. In that case, the provisions of this Directive concerning leakage are not intended to apply to quantities of CO_2 released from surface installations which do not exceed what is necessary in the normal process of extraction of hydrocarbons, and which do not compromise the security of the geological storage or adversely affect the surrounding environment. Such releases are covered by the inclusion of storage sites in Directive 2003/87/EC of the European Parliament and of the Council of 13 October 2003 establishing a scheme for greenhouse gas emission allowance trading within the Community, which requires surrender of emissions trading allowances for any leaked emissions.	자체로 이 지침의 적용범위에 포함되지 않는다. 그러나 탄화수소회수증진(EHR)이 CO_2의 지중 저장과 결합하는 때에는 환경적으로 안전한 CO_2의 저장에 관한 이 지침의 규정이 적용되어야 한다. 이 경우에 누출과 관련된 이 지침 규정은 정상적인 탄화수소 추출 과정에서 필요한 양을 초과하지 않고, 지중 저장의 안전 또는 주변 환경의 안전에 영향을 미치지 않는 표면 설비로부터 유출되는 CO_2 양에 적용되지 않는다. 이러한 유출은 누출된 모든 배출량에 대한 배출권 거래 허용량의 포기를 요구하는 유럽공동체 내 온실가스 배출 허용 거래에 관한 제도를 설립하는 2003년 10월 13일 유럽 의회 및 이사회 지침 2003/87/EC에서의 저장소에 관한 규정에서 다루어진다.
(21) Member States should make available to the public environmental information relating to geological storage of CO_2 in accordance with applicable Community legislation.	(21) 회원국은 적용 가능한 유럽공동체 법률에 따라 CO_2의 지중 저장에 관련된 환경적 정보를 대중들에게 이용 가능하도록 해야한다.
(22) Member States which intend to allow geological storage of CO_2 in their territory should undertake an assessment of the storage capacity available within their territory. The Commission should organise an exchange of information and best prac−	(22) 자국의 영토에 CO_2 지중 저장을 허용하고자 하는 회원국은 자국 내에서 이용 가능한 저장 능력 평가에 착수해야 한다. 집행위원회는 동 지침에 따른 정보의 교환 맥락에서 그러한 회원국들 간에 정보 및 모범관행 교환을 준비해야 한다.

원문	번역문
tices between those Member States, in the context of the exchange of information provided for in this Directive.	
(23) Member States should determine in which cases exploration is required to generate the information necessary for the site selection. Exploration, that is activities intruding into the subsurface, should be made subject to a permit requirement. Member States do not need to set admission criteria for procedures for granting exploration permits, but where they do, they should at least ensure that the procedures for the granting of exploration permits are open to all entities possessing the necessary capacities. Member States should also ensure that the permits are granted on the basis of objective, published and non-discriminatory criteria. In order to protect and encourage exploration investments, exploration permits should be granted for a limited volume area and for a limited time during which the holder of the permit should have the sole right to explore the potential CO_2 storage complex. Member States should ensure that no conflicting uses of the complex are permitted during this time. If no activities are carried out within a reasonable time, Member States should ensure that the exploration permit is withdrawn and can be granted to other entities.	(23) 회원국은 장소 선정에 필요한 정보를 생산하기 위해 어떤 경우 탐사가 요구되는지를 결정해야 한다. 지표 밑을 침투하는 활동인 탐사는 허가 요건에 따라서 이루어져야 한다. 회원국은 탐사 허가를 득하기 위한 절차의 승인 기준을 설정할 필요는 없지만, 만약 설정하는 경우 탐사 허가 획득을 위한 절차가 필요한 능력을 보유한 모든 주체에게 개방되어야 함을 최소한 보장해야 한다. 회원국은 또한 허가가 객관적이고, 공표되고, 비차별적 기준에 근거하여 부여되는 것을 보장해야 한다. 탐사 투자를 보호 및 장려하기 위해, 허가 보유자가 잠재 CO_2 저장 복합단지를 탐사할 유일한 권리를 보유할 수 있도록 탐사 허가는 제한된 부피 면적에 그리고 제한된 기간 내에 부여되어야 한다. 회원국은 그러한 기간 내에는 저장소 및 주변지역에 대한 상충하는 이용이 허가되지 않도록 보장해야 한다. 만약 합리적인 기간 내에 아무 활동이 수행되지 않는다면, 회원국은 탐사 허가를 철회하고 다른 주체에게 허가를 부여하도록 보장해야 한다.
(24) Storage sites should not be operated without a storage permit. The storage permit should be the core instrument to ensure that	(24) 저장소는 저장 허가 없이 운영되어서는 아니 된다. 저장 허가는 동 지침의 실질적 요건들이 충족되었고 따라서 지중

원문	번역문
the substantial requirements of this Directive are met and that geological storage therefore takes place in an environmentally safe way. In the granting of the storage permit, priority should be given to the holder of the exploration permit over competitors, as the former will generally have made substantial investments.	저장이 환경적으로 안전한 방식으로 이루어진다는 것을 보장하는 핵심 수단이 되어야 한다. 저장 허가를 부여할 때, 탐사 허가 보유자가 경쟁자들보다 우선시되어야 하며, 이는 전자가 일반적으로 상당한 투자를 했을 것이기 때문이다.
(25) In the early phase of the implementation of this Directive, to ensure consistency in implementation of the requirements of this Directive across the Community, all storage permit applications should be made available to the Commission after receipt. The draft storage permits should be transmitted to the Commission to enable it to issue an opinion on the draft permits within four months of their receipt. The national authorities should take this opinion into consideration when taking a decision on the permit and should justify any departure from the Commission's opinion. The review at Community level should also help to enhance public confidence in CCS.	(25) 동 지침 이행 초기 단계에 유럽공동체 전체에 동 지침 요건 이행의 일관성을 보장하기 위해 모든 저장 허가 신청서는 접수 이후 집행위원회가 이용할 수 있도록 해야 한다. 저장 허가 초안은 집행위원회가 접수 이후 4개월 내에 이에 대한 의견을 발표할 수 있도록 집행위원회로 전달되어야 한다. 국내 당국은 허가 결정 시 이러한 의견을 고려해야 하며, 집행위원회 의견을 이탈하는 것에 대해 정당성을 부여해야 한다. 유럽공동체 차원에서 검토는 또한 CCS에 대한 대중 신뢰를 향상시키는데 도움이 되어야 한다.
(26) The competent authority should review and where necessary update or withdraw the storage permit if, inter alia, it has been notified of leakages or significant irregularities, if the reports submitted by the operators or the inspections carried out show non-compliance with permit conditions or if it is made aware of any other failure by the operator to comply with the	(26) 관할 당국은 만약 운영자가 제출한 보고서 혹은 수행된 점검이 허가 요건을 준수하지 않는 것으로 나타나거나, 또는 운영자가 허가 요건 준수에 실패했음을 인지한 경우, 특히 누출 혹은 상당한 이상이 통지된 경우에는 저장 허가를 검토하고 필요한 경우 갱신 또는 철회해야 한다. 허가 철회 이후에 관할 당국은 새로운 허가를 발행하거나 저장소를 폐쇄해야 한다.

원문	번역문
permit conditions. After the withdrawal of a permit, the competent authority should either issue a new permit or close the storage site. In the meantime, the competent authority should take over the responsibility for the storage site, including specific legal obligations. Costs incurred should be recovered from the former operator.	그동안 관할 당국은 구체적인 법적 의무를 포함하여 저장소에 대한 책임을 넘겨받아야 한다. 발생된 비용은 이전 운영자로부터 회수되어야 한다.
(27) It is necessary to impose on the composition of the CO_2 stream constraints that are consistent with the primary purpose of geological storage, which is to isolate CO_2 emissions from the atmosphere, and that are based on the risks that contamination may pose to the safety and security of the transport and storage network and to the environment and human health. To this end, the composition of the CO_2 stream should be verified prior to injection and storage. The composition of the CO_2 stream is the result of the processes at the capture installations. Following inclusion of capture installations in Directive 85/337/EEC, an environmental impact assessment has to be carried out in the capture permit process. Inclusion of capture installations in Directive 2008/1/EC further ensures that best available techniques to improve the composition of the CO_2 stream have to be established and applied. In addition, in accordance with this Directive, the operator of the storage site should only accept and inject CO_2 streams if an analysis of the composition, including corrosive substances, of the streams, and a	(27) 대기로부터 CO_2 배출량을 분리하는 지중 저장의 주요 목적과 일관되고, 오염이 수송 및 저장 네트워크의 안전 및 보안과 환경 및 인간 건강에 부과될 수 있다는 위험을 기반으로 CO_2 스트림 성분에 대해 제약을 부과할 필요가 있다. 이러한 관점에서 CO_2 스트림 성분은 주입 및 저장 이전에 식별되어야 한다. CO_2 스트림 성분은 포집 시설물에서의 처리 절차의 결과이다. 지침 85/337/EEC의 포집 시설물에 대한 규정에 따르면, 환경영향평가가 포집 허가 과정에 수행되어야 한다. 지침 2008/1/EC의 포집 시설물에 관한 규정은 추가적으로 CO_2 스트림 성분을 향상시킬 수 있는 최선의 이용가능한 기법이 수립되고 적용되어야 함을 보장하고 있다. 게다가, 동 지침에 따르면, 저장소 운영자는 만약 부식물을 포함한 스트림의 성분에 대한 분석과 위험평가가 수행된 경우, 위험평가가 CO_2 스트림의 오염 수준이 동 지침에서 언급한 성분 기준과 일치하는 경우에만 CO_2 스트림을 수용하고 주입해야 한다.

원문	번역문
risk assessment have been carried out, and if the risk assessment has shown that the contamination levels of the CO_2 stream are in line with the composition criteria referred to in this Directive.	
(28) Monitoring is essential to assess whether injected CO_2 is behaving as ex-pected, whether any migration or leakage occurs, and whether any identified leakage is damaging the environment or human health. To that end, Member States should ensure that during the operational phase, the operator monitors the storage complex and the injection facilities on the basis of a monitoring plan designed pursuant to spe-cific monitoring requirements. The plan should be submitted to and approved by the competent authority. In the case of geo-logical storage under the seabed, monitoring should further be adapted to the specific conditions for the management of CCS in the marine environment.	(28) 모니터링은 주입된 CO_2가 예상대로 작동하는지 여부, 이동 혹은 누출이 발생하는지 여부, 그리고 식별된 누출이 환경 또는 인간 건강을 해치고 있는지 여부를 평가하기 위해 필수적이다. 이를 위해, 회원국은 운영단계에서 운영자가 특정 모니터링 요건에 따라 설계된 모니터링 계획에 기반하여 저장소 및 주변지역과 주입시설을 모니터링하도록 보장해야 한다. 계획은 관할 당국에 제출되고 승인되어야 한다. 해저 지중 저장의 경우, 모니터링은 해양 환경에서 CCS 관리를 위해 특정 조건에 맞게 추가적으로 조정되어야 한다.
(29) The operator should report, inter alia, the results of the monitoring to the com-petent authority at least once a year. In addition, Member States should establish a system of inspections to ensure that the storage site is operated in compliance with the requirements of this Directive.	(29) 운영자는 특히 최소 연간 1회 관할 당국에 모니터링 결과를 보고해야한다. 게다가, 회원국은 저장소가 동 지침 요건에 합치하여 운영되고 있는지를 보장하기 위한 조사 시스템을 구축해야 한다.
(30) Provisions are required concerning liability for damage to the local environment and the climate, resulting from any failure of permanent containment of CO_2. Liability for	(30) CO_2의 영구적 밀폐 실패로 야기된 지역 환경 및 기후에의 피해에 대한 책임 관련 규정이 요구된다. 환경 피해 책임(보호종 및 자연 서식지, 물 및 토지 훼손)은

원문	번역문
environmental damage (damage to protected species and natural habitats, water and land) is regulated by Directive 2004/35/EC of the European Parliament and of the Council of 21 April 2004 on environmental liability with regard to the prevention and remedying of environmental damage, which should be applied to the operation of storage sites pursuant to this Directive. Liability for climate damage as a result of leakages is covered by the inclusion of storage sites in Directive 2003/87/EC, which requires surrender of emissions trading allowances for any leaked emissions. In addition, this Directive should establish the obligation on the operator of the storage site to take corrective measures in case of leakages or significant irregularities on the basis of a corrective measures plan submitted to and approved by the competent national authority. Where the operator fails to take the necessary corrective measures, these measures should be taken by the competent authority, which should recover the costs from the operator.	환경 피해의 예방 및 복원에 관한 환경 책임을 다루고 있는 2004년 4월 21일 유럽 의회 및 이사회 지침 2004/35/EC에 의해 규율되며, 이는 동 지침에 따른 저장소 운영자에게 적용되어야 한다. 누출로 인한 기후 피해 책임은 지침 2003/87/EC의 저장소 규정에서 다루어지며, 이는 누출된 배출량에 대해서 배출권 거래 허용량 포기를 요구하고 있다. 더불어, 동 지침은 누출 혹은 상당한 이상의 경우 관할 당국에게 제출되고 승인된 시정 조치 계획에 기초하여 저장소 운영자가 시정 조치를 취할 의무를 부과해야 한다. 운영자가 적절한 시정 조치를 취하지 못한 경우, 관할 당국이 그러한 조치들을 취해야 하며 발생 비용은 운영자로부터 회수해야 한다.
(31) A storage site should be closed if the relevant conditions stated in the permit have been complied with, upon request from the operator after authorisation of the competent authority, or if the competent authority so decides after the withdrawal of a storage permit.	(31) 저장소는 허가에 명시된 관련 조건이 충족되었거나, 관할 당국의 승인 후 운영자의 요청에 따라 혹은 관할 당국이 저장 허가 철회 후 그러한 결정을 내리는 경우 저장소는 폐쇄되어야 한다.
(32) After a storage site has been closed, the operator should remain responsible for	(32) 저장소가 폐쇄된 후, 운영자는 저장소에 대한 책임이 관할 당국에 이전될 때

원문	번역문
maintenance, monitoring and control, reporting, and corrective measures pursuant to the requirements of this Directive on the basis of a post-closure plan submitted to and approved by the competent authority as well as for all ensuing obligations under other relevant Community legislation until the responsibility for the storage site is transferred to the competent authority.	까지 관할 당국에 제출되고 승인된 폐쇄 후 계획에 기초하여 동 지침 요건에 따른 유지보수, 모니터링 및 통제, 보고와 시정 조치 뿐만 아니라 기타 관련 유럽공동체 법률 하의 모든 의무들에 대한 책임을 져야 한다.
(33) The responsibility for the storage site, including specific legal obligations, should be transferred to the competent authority, if and when all available evidence indicates that the stored CO_2 will be completely and permanently contained. To this end, the operator should submit a report to the competent authority for approval of the transfer. In the early phase of the implementation of this Directive, to ensure consistency in implementation of the requirements of this Directive across the Community, all reports should be made available to the Commission after receipt. The draft approval decisions should be transmitted to the Commission to enable it to issue an opinion on the draft approval decisions within four months of their receipt. The national authorities should take this opinion into consideration when taking a decision on the approval and should justify any departure from the Commission's opinion. The review of draft approval decisions should, in the same way as the review of draft storage permits at Community level,	(33) 모든 이용 가능한 증거가 저장된 CO_2가 완전히 영구적으로 저장될 것이라는 것을 증명한다면, 특정 법적 의무들을 포함한 저장소에 대한 책임은 관련 당국에 이전된다. 이때, 운영자는 이전 승인에 관한 보고서를 관할 당국에 제출해야 한다. 동 지침 이행 초기 단계에서 유럽공동체 전체에 대한 동 지침 요건 이행의 일관성을 보장하기 위해, 모든 보고서는 접수 후 집행위원회가 이용 가능하도록 해야 한다. 승인 결정 초안은 접수 후 4개월 내에 집행위원회가 이에 대한 의견을 발표할 수 있도록 집행위원회에 전달되어야 한다. 지역 당국은 승인에 대한 결정을 할 때 이러한 의견을 고려해야 하며, 집행위원회 의견에 따르지 않을 때에는 이를 정당화해야 한다. 승인 결정 초안의 검토는 또한 유럽공동체 차원의 저장 허가 검토와 동일하게 CCS에 대한 대중 신뢰를 향상시키도록 도와야 한다.

원문	번역문
also help to enhance public confidence in CCS.	
(34) Liabilities other than those covered by this Directive, Directive 2003/87/EC and Directive 2004/35/EC, in particular concerning the injection phase, the closure of the storage site and the period after transfer of legal obligations to the competent authority, should be dealt with at national level.	(34) 동 지침, 지침 2004/35/EC에서 다루지 않는, 특히 주입 단계, 저장소 폐쇄, 관할 당국에의 법적 의무 양도 후 기간에 관한 책임에 대해서는 국가 차원에서 다루어져야 한다.
(35) After the transfer of responsibility, monitoring should be reduced to a level which still allows for identification of leakages or significant irregularities, but should again be intensified if leakages or significant irregularities are identified. There should be no recovery of costs incurred by the competent authority from the former operator after the transfer of responsibility except in the case of fault on the part of the operator prior to the transfer of responsibility for the storage site.	(35) 책임 이전 이후, 누출 혹은 상당한 이상을 식별할 수 있는 수준으로 모니터링이 축소되어야 하지만, 만약 누출 혹은 상당한 이상이 식별된 경우에 이는 다시 강화되어야 한다. 저장소에 관한 책임 이전에 운영자 측의 과실이 있는 경우를 제외하고 관할 당국은 책임 이전 이후 이전 운영자로부터 발생 비용을 보전해서는 아니 된다.
(36) Financial provision should be made in order to ensure that closure and post-closure obligations, obligations arising from inclusion under Directive 2003/87/EC, and obligations under this Directive to take corrective measures in case of leakages or significant irregularities, can be met. Member States should ensure that financial provision, by way of financial security or any other equivalent, is made by the potential operator so that it is valid and effective before commencement of injection.	(36) 폐쇄 및 폐쇄 후 의무, 지침 2003/87/EC 규정에 따른 의무, 동 지침에 따라 누출 혹은 상당한 이상의 경우 시정 조치를 취할 의무를 충족될 수 있도록 보장하기 위해 금융 제공이 이루어져야 한다. 회원국은 재정적 안정 혹은 기타 동등한 방식으로 금융 제공이 잠재적 이용자에 의해 만들어지도록 하여 이를 주입 개시 이전에 유효하고 효과적이도록 보장해야 한다.

원문	번역문
(37) National authorities may, after transfer of responsibility, have to bear costs, such as monitoring costs, associated with CO_2 storage. A financial contribution should therefore be made available by the operator to the competent authority, before the transfer of responsibility takes place and on the basis of arrangements to be decided by Member States. This financial contribution should at least cover the anticipated cost of monitoring for a period of 30 years. The level of the financial contribution should be determined on the basis of guidelines to be adopted by the Commission to help ensure consistency in implementation of the requirements of this Directive across the Community.	(37) 국가 당국은 책임 이전 이후, CO_2 저장과 관련된 모니터링 비용과 같은 비용을 부담해야 할 수도 있다. 따라서 책임 이전 발생 전에 회원국에 의해 결정된 절차에 기초하여 운영자에 의한 관할 당국에 대한 재정적 기여가 제공되어야 한다. 이러한 재정적 기여는 최소 30년 동안의 예상 모니터링 비용을 포함해야 한다. 재정적 기여의 수준은 유럽공동체 전체에 대한 동 지침의 이행 요건에 대한 일관성을 보장하도록 돕기 위해 집행위원회가 채택한 가이드라인에 기초하여 결정되어야 한다.
(38) Access to CO_2 transport networks and storage sites, irrespective of the geographical location of potential users within the Union, could become a condition for entry into or competitive operation within the internal electricity and heat market, depending on the relative prices of carbon and CCS. It is therefore appropriate to make arrangements for potential users to obtain such access. This should be done in a manner to be determined by each Member State, applying the objectives of fair, open and non-discriminatory access and taking into account, inter alia, the transport and storage capacity which is available or can reasonably be made available as well as the proportion of its CO_2 reduction obligations pursuant to international legal instruments and to	(38) 유럽연합 내 잠재적 이용자의 지리적 위치에 관계없이, CO_2 수송 네트워크 및 저장소에 대한 접근은 탄소 및 CCS의 상대적 가격에 따라 내부 전기 및 열 시장 내 진입 혹은 경쟁적 운영의 조건이 될 수 있다. 따라서 잠재적 이용자가 그러한 접근을 획득할 수 있도록 준비하는 것이 적절하다. 이는 공정하고 개방적이며 비차별적인 목표를 적용하여, 특히 가용한 혹은 합리적으로 가용할 수 있는 수송 및 저장 능력 뿐만 아니라 CCS를 통해 충족하고자 하는 국제법 문서 및 유럽공동체 법률에 따른 CO_2 감축 의무 비율을 고려하여 각 회원국에 의해 결정되어야 한다. 가능한 경우 CO_2 수송 파이프라인은 합리적인 최소 성분 임계치를 충족하는 CO_2 스트림의 접근에 용이하도록 설계되어야 한다. 회원국은 또한 수송 네트워크 및 저

원문	번역문
Community legislation intended to be met through CCS. Pipelines for CO_2 transport should, where possible, be designed so as to facilitate access of CO_2 streams meeting rea－sonable minimum composition thresholds. Member States should also establish dispute settlement mechanisms to enable expeditious settlement of disputes regarding access to transport networks and storage sites.	장소 접근에 관한 분쟁의 신속한 해결을 가능하게 하는 분쟁 해결 매커니즘을 수립해야 한다.
(39) Provisions are required to ensure that, in cases of transboundary CO_2 transport, transboundary storage sites or transboundary storage complexes, the competent authorities of the Member States concerned meet jointly the requirements of this Directive and of all other Community legislation.	(39) 국가간 이동 CO_2 수송의 경우, 국가간 이동 저장소 혹은 국가간 이동 저장복합시설, 관련 회원국의 관할 당국이 동 지침 및 모든 다른 유럽공동체 법률 요건을 공동으로 충족하도록 보장하기 위한 규정이 요구된다.
(40) The competent authority should es－tablish and maintain a register of the storage permits granted and of all closed storage sites and surrounding storage complexes, including maps of their spatial extent to be taken into consideration by the competent national authorities in relevant planning and permitting procedures. The register should also be reported to the Commission.	(40) 관할 당국은 관련 계획 및 허가 절차에서 고려되어야 하는 저장 허가와 공간적 범위에 대한 지도를 포함한 모든 폐쇄 저장소와 저장 시설 인근에 대한 등록부를 작성하고 유지해야 한다. 이 등록부는 또한 집행위원회에 보고되어야 한다.
(41) Member States should submit reports on the implementation of this Directive on the basis of questionnaires drawn up by the Commission pursuant to Council Directive 91/692/EEC of 23 December 1991 stand－ardising and rationalising reports on the implementation of certain Directives relating to the environment	(41) 회원국은 환경 관련 특정 지침 이행에 대한 보고서 표준화 및 합리화에 관한 1991년 12월 23일 이사회 지침 91/692/EEC에 따라 집행위원회가 작성한 질문지를 바탕으로 동 지침 이행에 대한 보고서를 제출해야 한다.

원문	번역문
(42) Member States should lay down rules on penalties applicable to infringements of the national provisions adopted pursuant to this Directive. Those penalties should be effective, proportionate and dissuasive.	(42) 회원국은 동 지침에 따라 채택된 국내 규정 위반에 적용되는 처벌에 관한 규정을 제정해야 한다. 동 처벌은 효과적이고 비례적이며 설득력 있어야 한다.
(43) The measures necessary for the implementation of this Directive should be adopted in accordance with Council Decision 1999/468/EC of 28 June 1999 laying down the procedures for the exercise of implementing powers conferred on the Commission	(43) 동 지침 이행에 필요한 조치들은 집행위원회에 부여된 권한 이행 절차를 규정하는 1999년 6월 28일 이사회 결정 1999/468/EC에 따라 채택되어야 한다.
(44) In particular the Commission should be empowered to amend the Annexes. Since those measures are of general scope and are designed to amend non-essential elements of this Directive, they must be adopted in accordance with the regulatory procedure with scrutiny provided for in Article 5a of Decision 1999/468/EC.	(44) 특히 집행위원회는 부속서를 개정할 권한을 부여받아야 한다. 이러한 조치들은 일반적 적용범위에 속하며 동 지침의 비 필수적 구성요소들을 개정하도록 설계되었으므로 이들은 결정 1999/468/EC 제5a조에 규정된 규제 절차에 따라 철저히 검토되어 채택되어야 한다.
(45) Directive 85/337/EEC should be amended to cover capture and transport of CO_2 streams for the purposes of geological storage as well as storage sites pursuant to this Directive. Directive 2004/35/EC should be amended to cover the operation of storage sites pursuant to this Directive. Directive 2008/1/EC should be amended to cover capture of CO_2 streams for the purposes of geological storage from installations covered by that Directive.	(45) 지침 85/337/EEC는 동 지침에 따른 저장소 뿐만 아니라 지중 저장 목적의 CO_2 스트림 포집 및 수송을 다루도록 개정되어야 한다. 지침 2004/35/EC는 동 지침에 따른 저장소 운영을 다루도록 개정되어야 한다. 지침 2008/1/EC는 이 지침에서 다루는 설비로부터의 지중 저장 목적의 CO_2 스트림 포집을 다루도록 개정되어야 한다.
(46) The adoption of this Directive should ensure a high level of protection of the	(46) 동 지침의 채택은 CO_2 지중 저장으로 부과되는 위험에 대해 높은 수준의 환

원문	번역문
environment and human health from the risks posed by the geological storage of CO_2. For this reason, Directive 2006/12/EC of the European Parliament and of the Council of 5 April 2006 on waste and Regulation (EC) No 1013/2006 of the European Parliament and of the Council of 14 June 2006 on shipments of waste should be amended so as to exclude CO_2 captured and transported for the purposes of geo-logical storage from the scope of application of those instruments. Directive 2000/60/EC of the European Parliament and of the Council of 23 October 2000 establishing a framework for Community action in the field of water policy should also be amended to allow for injection of CO_2 into saline aqui-fers for the purposes of geological storage. Any such injection is subject to the provi-sions of Community legislation on the pro-tection of groundwater, and must be in ac-cordance with Article 4(1)(b) of Directive 2000/60/EC and with Directive 2006/118/EC of the European Parliament and of the Council of 12 December 2006 on the pro-tection of groundwater against pollution and deterioration	경 및 인간의 건강 보호를 보장해야 한다. 이러한 이유로, 폐기물에 관한 2006년 4월 5일 유럽 의회 및 이사회 지침 2006/12/EC와 폐기물 선적에 관한 2006년 6월 14일 유럽 의회 및 이사회 규정 1013/2006호는 적용 범위에서 포집 및 수송된 CO_2를 제외하도록 개정되어야 한다. 수질 정책 영역에서 유럽공동체 행동 체계를 수립하는 2000년 10월 23일 유럽 의회 및 이사회 지침 2000/60/EC 또한 지중 저장 목적으로 염류 대수층에 CO_2를 주입하는 것을 허용하도록 개정되어야 한다. 모든 그러한 주입은 지하수 보호에 관한 유럽공동체 법률 규정에 따라야 하며, 오염 및 열화에 대한 지하수 보호에 관한 2006년 12월 12일 유럽 의회 및 이사회 지침 2006/118/EC와 지침 2000/60/EC의 제4조 제1항 제b호에 따라야한다.
(47) The transition to low-carbon power generation requires that, in the case of fossil fuel power generation, new investments be made in such a way as to facilitate sub-stantial reductions in emissions. To this end, Directive 2001/80/EC of the European Parliament and of the Council of 23 October	(47) 화석 연료 발전의 경우, 저탄소 발전으로의 전환은 배출량의 실질적 감축을 용이하도록 하는 방식으로 새로운 투자가 이루어지도록 요구한다. 이를 위해, 대형 연소 발전소의 대기 중 특정 오염물질 배출 제한에 관한 2001년 10월 23일 유럽 의회 및 이사회 지침 2001/80/EC는 동 지

원문	번역문
2001 on the limitation of emissions of certain pollutants into the air from large combustion plants should be amended to require that all combustion plants of a specified capacity, for which the original construction licence or the original operating licence is granted after the entry into force of this Directive, have suitable space on the installation site for the equipment necessary to capture and compress CO_2 if suitable storage sites are available, and if CO_2 transport and retrofitting for CO_2 capture are technically and economically feasible. The economic feasibility of the transport and retrofitting should be assessed taking into account the anticipated costs of avoided CO_2 for the particular local conditions in the case of retrofitting and the anticipated costs of CO_2 allowances in the Community. The projections should be based on the latest evidence; a review of technical options and an analysis of uncertainties in the assessment processes should also be undertaken. The competent authority should determine whether these conditions are met on the basis of an assessment made by the operator and other available information, particularly concerning the protection of the environment and human health.	침 발효 이후 최초 건축 허가 혹은 최초 운영 허가를 득한 특정 생산 능력의 모든 연소 발전소가 적절한 저장소가 이용 가능한 경우와 CO_2 수송 및 CO_2 포집 시설 개축이 기술적, 경제적으로 실현 가능한 경우, CO_2를 포집하고 압축하는데 필요한 장비를 설치할 장소에 대한 적절한 공간을 확보하도록 개정되어야 한다. 수송 및 개축에 대한 경제적 실현 가능성은 개축할 경우 특정 지역 조건에 대해 회피된 CO_2의 예상 비용과 유럽공동체의 CO_2 배출 허용량의 예상 비용을 고려하여 평가되어야 한다. 예측은 최신 증거에 기반해야 한다; 기술 옵션 검토 및 평가 과정에 대한 불확실성 분석도 또한 수행되어야 한다. 관할 당국은 이용자가 수행한 평가 및 기타 이용 가능한 정보, 특히 환경 및 인간의 건강 보호에 관한 정보에 기반하여 이러한 조건들이 충족되었는지를 결정해야 한다.
(48) The Commission should, by 30 June 2015, conduct a review of this Directive in the light of the experience gained in the early phase of its implementation and make proposals for its revision as appropriate.	(48) 위원회는 2015년 6월 30일까지 이행 초기에 얻은 경험을 고려하여 이 지침을 검토하고 적절한 개정을 위한 제안을 해야 한다.

원문	번역문
(49) Since the objective of this Directive, namely the establishment of a legal framework for the environmentally safe storage of CO_2, cannot be sufficiently achieved by the Member States acting individually, and can therefore, by reason of its scale and effects, be better achieved at Community level, the Community may adopt measures in accordance with the principle of subsidiarity as set out in Article 5 of the Treaty. In accordance with the principle of proportionality, as set out in that Article, this Directive does not go beyond what is necessary in order to achieve that objective.	(49) 이 지침의 목적, 즉 CO_2의 환경적으로 안전한 저장을 위한 법적 체계 구축은 회원국이 개별적으로 행동하는 것으로는 충분히 달성될 수 없기에 그 규모와 효과를 이유로 유럽공동체 차원에서 보다 잘 달성될 수 있기에 유럽공동체는 조약 제5조에 규정된 보충성 원칙에 따라 여러 조치를 채택할 수 있다. 해당 조항에 규정된 비례성 원칙에 따라 이 지침은 그 목적을 달성하기 위해 필요한 범위를 벗어나지 않는다.
(50) In accordance with point 34 of the Interinstitutional agreement on better law-making, Member States are encouraged to draw up, for themselves and in the interest of the Community, their own tables, which will, as far as possible, illustrate the correlation between this Directive and the transposition measures and to make them public.	(50) 더 나은 입법에 관한 기관 간 합의 제34항에 따라, 회원국은 자국 및 유럽 공동체의 이익을 위해, 가능한 한 이 지침과 이항 조치 간의 상관 관계를 가능한 설명하고 이를 공개할 수 있도록 자국에 의안을 상정하는 것이 권장된다.
(51) The application of this Directive is without prejudice to Articles 87 and 88 of the Treaty,	(51) 이 지침의 적용은 조약 제87조 및 제88조를 침해하지 않는다.
HAVE ADOPTED THIS DIRECTIVE:	다음 지침을 채택한다.
CHAPTER 1 **SUBJECT MATTER, SCOPE AND DEFINITIONS**	**제1장** **대상, 적용 범위 및 정의**
Article 1 Subject matter and purpose 1. This Directive establishes a legal framework for the environmentally safe geological	제1조 (대상 및 목적) 1. 본 지침은 기후변화에 대응하여 맞서기 위해 이산화탄소(CO_2)의 환경적으로

원문	번역문
storage of carbon dioxide (CO_2) to contribute to the fight against climate change.	안전한 지중 저장을 위한 법적 체계를 수립한다.
2. The purpose of environmentally safe geological storage of CO_2 is permanent containment of CO_2 in such a way as to prevent and, where this is not possible, eliminate as far as possible negative effects and any risk to the environment and human health.	2. CO_2의 환경적으로 안전한 지중 저장의 목적은 환경과 인간의 건강에 대한 부정적 영향 및 위험을 예방하고, 그것이 불가능한 경우에는 가능한 한 그를 제거하는 방식으로 CO_2가 영구적으로 밀폐되도록 하는 것이다.
Article 2 Scope and prohibition 1. This Directive shall apply to the geological storage of CO_2 in the territory of the Member States, their exclusive economic zones and on their continental shelves within the meaning of the United Nations Convention on the Law of the Sea (Unclos).	제2조 적용범위 및 규제 1. 본 지침은 회원국의 영토, 유엔해양법협약(UNCLOS) 상 배타적 경제수역 및 대륙붕 내 CO_2의 지중 저장에 적용된다.
2. This Directive shall not apply to geological storage of CO_2, with a total intended storage below 100 kilotonnes, undertaken for research, development or testing of new products and processes.	2. 본 지침은 연구개발 혹은 신제품 및 프로세스 테스트를 위해 수행된, 총 예상 저장량이 100킬로톤 미만인 CO_2 지중 저장에는 적용되지 않는다.
3. The storage of CO_2 in a storage site with a storage complex extending beyond the area referred to in paragraph 1 shall not be permitted.	3. 제1항에 언급된 영역을 벗어난 저장소 및 주변지역의 CO_2 저장에는 허용되지 않는다.
4. The storage of CO_2 in the water column[1] shall not be permitted.	4. 워터클롬에 있는 CO_2 저장은 허용되지 않는다.
Article 3 Definitions For the purposes of this Directive the following definitions shall apply:	제3조 정의 본 지침의 목적상 아래의 정의가 적용된다:

원문	번역문
1. 'geological storage of CO_2' means in-jection accompanied by storage of CO_2 streams in underground geological for-mations;	1. 'CO_2의 지중 저장'이란 지하 지질층에 CO_2 스트림 저장을 동반한 주입을 의미한다;
2. 'water column' means the vertically continuous mass of water from the surface to the bottom sediments of a water body;	2. '워터컬럼'이란 수체 표면에서 바닥 퇴적층까지 수직적으로 계속되는 수역을 말한다;
3. 'storage site' means a defined volume area within a geological formation used for the geological storage of CO_2 and associated surface and injection facilities;	3. '저장소'란 CO_2의 지중 저장 및 관련 지표면, 주입 시설에 사용되는 지질층 내 정의된 용적 영역을 말한다;
4. 'geological formation' means a lithos-tratigraphical subdivision within which dis-tinct rock layers can be found and mapped;	4. '지질층'이란 여러 겹의 층리에 따라 뚜렷하게 구분되는 암석층서적 구분단위를 말한다.
5. 'leakage' means any release of CO_2 from the storage complex;	5. '누출'이란 저장소 및 주변지역으로부터 CO_2의 모든 방출을 말한다;
6. 'storage complex' means the storage site and surrounding geological domain which can have an effect on overall storage in-tegrity and security; that is, secondary con-tainment formations;	6. 저장소 및 주변지역은 전체적인 저장 완전성 및 안전성에 영향을 미칠 수 있는 저장소 주변에 의해 이차적으로 차단할 수 있는 영역을 포함한다.
7. 'hydraulic unit' means a hydraulically connected pore space where pressure communication can be measured by tech-nical means and which is bordered by flow barriers, such as faults, salt domes, litho-logical boundaries, or by the wedging out or outcropping of the formation;	7. '지중수리적 단위'란 수력학적으로 연결되어 있는 공극으로 단층, 암염돔, 암상경계 또는 쐐기형 지층이나 야외 노두와 같은 유체 흐름 장벽에 의해 구분 되어 경계를 이루어지며, 기술적인 수단으로 아력 전달을 측정할 수 있다.

1) 해수기둥(海水기둥 / Sea water column)이란 해양의 어떤 지점의 해수표면에서 수직으로 심해에 이르는 일정한 양의 물기둥 형태를 말한다(해양수산부, 해양수산용어사전, 2020, 75면).

원문	번역문
8. 'exploration' means the assessment of potential storage complexes for the purposes of geologically storing CO_2 by means of activities intruding into the subsurface such as drilling to obtain geological information about strata in the potential storage complex and, as appropriate, carrying out injection tests in order to characterise the storage site;	8. '탐사'란 잠재적인 저장단지의 지층에 관한 지질학적 정보를 얻기 위한 시추와 적절한 경우 저장소 특성화를 위해 주입 테스트 수행과 같은 지표 밑으로 침투하는 활동을 통해 CO_2 지중 저장 목적을 위해 잠재 저장 복합단지를 평가하는 것을 말한다.
9. 'exploration permit' means a written and reasoned decision authorising exploration, and specifying the conditions under which it may take place, issued by the competent authority pursuant to the requirements of this Directive;	9. '탐사 허가'란 본 지침 요건에 따라 관할 당국이 부여한 탐사를 허가하고 탐사 수행 조건을 명시하는 서면 결정 이유서를 말한다.
10. 'operator' means any natural or legal, private or public person who operates or controls the storage site or to whom decisive economic power over the technical functioning of the storage site has been delegated according to national legislation;	10. '운영자'란 저장소를 운영하거나 통제하는, 혹은 국내법에 따라 저장소의 기술적 기능에 대한 결정적인 경제력이 위임된 모든 자연인 혹은 법인, 사인 혹은 공인을 말한다.
11. 'storage permit' means a written and reasoned decision or decisions authorising the geological storage of CO_2 in a storage site by the operator, and specifying the conditions under which it may take place, issued by the competent authority pursuant to the requirements of this Directive;	11. '저장 허가'란 본 지침 요건에 따라 관할 당국이 부여한 운영자에 의한 저장소의 CO_2 지중 저장을 허가하고 저장 수행 조건을 명시하는 서면 결정 이유서 혹은 결정을 말한다.
12. 'substantial change' means any change not provided for in the storage permit, which may have significant effects on the environment or human health;	12. '실질적 변화'란 환경 혹은 인간 건강에 유의미한 영향을 줄 수 있는 저장 허가에 제공되지 않은 모든 변화를 말한다.
13. 'CO_2 stream' means a flow of substances that results from CO_2 capture processes;	13. 'CO_2 스트림'이란 CO_2 포집 과정으로부터 발생하는 물질의 흐름을 말한다.

원문	번역문
14. 'waste' means the substances defined as waste in Article 1(1)(a) of Directive 2006/12/EC;	14. '폐기물'이란 지침 2006/12/EC 제1조 제1항 제a호에 정의된 물질을 말한다.
15. 'CO_2 plume' means the dispersing volume of CO_2 in the geological formation;	15. 'CO_2 플룸'이란 지질층에 CO_2의 분산 용적을 말한다.
16. 'migration' means the movement of CO_2 within the storage complex;	16. '이동'이란 저장소 및 주변지역 내 CO_2의 이동을 말한다.
17. 'significant irregularity' means any irregularity in the injection or storage operations or in the condition of the storage complex itself, which implies the risk of a leakage or risk to the environment or human health;	17. '유의미한 이상'이란 누출 위험 또는 환경 혹은 인간 건강에 대한 위험을 암시하는 주입 혹은 저장 과정 혹은 저장 단지 자체 상태에 대한 모든 이상을 말한다.
18. 'significant risk' means a combination of a probability of occurrence of damage and a magnitude of damage that cannot be disregarded without calling into question the purpose of this Directive for the storage site concerned;	18. '유의미한 위험'이란 해당 저장소에 대해 본 지침 목적 상 의문을 제기하지 않고서는 무시될 수 없는 손상 발생 가능성과 손상 규모의 조합을 말한다.
19. 'corrective measures' means any measures taken to correct significant irregularities or to close leakages in order to prevent or stop the release of CO_2 from the storage complex;	19. '시정 조치'란 저장소와 주변지역으로부터 CO_2 방출을 예방 혹은 방지하기 위해 유의미한 이상을 시정하거나 누출을 봉쇄하기 위해 취해지는 모든 조치를 말한다.
20. 'closure' of a storage site means the definitive cessation of CO_2 injection into that storage site;	20. 저장소의 '폐쇄'란 저장소에 대한 CO_2주입의 확정적 중단을 말한다.
21. 'post-closure' means the period after the closure of a storage site, including the period after the transfer of responsibility to the competent authority;	21. '폐쇄 후'란 관할 당국으로의 책임 이전 이후 기간을 포함하여 저장소 폐쇄 이후 기간을 말한다.

원문	번역문
22. 'transport network' means the network of pipelines, including associated booster stations, for the transport of CO_2 to the storage site.	22. '수송 네트워크'란 저장소에 CO_2를 수송하기 위한 관련 가압 스테이션을 포함한 파이프라인의 네트워크를 말한다.
CHAPTER 2 **SELECTION OF STORAGE SITES AND EXPLORATION PERMITS**	**제2장** **저장소 선정 및 탐사 허가**
Article 4 Selection of storage sites 1. Member States shall retain the right to determine the areas from which storage sites may be selected pursuant to the requirements of this Directive. This includes the right of Member States not to allow for any storage in parts or in the whole of their territory.	제4조 (저장소 선정) 1. 회원국은 본 지침의 요건에 따라 저장소 선정 지역을 결정할 권리를 보유한다. 이는 그들 영토의 일부 혹은 전체에 그 어떤 저장도 허용하지 않을 권리를 포함한다.
2. Member States which intend to allow geological storage of CO_2 in their territory shall undertake an assessment of the storage capacity available in parts or in the whole of their territory, including by allowing exploration pursuant to Article 5. The Commission may organise an exchange of information and best practices between those Member States, in the context of the exchange of information provided for in Article 27.	2. 자국 영토에 CO_2 지중 저장을 허용하고자 하는 회원국은 제5조에 따른 탐사를 허용하는 것을 포함하여 자국 영토의 일부 혹은 전체에 이용 가능한 저장 능력 평가에 착수해야 한다. 집행위원회는 제27조에 규정된 정보 교환의 맥락에서 회원국 간의 정보 및 모범관행의 교환을 준비할 수 있다.
3. The suitability of a geological formation for use as a storage site shall be determined through a characterisation and assessment of the potential storage complex and surrounding area pursuant to the criteria specified in Annex I.	3. 저장소로 사용되는 지질층의 지속가능성은 부속서I에 명시된 기준에 따라 잠재 저장소 및 주변지역에 대한 특성화와 평가를 통해 결정된다.

원문	번역문
4. A geological formation shall only be selected as a storage site, if under the proposed conditions of use there is no significant risk of leakage, and if no significant environmental or health risks exist.	4. 지질층은 제안된 사용 조건 하에 유의미한 누출 위험 및 유의미한 환경 혹은 건강 위험이 존재하지 않는 경우에만 저장소로 선택된다.
Article 5 Exploration permits 1. Where Member States determine that exploration is required to generate the information necessary for selection of storage sites pursuant to Article 4, they shall ensure that no such exploration takes place without an exploration permit. Where appropriate, monitoring of injection tests may be included in the exploration permit.	**제5조 (탐사 허가)** 1. 회원국이 제4조에 따른 저장소 선정에 필요한 정보 획득을 위해서 탐사가 요구된다고 결정할 때, 회원국은 탐사 허가 없이 그러한 탐사가 수행되지 않도록 보장한다. 적절한 경우, 주입 테스트 모니터링이 탐사 허가에 포함될 수 있다.
2. Member States shall ensure that the procedures for the granting of exploration permits are open to all entities possessing the necessary capacities and that the permits are granted or refused on the basis of objective, published and non-discriminatory criteria.	2. 회원국은 탐사 허가를 받기 위한 절차가 필요한 능력을 보유한 모든 주체에게 개방되고, 허가가 객관적이고 공표되고 비차별적 기준에 기반하여 부여 혹은 거부되도록 보장한다.
3. The duration of a permit shall not exceed the period necessary to carry out the exploration for which it is granted. However, the Member States may extend the validity of the permit where the stipulated duration is insufficient to complete the exploration concerned and where the exploration has been performed in accordance with the permit. Exploration permits shall be granted in respect of a limited volume area.	③ 허가 기간은 허용 받은 탐사 수행에 필요한 기간을 초과하지 않는다. 하지만, 회원국은 명시된 기간이 해당 탐사를 완료하는 데 불충분한 경우와 동 탐사가 허가에 따라 수행된 경우에는 허가의 효력을 연장할 수 있다. 탐사 허가는 제한된 용적 영역에 대해 부과된다.

원문	번역문
4. The holder of an exploration permit shall have the sole right to explore the po－tential CO_2 storage complex. Member States shall ensure that no conflicting uses of the complex are permitted during the period of validity of the permit.	④ 탐사 허가 보유자는 잠재적 CO_2 저장소 및 주변지역을 탐사할 유일한 권리를 가진다. 회원국은 허가가 유효한 기간 내에는 저장 단지에 대해 상충하는 이용이 허가되지 않도록 보장한다.
Article 6 Storage permits 1. Member States shall ensure that no storage site is operated without a storage permit, that there shall be only one operator for each storage site, and that no conflicting uses are permitted on thesite.	제6조 (저장 허가) 1. 회원국은 저장소가 저장 허가 없이 운영되지 않으며, 각 저장소에는 단 한명의 운영자가 존재하고, 그러한 장소에 상충하는 이용이 허가되지 않도록 보장한다.
2. Member States shall ensure that the procedures for the granting of storage per－mits are open to all entities possessing the necessary capacities and that the permits are granted on the basis of objective, published and transparent criteria.	2. 회원국은 저장 허가를 득하는 절차가 필요한 능력을 보유한 모든 주체에게 개방되고, 허가가 객관적이고 공표되고 비차별적 기준에 기반하여 부여되도록 보장한다.
3. Without prejudice to the requirements of this Directive, priority for the granting of a storage permit for a particular site shall be given to the holder of the exploration permit for that site, provided that the exploration of that site is completed, that any condition set in the exploration permit has been complied with, and that the application for a storage permit is made during the period of validity of the exploration permit. Member States shall ensure that no conflicting uses of the complex are allowed during the permit procedure.	3. 본 지침 요건에 대한 침해 없이, 특정 장소에 대한 저장 허가 획득을 위한 우선순위가 해당 장소에 대한 탐사 허가 보유자에게 부여된다. 단, 해당 장소의 탐사가 완료되었고, 탐사 허가에 설정된 모든 조건이 준수되었고, 저장 허가 신청이 탐사 허가가 유효한 기간 내에 이루어진 경우에 한한다. 회원국은 허가 절차 동안 저장 단지에 상충하는 이용이 허용되지 않도록 보장한다.
Article 7 Applications for storage permits Applications to the competent authority for	제7조 (저장 허가 신청) 관할 당국에 대한 저장 허가 신청은 최

원문	번역문
storage permits shall include at least the following information:	소한 다음의 정보를 포함한다.
1. the name and address of the potential operator;	1. 잠재 운영자의 성명 및 주소;
2. proof of the technical competence of the potential operator;	2. 잠재 운영자의 기술적 능력에 대한 증거;
3. the characterisation of the storage site and storage complex and an assessment of the expected security of the storage pursuant to Article 4(3) and (4);	3. 저장소 및 저장 복합단지에 대한 특성화와 제4조 제3항 및 제4항에 따른 예상 저장 안전성 평가
4. the total quantity of CO_2 to be injected and stored, as well as the prospective sources and transport methods, the compo-sition of CO_2 streams, the injection rates and pressures, and the location of injection fa-cilities;	4. 주입되거나 저장될 CO_2의 총 양, 예상 원료 및 수송 방법, CO_2 스트림의 성분, 주입속도 및 압력, 주입 시설 위치;
5. a description of measures to prevent significant irregularities;	5. 유의미한 이상을 예방하기 위한 방법;
6. a proposed monitoring plan pursuant to Article 13(2);	6. 제13조 제2항에 따른 제안된 모니터링 계획;
7. a proposed corrective measures plan pursuant to Article 16(2);	7. 제16조 제2항에 따른 제안된 시정 조치 계획;
8. a proposed provisional post-closure plan pursuant to Article 17(3);	8. 제17조 제3항에 따른 제안된 잠정 폐쇄 후 계획;
9. the information provided pursuant to Article 5 of Directive 85/337/EEC;	9. 지침 85/337/EEC 제5조에 따라 규정된 정보;
10. proof that the financial security or other equivalent provision as required under Article 19 will be valid and effective before commencement of the injection.	10. 제19조에서 요구되는 재정 담보 혹은 기타 동등한 담보가 주입 개시 전에 유효하고 효과적일 것이라는 증거.

원문	번역문
Article 8 Conditions for storage permits The competent authority shall issue a storage permit only if the following con–ditions are met:	제8조 (저장 허가 조건) 관할 당국은 다음의 조건이 충족된 경우에만 저장 허가를 부여한다:
1. the competent authority, on the basis of the application submitted pursuant to Article 7 and of any other relevant information, is satisfied that:	1. 제7조에 따라 제출된 신청서 및 그 밖에 다른 관련 정보에 기초하여 관할 당국은 다음을 충족한다:
(a) all relevant requirements of this Directive and of other relevant Community legislation are met;	(a) 본 지침 및 기타 관련 유럽공동체 법률의 모든 관련 요건들이 충족됨;
(b) the operator is financially sound and technically competent and reliable to operate and control the site and that professional and technical development and training of the operator and all staff are provided;	(b) 운영자가 저장소를 운영하고 통제할 만큼 재정적으로 건전하고 기술적으로 능력 있고 신뢰할만하며, 운영자 및 모든 직원의 전문적 및 기술적 개발 및 훈련이 제공됨;
(c) in the case of more than one storage site in the same hydraulic unit, the potential pressure interactions are such that both sites can simultaneously meet the requirements of this Directive;	(c) 동일한 지중수리역학적 단위 내 2개 이상의 저장소가 있는 경우, 잠재 유압 상호작용은 두 저장소 모두 본 지침의 요건을 동시에 충족하도록 한다;
2. the competent authority has considered any opinion of the Commission on the draft permit issued pursuant to Article 10.	2. 관할 당국은 제10조에 따라 부여된 허가 초안에 대한 집행위원회의 모든 의견을 고려한다.
Article 9 Contents of storage permits The permit shall contain at least the fol–lowing:	제9조 (저장 허가의 내용) 허가는 최소한 다음을 포함한다.
1. the name and address of the operator;	1. 운영자의 성명 및 주소;
2. the precise location and delimitation of the storage site and storage complex, and information concerning the hydraulic unit;	2. 저장소 및 저장 단지의 정확한 위치 및 경계, 지중수리역학적 단위에 관한 정보;

원문	번역문
3. the requirements for storage operation, the total quantity of CO_2 authorised to be geologically stored, the reservoir pressure limits, and the maximum injection rates and pressures;	3. 저장 운영, 지중 저장되도록 허가된 CO_2 총 양, 저장층 압력 한계, 최대 주입 속도 및 압력에 관한 요건;
4. the requirements for the composition of the CO_2 stream and the CO_2 stream acceptance procedure pursuant to Article 12, and, if necessary, further requirements for injection and storage in particular to prevent significant irregularities;	4. CO_2 스트림 및 제12조에 따른 CO_2 스트림 수용 절차에 관한 요건, 필요한 경우 특히 유의미한 이상 예방을 위한 주입 및 저장에 대한 추가적 요건;
5. the approved monitoring plan, the obligation to implement the plan and requirements for updating it pursuant to Article 13 as well as the reporting requirements pursuant to Article 14;	5. 승인된 모니터링 계획, 제13조에 따른 동 계획 이행 의무 및 갱신 요건, 제14조에 따른 보고 요건;
6. the requirement to notify the competent authority in the event of leakages or significant irregularities, the approved corrective measures plan and the obligation to implement the corrective measures plan in the event of leakages or significant irregularities pursuant to Article 16;	6. 누출 혹은 유의미한 이상 발생시 관할 당국에 이를 통지할 요건, 승인된 시정 조치 계획 및 제16조에 따라 누출 혹은 유의미한 이상 발생 시 시정 조치를 이행할 의무;
7. the conditions for closure and the approved provisional post-closure plan referred to in Article 17;	7. 폐쇄 조건 및 제17조에 언급된 승인된 잠정 폐쇄 후 계획;
8. any provisions on changes, review, updating and withdrawal of the storage permit pursuant to Article 11;	8. 제11조에 따른 저장 허가의 변경, 검토, 갱신 및 철회에 대한 모든 규정;
9. the requirement to establish and maintain the financial security or any other equivalent pursuant to Article 19.	9. 제19조에 따라 재정 담보 혹은 기타 이에 준하는 모든 것을 수립하고 유지할 요건;

원문	번역문
Article 10 Commission review of draft storage permits 1. Member States shall make the permit applications available to the Commission within one month after receipt. They shall also make available other related material that shall be taken into account by the competent authority when it seeks to make a decision on the award of a storage permit. They shall inform the Commission of all draft storage permits and any other material taken into consideration for the adoption of the draft decision. Within four months after receipt of the draft storage permit, the Commission may issue a non-binding opinion on it. If the Commission decides not to issue an opinion, it shall inform the Member State within one month of sub-mission of the draft permit and state its reasons.	제10조 (저장 허가 초안에 대한 집행위원회 검토) 1. 회원국은 수령 후 1개월 이내에 집행위원회가 허가 신청서를 검토할 수 있도록 한다. 또한 회원국은 저장 허가 부여 결정을 내릴 때 관할 당국이 고려해야 하는 모든 기타 관련 자료들도 이용 가능하도록 한다. 회원국은 초안 결정 채택에 고려된 모든 저장허가 초안 및 기타 자료를 위원회에게 전달한다. 저장 허가 초안 수령 후 4개월 이내에 집행위원회는 그에 관한 비구속적 의견을 발표할 수 있다. 집행위원회가 의견을 발표하기로 결정한 경우, 허가 초안 제출 1개월 이내에 회원국에게 의견을 전달하고 그에 관한 이유를 제시한다.
2. The competent authority shall notify the final decision to the Commission, and where it departs from the Commission opinion it shall state its reasons.	2. 관할 당국은 집행위원회에게 최종 결정을 통보하며, 집행위원회의 의견과 달리하는 경우 그에 관한 이유를 제시한다.
Article 11 Changes, review, update and withdrawal of storage permits 1. The operator shall inform the competent authority of any changes planned in the operation of the storage site, including changes concerning the operator. Where appropriate, the competent authority shall update the storage permit or the permit conditions.	제11조 (저장 허가의 변경, 검토, 갱신 및 철회) 1. 운영자는 운영자 변경에 관한 것을 포함하여, 계획된 저장소 운영에 대한 모든 변경 사항을 관할 당국에 통보한다. 가능한 경우, 관할 당국은 저장 허가 혹은 허가 조건을 갱신한다.

원문	번역문
2. Member States shall ensure that no substantial change is implemented without a new or updated storage permit issued in accordance with this Directive. Annex II, point 13, first indent of Directive 85/337/EEC shall apply in such cases.	2. 회원국은 본 지침에 따라 부여된 신규 혹은 갱신 저장 허가 없이 실질적인 변경이 이행되지 않도록 보장한다. 부속서 II 13항, 지침 85/337/EEC 첫 줄이 그러한 경우에 적용된다.
3. The competent authority shall review and where necessary update or, as a last resort, withdraw the storage permit:	3. 관할 당국은 저장 허가를 검토하고 필요한 경우 갱신하고 혹은, 최종 수단으로 철회한다:
(a) if it has been notified or made aware of any leakages or significant irregularities pursuant to Article 16(1);	(a) 제16조 제1항에 따른 누출 혹은 유의미한 이상이 통지되거나 인지되는 경우;
(b) if the reports submitted pursuant to Article 14 or the environmental inspections carried out pursuant to Article 15 show non-compliance with permit conditions or risks of leakages or significant irregularities;	(b) 제14조에 따라 제출된 보고서 혹은 제15조에 따라 수행된 환경 조사가 허가 조건에 대한 불이행 혹은 누출 위험 혹은 유의미한 이상을 나타내는 경우;
(c) if it is aware of any other failure by the operator to meet the permit conditions;	(c) 운영자에 의한 허가 조건 충족 실패가 인지되는 경우;
(d) if it appears necessary on the basis of the latest scientific findings and technological progress; or	(d) 최신 과학 증거 및 기술적 진보에 기초하여 필요한 경우;
(e) without prejudice to points (a) to (d), five years after issuing the permit and every 10 years thereafter.	(e) (a)－(d)호에 대한 침해 없이, 허가 부여 5년 후와 그 이후 매 10년 마다
4. After a permit has been withdrawn pur－suant to paragraph 3, the competent authority shall either issue a new storage permit or close the storage site pursuant to Article 17(1)(c). Until a new storage permit has been issued, the competent authority shall tempo－	4. 제3항에 따라 허가가 철회된 후, 관할 당국은 신규 저장 허가를 부여하거나 제17조 제1항 제c호에 따라 저장소를 폐쇄한다. 신규 저장 허가가 부여될 때까지 관할 당국은 본 당국이 본 지침에 규정된 요건에 따른 CO_2 주입, 모니터링 및 시정

원문	번역문
rarily take over all legal obligations relating to acceptance criteria where the competent authority decides to continue CO_2 injections, monitoring and corrective measures pursuant to the requirements laid down in this Directive, the surrender of allowances in cases of leakage pursuant to Directive 2003/87/EC and preventive and remedial action pursuant to Articles 5(1) and 6(1) of Directive 2004/35/EC. The competent authority shall recover any costs incurred from the former operator, including by drawing on the financial security referred to in Article 19. In case of closure of the storage site pursuant to Article 17(1)(c), Article 17(4) shall apply.	조치, 지침 2003/87/EC에 따른 누출에 대한 할당량 포기와 지침 2004/35/EC 제5조 제1항 및 제6조 제1항에 따른 예방 및 복원 조치를 지속한다고 결정하는 경우 수용 기준에 관련된 모든 법적 의무를 인계받는다. 관할 당국은 제19조에 언급된 재정 담보를 이용하는 것을 포함하여 이전 운영자로부터 모든 발생 비용을 보전한다. 제17조 제1항 제c호, 동조 제4항에 따른 저장소 폐쇄의 경우에도 적용된다.
CHAPTER 4 **OPERATION, CLOSURE AND POST-CLOSURE OBLIGATIONS**	**제4장** **운영, 폐쇄 및 폐쇄 후 의무**
Article 12 CO_2 stream acceptance criteria and procedure 1. A CO_2 stream shall consist overwhelmingly of carbon dioxide. To this end, no waste or other matter may be added for the purpose of disposing of that waste or other matter. However, a CO_2 stream may contain incidental associated substances from the source, capture or injection process and trace substances added to assist in monitoring and verifying CO_2 migration. Concentrations of all incidental and added substances shall be below levels that would:	제12조 (CO_2 스트림 수용 기준 및 절차) 1. CO_2 스트림은 대부분 이산화탄소로 구성된다. 이에 따라, 폐기물 혹은 기타 물질을 처리할 목적으로 그러한 것들을 첨가할 수 없다. 하지만, CO_2 스트림에는 원료, 포집 또는 주입 프로세스로부터 발생된 부수적인 관련 물질이 포함될 수 있으며, CO_2 이동을 모니터링하고 식별하는 데 도움을 주기 위해 첨가되는 추적 물질이 포함될 수 있다. 모든 부수 물질 및 첨가 물질의 농도는 다음 수준보다 낮아야 한다:

원문	번역문
(a) adversely affect the integrity of the storage site or the relevant transport infra－structure;	(a) 저장소 혹은 관련 수송 인프라의 완전성에 부정적 영향을 미치는 수준;
(b) pose a significant risk to the environ－ment or human health; or	(b) 환경 혹은 인간의 건강에 유의미한 위험을 부과하는 수준; 혹은
(c) breach the requirements of applicable Community legislation.	(c) 적용 가능한 유럽공동체 법률의 요건을 위반하는 수준.
2. The Commission shall, if appropriate, adopt guidelines to help identify the con－ditions applicable on a case by case basis for respecting the criteria laid down in paragraph 1.	2. 집행위원회는 적절한 경우 제1항에 규정된 기준에 관해 사례별로 적용 가능한 조건을 식별하도록 돕기 위한 가이드라인을 채택한다.
3. Member States shall ensure that the operator:	3. 회원국은 운영자가 다음에 따르도록 보장한다:
(a) accepts and injects CO_2 streams only if an analysis of the composition, including corrosive substances, of the streams and a risk assessment have been carried out, and if the risk assessment has shown that the contamination levels are inline with the conditions referred to in paragraph 1;	(a) 부식물질을 포함한 스트림의 성분에 대한 분석과 위험평가가 수행된 경우, 위험평가가 CO_2 스트림의 오염 수준이 제1항에 언급된 기준과 일치하는 경우에만 CO_2 스트림을 수용하고 주입한다;
(b) keeps a register of the quantities and properties of the CO_2 streams delivered and injected, including the composition of those streams.	(b) CO_2 스트림의 성분을 포함하여 수송되고 주입된 CO_2 스트림의 양 및 비율에 대한 등록부를 유지한다;
Article 13 Monitoring 1. Member States shall ensure that the op－erator carries out monitoring of the injection facilities, the storage complex (including where possible the CO_2 plume), and where appro－priate the surrounding environment for the purpose of:	제13조 (모니터링) 1. 회원국은 운영자가 다음의 목적으로, 주입 시설, 저장 단지(가능한 경우 CO_2 기둥을 포함하여), 적절한 경우 주변 환경에 대한 모니터링을 수행하도록 보장한다:

원문	번역문
(a) comparison between the actual and modelled behaviour of CO_2 and formation water, in the storage site;	(a) 저장소에서 CO_2 및 지층수의 실제 반응과 모델 반응 간 비교를 위해;
(b) detecting significant irregularities;	(b) 유의미한 이상을 추적하기 위해;
(c) detecting migration of CO_2;	(c) CO_2 이동을 추적하기 위해;
(d) detecting leakage of CO_2;	(d) CO_2 누출을 추적하기 위해;
(e) detecting significant adverse effects for the surrounding environment, including in particular on drinking water, for human populations, or for users of the surrounding biosphere;	(e) 특히 음용수를 포함한 주변 환경 및 인간 혹은 주변 생물권의 이용자에 대한 유의미한 부정적 영향을 추적하기 위해;
(f) assessing the effectiveness of any corrective measures taken pursuant to Article 16;	(f) 제16조에 따라 취해진 모든 시정 조치의 효과성을 평가하기 위해;
(g) updating the assessment of the safety and integrity of the storage complex in the short and long term, including the assessment of whether the stored CO_2 will be completely and permanently contained.	(g) 저장된 CO_2가 완전하게 영구적으로 밀폐되었는지에 대한 평가를 포함하여 장, 단기적으로 저장 단지에 대한 안전성 및 완전성 평가를 갱신하기 위해;
2. The monitoring shall be based on a monitoring plan designed by the operator pursuant to the requirements laid down in Annex II, including details on the monitoring in accordance with the guidelines established pursuant to Article 14 and Article 23(2) of Directive 2003/87/EC, submitted to and approved by the competent authority pursuant to Article 7(6) and Article 9(5) of this Directive. The plan shall be updated pursuant to the requirements laid down in Annex II and in any case every five years to take account of changes to the assessed risk	2. 모니터링은 지침 2003/87/EC 제14조 및 제23조 제2항에 따라 수립된 가이드라인에 따른 모니터링에 대한 세부사항을 포함하여, 부속서 II에 규정된 요건에 따라 운영자가 설계한 모니터링 계획에 기초하며, 본 지침 제7조 제6항 및 제9조 제5항에 따라 관할 당국에 제출되고 승인된다. 본 계획은 부속서 II에 규정된 요건에 따라 모든 경우 매 5년마다 최선의 이용가능한 기술로 평가된 누출 위험에 대한 변화, 평가된 환경 및 인간 건강의 위험에 대한 변화, 새로운 과학 지식 및 개선을 고려하기 위해 갱신된다. 갱신된 계획은

원문	번역문
of leakage, changes to the assessed risks to the environment and human health, new scientific knowledge, and improvements in best available technology. Updated plans shall be re-submitted for approval to the competent authority.	관할 당국의 허가를 위해 다시 제출된다.
Article 14 Reporting by the operator At a frequency to be determined by the competent authority, and in any event at least once a year, the operator shall submit to the competent authority:	제14조 (운영자의 보고) 관할 당국이 결정한 주기 마다, 모든 경우 최소한 연간 1회, 운영자는 관할 당국에 다음을 제출한다:
1. all results of the monitoring pursuant to Article 13 in the reporting period, including information on the monitoring technology employed;	1. 이용된 모니터링 기술에 관한 정보를 포함하여, 보고 기간 내에 제13조에 따른 모든 모니터링 결과;
2. the quantities and properties of the CO_2 streams delivered and injected, including composition of those streams, in the re-porting period, registered pursuant to Article 12(3)(b);	2. CO_2 스트림의 성분을 포함하여 보고 기간 내 수송되고 주입되고, 제12조 제3항 제b호에 따라 등록된 CO_2 스트림의 양 및 비율;
3. proof of the putting in place and maintenance of the financial security pur-suant to Article 19 and Article 9(9);	3. 제19조 및 제9조 제9항에 따른 재정 담보 시행 및 유지의 증거;
4. any other information the competent authority considers relevant for the purposes of assessing compliance with storage permit conditions and increasing the knowledge of CO_2 behaviour in the storage site.	4. 저장 허가 조건 이행 평가 및 저장소의 CO_2 작용에 관한 지식 증진 목적과 관련되어 관할 당국이 고려하는 기타 모든 정보.
Article 15 Inspections 1. Member States shall ensure that the competent authorities organise a system of routine and non-routine inspections of all	제15조 (조사) 1. 회원국은 관할 당국이 본 지침 요건 이행을 확인 및 증진하고, 환경과 인간 건강에 대한 영향을 모니터링할 목적으로

원문	번역문
storage complexes within the scope of this Directive for the purposes of checking and promoting compliance with the requirements of the Directive and of monitoring the effects on the environment and on human health.	본 지침의 범위 내에서 모든 저장 복합단지에 대한 정기, 비정기 조사 시스템을 마련할 것을 보장한다.
2. Inspections should include activities such as visits of the surface installations, including the injection facilities, assessing the injection and monitoring operations carried out by the operator, and checking all relevant records kept by the operator.	2. 조사는 주입시설을 포함한 지표 시설물에 대한 방문, 운영자가 수행한 주입 및 모니터링 운영 평가, 운영자가 보관한 모든 관련 기록 확인 등과 같은 활동들을 포함해야 한다.
3. Routine inspections shall be carried out at least once a year until three years after closure and every five years until transfer of responsibility to the competent authority has occurred. They shall examine the relevant injection and monitoring facilities as well as the full range of relevant effects from the storage complex on the environment and on human health.	3. 정기조사는 폐쇄 이후 3년까지는 최소 연간 1회, 관할 당국으로의 책임 이전까지 매 5년마다 수행된다. 이는 관련 주입 및 모니터링 시설과 환경 및 인간 건강에 대한 저장 복합시설의 모든 범위의 관련 영향을 조사한다.
4. Non-routine inspections shall be carried out:	4. 비정기조사는 다음의 경우 실시된다:
(a) if the competent authority has been notified or made aware of leakages or significant irregularities pursuant to Article 16(1);	(a) 관할 당국이 제16조 제1항에 따라 누출 혹은 유의미한 이상에 대해 통보받거나 인지한 경우;
(b) if the reports pursuant to Article 14 have shown insufficient compliance with the permit conditions;	(b) 제14조에 따른 보고서에 허가 조건 이행에 대한 미비가 나타나는 경우;
(c) to investigate serious complaints related to the environment or human health;	(c) 환경 혹은 인간 건강에 관련된 심각한 민원을 조사하기 위한 경우;

원문	번역문
(d) in other situations where the competent authority considers this appropriate.	(d) 관할 당국이 적절하다고 판단하는 기타 상황인 경우;
5. Following each inspection, the competent authority shall prepare a report on the results of the inspection. The report shall evaluate compliance with the requirements of this Directive and indicate whether or not further action is necessary. The report shall be communicated to the operator concerned and shall be publicly available in accordance with relevant Community legislation within two months of the inspection.	5. 각 조사에서 관할 당국은 조사 결과 보고서를 준비한다. 보고서는 본 지침 요건 이행을 평가하고 추가 조치가 필요한지를 제시한다. 보고서는 해당 운영자에게 전달되며, 조사 후 2개월 이내에 관련 유럽공동체 법률에 따라 대중 공개된다.
Article 16 Measures in case of leakages or significant irregularities 1. Member States shall ensure that in the event of leakages or significant irregularities, the operator immediately notifies the competent authority, and takes the necessary corrective measures, including measures related to the protection of human health. In cases of leakages and significant irregularities which imply the risk of leakage, the operator shall also notify the competent authority pursuant to Directive 2003/87/EC.	제16조 (누출 혹은 유의미한 이상의 경우 조치) 1. 회원국은 누출 혹은 유의미한 이상이 발생한 경우, 운영자가 즉시 관할 당국에 이를 통보하고, 인간 건강 보호와 관련된 조치를 포함하여 필요한 시정 조치를 취하도록 보장한다. 누출 및 누출 위험을 암시하는 유의미한 이상이 발생한 경우, 운영자는 또한 지침 2003/87/EC에 따라 관할 당국에 이를 통보한다.
2. The corrective measures referred to in paragraph 1 shall be taken as a minimum on the basis of a corrective measures plan submitted to and approved by the competent authority pursuant to Article 7(7) and Article 9(6).	2. 제1항에 언급된 시정조치는 제7조 제7항 및 제9조 제6항에 따라 관할 당국에 제출되고 승인된 시정조치 계획에 기초하여 최소한으로 이루어진다.
3. The competent authority may at any time require the operator to take the nec–	3. 관할 당국은 언제든지 운영자가 필요한 시정 조치와 인간 건강 보호에 필요한

원문	번역문
essary corrective measures, as well as measures related to the protection of human health. These may be additional to or different from those laid out in the corrective measures plan. The competent authority may also at any time take corrective measures itself.	조치를 취할 것을 요구할 수 있다. 이러한 조치들은 시정 조치 계획에 규정된 것에 추가적이거나 상이할 수 있다. 관할 당국은 또한 언제든지 스스로 시정 조치를 취할 수 있다.
4. If the operator fails to take the necessary corrective measures, the competent authority shall take the necessary corrective measures itself.	4. 운영자가 필요한 시정 조치 실시에 실패한 경우, 관할 당국은 스스로 필요한 시정 조치를 취한다.
5. The competent authority shall recover the costs incurred in relation to the measures referred to in paragraphs 3 and 4 from the operator, including by drawing on the financial security pursuant to Article 19.	5. 관할 당국은 제3항 및 제4항의 조치들과 관련되어 발생한 비용을 제19조에 따른 재정 담보를 활용하여 운영자로부터 보전하여야 한다.
Article 17 Closure and post-closure obligations 1. A storage site shall be closed:	**제17조** **(폐쇄 및 폐쇄 후 의무)** 1. 저장소는 다음의 경우에 폐쇄된다:
(a) if the relevant conditions stated in the permit have been met;	(a) 허가에 명시된 관련 조건이 충족된 경우;
(b) at the substantiated request of the operator, after authorisation of the competent authority; or	(b) 관할 당국의 승인 이후 운영자의 입증된 요청 시; 혹은
(c) if the competent authority so decides after the withdrawal of a storage permit pursuant to Article 11(3).	(c) 관할 당국이 제11조 제3항에 따라 저장 허가 철회 후 그렇게 결정한 경우;
2. After a storage site has been closed pursuant to points (a) or (b) of paragraph 1, the operator remains responsible for monitoring, reporting and corrective measures,	2. 제1항 (a)호 혹은 (b)호에 따라 저장소가 폐쇄된 이후, 운영자는 본 지침 제18조 제1항부터 제5항에 따라 관할 당국으로 저장소에 대한 책임이 이전될 때까지

원문	번역문
pursuant to the requirements laid down in this Directive, and for all obligations relating to the surrender of allowances in case of leakages pursuant to Directive 2003/87/EC and preventive and remedial actions pur-suant to Articles 5 to 8 of Directive 2004/35/EC until the responsibility for the storage site is transferred to the competent authority pursuant to Article 18(1) to (5) of this Directive. The operator shall also be responsible for sealing the storage site and removing the injection facilities.	본 지침에 규정된 요건에 따른 모니터링, 보고 및 시정 조치에 관해 책임을 보유하며, 지침 2003/87/EC에 따른 누출에 대한 할당량 포기에 관련된 모든 의무와 지침 2004/35/EC 제5조부터 제8조까지에 따른 예방 및 복원 조치에 대한 책임을 보유한다. 운영자는 또한 저장소를 밀봉하고 주입 시설을 제거할 책임이 있다.
3. The obligations referred to in paragraph 2 shall be fulfilled on the basis of a post-closure plan designed by the operator based on best practice and in accordance with the requirements laid down in Annex II. A provisional post-closure plan shall be submitted to and approved by the com-petent authority pursuant to Article 7(8) and Article 9(7). Prior to the closure of a storage site pursuant to points (a) or (b) of para-graph 1 of this Article, the provisional post-closure plan shall be:	3. 제2항에 언급된 의무들은 모범관행에 기반해 운영자가 설계한 폐쇄 후 계획에 기초하여 부속서 II에 규정된 요건을 충족해야 한다. 잠정 폐쇄 후 계획은 제7조 제8항 및 제9조 제7항에 따라 관할 당국에 제출되고 승인된다. 동조 제1항 (a)호 혹은 (b)호 에 따라 저장소가 폐쇄되기 전에 잠정 폐쇄 후 계획은:
(a) updated as necessary, taking account of risk analysis, best practice and technological improvements;	(a) 위험평가, 모범관행 및 기술 개선을 고려하여 필요한 경우 갱신된다;
(b) submitted to the competent authority for its approval; and	(b) 승인을 위해 관할 당국에 제출되어야 한다; 그리고
(c) approved by the competent authority as the definitive post-closure plan.	(c) 관할 당국에 의해 확정 폐쇄 후 계획으로 승인된다;

원문	번역문
4. After a storage site has been closed pursuant to paragraph 1(c), the competent authority shall be responsible for monitoring and corrective measures pursuant to the requirements laid down in this Directive and for all obligations relating to the surrender of allowances in case of leakages pursuant to Directive 2003/87/EC and preventive and remedial action pursuant to Articles 5(1) and 6(1) of Directive 2004/35/EC. The post-closure requirements pursuant to this Directive shall be fulfilled by the competent authority on the basis of the provisional post-closure plan referred to in paragraph 3 of this Article, which shall be updated as necessary.	4. 제1항 (c)호에 따라 저장소가 폐쇄된 후, 관할 당국은 본 지침에 규정된 요건에 따른 모니터링 및 시정 조치에 대해 책임을 지며, 지침 2003/87/EC에 따른 누출에 대한 할당량 포기와 지침 2004/35/EC 제5조 제1항 및 제6조 제1항에 따른 예방 및 복원 조치에 관련된 모든 의무에 대한 책임을 진다. 본 지침에 따른 폐쇄 후 요건은 동조 제3항에 언급된 잠정 폐쇄 후 계획에 기초하여 관할 당국에 의해 충족되며, 이는 필요한 경우 갱신된다.
5. The competent authority shall recover from the operator the costs incurred in relation to the measures referred to in paragraph 4, including by drawing on the financial security pursuant to Article 19.	5. 관할 당국은 제4항에 언급된 조치들과 관련하여 발생되는 비용을 제19조에 따른 재정담보에 대한 활용을 포함하여 운영자로부터 보전하여야 한다.
Article 18 Transfer of responsibility 1. Where a storage site has been closed pursuant to points (a) or (b) of Article 17(1), all legal obligations relating to monitoring and corrective measures pursuant to the requirements laid down in this Directive, the surrender of allowances in the event of leakages pursuant to Directive 2003/87/EC and preventive and remedial action pursuant to Articles 5(1) and 6(1) of Directive 2004/35/EC, shall be transferred to the competent authority on its own initiative or upon request from the operator, if the following conditions are met:	**제18조 (책임이전)** ① 저장소가 제17조 제1항 (a)호 혹은 (b)호에 따라 폐쇄된 경우, 본 지침에 규정된 요건에 따른 모니터링 및 시정 조치, 지침 2003/87/EC에 따른 누출에 대한 할당량 포기와 지침 2004/35/EC 제5조 제1항 및 제6조 제1항에 따른 예방 및 복원 조치와 관련된 모든 법적 의무는 다음의 조건이 충족된 경우 스스로 혹은 운영자의 요청에 따라 관할 당국에게 이전된다:

원문	번역문
(a) all available evidence indicates that the stored CO_2 will be completely and permanently contained;	(a) 모든 이용 가능한 증거가 저장된 CO_2가 완전하고 영구적으로 밀폐될 것이라고 제시될 것;
(b) a minimum period, to be determined by the competent authority has elapsed. This minimum period shall be no shorter than 20 years, unless the competent authority is convinced that the criterion referred to in point (a) is complied with before the end of that period;	(b) 관할 당국이 결정할 최소 기간이 경과할 것. 이 최소 기간은 (a)호에 언급된 기준이 동 기간 종료 전에 준수될 것이라고 확신하지 않는 한 20년 이상이 되어야 한다;
(c) the financial obligations referred to in Article 20 have been fulfilled;	(c) 제20조에 언급된 재정적 의무가 충족될 것;
(d) the site has been sealed and the injection facilities have been removed.	(d) 저장소가 밀봉되고 주입 시설이 철거될 것.
2. The operator shall prepare a report documenting that the condition referred to in paragraph 1(a) has been met and shall submit it to the competent authority for the latter to approve the transfer of responsibility. This report shall demonstrate, at least:	2. 운영자는 제1항 (a)호에 언급된 조건이 충족되었다는 내용의 보고서를 준비하고 책임이전 승인을 위해 이를 관할 당국에게 제출한다. 이 보고서는 최소 다음의 내용을 입증한다:
(a) the conformity of the actual behaviour of the injected CO_2 with the modelled behaviour;	(a) 주입된 CO_2의 실제 반응과 모델 반응 간의 일치성;
(b) the absence of any detectable leakage;	(b) 모든 감지 가능한 누출의 부재;
(c) that the storage site is evolving towards a situation of long-term stability.	(c) 저장소가 장기적으로 안정된 상태로 발전할 것;
The Commission may adopt guidelines on the assessment of the matters referred to in points (a), (b) and (c) of the first subparagraph, highlighting therein any implications	집행위원회는 제1항 (b)호에 언급된 최소 기간 결정에 관련된 기술적 기준에 대한 영향을 강조하는, 제1항 (a), (b), (c)호에 언급된 사안의 평가에 대한 가이드라

원문	번역문
for the technical criteria relevant to the determination of the minimum periods referred to in paragraph 1(b).	인을 채택할 수 있다.
3. Where the competent authority is satisfied that the conditions referred to in points (a) and (b) of paragraph 1 are met, it shall prepare a draft decision of approval of the transfer of responsibility. The draft decision shall specify the method for determining that the conditions referred to in paragraph 1(d) have been met as well as any updated requirements for the sealing of the storage site and for the removal of injection facilities. If the competent authority considers that the conditions referred to in points (a) and (b) of paragraph 1 are not met, it shall inform the operator of its reasons.	3. 관할 당국이 제1항 (a)호 및 (b)호에 언급된 조건이 충족되었다고 판단한 경우, 책임 이전 승인에 관한 결정 초안을 준비한다. 결정 초안은 제1항 (b)호에 언급된 조건이 충족되었는지와 저장소 밀봉 및 주입 시설 철거에 대한 모든 갱신 요건의 결정 방법을 명시한다. 관할 당국이 제1항 (b)호에 언급된 조건이 충족되지 않았다고 결정하는 경우, 그 이유를 운영자에게 알린다.
4. Member States shall make the reports referred to in paragraph 2 available to the Commission within one month after receipt. They shall also make available other related material that shall be taken into account by the competent authority when it prepares a draft decision of approval on the transfer of responsibility. They shall inform the Commission of all draft decisions of approval prepared by the competent authority pursuant to paragraph 3, including any other material taken into consideration for arriving at its conclusion. Within four months after receipt of the draft decision of approval, the Commission may issue a non-binding opinion on it. If the Commission decides not	4. 회원국은 제2항에 언급된 보고서를 수령 1개월 이내에 집행위원회가 이용 가능하도록 한다. 회원국은 또한 책임 이전 승인의 결정 초안을 준비할 때 관할 당국이 고려해야 하는 기타 관련 자료도 제공한다. 회원국은 결정에 도달하기 위해 고려되었던 모든 기타 자료를 포함하여 제3항에 따른 관할 당국이 준비한 모든 승인 결정 초안을 집행위원회에 전달한다. 승인 결정 초안 수령 후 4개월이내에 집행위원회는 그에 관한 비구속적 의견을 발표할 수 있다. 집행위원회가 의견을 발표하지 않기로 결정한 경우, 이를 승인 결정 초안 제출 1개월 이내에 회원국에게 통보하고 그 이유를 밝힌다.

원문	번역문
to issue an opinion, it shall inform the Member State within one month of submission of the draft decision of approval and state its reasons.	
5. Where the competent authority is satisfied that the conditions referred to in points (a) to (d) of paragraph 1 are complied with, it shall adopt the final decision and notify that decision to the operator. The competent authority shall also notify the final decision to the Commission, and where it departs from the Commission opinion it shall state its reasons.	5. 관할 당국이 제1항 (a)호부터 (d)호까지 언급된 조건이 준수되었다고 판단한 경우, 관할 당국은 최종 결정을 채택하고 그 결정을 운영자에게 통보한다. 관할 당국은 또한 최종 결정을 집행위원회에게 통보하며, 이 결정이 집행위원회 의견과 달리하는 경우 그에 관한 이유를 밝힌다.
6. After the transfer of responsibility, routine inspections provided for in Article 15(3) shall cease and monitoring may be reduced to a level which allows for detection of leakages or significant irregularities. If any leakages or significant irregularities are detected, monitoring shall be intensified as required to assess the scale of the problem and the effectiveness of corrective measures.	6. 책임 이전 이후, 제15조 제3항에 규정된 정기 조사가 중단되며 모니터링은 누출 혹은 유의미한 이상을 감지할 수 있는 수준까지 축소될 수 있다. 누출 혹은 유의미한 이상이 감지된 경우, 모니터링은 문제 규모와 시정 조치의 효과성을 평가하는데 요구되는 만큼 강화된다.
7. In cases where there has been fault on the part of the operator, including cases of deficient data, concealment of relevant information, negligence, wilful deceit or a failure to exercise due diligence, the competent authority shall recover from the former operator the costs incurred after the transfer of responsibility has taken place. Without prejudice to Article 20, there shall be no further recovery of costs after the transfer of responsibility.	7. 자료 부족, 관련 정보 은폐, 부주의, 고의적 기만 혹은 상당한 주의 의무 위반을 포함하여, 운영자 측의 과실이 있는 경우, 관할 당국은 책임 이전 이후 발생된 비용을 이전 운영자로부터 보전한다. 제20조에 대한 침해 없이, 책임 이전 이후 추가적인 비용 보전은 없다.

원문	번역문
8. Where a storage site has been closed pursuant to Article 17(1)(c), transfer of responsibility shall be deemed to take place if and when all available evidence indicates that the stored CO_2 will be completely and permanently contained, and after the site has been sealed and the injection facilities have been removed.	8. 저장소가 제17조 제1항 (c)호에 따라 폐쇄된 경우, 모든 이용 가능한 증거가 저장된 CO_2가 완전하고 영구적으로 밀폐될 것이라는 것을 가리키고 저장소가 밀봉되고 주입 시설이 제거된 후에 책임 이전이 발생한 것으로 간주된다.
Article 19 Financial security 1. Member States shall ensure that proof that adequate provisions can be established, by way of financial security or any other equivalent, on the basis of arrangements to be decided by the Member States, is presented by the potential operator as part of the application for a storage permit. This is in order to ensure that all obligations arising under the permit issued pursuant to this Directive, including closure and post-closure requirements, as well as any obligations arising from inclusion of the storage site under Directive 2003/87/EC, can be met. This financial security shall be valid and effective before commencement of injection.	제19조 (재정 담보) 1. 회원국은 자국이 결정한 절차에 기초하여 재정 담보 혹은 그에 상응하는 담보의 방식으로 적절한 준비가 설정될 수 있다는 증거가 저장 허가 신청의 일부로서 잠재 운영자에 의해 제시되도록 보장한다. 이는 폐쇄 및 폐쇄 후 요건을 포함하여 본 지침에 따라 부여된 허가 하에 발생하는 모든 의무와 지침 2003/87/EC 하의 저장소에 관한 규정에서 발생하는 모든 의무가 충족될 수 있음을 보장하기 위함이다. 재정 담보는 주입 개시 이전에 유효하고 시행되어야 한다.
2. The financial security shall be periodically adjusted to take account of changes to the assessed risk of leakage and the estimated costs of all obligations arising under the permit issued pursuant to this Directive as well as any obligations arising from inclusion of the storage site under Directive 2003/87/EC.	2. 재정 담보는 본 지침에 따라 부여된 허가 하에 발생하는 모든 의무와 지침 2003/87/EC 하의 저장소에 관한 규정에서 발생하는 모든 의무에 대한 추정 비용과 평가된 누출 위험에 대한 변화를 고려하여 주기적으로 조절된다.

원문	번역문
3. The financial security or any other equivalent referred to in paragraph 1 shall remain valid and effective:	3. 제1항에 언급된 재정 담보 혹은 이에 상응하는 담보는 다음의 경우 유효하고 시행된다:
(a) after a storage site has been closed pursuant to points (a) or (b) of Article 17(1), until the responsibility for the storage site is transferred to the competent authority pursuant to Article 18(1) to (5);	(a) 제17조 제1항 (a)호 혹은 (b)호에 따라 저장소가 폐쇄된 후, 제18조 제1항부터 제5항에 따라 관할 당국에 책임이 이전될 때까지;
(b) after the withdrawal of a storage per-mit pursuant to Article 11(3):	(b) 제11조 제3항에 따라 저장 허가 철회 후;
(i) until a new storage permit has been issued;	(i) 신규 저장 허가가 부여될 때 까지;
(ii) where the site is closed pursuant to Article 17(1)(c), until the transfer of re-sponsibility pursuant to Article 18(8), pro-vided the financial obligations referred to in Article 20 have been fulfilled.	(ii) 저장소가 제17조 제1항 (c)호에 따라 폐쇄된 경우, 제20조에 언급된 재정적 의무가 충족된 것을 조건으로 제18조 제8항에 따라 책임이 이전될 때까지.
Article 20 Financial mechanism 1. Member States shall ensure that the operator, on the basis of arrangements to be decided by the Member States, makes a fi-nancial contribution available to the com-petent authority before the transfer of re-sponsibility pursuant to Article 18 has taken place. The contribution from the operator shall take into account those criteria referred to in Annex I and elements relating to the history of storing CO_2 relevant to determin-ing the post-transfer obligations, and cover at least the anticipated cost of monitoring for a period of 30 years. This financial contribution may be used to cover the costs	**제20조 (재정 체계)** 1. 회원국은 자국이 결정한 절차에 기초하여, 제18조에 따른 관할 당국으로의 책임 이전이 발생하기 전에 운영자로 하여금 재정적 기여가 이루어지도록 보장한다. 운영자의 기여는 부속서 I에 언급된 기준들과 이전 후 책임을 결정하는 것과 관련된 CO_2 저장의 이력에 관한 구성요소를 고려하며, 최소 30년의 기간 동안 예상 모니터링 비용을 포함한다. 재정 기여는 책임 이전 이후 관할 당국이 지중 저장소에서 CO_2가 완전하고 영구적으로 보존되도록 보장하는데 발생하는 비용에 사용될 수 있다.

원문	번역문
borne by the competent authority after the transfer of responsibility to ensure that the CO_2 is completely and permanently con−tained in geological storage sites after the transfer of responsibility.	
2. The Commission may adopt guidelines for the estimation of the costs referred to in paragraph 1 to be developed in consultation with Member States with a view to ensuring transparency and predictability for operators.	2. 집행위원회는 운영자의 투명성 및 예측성 보장을 위해 제1항에 언급된 비용 추정에 관한 가이드라인을 회원국과 협의하고 개발하여 채택할 수 있다.
CHAPTER 5 THIRD-PARTY ACCESS	**제5장 제3자 접근**
Article 21 Access to transport network and storage sites 1. Member States shall take the necessary measures to ensure that potential users are able to obtain access to transport networks and to storage sites for the purposes of geological storage of the produced and captured CO_2, in accordance with para−graphs 2, 3 and 4.	**제21조(수송 네트워크 및 저장소 접근)** 1. 회원국은 생산되고 포집한 CO_2의 지중 저장 목적으로 잠재 이용자가 수송 네트워크 및 저장소에 대해 접근할 수 있도록 보장하기 위해 제2항, 제3항 및 제4항에 따라 필요한 조치를 취한다.
2. The access referred to in paragraph 1 shall be provided in a transparent and non−discriminatory manner determined by the Member State. The Member State shall apply the objectives of fair and open access, taking into account:	2. 제1항에 언급된 접근은 회원국이 결정한 투명하고 비차별적인 방식으로 제공된다. 회원국은 다음을 고려하여 공정하고 개방적인 접근 목적을 적용한다:
(a) the storage capacity which is or can reasonably be made available within the areas determined under Article 4, and the transport capacity which is or can reason−ably be made available;	(a) 제4조에서 결정된 영역 내에서 합리적으로 가능할 것이거나 가능한 저장 능력 및 합리적으로 가능할 것이거나 가능한 수송 능력;

원문	번역문
(b) the proportion of its CO_2 reduction obligations pursuant to international legal instruments and to Community legislation that it intends to meet through capture and geological storage of CO_2;	(b) CO_2 포집 및 지중 저장을 통해 충족하고자 하는, 국제법적 문서 및 유럽공동체 법률에 따른 CO_2 감축 의무의 비율;
(c) the need to refuse access where there is an incompatibility of technical specifica–tions which cannot be reasonably overcome;	(c) 합리적으로 극복할 수 없는 기술 사양의 비호환성이 있는 경우 접근을 거절할 필요성;
(d) the need to respect the duly sub–stantiated reasonable needs of the owner or operator of the storage site or of the trans–port network and the interests of all other users of the storage or the network or rele–vant processing or handling facilities who may be affected.	(d) 저장소 혹은 수송 네트워크에 대한 소유자 혹은 운영자의 정당하게 입증된 합리적 필요와 저장소 혹은 수송 네트워크 혹은 관련 프로세스 혹은 취급 시설에 대해 영향을 받을 수 있는 다른 모든 이용자의 이익을 존중할 필요성;
3. Transport network operators and oper–ators of storage sites may refuse access on the grounds of lack of capacity. Duly sub–stantiated reasons shall be given for any refusal.	3. 수송 네트워크 운영자 및 저장소 운영자는 능력 부족을 이유로 접근을 거절할 수 있다. 모든 거절에는 정당하게 입증된 합리적 이유가 제시되어야 한다.
4. Member States shall take the measures necessary to ensure that the operator re–fusing access on the grounds of lack of capacity or a lack of connection makes any necessary enhancements as far as it is eco–nomic to do so or when a potential customer is willing to pay for them, provided this would not negatively impact on the envi–ronmental security of transport and geological storage of CO_2.	4. 회원국은 능력 부족 혹은 연결 부족을 근거로 접근을 거절하는 운영자가 보다 경제적이거나 잠재 고객이 비용을 지불할 의사가 있는 한 필요한 개선을 하도록 보장하기 위해 필요한 조치를 취한다. 단 이는 CO_2 수송 및 지중저장의 환경적 안전성에 부정적인 영향을 미치지 않는 것을 조건으로 한다.
Article 22 Dispute settlement 1. Member States shall ensure that they	제22조 (분쟁 해결) 1. 회원국은 제21조 제2항에 언급된 기

원문	번역문
have in place dispute settlement arrangements, including an authority independent of the parties with access to all relevant information, to enable disputes relating to access to transport networks and to storage sites to be settled expeditiously, taking into account the criteria referred to in Article 21(2) and the number of parties which may be involved in negotiating such access.	준 및 해당 접근을 협상할 때 관여할 수 있는 당사자 수를 고려하여, 수송 네트워크 및 저장소에 대한 접근과 관련한 분쟁이 신속하게 해결될 수 있도록 하기 위해 모든 관련 정보에 접근할 수 있는 당사자들로부터 독립적인 권한을 포함하여 분쟁 해결 절차를 두도록 보장한다.
2. In the event of cross-border disputes, the dispute settlement arrangements of the Member State having jurisdiction over the transport network or the storage site to which access has been refused shall be applied. Where, in cross-border disputes, more than one Member State covers the transport network or storage site concerned, the Member States concerned shall consult with a view to ensuring that this Directive is applied consistently.	2. 국가 간 분쟁 발생의 경우, 접근이 거절된 수송 네트워크 혹은 저장소에 관할권을 가지는 회원국의 분쟁 해결 절차가 적용된다. 국가 간 분쟁에서 2개 이상 회원국의 수송 네트워크 혹은 저장소가 관련된 경우, 해당 회원국들은 본 지침이 일관적으로 적용될 수 있도록 보장하기 위해 협의한다.
CHAPTER 6 GENERAL PROVISIONS	**제6장 일반 규정**
Article 23 Competent authority Member States shall establish or designate the competent authority or authorities responsible for fulfilling the duties established under this Directive. Where more than one competent authority is designated, Member States shall establish arrangements for the coordination of the work of those authorities undertaken pursuant to this Directive.	제23조 (관할 당국) 회원국은 관할 당국 혹은 본 지침 하에 수립된 의무를 충족할 책임이 있는 당국을 설립하거나 지정한다. 2 이상의 관할 당국이 지정되는 경우, 회원국은 본 지침에 따라 해당 당국들이 착수할 작업에 대한 조정 절차를 수립한다.
Article 24 Transboundary cooperation In cases of transboundary transport of CO_2, transboundary storage sites or transboundary	제24조 (국가간 이동 협력) CO_2의 국가간 이동 수송, 국가간 이동 저장소, 국가간 이동 저장 복합단지의 경

원문	번역문
storage complexes, the competent authorities of the Member States concerned shall jointly meet the requirements of this Directive and of other relevant Community legislation.	우, 해당 회원국의 관할 당국은 본 지침 및 기타 관련 유럽공동체 법률의 요건들을 공동으로 충족한다.
Article 25 Registers 1. The competent authority shall establish and maintain:	제25조 (등록부) 1. 관할 당국은 다음을 수립하고 유지한다:
(a) a register of the storage permits granted; and	(a) 부여된 저장 허가의 등록부; 그리고
(b) a permanent register of all closed storage sites and surrounding storage complexes, including maps and sections of their spatial extent and available information relevant for assessing that the stored CO_2 will be completely and permanently contained.	(b) 공간적 범위에 대한 지도 및 구획과 저장된 CO_2가 완전히 영구적으로 저장될 것이라는 것을 평가하는 관련 가용 정보를 포함하여 모든 폐쇄 저장소 및 주변 저장 복합단지에 대한 영구적인 등록부.
2. The registers referred to in paragraph 1 shall be taken into consideration by the competent national authorities in relevant planning procedures and when permitting any activity that could affect or be affected by the geological storage of CO_2 in the registered storage sites.	2. 제1항에 언급된 등록부는 등록된 저장소에 대한 CO_2의 지중 저장에 영향을 주거나 받을 수 있는 관련 계획 절차 및 모든 활동에 대한 허가 부여 시 국가 관할 당국에 의해 고려된다.
Article 26 Information to the public Member States shall make available to the public environmental information relating to the geological storage of CO_2 in accordance with the applicable Community legislation.	제26조 (정보 공개) 회원국은 적용 가능한 유럽공동체 법률에 따라 CO_2의 지중 저장과 관련된 환경 정보를 대중에 공개한다.
Article 27 Reporting by Member States 1. Every three years the Member States shall submit to the Commission a report on the implementation of this Directive, in–	제27조 (회원국 보고) 1. 매 3년마다 회원국은 제25조 제1항 (b)호에 언급된 등록부를 포함하여 본 지침 이행과 관련된 보고서를 집행위원회에

원문	번역문
cluding the register referred to in Article 25(1)(b). The first report shall be sent to the Commission by 30 June 2011. The report shall be drawn up on the basis of a questionnaire or outline drafted by the Commission in accordance with the procedure referred to in Article 6 of Directive 91/692/EEC. The questionnaire or outline shall be sent to Member States at least six months before the deadline for the submission of the report.	제출한다. 첫 번째 보고서는 2011년 6월 30일까지 집행위원회에 제출한다. 보고서는 지침 91/692/EEC 제6조에 언급된 절차에 따라 위원회가 준비한 질문지 혹은 개요에 기초하여 작성되어야 한다. 질문지 혹은 개요는 보고서 제출 기한 최소 6개월 이전에 회원국으로 송부되어야 한다.
2. The Commission shall organise an exchange of information between the competent authorities of the Member States concerning the implementation of this Directive.	2. 집행위원회는 본 지침 이행에 관해 회원국의 관할 당국 간의 정보 교환을 준비한다.
Article 28 Penalties The Member States shall lay down the rules on penalties applicable to infringements of the national provisions adopted pursuant to this Directive and shall take all measures necessary to ensure that they are implemented. The penalties provided for must be effective, proportionate and dissuasive. The Member States shall notify those provisions to the Commission by 25 June 2011 and shall notify it without delay of any subsequent amendment affecting them.	제28조 (벌칙) 회원국은 본 지침에 따라 채택된 국내 규정의 위반에 적용 가능한 벌칙에 관한 규범을 제정하며, 그것이 이행될 수 있도록 필요한 모든 조치를 취한다. 규정된 벌칙은 반드시 효력이 있어야 하며, 비례적이고 설득력이 있어야 한다. 회원국은 2011년 6월 25일까지 본 규정들에 대해 통보하며, 이에 영향을 미치는 후속 개정에 대해서 지체없이 통보해야 한다.
Article 29 Amendments of Annexes Measures may be adopted to amend the Annexes. Those measures, designed to amend non-essential elements of this Directive, shall be adopted in accordance	제29조 (부속서 개정) 부속서를 개정하기 위한 조치들이 채택될 수 있다. 본 지침의 비필수적 요소들을 개정하도록 설계된, 이러한 조치들은 제30조 제2항에 언급된 규제 절차에 따라 철

원문	번역문
with the regulatory procedure with scrutiny referred to in Article 30(2).	저히 검토하여 채택된다.
Article 30 Committee procedure 1. The Commission shall be assisted by the Climate Change Committee.	제30조 (위원회 절차) 1. 집행위원회는 기후변화위원회의 도움을 받는다.
2. Where reference is made to this paragraph, Article 5a(1) to (4) and Article 7 of Decision 1999/468/EC shall apply, having regard to the provisions of Article 8 thereof.	2. 본 항에 대해 참조하는 경우, 결정 1999/468/EC 제8조의 규정을 고려하여, 동 결정 제5a조 제1항부터 제4항, 제7항이 적용된다.
CHAPTER 7 AMENDMENTS	제7장 개정
Article 31 Amendment of Directive 85/337/EEC Directive 85/337/EEC is hereby amended as follows:	제31조 (지침 85/337/EEC 개정) 지침 85/337/EEC는 다음과 같이 개정된다:
1. Annex I shall be amended as follows:	1. 부속서 I은 다음과 같이 개정된다:
(a) point 16 shall be replaced by the following:	(a) 16항은 아래와 같이 대체된다:
'16. Pipelines with a diameter of more than 800mm and a length of more than 40km: — for the transport of gas, oil, chemicals, and, — for the transport of carbon dioxide (CO_2) streams for the purposes of geological storage, including associated booster stations.';	'16. 직경 800mm 이상 길이 40km 이상의 파이프라인: – 가스, 석유, 화학물 수송 목적 – 관련 가압 스테이션을 포함한 지중 저장을 위한 이산화탄소 수송 목적';
(b) the following points shall be added: '23. Storage sites pursuant to Directive 2009/31/EC of the European Parliament and of the Council of 23 April 2009 on the geological storage of carbon dioxide.	(b) 다음 항이 추가된다: '23. 이산화탄소 지중 저장에 관한 2009년 4월 23일 유럽의회 및 이사회 지침 2009/31/EC에 따른 저장소.

원문	번역문
24. Installations for the capture of CO_2 streams for the purposes of geological storage pursuant to Directive 2009/31/EC from installations covered by this Annex, or where the total yearly capture of CO_2 is 1, 5 megatonnes or more.'	24. 본 부속서에서 다루어지는 설비 중 지침 2009/31/EC에 따른 지중 저장 목적의 CO_2 스트림 포집 설비, 혹은 총 연간 CO_2 포집량이 1,5 메가톤 혹은 그 이상인 경우.'
2. Annex II shall be amended as follows:	2. 부속서 II는 다음과 같이 개정된다:
(a) the following point shall be added to point 3:	(a) 아래 세부 항이 3항에 추가된다:
'(j) Installations for the capture of CO_2 streams for the purposes of geological storage pursuant to Directive 2009/31/EC from installations not covered by Annex I to this Directive.';	'(j) 본 지침 부속서 I에서 다루어지지 않는 설비 중 지침 2009/31/EC에 따른 지중 저장 목적의 CO_2 스트림 포집 설비.';
(b) point (i) of point 10 shall be replaced by the following:	(b) 제10항 (i)호는 다음과 같이 대체된다:
'(i) Oil and gas pipeline installations and pipelines for the transport of CO_2 streams for the purposes of geological storage (projects not included in Annex I).'	(i) 석유 및 가스 파이프라인 설비와 지중 저장 목적의 CO_2 스트림 수송 파이프라인(부속서 I에 포함되지 않은 프로젝트)'
Article 32 Amendment of Directive 2000/60/EC In Article 11(3)(j) of Directive 2000/60/EC, the following indent shall be inserted after the third indent: '— injection of carbon dioxide streams for storage purposes into geological formations which for natural reasons are permanently unsuitable for other purposes, provided that such injection is made in accordance with Directive 2009/31/EC of the European Parliament and of the Council of 23 April	**제32조 (지침 2000/60/EC 개정)** 지침 2000/30/EC 제11조 제3항 (j)호에서, 3번째 단락 이후 다음의 단락을 추가한다: '– 자연적 이유가 다른 목적에 영구적으로 적합하지 않은 지질층에 대한 저장 목적의 이산화탄소 스트림 주입, 단 이러한 주입은 이산화탄소 지중 저장에 관한 2009년 4월 23일 유럽의회 및 이사회 지침 2009/31/EC에 따라 이루어지거나 해당 지침 제2조 제2항에 따라 적용 범위에서

원문	번역문
2009 on the geological storage of carbon dioxide or excluded from the scope of that Directive pursuant to its Article 2(2);'	제외된다;'
Article 33 Amendment of Directive 2001/80/EC In Directive 2001/80/EC, the following Article shall be inserted: 'Article 9a1. 1. Member States shall ensure that operators of all combustion plants with a rated electrical output of 300 megawatts or more for which the original construction licence or, in the absence of such a procedure, the original operating licence is granted after the entry into force of Directive 2009/31/EC of the European Parliament and of the Council of 23 April 2009 on the geological storage of carbon dioxide, have assessed whether the following conditions are met: — suitable storage sites are available, — transport facilities are technically and economically feasible, — it is technically and economically feasible to retrofit for CO_2 capture.	제33조 (지침 2001/80/EC 개정) 지침 2001/80/EC에 다음의 조를 추가한다: '제9a1조. 1. 회원국은 최초 건설 허가를 득한 혹은 그러한 절차가 없다면 이산화탄소 지중 저장에 관한 2009년 4월 23일 유럽의회 및 이사회 지침 2009/31/EC 발효 이후 최초 운영 허가를 득한 300 메가와트 혹은 그 이상의 정격 전기 출력을 가진 모든 연소 발전소 운영자가 다음의 조건이 충족되었는지를 평가할 것을 보장한다: –적절한 저장소가 이용가능한지, –수송 시설이 기술적으로 경제적으로 실현 가능한지, –CO_2 포집을 위한 개축이 기술적, 경제적으로 실현가능한지.
2. If the conditions in paragraph 1 are met, the competent authority shall ensure that suitable space on the installation site for the equipment necessary to capture and compress CO_2 is set aside. The competent authority shall determine whether the conditions are met on the basis of the assessment referred to in paragraph 1 and other available information, particularly concerning the protection of the environment and human health.'	2. 제1항의 조건이 충족된 경우, 관할 당국은 CO_2를 포집하고 압축하는데 필요한 장치의 설비를 위한 적절한 공간이 확보되도록 보장한다. 관할 당국은 제1항에 언급된 평가, 그리고 특히 환경 및 인간 건강에 관한 기타 이용 가능한 정보를 기초로 이러한 조건이 충족되었는지를 결정한다.

원문	번역문
Article 34 Amendment of Directive 2004/35/EC In Annex III to Directive 2004/35/EC, the following paragraph shall be added: '14. The operation of storage sites pursuant to Directive 2009/31/EC of the European Parliament and of the Council of 23 April 2009 on the geological storage of carbon dioxide;'	제34조 (지침 2004/35/EC 개정) 지침 2004/35/EC 부속서 III에, 다음 문단을 추가한다: '14. 이산화탄소 지중 저장에 관한 2009년 4월 23일 유럽의회 및 이사회 지침 2009/31/EC에 따른 저장소의 운영자;'
Article 35 Amendment of Directive 2006/12/EC Article 2(1)(a) of Directive 2006/12/EC shall be replaced by the following: '(a) gaseous effluents emitted into the at-mosphere and carbon dioxide captured and transported for the purposes of geological storage and geologically stored in accord-ance with Directive 2009/31/EC of the European Parliament and of the Council of 23 April 2009 on the geological storage of carbon dioxide or excluded from the scope of that Directive pursuant to its Article 2(2);'	제35조 (지침 2006/12/EC 개정) 지침 2006/12/EC 제2조 제1항 (a)호는 다음과 같이 대체된다: '(a) 대기 중으로 배출되는 가스 배출물 및 이산화탄소 지중 저장에 관한 2009년 4월 23일 유럽의회 및 이사회 지침 2009/31/EC에 따라 지중 저장 목적으로 포집되고 수송되고 지중 저장된 이산화탄소 혹은 본 지침 제2조 제2항에 따라 본 지침의 적용범위로 부터 제외된 것;'
Article 36 Amendment of Regulation (EC) No 1013/2006 In Article 1(3) of Regulation (EC) No 1013/2006, the following point shall be added: '(h) shipments of CO_2 for the purposes of geological storage in accordance with Directive 2009/31/EC of the European Parliament and of the Council of 23 April 2009 on the geological storage of carbon dioxide;'	제36조 (규정 1013/2006호 개정) 규정 1013/2006호 제1조 제3항에 다음 세부항을 추가한다: '(h) 이산화탄소 지중 저장에 관한 2009년 4월 23일 유럽의회 및 이사회 지침 2009/31/EC에 따른 지중 저장 목적의 CO_2 선적;'
Article 37 Amendment of Directive 2008/1/EC In Annex I to Directive 2008/1/EC, the	제37조 (지침 2008/1/EC 개정) 2008/1/EC 지침 부속서 I에 아래 항을

원문	번역문
following point shall be added: '6.9 Capture of CO_2 streams from in-stallations covered by this Directive for the purposes of geological storage pursuant to Directive 2009/31/EC of the European Parliament and of the Council of 23 April 2009 on the geological storage of carbon dioxide.'	추가한다: '6.9 이산화탄소 지중 저장에 관한 2009년 4월 23일 유럽의회 및 이사회 지침 2009/31/EC에 따른 지중 저장 목적으로 본 지침에서 다루어지는 설비로부터 CO_2 스트림 포집.'
CHAPTER 8 FINAL PROVISIONS	**제8장 최종 규정**
Article 38 Review 1. The Commission shall transmit to the European Parliament and to the Council a report on the implementation of this Directive within nine months of receiving the reports referred to in Article 27.	제38조 (검토) 1. 집행위원회는 제27조에 언급된 보고서 수령 후 9개월 이내에 본 지침 이행에 관한 보고서를 유럽의회 및 이사회에 송부한다.
2. In the report transmitted by 31 March 2015, the Commission shall assess in par-ticular, on the basis of experience with the implementation of this Directive, in light of the experience with CCS and taking into account technical progress and the most recent scientific knowledge:	2. 2015년 3월 31일까지 송부된 보고서에서 집행위원회는 특히 CCS에 대한 경험 측면에서 기술 진보와 최신 과학 지식을 고려하여 본 지침의 이행에 대한 경험에 기초하여 다음을 평가한다:
— whether permanent containment of CO_2 in such a way as to prevent and reduce as far as possible negative effects on the en-vironment and any resulting risk to human health and the environmental and human safety of CCS has been sufficiently demon-strated,	– 환경에 대한 부정적 영향과 이로 인한 인간 건강에 대한 위험 그리고 CCS의 환경적 인간적 안전을 가능한 한 예방하고 경감시키는 방식으로 CO_2의 영구적인 밀폐성이 충분히 입증되었는지,
— whether the procedures regarding the Commission's reviews of the draft storage permits, referred to in Article 10, and the	– 제10조에 언급된 저장 허가 초안 및 제18조에 언급된 책임 이전 결정 초안에 대한 집행위원회의 검토에 관한 절차가

원문	번역문
draft decisions on transfer of responsibility, referred to in Article 18, are still required,	여전히 요구되는지,
— experience with the provisions on CO_2 stream acceptance criteria and procedure referred to in Article 12,	– 제12조에 언급된 CO_2 스트림 수용 기준 및 절차에 관한 규정에 대한 경험,
— experience with the provisions on third-party access referred to in Articles 21 and 22 and with the provisions on trans-boundary cooperation pursuant to Article 24,	– 제21조 및 제22조에 언급된 제3자 접근에 관한 규정 및 제24조에 따른 국가간 이동 협력에 관한 규정에 대한 경험,
— the provisions applicable to combustion plants with a rated electrical output of 300 megawatts or more referred to in Article 9a of Directive 2001/80/EC,	– 지침 2001/80/EC 제9a조에 언급된 300메가와트 혹은 그 이상의 정격 전력 출력을 가진 연소 발전소에 적용 가능한 규정들,
— prospects for geological storage of CO_2 in third countries,	– 제3국에서 CO_2 지중 저장에 대한 전망
— further development and updating of the criteria referred to in Annex I and Annex II,	– 부속서 I 및 II에 언급된 기준의 추가 개발 및 업데이트
— experience with incentives for applying CCS on installations combusting biomass,	– 바이오매스 연소 설비에 CCS 적용에 관한 인센티브에 대한 경험,
— the need for further regulation on environmental risks related to CO_2 transport, and shall present a proposal for revision of the Directive if appropriate.	– CO_2 수송에 관련된 환경 위험에 대한 추가 규율 필요성, 그리고 적절한 경우 지침에 대한 개정 제안을 한다.
3. Where permanent containment of CO_2 in such way as to prevent and, where this is not possible, eliminate as far as possible negative effects and any risk to the environment and human health, and the environmental and human safety of CCS have been sufficiently demonstrated, as well as its economic feasibility, the review shall ex-	3. 환경 및 인간 건강에 대한 부정적 영향과 모든 위험, CCS의 환경적 인간적 안전을 가능한한 예방하고, 그것이 불가능한 경우에는 제거하는 방식의 CO_2의 영구적 밀폐가 충분히 입증된 경우, 지침 2001/80/EC 제9a조에 따른 신규 전기 생산 대형 연소 설비의 배출 수행 기준에 대해 의무적 요건 수립이 필요하고 실용적인지와 경제적 실현

원문	번역문
amine whether it is needed and practicable to establish a mandatory requirement for emission performance standards for new electricity-generating large combustion installations pursuant to Article 9a of Directive 2001/80/EC.	가능성이 검토되어야 한다.
Article 39 Transposition and transitional measures 1. Member States shall bring into force the laws, regulations and administrative provisions necessary to comply with this Directive by 25 June 2011. They shall forthwith communicate to the Commission the text of those measures. When Member States adopt these measures, they shall contain a reference to this Directive or shall be accompanied by such reference on the occasion of their official publication. The methods of making such reference shall be laid down by Member States.	제39조 (이항 및 과도 조치) 1. 회원국은 2011년 6월 25일까지 본 지침 준수에 필요한 법, 규정, 및 행정규율을 발효한다. 회원국은 그러한 조치들의 문안을 집행위원회에 즉시 전달한다. 회원국이 그러한 조치들을 채택할 때, 동 조치들은 본 지침에 대한 언급을 포함하거나 공식 발표 시 그러한 언급을 포함한다. 이러한 언급의 방식은 회원국에 의해 규정된다.
2. Member States shall communicate to the Commission the text of the main provisions of national law which they adopt in the field covered by this Directive.	2. 회원국은 본 지침에서 다루고 있는 분야에 대해 채택한 국내법 주요 규정들의 문안을 집행위원회에게 전달한다.
3. Member States shall ensure that the following storage sites falling within the scope of this Directive are operated in accordance with the requirements of this Directive by 25 June 2012: (a) storage sites used in accordance with existing legislation on 25 June 2009; (b) storage sites authorised in accordance	3. 회원국은 본 지침의 적용범위에 해당하는 다음의 저장소가 2012년 6월 25일까지 본 지침의 요건에 따라 운영되도록 보장한다: (a) 2009년 6월 25일에 기존 법률에 따라 사용되고 있는 저장소; (b) 2009년 6월 25일 혹은 그 이전 그러

원문	번역문
with such legislation before or on 25 June 2009, provided that the sites are used not later than one year after that date. Articles 4 and 5, Article 7(3), Article 8(2) and Article 10 shall not apply in these cases.	한 법률에 따라 허가된 저장소, 단 저장소는 동 날짜 이 후 1년 이상 사용되어서는 안된다. 제4조, 제5조, 제7조 제3항, 제8조 제2항, 제10조는 이러한 경우에 적용되지 않는다.
Article 40 Entry into force This Directive shall enter into force on the 20th day following its publication in the Official Journal of the European Union.	**제40조 (발효)** 본 지침은 유럽연합 공식 저널에 발표된 후 20일에 발효한다.
Article 41 Addressees This Directive is addressed to the Member States.	**제41조 (수신자)** 본 지침은 회원국에게 보내진다.
ANNEX I **CRITERIA FOR THE CHARACTERISATION AND ASSESSMENT OF THE POTENTIAL STORAGE COMPLEX AND SURROUNDING AREA REFERRED TO IN ARTICLE 4(3)**	**부속서 I** **제4조 제3항에 언급된 잠재 저장 복합단지 및 주변 지역에 대한 특성화 및 평가를 위한 기준**
The characterisation and assessment of the potential storage complex and surrounding area referred to in Article 4(3) shall be carried out in three steps according to best practices at the time of the assessment and to the following criteria. Derogations from one or more of these criteria may be permitted by the competent authority provided the operator has demonstrated that the capacity of the characterisation and assessment to enable the determinations pursuant to Article 4 is not affected.	제4조 제3항에 언급된 잠재 저장 복합단지 및 주변 지역에 대한 특성화 및 평가는 평가 시점의 모범관행 및 다음의 기준에 따라 3단계로 수행된다. 운영자가 제4조에 따른 결정을 가능케 하는 특성화 및 평가 능력에 영향이 없다는 것을 입증하는 것을 조건으로 하나 이상의 기준에 대한 수정이 허용될 수 있다.
Step 1: Data collection Sufficient data shall be accumulated to	**1단계 : 데이터 수집** 덮개암을 포함한 저장소 및 저장 복합

원문	번역문
construct a volumetric and three-dimensional static (3-D)-earth model for the storage site and storage complex, including the caprock, and the surrounding area, including the hydraulically connected areas. This data shall cover at least the following intrinsic characteristics of the storage complex:	단지 및 지중수리역학적으로 연결된 지역을 포함한 주변 지역에 대한 용적 측정 3D 정적 지질 모델을 구축하기 위해 충분한 데이터가 축적되어야 한다. 이러한 데이터는 최소한 다음과 같은 저장 복합단지의 고유의 특성을 포함해야 한다:
(a) geology and geophysics;	(a) 지질 및 지구물리학;
(b) hydrogeology (in particular existence of ground water intended for consumption);	(b) 수리지질학(특히 소비될 지하수의 존재);
(c) reservoir engineering (including volumetric calculations of pore volume for CO_2 injection and ultimate storage capacity);	(c) 저장 공학(CO_2 주입 및 최종 저장 능력에 대한 공극 부체적의 용적 계산 포함);
(d) geochemistry (dissolution rates, mineralisation rates);	(d) 지구화학(용해율, 광물화율);
(e) geomechanics (permeability, fracture pressure);	(e) 지질 역학(투수율, 균열 압력);
(f) seismicity;	(f) 지진활동도;
(g) presence and condition of natural and man-made pathways, including wells and boreholes which could provide leakage pathways.	(g) 누출 경로를 제공할 수 있는 시추공 및 천공을 포함하여 자연 및 인공 경로의 존재 및 상태.
The following characteristics of the complex vicinity shall be documented:	저장단지 인근의 다음의 특성이 서술된다:
(h) domains surrounding the storage complex that may be affected by the storage of CO_2 in the storage site;	(h) 저장소에서 CO_2의 저장으로 영향을 받을 수 있는 저장 단지 주변의 영역;
(i) population distribution in the region overlying the storage site;	(i) 저장소 위 지역의 인구 분포;

원문	번역문
(j) proximity to valuable natural resources (including in particular Natura 2000 areas pursuant to Council Directive 79/409/EEC of 2 April 1979 on the conservation of wild birds and Council Directive 92/43/EEC of 21 May 1992 on the conservation of natural habitats and of wild fauna and flora, potable groundwater and hydrocarbons);	(j) 가치 있는 천연자원에 대한 근접성(특히 야생 조류 보존에 관한 1979년 4월 2일 이사회 지침 79/409/EEC 및 야생 동식물의 자연서식지, 음용 지하수 및 유가스의 보존에 관한 1992년 5월 21일 이사회 지침 92/43/EEC에 따른 Natura2000 지역을 포함);
(k) activities around the storage complex and possible interactions with these activities (for example, exploration, production and storage of hydrocarbons, geothermal use of aquifers and use of underground water re-serves);	(k) 저장소 및 주변지역을 둘러싼 활동들과 그러한 활동들과의 가능한 상호작용들(예컨대, 유가스의 탐사, 생산 및 저장, 대수층 지열 이용, 지하수 저장소 사용);
(l) proximity to the potential CO_2 source(s) (including estimates of the total potential mass of CO_2 economically available for storage) and adequate transport networks.	(l) 잠재 CO_2 원천 및 적절한 수송 네트워크와의 근접성(경제적으로 저장 가능한 CO_2의 총 잠재 질량 추정 포함).
Step 2: Building the three-dimensional static geological earth model Using the data collected in Step 1, a three-dimensional static geological earth model, or a set of such models, of the candidate storage complex, including the caprock and the hydraulically connected areas and fluids shall be built using com-puter reservoir simulators. The static geo-logical earth model(s) shall characterise the complex in terms of:	**2단계 : 3차원 정적 지질 모델** 1단계에서 수집된 데이터를 활용한 덮개암 및 지중수리역학적으로 연결된 지역과 유체를 포함한 저장소 및 주변 지역 후보에 대한 3차원 정적 지질 모델, 혹은 그러한 복합 저장층 모델을 컴퓨터 시뮬레이터를 이용하여 구축한다. 정적 지질 모델은 다음에 관하여 복합단지를 특성화한다:
(a) geological structure of the physical trap;	(a) 물리적 트랩의 지질 구조;
(b) geomechanical, geochemical and flow properties of the reservoir overburden	(b) 저장층 상부 지층 압력(덮개암 씰, 다공성 및 투수성 경계) 및 주변 지질층

원문	번역문
(caprock, seals, porous and permeable ho-rizons) and surrounding formations;	의 지질역학적 및 지구화학적 거동 특성;
(c) fracture system characterisation and presence of any human-made pathways;	(c) 균열 시스템 특성화 및 모든 인공 경로;
(d) areal and vertical extent of the storage complex;	(d) 저장 복합단지의 면적 및 수직 범위;
(e) pore space volume (including porosity distribution);	(e) 공극 용체적(공극률 분포 포함);
(f) baseline fluid distribution;	(f) 기준 시점의 유체 분포;
(g) any other relevant characteristics.	(g) 모든 기타 관련 특성.
The uncertainty associated with each of the parameters used to build the model shall be assessed by developing a range of scenarios for each parameter and calculating the ap-propriate confidence limits. Any uncertainty associated with the model itself shall also be assessed.	모델 구축에 사용된 각 매개변수와 관련된 불확실성은 각 측정치에 대한 시나리오 범위를 개발하고 적절한 신뢰 한계를 계산함으로써 평가된다. 모델 그 자체와 관련된 모든 불확실성 또한 평가된다.
Step 3: Characterisation of the storage dynamic behaviour, sensitivity character-isation, risk assessment The characterisations and assessment shall be based on dynamic modelling, comprising a variety of time-step simulations of CO_2 injection into the storage site using the three-dimensional static geological earth model(s) in the computerised storage com-plex simulator constructed under Step 2.	**3단계 : 저장 동적 반응의 특성화, 민감도 특성화, 위험도 평가** 특성화 및 평가는 2단계에서 구축된 컴퓨터화된 저장 단지 시뮬레이터에서 3차원 정적 지질 모델을 사용한 저장소에 대한 CO_2 주입의 다양한 단계별 시뮬레이션으로 구성된 동적 모델링에 기반한다.
Step 3.1: Characterisation of the storage dynamic behaviour At least the following factors shall be considered:	**3.1단계 : 저장소의 동적 거동의 특성화** 최소한 다음의 요소들이 고려된다:

원문	번역문
(a) possible injection rates and CO_2 stream properties;	(a) 가능 주입율 및 CO_2 스트림 특성;
(b) the efficacy of coupled process modelling (that is, the way various single effects in the simulator(s) interact);	(b) 융합 프로세스 모델링의 효과(즉, 시뮬레이터에서 다양한 단일 효과가 상호 작용하는 방식);
(c) reactive processes (that is, the way reactions of the injected CO_2 with in situ minerals feedback in the model);	(c) 반응 과정(즉, 모델에서 주입된 CO_2 반응과 지층내 광물이 피드백하는 방식);
(d) the reservoir simulator used (multiple simulations may be required in order to validate certain findings);	(d) 사용된 저장층 시뮬레이터(특정 결과를 검증하기 위해 수차례 시뮬레이션이 요구될 수 있음);
(e) short and long-term simulations (to establish CO_2 fate and behaviour over decades and millennia, including the rate of dissolution of CO_2 in water).	(e) 장단기 시뮬레이션(수중 CO_2 용해율을 포함하여, 수십년 및 수천년에 걸친 CO_2의 최종 상태와 반응을 설정하기 위해).
The dynamic modelling shall provide insight into:	동적 모델링은 다음을 제공한다:
(f) pressure and temperature of the storage formation as a function of injection rate and accumulative injection amount over time;	(f) 시간 경과에 따른 주입율 및 누적 주입량의 함수로서 저장 지층에 대한 압력 및 온도;
(g) areal and vertical extent of CO_2 vs time;	(g) 시간 대비 CO_2면적 및 수직 범위;
(h) the nature of CO_2 flow in the reservoir, including phase behaviour;	(h) 상거동을 포함하여 저장층 내 CO_2 유동 특성;
(i) CO_2 trapping mechanisms and rates (including spill points and lateral and vertical seals);	(i) CO_2 저장구조 매커니즘 및 속도(유출지점 및 수평 수직 자폐 포함);
(j) secondary containment systems in the overall storage complex;	(j) 전반적 저장 지역의 2차 차단 시스템;
(k) storage capacity and pressure gradients in the storage site;	(k) 저장소의 저장 능력 및 압력 경도;

원문	번역문
(l) the risk of fracturing the storage formation(s) and caprock;	(l) 저장 지질층 및 덮개암 균열 위험;
(m) the risk of CO_2 entry into the caprock;	(m) CO_2의 덮개암으로 진입 위험;
(n) the risk of leakage from the storage site (for example, through abandoned or inadequately sealed wells);	(n) 저장소 누출 위험(예컨대, 폐기된 혹은 부적절히 밀봉된 시추공을 통해);
(o) the rate of migration (in open-ended reservoirs);	(o) 이동 속도(개방 저장층에서);
(p) fracture sealing rates;	(p) 균열 밀봉률;
(q) changes in formation(s) fluid chemistry and subsequent reactions (for example, pH change, mineral formation) and inclusion of reactive modelling to assess affects;	(q) 지층 내 유체 화학과 후속 반응의 변화(예컨대, pH 변화, 광물형성), 및 영향 평가를 위한 반응 모델링;
(r) displacement of formation fluids;	(r) 지층 유체의 이동;
(s) increased seismicity and elevation at surface level.	(s) 지표면에서 증가된 지진 활동 및 고도.
Step 3.2: Sensitivity characterisation Multiple simulations shall be undertaken to identify the sensitivity of the assessment to assumptions made about particular parameters. The simulations shall be based on altering parameters in the static geological earth model(s), and changing rate functions and assumptions in the dynamic modelling exercise. Any significant sensitivity shall be taken into account in the risk assessment.	**3.2단계 : 민감도 특성화** 특정 매개변수에 관한 가정에 대한 평가의 민감도를 식별하기 위해 수차례의 시뮬레이션이 수행된다. 시뮬레이션은 정적 지질 모델에서 변동 매개변수와, 동적 모델링 수행에서 변화 속도 함수 및 가정에 기초한다. 모든 유의미한 민감도는 위험도 평가에 고려된다.
Step 3.3: Risk assessment The risk assessment shall comprise, inter alia, the following:	**3.3단계 : 위험도 평가** 위험도 평가는 특히, 다음으로 구성된다:

원문	번역문
3.3.1. Hazard characterisation Hazard characterisation shall be undertaken by characterising the potential for leakage from the storage complex, as established through dynamic modelling and security characterisation described above. This shall include consideration of, inter alia:	**3.3.1단계 : 위험 요소 특성화** 위험 요소 특성화는 앞서 묘사된 동적 모델링 및 안전 특성화를 통해 수립된 저장 복합단지로부터의 잠재 누출을 특성화함으로써 수행된다. 이는 특히 다음에 대한 고려를 포함한다:
(a) potential leakage pathways;	(a) 잠재 누출 경로;
(b) potential magnitude of leakage events for identified leakage pathways (flux rates);	(b) 식별된 누출 경로에 대한 누출 발생의 잠재 규모(유동률);
(c) critical parameters affecting potential leakage (for example maximum reservoir pressure, maximum injection rate, temper-ature, sensitivity to various assumptions in the static geological Earth model(s));	(c) 잠재 누출에 영향을 미치는 핵심 매개변수(예컨대, 저장층의 최대압력, 최대 주입율, 온도, 정적 지질 모델에서 다양한 가정에 대한 민감도);
(d) secondary effects of storage of CO_2, including displaced formation fluids and new substances created by the storing of CO_2;	(d) CO_2 저장으로 생성된 새로운 물질 및 이동된 지층 유체를 포함한 CO_2저장의 2차 영향;
(e) any other factors which could pose a hazard to human health or the environment (for example physical structures associated with the project).	(e) 인간 건강 혹은 환경에 위험 요소를 부과할 수 있는 기타 모든 요인들(예컨대 프로젝트에 관련된 물리적 구조).
The hazard characterisation shall cover the full range of potential operating conditions to test the security of the storage complex.	위험 요소 특성화는 저장 복합단지의 안전성을 테스트하기 위해 잠재 운영조건의 전범위를 다룬다.
3.3.2. Exposure assessment Based on the characteristics of the environ-ment and the distribution and activities of the human population above the storage complex, and the potential behaviour and fate of	**3.3.2단계 노출 평가** 환경, 저장소 및 주변지역 상 인구 분포 및 활동, 3.3.1단계에서 식별된 잠재 경로로부터 발생한 CO_2 누출의 잠재반응 및 최종 상태에 대한 특성화를 기반한다.

원문	번역문
leaking CO_2 from potential pathways identified under Step 3.3.1.	
3.3.3. Effects assessment Based on the sensitivity of particular species, communities or habitats linked to potential leakage events identified under Step 3.3.1. Where relevant it shall include effects of exposure to elevated CO_2 concentrations in the biosphere (including soils, marine sediments and benthic waters (asphyxiation; hypercapnia) and reduced pH in those environments as a consequence of leaking CO_2). It shall also include an assessment of the effects of other substances that may be present in leaking CO_2 streams (either impurities present in the injection stream or new substances formed through storage of CO_2). These effects shall be considered at a range of temporal and spatial scales, and linked to a range of different magnitudes of leakage events.	3.3.3단계 영향 평가 3.3.1단계에서 식별된 잠재 누출 발생과 연결된 특정 종, 공동체 혹은 서식지의 민감도에 기반하여. 관련 있는 경우 이는 생물권 내 CO_2 농도 상승에 대한 노출의 영향을 포함한다(토양, 해양퇴적물 및 저서(질식; 탄산과잉증), CO_2 누출 결과로 인한 그러한 환경에서의 pH 감소 포함) 이는 또한 CO_2 스트림 누출에 존재할 수 있는 다른 물질(주입 스트림에 존재하는 불순물 혹은 CO_2 저장을 통해 형성된 새로운 물질)의 영향에 대한 평가를 포함한다. 이러한 영향은 시간적 및 공간적 규모 범위에서 고려되며, 다양한 누출 발생 규모의 범위와 연결된다.
3.3.4. Risk characterisation This shall comprise an assessment of the safety and integrity of the site in the short and long term, including an assessment of the risk of leakage under the proposed conditions of use, and of the worst-case environment and health impacts. The risk characterisation shall be conducted based on the hazard, exposure and effects assessment. It shall include an assessment of the sources of uncertainty identified during the steps of characterisation and assessment of storage site and when feasible, a description of the possibilities to reduce uncertainty.	3.3.4. 위험 특성화 이는 제안된 사용 조건 하에서 최악의 상황의 환경 및 건강 영향에 대한 누출 위험 평가를 포함한 저장소의 안전성 및 완전성에 대한 장·단기 평가를 포함한다. 위험 특성화는 위험 요소, 노출 및 영향 평가에 기반하여 수행된다. 이는 특성화 단계에서 식별된 불확실성의 원천, 저장소 평가, 실현 가능한 경우 불확실성을 줄일 수 있는 가능성에 대한 설명을 포함하여야 한다.

원문	번역문
ANNEX II **CRITERIA FOR ESTABLISHING AND UPDATING THE MONITORING PLAN REFERRED TO IN ARTICLE 13(2) AND FOR POST-CLOSURE MONITORING**	**부속서 II** **제13조 제2항에 언급된 모니터링 계획의 수립 및 업데이트와 폐쇄 후 모니터링을 위한 기준**
1. Establishing and updating the monitoring plan The monitoring plan referred to in Article 13(2) shall be established according to the risk assessment analysis carried out in Step 3 of Annex I, and updated with the purpose of meeting the monitoring requirements laid out in Article 13(1) according to the following criteria:	1. 모니터링 계획의 수립 및 업데이트 제13조 제2항에 언급된 모니터링 계획은 부속서 I 3단계에서 수행된 위험 평가 분석에 따라 수립되며, 다음의 기준에 따라 제13조 제1항에 규정된 모니터링 요건을 충족하기 위한 목적으로 업데이트 된다:
1.1. Establishing the plan The monitoring plan shall provide details of the monitoring to be deployed at the main stages of the project, including baseline, operational and post-closure monitoring. The following shall be specified for each phase:	1.1. 계획 수립 모니터링 계획은 기본, 운영 및 폐쇄 후 모니터링을 포함하여 프로젝트의 주요 단계에서 사용될 모니터링의 세부사항을 제공한다. 다음은 각 단계에 대한 세부사항이다:
(a) parameters monitored;	(a) 모니터링 된 매개변수;
(b) monitoring technology employed and justification for technology choice;	(b) 사용된 모니터링 기술 및 기술 선택의 정당성;
(c) monitoring locations and spatial sampling rationale;	(c) 모니터링 위치 및 공간적 샘플링 근거;
(d) frequency of application and temporal sampling rationale.	(d) 적용 빈도 및 시간 샘플링 근거;
The parameters to be monitored are identified so as to fulfil the purposes of monitoring. However, the plan shall in any	모니터링의 목적을 달성하기 위해 모니터링할 매개변수를 확인한다. 단, 계획에는 다음 항목에 대한 지속적 또는 간헐적

원문	번역문
case include continuous or intermittent monitoring of the following items:	모니터링이 포함되어야 한다:
(e) fugitive emissions of CO_2 at the in-jection facility;	(e) 주입 시설에서 CO_2의 일시적 배출;
(f) CO_2 volumetric flow at injection well-heads;	(f) 주입정에서의 CO_2의 체적 유량;
(g) CO_2 pressure and temperature at in-jection wellheads (to determine mass flow);	(g) (질량류 결정을 위한) 주입정에서의 CO_2 압력 및 온도
(h) chemical analysis of the injected ma-terial;	(h) 주입된 물질의 화학적 분석;
(i) reservoir temperature and pressure (to determine CO_2 phase behaviour and state).	(i) (CO_2 단계 반응 및 상태 결정을 위한) 저장소 온도 및 압력;
The choice of monitoring technology shall be based on best practice available at the time of design. The following options shall be considered and used as appropriate:	모니터링 기술의 선택은 설계당시 이용가능한 모범사례를 기초로 한다. 다음의 옵션들이 고려되고, 적절히 사용되어야 한다;
(j) technologies that can detect the pres-ence, location and migration paths of CO_2 in the subsurface and at surface;	(j) 지표면과 지표파에서의 CO_2 존재, 위치, 이동 경로를 감지할 수 있는 기술;
(k) technologies that provide information about pressure-volume behaviour and areal/vertical distribution of CO_2-plume to refine numerical 3-D simulation to the 3-D-geological models of the storage formation established pursuant to Article 4 and Annex I;	(k) 제4조 및 부속서 I에 따라 구축된 저장 지질층에 대한 3차원 지질 모델에 3차원 수치모델 시뮬레이션을 개선하기 위한 CO_2-기둥의 압력-부피 작용 및 면적/종적 분포에 대한 정보를 제공하는 기술;
(l) technologies that can provide a wide areal spread in order to capture information on any previously undetected potential leakage pathways across the areal di-mensions of the complete storage complex	(l) 저장 지역 밖으로의 CO_2 이동 혹은 분명한 이상의 발생 시에 저장 단지 전체 면적 차원 및 그 너머에서 이전에는 감지되지 않은 모든 잠재적 누출 경로에 관한 정보를 제공할 수 있는 기술.

원문	번역문
and beyond, in the event of significant irregularities or migration of CO_2 out of the storage complex.	
1.2. Updating the plan The data collected from the monitoring shall be collated and interpreted. The observed results shall be compared with the behaviour predicted in dynamic simulation of the 3-D-pressure-volume and saturation behaviour undertaken in the context of the security characterisation pursuant to Article 4 and Annex I Step 3.	1.2. 계획 업데이트 모니터링으로 수집된 데이터는 대조되고 분석될 것이다. 관찰된 결과는 제4조 및 부속서I 3단계에 따른 안전성 특성화 하에서 수행된 3-D-압력-부피 및 포화 거동의 동적 시뮬레이션에서 예측된 반응과 비교되어야 한다.
Where there is a significant deviation between the observed and the predicted behaviour, the 3-D model shall be recalibrated to reflect the observed behaviour. The recalibration shall be based on the data observations from the monitoring plan, and where necessary to provide confidence in the recalibration assumptions, additional data shall be obtained.	관측 결과와 예측 결과 간에 현저한 편차가 있는 경우에 3-D 모델은 관측된 결과를 반영하기 위해 재보정될 것이다. 재보정은 모니터링 계획의 데이터 관측치에 근거하여야 하며, 재보정 가정에 대한 신뢰 확보를 위하여 필요한 경우 추가 데이터를 확보하여야 한다.
Steps 2 and 3 of Annex I shall be repeated using the recalibrated 3-D model(s) so as to generate new hazard scenarios and flux rates and to revise and update the risk assessment.	부속서I의 2단계와 3단계는 새로운 위험 시나리오와 유동량을 산출하고 위험성 평가를 수정 및 업데이트하기 위해 재정정된 3-D 모델을 이용하여 반복되어야 한다.
Where new CO_2 sources, pathways and flux rates or observed significant deviations from previous assessments are identified as a result of history matching and model recalibration, the monitoring plan shall be updated accordingly.	새로운 CO_2 공급원, 경로 및 유동량 또는 이전 평가에서 관찰된 현저한 편차가 이력 매칭 및 모형 재측정의 결과로 확인되는 경우에는 모니터링 계획이 그에 따라 업데이트 되어야 한다.

원문	번역문
2. Post-closure monitoring Post-closure monitoring shall be based on the information collected and modelled during the implementation of the monitoring plan referred to in Article 13(2) and above in point 1.2 of this Annex. It shall serve in particular to provide information required for the determination of Article 18(1).	2. 폐쇄 후 모니터링 폐쇄 후 모니터링은 제13조 제2항 및 본 부속서 1.2항에 언급된 모니터링 계획의 이행 과정에서 수집되고 모델링된 정보에 따른다. 이는 특히 제18조 제1항의 결정에 필요한 정보를 제공하여야 한다.

제 3 장

독일의 CCUS 정책동향과 입법

독일의 탄소중립 정책 동향

1. 독일의 탄소중립

2019년 독일은 파리 기후보호협정에 따라 2050년까지 탄소 중립을 실천하기 위한 「연방기후보호법(Bundes-Klimaschutzgesetz)」을 제정했다. 그러나 독일 헌법재판소는 이 법안에 대해 일부 위헌 결정을 내리고 2022년까지 법안을 수정 보완할 것을 주문했다. 위헌 결정의 핵심은 2030년 이후의 탄소 감축 계획이 명확하지 않아 미래 세대의 기본권을 침해한다는 것이었다. 따라서 독일 연방정부와 의회는 탄소 중립을 2045년까지 앞당기고 더 구체적인 탄소 감축 목표를 제시한 연방기후보호법 개정안을 2021년 6월 통과시켰다.

그리고, 탄소관리전략을 위해 대중수용성 확보를 위한 방안으로 포괄적인 이해관계자의 의견수렴이 진행되고 있다. 2022년 10월 18일 및 19일에 연방경제보호부에서 시민 사회, 과학 및 산업계 대표들이 참여하는 킥오프 행사가 개최되었으며, 당시 기술의 모든 측면을 고려할 수 있도록 참가자 그룹을 다시 확대할 계획을 밝혔다. 그리고 2023년 3월 24일 본격적으로 이해관계자와의 대화가 시작되었으며, 50개 이상의 기관의 대표자들의 참가하였고, 여기에는 산업협회뿐만 아니라 환경협회 및 기타 이해관계자들도 포함되어 있다.[1)]

독일 연방정부 산하 경제에너지부는 탄소경영 전략의 개요와 CCS법 개정안 초안을 발표하였다. 독일 CCS법은 2012년에 제정되었지만 테스트 및 연구 목적의 저장으로 제한되어 있다. 이 법은 또한 4년에 한번씩 평가를 실시하도록 규정하고 있으며, 이 조항을 기반으로 BMW가 2022년 12월에 발행한 평가보고서에는 독일이 탄소 중립을 달성하기 위해 CCS와 CCU의 사

---

1) 연방경제에너지부, https://www.bmwk.de/Redaktion/DE/Pressemitteilungen/2023/03/20230324-stakeholderdialog-zur-carbon-management-strategie.html(최근 접속일: 2023.10.21.).

용이 필요하다고 언급하였다. 아울러 이산화탄소 파이프라인 수송 및 필요한 인프라 개발을 위한 법률 개정이 필요하다고 언급했다.

이번이 발표된 CCS법 개정안의 주요 요지는 1) 이산화탄소 배출원 목표, 2) 허용된 이산화탄소 저장의 범위(육상에서의 이산탄소 저장은 불가), 3) 이산화탄소 파이프라인 승인 스스템 구축 등을 담고 있다.[2)]

2. 독일 CCUS 정책동향

최근 독일은 온실가스중립을 달성하고, 지속가능한 미래를 보장하기 위한 방안으로 기후변화의 핵심요인인 이산화탄소가 대기 중 적게 포함될 수 있도록 ① 이산화탄소 저감, ② 화석연료를 재생 가능한 에너지원으로 대체, ③ 대기 중 이산화탄소 제거 및 대기로의 유입 방지 등 세 가지 경로를 주력 방안으로 탐색하고 있다.[3)] 이 중 이산화탄소 저감 및 재생 가능한 원료의 사용이 우선방안으로 거론되나, 이용 가능하거나 개발 중인 기술을 사용하더라도 이산화탄소 배출이 불가피할 것으로 예상됨에 따라 2050 온실가스 중립을 위한 주요 선택지로 이산화탄소 활용(Carbon Capture Utilization, CCU) 및 이산화탄소(Carbon Capture and Storage, CCS)저장이 잔류배출 처리방안으로 상정되고 있다.

주목할 만한 점은 주요국과 마찬가지로 독일 또한 온실가스 중립을 국가적 도전과제로 인식하는 것보다 새로운 산업구조 변화를 통한 신산업 육성계기 및 일자리 창출을 바탕으로 한 자국의 성장 동력으로 인식하고 있다는 점이다. 이러한 관점에서 독일에서의 CCUS관련 논의는 온실가스 중립뿐만 아니라 향후 미래 먹거리로써의 기술력확보라는 측면에서 인식되고 있으며, 이를 위한 규제개선, 투자촉진, 인프라구축이 가속화되고 있는 모양새다. 다만, CCUS기술이 오히려 온실가스중립을 저해하고, 화석연료의 새로운

---

2) https://www.bmwk.de/Redaktion/DE/Pressemitteilungen/2024/02/20240226-habeck-will-den-einsatz-von-ccs-ermoeglichen.html

3) https://www.bmwk.de/Redaktion/DE/Artikel/Industrie/weitere-entwicklung-ccs-technologien.html (2023.10.18. 최종방문).

비즈니스 모델로 자리 잡을 것을 우려하여[4] 독일은 CCUS 기술을 국가의 온실가스중립목표와 긴밀하게 연계하여 이행하기 위한 다양한 방안을 강구하고 있다.

그 일환 중 하나가 KSpG에 따라 작성되는 평가보고서다. 본보고서는 KSpG 제44조에 따라 연방정부가 4년마다 제출하는 평가보고서(Evaluierungsbericht)로써 CCS에 대한 국내 및 국제적 동향을 종합적으로 담아 향후 CCUS와 관련된 국내 정책 수립에 기여하기 위한 목적으로 작성된다. 지난 2022년 12월, 2018년에 처음 마련된 첫 번째 평가보고서를 보완한 두 번째 평가보고서가 발표되었다.[5] 동 보고서는 국가의 탄소관리전략(Carbon Management－Strategie)의 기초자료로 기능하고, 국가의 기후보호목표달성에 CCUS기술이 활용될 수 있도록 녹색수소로의 전환, 에너지 효율 증가와 전기화 등 CCUS 기술을 적용할 수 있는 영역을 명시하고 있다.[6]

아울러 본보고서는 CCU를 위한 이산화탄소파이프라인건설 등의 승인이 불가능하여 CCU활성화를 저해하는 등 현행 법체계가 CCUS 활성화에 미비한 측면이 존재하다는 점에서 향후 제도개선 필요성을 지적하기도 하였다.

이와 같은 내용을 담은 해당 보고서는 지난 2023년 4월 27일 연방의회에서 논의되었으며, 추가적인 논의를 위하여 기후보호 및 에너지 부문 수석위원회(Beratung in den federführenden Ausschuss für Klimaschutz und Energie)에 회부되어 검토되었다.

---

4) 이와 관련하여 https://www.germanwatch.org/de/88479 (2023.10.18. 최종방문) 참조.

5) Evaluierungsbericht der Bundesregierung zum Kohlendioxid－Speicherungsgesetz, BT Drs. 20/5145.

6) Evaluierungsbericht der Bundesregierung zum Kohlendioxid－Speicherungsgesetz, BT Drs. 20/5145, 125 ff.

독일의 CCUS 입법 현황

'탄소중립'이라는 단어가 전 세계적 아젠다로 자리 잡기 이전부터, 독일은 EU의 정책기조 및 국제협약에 기하여 자국의 온실가스 감축을 통한 기후보호 목표 달성을 목표로 세부적인 법적근거를 마련하기 시작하였다.[7) 대표적인 법률 중 하나가 지난 2019년에 발효된 「연방기후보호법(Bundes-Klimaschutzgesetz: KSG)」[8)이다. 연방기후보호법은 2050년까지 온실가스중립(Treibhausgasneutralität)을 달성하겠다는 목표를 제시하면서, 연도별 온실가스 감축 목표에 법적 구속력을 부여함으로써 기후보호목표를 구체화하였다.

「연방기후보호법」이 발효된 이후, 독일의 기후변화대응 정책 및 유관법제는 구체적인 목표와 기조에 따라 다양한 수정을 거쳤으며, 그 일환 중 하나로 언급되는 것이 「이산화탄소 영구저장 실증에 관한 법률(Gesetz zur Demonstration der dauerhaften Speicherung von Kohlendioxid: KSpG)」이다. 당초 동 법률은 1992년 6월 리우회의에서 채택된 유엔기후변화협약(United Nations Framework Convention on Climate Change: UNFCCC)에 따라 대기 중 온실가스를 "감축"하기 위한 방안을 구체화하고자 마련된 「이산화탄소저장에 관한 EU의 지침(CCS Directive)」[9)을 2012년에 국내법으로 전환한 것이다.

그러나 당초 출발 자체가 온실가스 중립이 아닌 다소 약한 목표인 온실가스 감축에서 출발한 것임에 따라 「이산화탄소 영구저장 실증에 관한 법률」은 기후변화에 대한 강화된 EU의 정책기조와 독일의 법적근거에 따른 온실가스

7) 한민지, 탈탄소사회와 독일 기후대응법제의 동향 -독일의 최근 「연방 기후보호법」 위헌 판결을 중심으로, 법학논문집 제45집 제2호, 중앙대학교 법학연구원 2021, 126면.

8) BGBl. I 2019, S. 2513.

9) Directive 2009/31/EC of the European Parliament and of the Council of 23 April 2009 on the geological storage of carbon dioxide and amending Council Directive 85/337/EEC, European Parliament and Council Directives 2000/60/EC, 2001/80/EC, 2004/35/EC, 2006/12/EC, 2008/1/EC and Regulation (EC) No 1013/2006 (Text with EEA relevance); 2009년에 시행.

중립목표 달성을 위해 전체적인 방향성에 대한 수정 필요성이 대두되고 있다.

즉, 이산화탄소포집·활용 및 저장(Carbon dioxide Capture Utilization and Storage, CCUS)에 대한 중요성이 강화되면서 「이산화탄소 영구저장 실증에 관한 법률」 뿐만 아니라 CCUS와 관련된 법제 변화 필요성이 논의되고 있는 것이다. 이에 따라 이하에서는 큰 맥락 안에서 CCUS와 관련된 독일의 정책 동향을 간략하게 살펴보고, 독일의 CCUS관련 법제 논의 동향을 살펴보고자 한다.

III 독일의 CCS법 번역

「이산화탄소 영구저장 실증에 관한 법률」

Gesetz zur Demonstration der dauerhaften Speicherung von Kohlendioxid

원문	번역문
Kapitel 1: Allgemeine Bestimmungen	**제1장 일반 조항**
§ 1 Zweck des Gesetzes Dieses Gesetz dient der Gewährleistung einer dauerhaften Speicherung von Kohlendioxid in unterirdischen Gesteinsschichten zum Schutz des Menschen und der Umwelt, auch in Verantwortung für künftige Generationen. [2]Es regelt zunächst die Erforschung, Erprobung und Demonstration von Technologien zur dauerhaften Speicherung von Kohlendioxid in unterirdischen Gesteinsschichten.	제1조 목적 이 법은 사람, 환경을 보호함과 동시에 미래세대에 대한 책임으로써 지하 암석층에 이산화탄소의 영구적 저장을 보장하는데 목적이 있다. 동법은 지하 암석층에 이산화탄소를 영구적으로 저장하기 위한 기술의 연구, 시험 및 실증에 대한 사항을 우선 규정한다.

§ 2 Geltungsbereich, landesrechtliche Gebietsbestimmung	제2조 적용범위, 주(州)법의 지역규정
(1) Dieses Gesetz gilt für die Erprobung und Demonstration der dauerhaften Speicherung von Kohlendioxid in unterirdischen Gesteinsschichten einschließlich der Untersuchung, der Überwachung, Stilllegung und Nachsorge für alle Anlagen und Einrichtungen zur Speicherung, den Transport von Kohlendioxid sowie für sonstige Tätigkeiten, soweit dies ausdrücklich bestimmt ist.	(1) 이 법은 이산화탄소 저장 및 운송을 위한 모든 시설 및 설비와 그 밖에 이 법에서 규정하고 있는 활동에 대한 조사, 모니터링, 폐쇄 및 사후관리를 포함하여 지하 암석층에 이산화탄소를 영구적으로 저장하기 위한 시험 및 실증에 적용된다.
(2) Es dürfen nur Kohlendioxidspeicher zugelassen werden,	(2) 이산화탄소저장은 다음 경우에만 허용된다.
1. für die bis spätestens 31. Dezember 2016 ein vollständiger Antrag bei der zuständigen Behörde gestellt worden ist,	1. 관할당국에 완비한 신청서가 늦어도 2016년 12월 31일까지 제출된 경우
2. in denen jährlich nicht mehr als 1,3 Millionen Tonnen Kohlendioxid eingespeichert werden und	2. 이산화탄소의 저장이 연간 130만 톤을 초과하지 않을 경우
3. soweit im räumlichen Geltungsbereich dieses Gesetzes eine Gesamtspeichermenge von 4 Millionen Tonnen Kohlendioxid im Jahr nicht überschritten wird. Die Landesbehörden entscheiden über die Zulassungsanträge in der Reihenfolge des Eingangs der vollständigen Antragsunterlagen bei der jeweils zuständigen Landesbehörde.	3. 연간 400만 톤의 이산화탄소 총 저장량이 이 법의 지역적 적용범위를 초과하지 않을 경우 주 행정청은 완비된 신청서류가 관할 주 행정청에 접수된 순서에 따라 허가신청을 결정한다.
(3) Dieses Gesetz gilt auch für die Speicherung von Kohlendioxid zu Forschungszwecken.	(3) 이 법은 연구목적의 이산화탄소의 저장에도 적용된다.

(4) Dieses Gesetz gilt nach Maßgabe des Seerechtsübereinkommens der Vereinten Nationen vom 10.Dezember 1982 (BGBl. 1994 II S. 1798, 1799) auch im Bereich der ausschließlichen Wirtschaftszone und des Festlandsockels.	(4) 이 법은 1982년 12월 10일자 해양법에 관한 국제연합협약에 따라 (1994년도 관보 2, 1798 및 1799면) 배타적 경제수역과 대륙붕에도 적용된다.
(5) Die Länder können bestimmen, dass eine Erprobung und Demonstration der dauerhaften Speicherung nur in bestimmten Gebieten zulässig ist oder in bestimmten Gebieten unzulässig ist. Bei der Festlegung nach Satz1 sind sonstige Optionen zur Nutzung einer potenziellen Speicherstätte, die geologischen Besonderheiten der Gebiete und andere öffentliche Interessen abzuwägen.	(5) 각 주들은 정해진 지역에서만 이산화탄소의 영구적 저장을 위한 시험 및 실증을 할 수 있다고 정하거나 정해진 지역에서는 해당 시험 및 실증을 허용하지 않는다고 정할 수 있다. 이때, 잠재적 저장소의 사용을 위해 해당지역의 지질학적 특성 및 기타 공익을 고려하여야 한다.
Kapitel 2: Transport	**제2장 운송**
§ 4 Planfeststellung für Kohlendioxidleitungen; Verordnungsermächtigung (1) Errichtung, Betrieb und wesentliche Änderung von Kohlendioxidleitungen bedürfen der vorherigen Planfeststellung durch die zuständige Behörde.	제4조 이산화탄소 운송관에 대한 계획확정; 위임명령 (1) 이산화탄소 운송관의 설치, 운영 및 주요 변경을 위해서는 관할 행정청의 사전 계획 수립이 필요하다.
[2]Die Öffentlichkeit ist möglichst vor Antragstellung über das planfeststellungspflichtige Vorhaben, insbesondere über die Lage, die Größe und die Technologie der Kohlendioxidleitung, zu informieren.	주민들은 가능한 한 계획확정 의무절차에 대해 신청서가 제출되기 전 특히 운송관의 위치, 크기와 기술에 대한 정보를 미리 받을 수 있어야 한다.
[3]Dabei ist der Öffentlichkeit Gelegenheit zur Äußerung und Erörterung zu geben.	이때 주민들에게 의견표명의 기회가 부여되어야 한다.
[4] Die zuständige Behörde wirkt darauf hin, dass der zukünftige Antragsteller	관할 당국은 필요한 경우 장래 신청인들이 공개대화와 분쟁해결절차를 이행하도

erforderlichenfalls ein Verfahren des öffentlichen Dialogs und der Streitschlichtung durchführt.	록 노력하여야 한다.
[5]Die Länder können die näheren Anforderungen an das Verfahren nach den Sätzen 2 bis 4 bestimmen.	각 주는 제2문부터 제4문에 따른 절차에 필요한 세부사항을 규정할 수 있다.
(2) Für das Planfeststellungsverfahren gelten die §§ 72 bis 78 des Verwaltungsverfahrensgesetzes nach Maßgabe des § 43a Nummer 1 bis 4, des § 43b Nummer 3 bis 5 und des § 43e des Energiewirtschaftsgesetzes.	(2) 계획 확정 절차는 에너지경제화법(Energiewirtschaftsgesetz) 제43a조 제1호부터 제4호, 제43b조 제3호부터 제5호와 제43e조에 따라 행정절차법(Verwaltungsverfahrensgesetz) 제72조부터 78조까지가 적용된다.
[2]§ 11 Absatz 2 gilt entsprechend.	이는 이법 제11조 제2항에도 유효하게 적용된다.
[3]Dient die Kohlendioxidleitung dem Transport zu einem Kohlendioxidspeicher außerhalb des Geltungsbereichs dieses Gesetzes, ist für die Planrechtfertigung insbesondere maßgeblich, ob der Kohlendioxidspeicher in dem anderen Mitgliedstaat in Übereinstimmung mit der Richtlinie 2009/31/EG des Europäischen Parlaments und des Rates vom 23. April 2009 über die geologische Speicherung von Kohlendioxid und zur Änderung der Richtlinie 85/337/EWG des Rates sowie der Richtlinien 2000/60/EG, 2001/80/EG, 2004/35/EG, 2006/12/EG und 2008/1/EG des Europäischen Parlaments und des Rates sowie der Verordnung (EG) Nr. 1013/2006 (ABl. L 140 vom 5.6.2009, S. 114) errichtet und betrieben wird.	이 법의 적용범위를 벗어나 이산화탄소 운송관이 이산화탄소저장소로의 운송에 사용되는 경우, 해당 계획의 정당성여부는 다른 회원국의 이산화탄소 저장소가 “이산화탄소 저장에 대한 유럽연합의 지침(Richtlinie 2009/31/EG des Europäischen Parlaments und des Rates vom 23. April 2009 über die geologische Speicherung von Kohlendioxid und zur Änderung der Richtlinie 85/337/EWG des Rates sowie der Richtlinien 2000/60/EG, 2001/80/EG, 2004/35/EG, 2006/12/EG und 2008/1/EG des Europäischen Parlaments und des Rates sowie der Verordnung (EG) Nr. 1013/2006: 2009년 6월 5일 관보 140, 114면)”에 합치하여 건설 및 운영되는지 여부가 중요한 기준이 된다.
(3) Für Vorarbeiten, Veränderungssperren,	(3) 준비작업, 변경금지, 선매권과 사전

Vorkaufsrechte und vorzeitige Besitzeinweisungen sind die §§ 44 bis 44b des Energiewirtschaftsgesetzes entsprechend anzuwenden.	점유지정과 관련하여 에너지경제화법 제44조부터 제44b조가 적용된다.
²Für Anforderungen an Kohlendioxidleitungen gilt § 49 Absatz 1 und 2 Nummer 2, Absatz 3, 5 und 6 Satz 1 und Absatz 7 des Energiewirtschaftsgesetzes entsprechend.	이산화탄소 운송관에 대한 요구사항과 관련하여 에너지경제화법 제49조 제1항 및 제2항 제2호, 제3항, 제5항 및 제6항 제1문과 제7항이 적용된다.
³Für die nach Satz 1 in Verbindung mit § 49 Absatz 6 Satz 1 des Energiewirtschaftsgesetzes zur Auskunft verpflichtete Person gilt § 55 der Strafprozessordnung entsprechend.	형사소송법 제55조는 에너지경제화법 제49조 제6항 제1문과 연계하여 제1문에 따라 정보제공의무자에게 적용된다.
(4) Die Planfeststellung und die Plangenehmigung können mit Auflagen verbunden werden, soweit dies erforderlich ist, um das Wohl der Allgemeinheit zu wahren oder öffentlich-rechtliche Vorschriften zu erfüllen. ²Auflagen über Anforderungen an das Vorhaben können auch nach der Planfeststellung oder Plangenehmigung aufgenommen, geändert oder ergänzt werden.	(4) 계획 확정 및 계획허가는 필요한 경우 공익을 보호하거나 공법상 규칙을 이행하기 위하여 부담(Auflage)과 연계될 수 있다. 계획에 있어 요구사항과 관련된 부담은 계획확정 또는 계획허가 이후에도 부과, 변경 또는 추가될 수 있다.
(5) Dienen die Errichtung und der Betrieb einer Kohlendioxidleitung dem Wohl der Allgemeinheit, ist die Enteignung zulässig, soweit sie zur Durchführung des Vorhabens notwendig ist und der Enteignungszweck unter Beachtung der Standortgebundenheit des Kohlendioxidspeichers auf andere zumutbare Weise, insbesondere an anderer Stelle, nicht erreicht werden kann.	(5) 이산화탄소 수송관의 설치 및 운영이 공익에 기여하는 경우, 다른 예측 가능한 방법으로 다른 장소에서는 공용수용 목적을 달성할 수 없고 계획 이행 상 필요할 경우에는 이산화탄소 저장소의 위치를 고려하여 공용수용이 허용된다.

[2]Das Vorhaben dient dem Wohl der Allgemeinheit, wenn es für die Demonstration der dauerhaften Speicherung in Deutschland erforderlich ist und zum Zwecke des Klimaschutzes die Emission von Kohlendioxid in Deutschland dauerhaft vermindert wird.	독일에서 영구저장 실증에 필요하고 기후보호목적을 위하여 독일 내 이산화탄소 배출을 영구적으로 저감할 수 있을 때, 해당 계획은 공익에 기여하는 것으로 본다.
[3]Kohlendioxidleitungen zu Kohlendioxidspeichern außerhalb des Geltungsbereichs dieses Gesetzes dienen dem Wohl der Allgemeinheit, wenn zum Zwecke des Klimaschutzes die Emission von Kohlendioxid in Deutschland dauerhaft vermindert wird.	이 법의 적용범위를 벗어난 이산화탄소 저장을 위한 운송관은 기후보호를 목적으로 독일 내 이산화탄소 배출을 영구적으로 저감할 수 있을 때 공익에 기여하는 것으로 본다.
[4] Über das Vorliegen der Voraussetzungen nach den Sätzen 1 bis 3 entscheidet die zuständige Behörde im Planfeststellungsbeschluss.	계획확정결정에서 관할당국은 제1문부터 제3문까지의 전제요건이 충족되었는지 여부를 판단한다.
[5]§ 15 Absatz 2 und 3 Satz 2 und 3 gilt entsprechend.	이는 이법 제15조 제2항 및 제3항 제2문과 제3문에도 적용된다.
(6) Das Bundesministerium für Wirtschaft und Energie wird ermächtigt, im Einvernehmen mit dem Bundesministerium für Umwelt, Naturschutz, Bau und Reaktorsicherheit durch Rechtsverordnung mit Zustimmung des Bundesrates festzulegen:	(6) 연방 경제 에너지부는 연방 환경, 자연 보호, 건축 및 원자력 안전부와 협력하여 연방상원의 동의를 거쳐 법규명령의 형식으로 다음에 대한 사항을 위임할 수 있다.
1. Einzelheiten des Planfeststellungsverfahrens nach Absatz 2, Bestimmungen für Vorarbeiten, Veränderungssperren, Vorkaufsrechte und vorzeitige Besitzeinweisungen nach Absatz 3 Satz 1 sowie	1. 제2항에 따른 계획 확정 절차의 세부사항, 제3항 제1문과 제2문에 따른 준비작업, 변경금지, 선매권과 사전점유지정에 대한 사항 및

2. Anforderungen an die Sicherheit von Kohlendioxidleitungen.	2. 이산화탄소 운송관의 안전에 대한 사항
Kapital 3: Dauerhafte Speicherung	**제3장 영구 저장**
Abschnitt 1 Bundesweite Bewertung und Register	제1절 연방차원의 평가와 등록
§ 5 Analyse und Bewertung der Potenziale für die dauerhafte Speicherung (1) Das Bundesministerium für Wirtschaft und Energie erstellt und aktualisiert im Einvernehmen mit dem Bundesministerium für Umwelt, Naturschutz, Bau und Reaktorsicherheit eine Bewertung der Potenziale von Gesteinsschichten, die im Geltungsbereich dieses Gesetzes für die dauerhafte Speicherung von Kohlendioxid im Hinblick auf die Zwecke des § 1 Satz 1 geeignet erscheinen.	**제5조 영구저장에 대한 잠재성 분석 및 평가** (1) 연방 경제에너지부는 연방 환경, 자연 보호, 건축 및 원자력 안전부와 협력하에 제1조 제1문의 목적에 비추어 이산화탄소의 영구저장에 관한 동법의 적용범위에 적합한 암석층에 대한 잠재성 평가를 하고, 해당내용을 최신상태로 유지한다.
(2) Die Bundesanstalt für Geowissenschaften und Rohstoffe erarbeitet die für die Bewertung erforderlichen geologischen Grundlagen im Benehmen mit der jeweils zuständigen Landesbehörde. [2]Dabei handelt es sich insbesondere um	(2) 연방지구과학 및 천연자원연구소(Die Bundesanstalt für Geowissenschaften und Rohstoffe)는 관할 주 행정청과 협의하여 평가에 필요한 지질학적 기반을 마련한다. 이때, 특히 다음을 고려한다.
1. die Abgrenzung der räumlichen Ausdehnung der für die dauerhafte Speicherung geeigneten Gesteinsschichten,	1. 영구 저장에 적합한 암석층의 공간적 범위의 획정
2. die geologische Charakterisierung der geeigneten Gesteinsschichten einschließlich entsprechender Gesteinsparameter,	2. 상응하는 암석정보(Gesteinsparameter)를 포함한 적합한 암석층의 지질학적 특성
3. die geologische Charakterisierung der Gesteinsschichten, die die geeigneten Gesteinsschichten umgeben,	3. 적합한 암석층을 둘러싸고 있는 암석층의 지질학적 특성

4. die Abschätzung der für die dauerhafte Speicherung nutzbaren Volumina der jeweiligen Gesteinsschichten,	4. 각 암석층별 영구 저장용량 추정
5. die Charakterisierung der in den Gesteinsschichten vorhandenen Formationswässer, deren potenzielle Migrationswege und der vorherrschenden Druckverhältnisse,	5. 암석층에 존재하는 지층수의 잠재적 이동경로와 압력조건
6. die Abschätzung von Druckveränderungen in den Gesteinsschichten durch die vorgesehene dauerhafte Speicherung,	6. 예상되는 영구 저장으로 인한 암석층의 압력 변화 추정
7.mögliche Nutzungskonflikte durch Exploration, Rohstoffgewinnung, Geothermienutzung, nutzbares Grundwasser, Speicherung oder Lagerung anderer gasförmiger, flüssiger oder fester Stoffe oder wissenschaftliche Bohrungen im Bereich der für die dauerhafte Speicherung geeigneten Gesteinsschichten.	7. 영구 저장에 적합한 암석층 지역에서 탐사, 원물 추출, 지열사용, 이용 가능한 지하수, 기타 기체형태, 액체 또는 고체 물질의 저장 및 보관 또는 과학적 목적의 시추로 인한 활용 상충 가능성
(3) Für die Bewertung erarbeitet das Umweltbundesamt die Grundlagen, die für eine wirksame Umweltvorsorge erforderlich sind, insbesondere durch Ermittlung und Abschätzung der mit der vorgesehenen dauerhaften Speicherung verbundenen Umweltauswirkungen.	(3) 연방환경청은 평가를 함에 있어서 특히 예정된 영구저장과 관계되는 환경영향을 조사 및 평가함으로써 효과적인 환경사전보호에 필요한 기반을 마련한다.
(4) Die zuständigen Behörden der Länder stellen der Bundesanstalt für Geowissenschaften und Rohstoffe die bei ihnen vorhandenen Daten zur Verfügung, die für eine wirksame Analyse und Bewertung der Potenziale für die dauerhafte	(4) 주의 관할행정청은 영구저장에 대한 효과분석 및 잠재성평가에 필요한 정보를 연방지구과학 및 천연자원연구소에 제공한다; 이때 세부사항은 행정계약에 따른다.

Speicherung erforderlich sind; Einzelheiten regelt eine Verwaltungsvereinbarung.	
(5) Das Bundesministerium für Wirtschaft und Energie veröffentlicht die Bewertung der Potenziale für die dauerhafte Speicherung und jeweilige Änderungen. Vor der Veröffentlichung sind die Länder anzuhören.	(5) 연방 경제 에너지부는 영구저장 및 각각의 변경에 대한 잠재적 평가내용을 공표한다. 공표 전 각 주와 협의를 거쳐야 한다.
§ 6 Register; Verordnungsermächtigung; Bericht an die Kommission (1) Die Bundesanstalt für Geowissenschaften und Rohstoffe (Registerbehörde) erstellt und führt im Einvernehmen mit dem Umweltbundesamt zum Zweck der Information der Öffentlichkeit über Kohlendioxidleitungen und Kohlendioxidspeicher ein öffentlich zugängliches Register, in das aufgenommen werden:	**제6조 등록; 위임명령; 위원회 보고** (1) 연방지구과학 및 천연자원연구소(등록관청)는 연방환경청과 협의하여 이산화탄소운송관과 이산화탄소저장소에 대해 주민에게 정보를 제공하기 위한 목적으로 다음의 내용이 포함되도록 공개적으로 접근 가능한 등록부를 마련하고 관리한다.
1. Angaben über bestehende und geplante Kohlendioxidleitungen,	1. 기존 및 계획 중인 이산화탄소 운송관에 대한 정보
2. alle Genehmigungen, Planfeststellungsbeschlüsse und Plangenehmigungen nach diesem Gesetz sowie Anträge auf solche Entscheidungen,	2. 이 법에 따른 모든 허가, 계획확정 결정과 계획허가와 해당 결정에 대한 신청서
3. Angaben über alle stillgelegten Kohlendioxidspeicher sowie alle Kohlendioxidspeicher, bei denen eine Übertragung der Verantwortung nach § 31 stattgefunden hat.	3. 제31조에 따라 책임이 이전된 모든 이산화탄소 저장소와 폐쇄된 이산화탄소 저장소에 대한 정보
(2) Für beantragte, genehmigte und stillgelegte Kohlendioxidspeicher sind folgende Informationen in das Register aufzunehmen:	(2) 등록부에는 신청, 허가 및 폐쇄된 이산화탄소 저장소에 대한 다음의 정보가 포함되어 있어야 한다.

1. die Charakterisierung der von den Kohlendioxidspeichern genutzten und der die Kohlendioxidspeicher umgebenden Gesteinsschichten mittels der vorhandenen geologischen Daten einschließlich der Karten und Schnittdarstellungen über die räumliche Verbreitung,	1. 공간 분포에 대한 지도 및 단면도를 포함하여 사용 가능한 지질학적 정보를 이용하여 도출된 이산화탄소저장소 주변의 암석층 및 이산화탄소저장소로 사용된 암석층의 특성
2. die Charakterisierung der in den Gesteinsschichten vorhandenen Formationswässer und der vorherrschenden Druckverhältnisse,	2. 암석층에 존재하는 지층수와 일반적인 압력 조건의 특성
3. die Abschätzung und Ermittlung von Druckveränderungen in den Gesteinsschichten durch die dauerhafte Speicherung,	3. 영구 저장으로 인한 암석층의 압력 변화 조사 및 추정
4. weitere verfügbare Informationen, anhand derer beurteilt werden kann, ob das gespeicherte Kohlendioxid vollständig und dauerhaft zurückgehalten werden kann,	4. 저장된 이산화탄소가 완전하고 영구적으로 보존될 수 있는지 여부를 평가하는 데 사용할 수 있는 추가적인 정보
5. die Abschätzung und Ermittlung der mit der dauerhaften Speicherung verbundenen Umweltauswirkungen,	5. 영구저장과 관련된 환경영향평가 및 추정
6. andere Nutzungsmöglichkeiten, insbesondere der Geothermie,	6. 특히 지열과 같이 기타 다른 용도로의 사용가능성
7. eine dreidimensionale Darstellung der Ausbreitung des Kohlendioxids und, soweit möglich, dessen Konzentration im Ausbreitungsbereich.	7. 이산화탄소 확산에 대한 3차원적인 설명과 가능한 경우 확산영역에 대한 이산화탄소 농도
(3) Das Register wird laufend aktualisiert. [2]Die zuständigen Landesbehörden übermitteln der Registerbehörde die	(3) 등록부는 최신정보로 지속적으로 관리되어야 한다. 관할 주행정청은 등록관청에 제2조 제2항 제2문에 따른 결정과 등록부의 작성

Informationen, die für die Errichtung und Führung des Registers und für die Entscheidung nach § 2 Absatz 2 Satz 2 erforderlich sind. [3]Für die öffentliche Zugänglichkeit des Registers gelten die §§ 7 bis 9 des Umweltinformationsgesetzes entsprechend.	및 관리에 필요한 정보를 제공한다. 등록부의 일반주민 접근과 관련하여 환경정보법 제7조부터 제9조까지 규정이 적용된다.
(4) Das Bundesministerium für Wirtschaft und Energie wird ermächtigt, im Einvernehmen mit dem Bundesministerium für Umwelt, Naturschutz, Bau und Reaktorsicherheit durch Rechtsverordnung mit Zustimmung des Bundesrates die Erstellung und Führung des Registers, die für diesen Zweck erforderliche Erhebung, Verarbeitung und Löschung personenbezogener Daten, die öffentliche Zugänglichkeit des Registers und die jeweils erforderlichen Verfahren zu regeln.	(4) 등록부의 마련 및 관리, 동 목적에 필요한 개인정보의 수집, 처리 및 삭제, 등록부에 대한 주민의 접근 및 각각에 필요한 절차 규정은 연방 환경, 자연 보호, 건축 및 원자력 안전부와의 협력과 연방상원의 동의를 거쳐 법규명령의 형식으로 연방경제에너지부에 위임된다.
(5) Die Bundesanstalt für Geowissenschaften und Rohstoffe arbeitet bei der Charakterisierung von grenzüberschreitenden Kohlendioxidspeichern und der sie umgebenden Gesteinsschichten mit den zuständigen Behörden der Nachbarstaaten zusammen.	(5) 연방지구과학 및 천연자원연구소는 초국경적 이산화탄소저장소와 그 주변의 암석층의 정의하는데 있어 접경국가의 관할 당국과 협력한다.
(6) Die Bundesanstalt für Geowissenschaften und Rohstoffe legt der Kommission über die zuständigen Stellen in der Bundesregierung bis zum 30. Juni 2011, danach alle drei Jahre, einen Bericht über die Anwendung der Richtlinie 2009/31/EG und über Informationen nach Absatz 1	(6) 연방지구과학 및 천연자원연구소는 제2항 제1호와 제4호와 연계하여 제1항 제3호에 따른 정보와 이산화탄소 저장에 관한 지침(Richtlinie 2009/31/EG)의 적용에 대한 정보를 2011년 6월 30일까지 연방정부의 관할기관을 통해 위원회에 제출한다. 이후 기간은 3년에 한번으로 한다.

Nummer 3 in Verbindung mit Absatz 2 Nummer 1 und 4 vor.	
Abschnitt 2: Genehmigung und Betrieb	제2절 허가와 운영
Unterabschnitt 1: Untersuchung	제1관: 조사
§ 7 Untersuchungsgenehmigung (1) Die Untersuchung des Untergrundes auf seine Eignung zur Errichtung von Kohlendioxidspeichern bedarf der Genehmigung. Die Genehmigung ist von der zuständigen Behörde zu erteilen, wenn	제7조 조사 허가 (1) 이산화탄소 저장소 설치 적합 여부를 알아보기 위한 지층조사는 허가를 필요로 한다. 다음의 경우 관할당국은 지층조사를 허가할 수 있다.
1. der Antragsteller die für eine ordnungsgemäße Untersuchung erforderliche finanzielle Leistungsfähigkeit besitzt,	1. 신청인이 조사를 적절하게 수행하기 위해 필요한 재정적 이행능력을 소유하고 있을 때
2. ein Untersuchungsprogramm vorliegt, aus dem hervorgeht, dass die Untersuchungsarbeiten nach Art und Umfang in einem angemessenen Zeitraum insbesondere nach Maßgabe der Anforderungen in Anlage 1 durchgeführt werden,	2. 검사작업의 유형 및 범위가 특히 부칙1의 요건에 따라 적절한 기간 내에 수행될 수 있음을 예견할 수 있는 조사과정을 제시하였을 때
3. Beeinträchtigungen von Bodenschätzen und vorhandenen Nutzungsmöglichkeiten des Untergrundes, deren Schutz jeweils im öffentlichen Interesse liegt, sowie Beeinträchtigungen von bergrechtlichen Genehmigungen und wasserrechtlichen Zulassungen ausgeschlossen sind,	3. 공익을 보호하는 지층의 이용가능성과 지하자원에 대한 훼손 및 광업허가 또는 수자원법 허가에 대한 침해가 없을 때
4. keine Tatsachen vorliegen, die die Annahme rechtfertigen, dass	4. 다음에 대한 사실이 존재하지 않을 때
a) der Antragsteller, bei juristischen Personen und Personengesellschaften eine der nach Gesetz, Satzung oder	a) 신청인이 법률, 조례 또는 정관에 따라 부여되어야 할 대표권이 존재하지 않아 신뢰할 수 없는 경우

Gesellschaftsvertrag zur Vertretung berechtigten Personen, die erforderliche Zuverlässigkeit nicht besitzt,	
b) eine der zur Leitung oder Beaufsichtigung der Untersuchung bestellten Personen die erforderliche Zuverlässigkeit oder Fachkunde nicht besitzt oder	b) 조사를 관리감독 하도록 임명된 사람이 필요한 신뢰 또는 전문성이 결여되어 있는 경우
c) der Antragsteller, bei juristischen Personen und Personengesellschaften die nach Gesetz, Satzung oder Gesellschaftsvertrag zur Vertretung berechtigte Person, die erforderliche Fachkunde nicht besitzt, falls keine unter Buchstabe b fallende Person bestellt ist,	c) (b)목에 해당하는 사람이 임명되지 않은 경우, 신청인이 법률, 조례 또는 정관에 따라 대표권이 부여된 사람이라도 하더라도 필요한 전문지식을 갖고 있지 않은 경우
5. die erforderlichen Vorkehrungen zum Schutz von Leben, Gesundheit und Sachgütern Beschäftigter und Dritter getroffen werden,	5. 종사자 및 제3자의 생명, 건강 및 재산을 보호하기 위해 필요한 예방조치를 취했을 때
6. im Interesse der Allgemeinheit und der Nachbarschaft gewährleistet ist, dass	6. 인근주민과 공공의 이익을 위해 다음을 보장할 때,
a) die betroffenen Umweltgüter geschützt und, soweit dies nicht möglich ist, ordnungsgemäß wiederhergestellt werden und	a) 관련 환경자산을 보호하고, 어려울 경우 적절하게 복원하도록 함
b) Abfälle vermieden sowie entstehende Abfälle ordnungsgemäß und schadlos verwertet oder beseitigt werden und wenn entsprechende Vorkehrungen getroffen worden sind,	b) 폐기물을 방지하고 폐기물을 적절하고 무해한 방식으로 재활용하거나 폐기하고, 적절한 예방조치를 취함.
7. im Bereich des Küstenmeeres, der ausschließlichen Wirtschaftszone und des Festlandsockels	7. 영해, 배타적 경제수역 및 대륙붕일대에서

a) die Sicherheit und Leichtigkeit des Verkehrs nicht beeinträchtigt wird und Beeinträchtigungen der Meeresumwelt nicht zu besorgen sind und	a) 교통안전과 용이성이 손상되지 않고 해양환경의 손상이 우려되지 않을 때
b) das Legen, die Unterhaltung und der Betrieb von Unterwasserkabeln und Rohrleitungen sowie ozeanographische oder sonstige wissenschaftliche Forschungen nicht mehr als nach den Umständen unvermeidbar und der Fischfang nicht unangemessen beeinträchtigt werden,	b) 해저케이블 및 해저관 시설, 유지보수 및 운영과 해양학 또는 기타 과학적 연구가 불가피한 상황 이상으로 침해되지 않으며, 어업에 부당한 영향을 미치지 않을 때
8. andere öffentlich-rechtliche Vorschriften oder überwiegende öffentliche Interessen nicht entgegenstehen.	8. 다른 공법규정 또는 주요 공익에 반하지 않을 때.
[2]Satz 2 Nummer 4 Buchstabe b und c, Nummer 5 und 6 gilt nicht für Untersuchungen, bei denen weder Vertiefungen in der Oberfläche angelegt noch Verfahren angewendet werden, bei denen maschinelle Kraft angewendet wird oder unter Tage oder mit explosionsgefährlichen oder zum Sprengen bestimmten explosionsfähigen Stoffen gearbeitet wird.	제2문 제4호 제b목과 제c목, 제5호와 제6호는 표면을 굴착하는 조사나 기계적 힘이 사용되거나 지하작업 또는 폭발위험과 특정 폭발성 물질을 사용하는 절차조사에는 적용되지 않는다.
(2) Die Untersuchung ist so durchzuführen, dass die Anforderungen nach Absatz 1 Satz 2 Nummer 3 bis 8 erfüllt werden.	(2) 조사는 제1항 제2문 제3호부터 제8호에 따른 요건을 충족하여 수행되어야 한다.
(3) Auf der Grundlage der durch die Untersuchung gewonnenen Erkenntnisse sind der potenzielle Kohlendioxidspeicher und der potenzielle Speicherkomplex nach Maßgabe der einschlägigen Kriterien der	(3) 이 연구에서 얻은 내용에 기초하여, 부칙1에 따른 관련 기준 및 기타 적절한 방법을 사용하여 잠재적 이산화탄소 저장소와 잠재적 저장 단지를 심사하고 저장에 대한 장기적 안전성의 적합성 여부를

Anlage 1 und weiterer geeigneter Methoden zu überprüfen und auf ihre Eignung für eine langzeitsichere Speicherung hin zu charakterisieren und zu bewerten.	정의하고 평가하여야 한다.
[2]Die Ergebnisse der Untersuchung und der Charakterisierung sind vom Untersuchungsberechtigten zu dokumentieren und der zuständigen Behörde auf deren Verlangen hin vorzulegen.	조사 및 정의결과는 조사권한이 있는 자로부터 문서화되고 요청 시 관할당국에 제출되어야 한다.
(4) Die Daten der Untersuchung, die nach § 3 Absatz 1 des Lagerstättengesetzes in der im Bundesgesetzblatt Teil III, Gliederungsnummer 750−1, veröffentlichten bereinigten Fassung, das zuletzt durch Artikel 22 des Gesetzes vom 10. November 2001 (BGBl. I S. 2992) geändert worden ist, an die für die geologische Landesaufnahme zuständige Behörde zu übermitteln sind, werden von dieser nach Ablauf von fünf Jahren vom Zeitpunkt der Übermittlung denjenigen zugänglich gemacht, die ein berechtigtes Interesse an den Daten geltend machen und die Daten für einen Zweck verwenden wollen, der auch im öffentlichen Interesse liegt.	(4) 각 주의 지질조사를 담당하는 관할 행정청에 전달되어야 하는 “보존법[연방관보 3, 75−1, 2001년 11월 10일 제22조 변경으로 최종 개정(연방관보 1, 2992면)]” 제3조 제1항에 따른 조사정보는 전달 이후 5년이 경과한 후에 정보에 대한 정당한 이익을 주장하고 공익에 부합하는 목적으로 정보를 이용하는 자에게 제공된다.
[2]Die Bestimmungen des Bundes und der Länder über den Zugang zu Umweltinformationen bleiben unberührt.	환경정보에 대한 접근에 대하여 연방 및 각 주의 규정은 해당 규정에 영향을 받지 않는다.
(5) Der Untersuchungsberechtigte hat das alleinige Recht zur Untersuchung der in der Genehmigung bezeichneten Gesteinsschichten des Untersuchungsfeldes auf ihre Eignung zur dauerhaften Speicherung von Kohlendioxid.	(5) 조사권한이 있는 자는 이산화탄소 영구저장의 적합성에 대한 허가증에 명시된 조사영역의 암석층을 조사할 독점권을 갖는다.

[2]Während der Gültigkeitsdauer der Untersuchungsgenehmigung dürfen anderweitige, die Eignung als Kohlendioxidspeicher beeinträchtigende Nutzungen dieser Gesteinsschichten nicht zugelassen werden.	조사허가의 유효기간 동안 이산화탄소 저장소로 적합성을 손상시키는 암석층 사용은 허용되지 않는다.
§ 8 Verfahrens- und Formvorschriften (1) Der Antrag auf Untersuchungsgenehmigung bedarf der Schriftform.	**제8조 절차 및 형식 규정** (1) 조사 허가 신청은 서면으로 해야 한다.
[2]Es sind die Angaben zu machen und die Unterlagen beizufügen, die für die Durchführung des Genehmigungsverfahrens erforderlich sind.	승인 절차를 수행하는 데 필요한 문서를 첨부하고, 필요한 정보를 제공하여야 한다.
[3]Der Antragsteller hat insbesondere das Untersuchungsfeld und die Gesteinsschichten genau zu bezeichnen und in Karten mit geeignetem Maßstab einzutragen.	특히, 신청자는 조사 영역과 암석층을 정확하게 표시하고, 적절한 축척으로 지도에 기입하여야 한다.
[4] Angaben und Unterlagen zu § 7 Absatz 1 Satz 2 Nummer 1 und 4 sowie Angaben und Unterlagen, die Geschäfts– und Betriebsgeheimnisse enthalten, sind getrennt vorzulegen.	제7조 제1항 제2문 제1호와 제4호에 대한 정보 및 서류와 운영 및 영업허가를 포함한 정보 및 서류는 별도로 제출되어야 한다.
[5]Betreffen mehrere Anträge dasselbe Untersuchungsfeld und dieselben Gesteinsschichten, so ist über den Antrag zuerst zu entscheiden, dessen Untersuchungsprogramm den Voraussetzungen des § 7 Absatz 1 am besten Rechnung trägt; bei gleichwertigen Anträgen genießt der Antrag Vorrang, der zuerst genehmigungsfähig ist.	동일한 조사영역 및 암석층에 대한 수개의 신청이 존재할 경우 제7조 제1항의 전제조건에 가장 부합하는 조사과정을 우선적으로 결정하고 이때, 동일한 신청의 경우 먼저 허가를 받을 수 있는 신청을 우선으로 한다.

(2) Die zuständige Behörde fordert die Behörden, deren Aufgabenbereich durch die beantragte Untersuchung berührt wird, innerhalb eines Monats nach Zugang des Antrags zur Stellungnahme auf.	(2) 관할 행정청은 신청서를 받은 후 1개월 이내에 조사와 관련된 업무를 담당하는 당국에 의견을 요청해야 한다.
[2]Die Stellungnahmen sind innerhalb einer von der zuständigen Behörde zu bestimmenden Frist, die drei Monate nicht überschreiten darf, abzugeben.	의견은 관할 행정청이 정한 기한 내에 제출해야 하며 3개월을 초과할 수 없다.
[3]Die zuständige Behörde veranlasst, dass die Antragsunterlagen, mit Ausnahme der Unterlagen nach Absatz 1 Satz 4, innerhalb eines Monats nach deren Zugang in einem öffentlich zugänglichen Gebäude innerhalb des Gebietes, unter dessen Oberfläche sich das Untersuchungsfeld befindet, für die Dauer eines Monats zur Einsicht ausgelegt werden.	관할 행정청은 주민들의 의견표명을 위하여 조사 영역이 위치한 지역 내 주민이 방문 가능한 건물에 제1항 제4문에 따른 서류를 제외한 신청서류를 1개월의 기간 동안 열람이 가능하도록 하여야 한다.
[4] Die zuständige Behörde macht die Auslegung der Antragsunterlagen mindestens eine Woche vor dem Beginn der Auslegung in ihrem amtlichen Veröffentlichungsblatt, in mindestens einer örtlichen Tageszeitung, die in dem betroffenen Gebiet verbreitet ist, und auf ihrer Internetseite öffentlich bekannt.	관할 행정청은 관보, 해당 지역에 배포되는 최소 하나 이상의 지역 일간지 및 인터넷 사이트에 게재 시작 최소 일주일 전에 신청 서류의 게재를 공개하여야 한다.
In der Bekanntmachung ist darauf hinzuweisen,	관보에는 다음의 내용이 기재되어 있어야 한다.
1. wo und in welchem Zeitraum die Antragsunterlagen nach Satz 3 zur Einsicht ausgelegt sind und	1. 제3문에 따라 신청 서류의 열람이 가능한 장소 및 시간
2. dass etwaige Einwendungen bei den in der Bekanntmachung zu bezeichnenden	2. 이의제기 기간 내에 관보에 기재된 정해진 장소로 이의 신청서를 제출해야

Stellen innerhalb der Einwendungsfrist vorzubringen sind.	된다는 사항
(3) Jeder, dessen Belange durch das Vorhaben berührt werden, kann bis zwei Wochen nach Ablauf der Auslegungsfrist schriftlich oder zur Niederschrift bei der zuständigen Behörde Einwendungen gegen den Antrag erheben.	(3) 해당 계획에 의해 영향을 받는 모든 사람은 게재기간이 종료된 후 2주 이내에 서면 또는 관할 행정청에 출두하여 구술 및 서명하는 방식으로 신청에 대한 이의를 관할 행정청에 제기할 수 있다.
[2]Mit Ablauf der Einwendungsfrist sind alle Einwendungen ausgeschlossen, die nicht auf besonderen privatrechtlichen Titeln beruhen; hierauf ist in der Bekanntmachung hinzuweisen.	이의신청기간이 만료된 경우, 사법상의 특수한 경우를 제외하고 모든 이의신청은 허용되지 않는다. 이때 관보에는 해당 내용이 기재되어 있어야 한다.
(4) Wird nach einem Antrag auf Untersuchungsgenehmigung nach Absatz 1 für das darin bezeichnete Feld oder für Teile davon erstmals ein Antrag auf Erteilung einer bergrechtlichen Genehmigung gestellt und kann durch dieses Vorhaben die Eignung der im Antrag auf Untersuchungsgenehmigung bezeichneten Gesteinsschichten als Kohlendioxidspeicher beeinträchtigt werden, kann dem Antrag auf Erteilung einer bergrechtlichen Genehmigung ganz oder teilweise erst nach Entscheidung über den Antrag nach Absatz 1 stattgegeben werden.	(4) 광업법에 따른 허가신청이 제1항에 따라 해당신청에 기재된 부분 또는 일부에 대한 조사허가 신청 이후 최초 제출되고 해당 계획으로 이산화탄소 저장소로써 조사허가신청에 기재된 암석층의 적합성이 침해될 수 있다면 광업허가의 발급신청을 전부 또는 부분적으로 제1항에 따른 신청에 대한 결정 이후에 부여할 수 있다.
(5) Die Untersuchungsgenehmigung wird schriftlich für bestimmte Gesteinsschichten im Untersuchungsfeld erteilt. [2]Das betroffene Untersuchungsfeld und die betroffenen Gesteinsschichten sind darin genau zu bezeichnen.	(5) 조사허가는 조사영역의 특정 암석층에 대해 서면으로 발급된다. 해당 조사영역과 관계된 암석층은 조사허가에 정확하게 표시되어야 한다.

(6) Die Untersuchungsgenehmigung oder deren Ablehnung wird dem Antragsteller und denjenigen, die Einwendungen erhoben haben, zugestellt.	(6) 조사 허가 또는 허가거부는 신청인과 이의를 제기한 자에게 송달되어야 한다.
[2]Eine Ausfertigung der Untersuchungsgenehmigung oder deren Ablehnung ist mit Begründung und einer Rechtsbehelfsbelehrung für zwei Wochen an dem durch Absatz 2 Satz 3 bestimmten Ort zur Einsicht auszulegen.	조사허가 정본 또는 그 거부에 대한 정본은 그 사유와 법적구제권을 붙여 2주의 기간 내에 제2항 제3문에 따라 정해진 장소에 이의제기를 위하여 비치되어야 한다.
[3]Die zuständige Behörde hat den verfügenden Teil der Untersuchungsgenehmigung oder deren Ablehnung mit einer Rechtsbehelfsbelehrung vor der Auslegung in ihrem amtlichen Veröffentlichungsblatt, in mindestens einer örtlichen Tageszeitung, die in dem betroffenen Gebiet verbreitet ist, und auf ihrer Internetseite bekannt zu machen.	관할당국은 관보에 게재하기 전 조사허가 또는 법적구제권이 기재된 거부에 대해 공개 가능한 부분을 최소한 해당 지역의 지역일간지와 인터넷사이트에 게재하여야 한다.
[4] In der Bekanntmachung ist darauf hinzuweisen, wo und in welchem Zeitraum die Unterlagen nach Satz 2 zur Einsicht ausgelegt werden.	이 공고에는 제2문에 따른 서류를 볼 수 있는 장소 및 이의제기를 할 수 있는 기간이 기재되어 있어야 한다.
[5]Sind außer an den Antragsteller mehr als 50 Zustellungen nach Satz 1 vorzunehmen, so können diese Zustellungen durch die öffentliche Bekanntmachung nach den Sätzen 2 und 3 ersetzt werden.	신청인 외에 제1문에 따른 송달이 50건 이상일 경우 제2문과 제3문에 따른 고지의 방법으로 송달을 갈음할 수 있다.
[6]Mit dem Ende der Auslegungsfrist gilt der Bescheid gegenüber den Betroffenen, die keine Einwendungen erhoben haben, sowie im Fall von Satz 4 auch gegenüber denjenigen, die Einwendungen erhoben	게재기간의 종료와 함께 이의신청을 제기하지 않은 당해인과 제4문의 경우에 있어서 이의제기를 제기한 사람에 대해서는 결정이 송달된 것으로 간주한다. 해당 내용은 공고에 기재되어 있어야 한다.

haben, als zugestellt; in der Bekanntmachung ist hierauf hinzuweisen.	
§ 9 Nebenbestimmungen und Widerruf der Genehmigung (1) Die nachträgliche Aufnahme, Änderung oder Ergänzung von Auflagen ist zulässig, wenn dies erforderlich ist, um die Einhaltung der Anforderungen nach § 7 Absatz 1 bis 3 zu gewährleisten.	**제9조 부관과 허가의 취소** (1) 제7조 제1항부터 제3항까지의 요건을 준수하기 위하여 필요한 경우 부담의 사후부과, 변경 및 추가는 허용된다.
[2]Die Genehmigung ist auf den Zeitraum zu befristen, der für eine ordnungsgemäße Untersuchung erforderlich ist.	허가는 적절한 조사에 필요한 기간범위 내로 제한된다.
[3]Sie kann zu diesem Zweck einmalig verlängert werden.	허가는 한 번의 범위 내에서 목적달성을 위해 연장될 수 있다.
[4] Die Genehmigung darf nicht über den 31. Dezember 2015 hinaus befristet oder verlängert werden.	허가는 2015년 12월 31일을 이후로 정해지거나 연장될 수 없다.
(2) Die Genehmigung kann widerrufen werden, wenn	(2) 이 허가는 다음의 경우에 철회될 수 있다.
1. aus Gründen, die der Untersuchungsberechtigte zu vertreten hat, innerhalb eines Jahres kein Gebrauch von ihr gemacht oder die planmäßige Untersuchung länger als ein Jahr unterbrochen worden ist oder	1. 조사권자가 2년의 기간 내에 조사권을 행사하지 않거나 계획된 조사가 1년 이상 중단된 경우
2. eine ihrer Erteilungsvoraussetzungen später weggefallen ist und nicht in angemessener Zeit Abhilfe geschaffen werden kann.	2. 허가의 발급이 되는 전제요건이 장래에 충족되지 못하게 되고 적절한 기간 내에 보완될 수 없을 경우
§ 10 Benutzung fremder Grundstücke (1) Wer für notwendige Messungen, Untersuchungen des Bodens, des	**제10조 타인 토지 사용** (1) 조사를 목적으로 필요한 측량, 토지, 지층, 지하수 조사 또는 유사한 업무를

Untergrundes und des Grundwassers oder ähnliche Arbeiten zum Zweck der Untersuchung ein fremdes Grundstück benutzen will, hat vor Beginn der Untersuchung	위하여 타인의 토지를 사용하고자 하는 자는 조사 시작 전에 다음을 받아야 한다.
1. die Zustimmung des Grundstückseigentümers und der sonstigen Nutzungsberechtigten und,	1. 토지 소유자 및 기타 사용권한이 있는 자의 동의
2. wenn das Grundstück durch Gesetz oder auf Grund Gesetzes einem öffentlichen Zweck gewidmet ist, auch die Zustimmung der für die Wahrung dieses Zwecks zuständigen Behörde einzuholen.	2. 법률 또는 공익목적의 이유로 토지가 제공되어 있는 경우, 해당 목적의 달성에 책임이 있는 관할 당국의 동의
²§ 905 Satz 2 des Bürgerlichen Gesetzbuchs bleibt unberührt.	민법 제905조 제2문은 그대로 적용된다.
(2) Der Untersuchungsberechtigte hat nach Abschluss der Untersuchungsarbeiten den früheren Zustand fremder Grundstücke unverzüglich wiederherzustellen, es sei denn, dass die Aufrechterhaltung der Einwirkungen auf die Grundstücke nach Entscheidung der zuständigen Behörde für die spätere Kohlendioxidspeicherung erforderlich ist oder die zuständige Behörde zur ordnungsgemäßen Wiederherstellung der betroffenen Umweltgüter oder zur Wiedernutzbarmachung der Oberfläche eine Abweichung von dem früheren Zustand angeordnet hat.	(2) 향후 이산화탄소저장을 위해 관할 행정청의 결정에 따라 토지의 영향을 유지할 필요가 있고 관할행정청이 해당 환경재의 적절한 복원 또는 지표의 재사용권을 위하여 토지의 원복을 명령한 경우, 조사권한이 있는 자는 조사작업이 완료된 후 지체 없이 해당 토지를 원상복구 하여야 한다.
(3) Der Untersuchungsberechtigte hat dem Grundstückseigentümer und den sonstigen Nutzungsberechtigten für die durch die	(3) 조사권자는 조사업무 수행으로 인해 발생한 토지소유자 및 기타 사용권자에게 원상회복 또는 제2문에 따른 기타 조치로

Untersuchungsarbeiten entstandenen, nicht durch Wiederherstellung des früheren Zustandes oder andere Maßnahmen nach Absatz 2 ausgeglichenen Vermögensnachteile Ersatz in Geld zu leisten.	상쇄될 수 없는 재산상의 피해를 금전으로 배상하여야 한다.
[2]Den Inhabern dinglicher Rechte an dem Grundstück stehen Rechte an dem Ersatzanspruch entsprechend der Artikel 52 und 53 des Einführungsgesetzes zum Bürgerlichen Gesetzbuche zu.	토지에 대한 물권자는 민법시행법(Einführungsgesetz zum Bürgerlichen Gesetzbuche) 제52조 및 제53조의 배상청구권을 갖는다.
(4) Zur Sicherung ihrer Ansprüche aus den Absätzen 2 und 3 können der Grundstückseigentümer und sonstige Nutzungsberechtigte die Leistung einer ausreichenden Sicherheit nach § 232 des Bürgerlichen Gesetzbuchs verlangen.	(4) 제2항 및 제3항에 따른 권리를 보호하기 위해, 토지 소유자 및 기타 사용권자는 민법 제232조에 따라 충분한 담보를 제공하도록 요구할 수 있다.
(5) Wird die nach Absatz 1 Satz 1 Nummer 1 erforderliche Zustimmung versagt, so kann sie für Bereiche außerhalb von Gebäuden, Gärten und eingefriedeten Hofräumen auf Antrag durch eine Entscheidung der zuständigen Behörde ersetzt werden, wenn überwiegende öffentliche Interessen die Untersuchung erfordern.	(5) 제1항 제1문 제1호에 따라 필요한 동의가 거부되었다면, 공공의 이익이 우세하여 조사가 필요한 경우에 건물, 정원 및 안뜰을 제외한 영역에 대해서는 관할 행정청의 결정으로 동의를 받은 것으로 볼 수 있다.
(6) Die zuständige Behörde entscheidet auf Antrag auch über die Höhe des Ersatzanspruchs nach Absatz 3 oder die zu leistende Sicherheit nach Absatz 4, wenn eine Einigung hierüber nicht zustande kommt; die Kosten des Verfahrens trägt der Untersuchungsberechtigte.	(6) 적절한 합의가 이루어지지 않을 경우 제3항에 따른 배상청구권 금액 또는 제4항에 따른 담보에 대한 신청은 관할 당국이 결정한다.; 절차에 필요한 비용은 조사권자가 부담한다.

[2]Erst wenn der Ersatz oder die Sicherheit geleistet ist, darf die Untersuchung begonnen oder fortgesetzt werden.	배상 또는 담보가 제공된 경우에 조사를 시작하거나 계속할 수 있다.
§ 11 Planfeststellung für Errichtung und Betrieb eines Kohlendioxidspeichers (1) Errichtung, Betrieb und wesentliche Änderung eines Kohlendioxidspeichers bedürfen der vorherigen Planfeststellung durch die zuständige Behörde.	**제11조 이산화탄소 저장소의 설치 및 운영에 대한 계획확정** ①이산화탄소 저장소의 설치, 운영 및 주요 변경을 위해서는 관할 당국의 사전 계획 확정이 필요하다.
[2]Die Öffentlichkeit ist möglichst vor Antragstellung über das planfeststellungspflichtige Vorhaben, insbesondere über die Lage und die Größe des Kohlendioxidspeichers sowie die Technologie der Kohlendioxidspeicherung, zu informieren.	주민들은 가능한 한 계획 확정 의무절차에 대해 신청서가 제출되기 전 특히 이산화탄소저장소의 위치, 규모와 이산화탄소 저장기술에 대한 정보를 미리 받을 수 있어야 한다.
[3]Dabei ist der Öffentlichkeit Gelegenheit zur Äußerung und Erörterung zu geben.	이때 주민들에게 의견표명의 기회가 부여되어야 한다.
[4] Die zuständige Behörde wirkt darauf hin, dass der zukünftige Antragsteller erforderlichenfalls ein Verfahren des öffentlichen Dialogs und der Streitschlichtung durchführt.	관할 당국은 필요한 경우 장래 신청인들이 공개대화와 분쟁해결절차를 이행하도록 노력하여야 한다.
[5]Die Länder können die näheren Anforderungen an das Verfahren nach den Sätzen 2 bis 4 bestimmen.	각 주는 제2문부터 제4문에 따른 절차에 필요한 세부사항을 규정할 수 있다.
(2) An Stelle eines Planfeststellungsbeschlusses kann eine Plangenehmigung nach § 74 Absatz 6 des Verwaltungsverfahrensgesetzes erteilt werden, wenn	(2) 다음의 경우 계획확정결정을 행정절차법 제74조 제6항에 따른 계획허가로 발급할 수 있다.
1. eine wesentliche Änderung eines Kohlendioxidspeichers beantragt wird,	1. 이산화탄소 저장소의 본질적인 변경의 청구

2. Rechte anderer nicht beeinträchtigt werden oder die Betroffenen sich mit der Inanspruchnahme ihres Eigentums oder eines anderen Rechts schriftlich einverstanden erklärt haben,	2. 타인의 권리가 침해되지 않거나 당사자들이 자신의 재산이나 기타 권리 행사에 대해 서면으로 동의한 경우
3. mit den Trägern öffentlicher Belange, deren Aufgabenbereich berührt wird, das Benehmen hergestellt worden ist und	3. 과업범위에 있어 공익 이행자와 협의가 이루어진 경우
4. keine Pflicht zur Durchführung einer Umweltverträglichkeitsprüfung besteht.	4. 환경영향평가를 실시할 의무가 없는 경우
(3) Die Speicherung von Kohlendioxid außerhalb eines zugelassenen Kohlendioxidspeichers und in der Wassersäule ist unzulässig.	③ 허가된 이산화탄소저장소 이외의 장소와 대수층에 이산화탄소를 저장하는 것은 허용되지 않는다.
§ 12 Antrag auf Planfeststellung (1) Der Antrag auf Planfeststellung oder Plangenehmigung muss enthalten:	**제12조 계획확정 신청** (1) 계획확정 또는 계획허가 신청서는 다음을 포함하고 있어야 한다.
1. den Namen und den Wohnsitz oder Sitz des Antragstellers,	1. 신청인의 이름, 거주지 또는 소재지
2. den Nachweis der Fachkunde des Antragstellers, bei juristischen Personen oder Personengesellschaften der nach Gesetz, Satzung oder Gesellschaftsvertrag zur Vertretung berechtigten Person, oder der für die Errichtung, Leitung und Beaufsichtigung der Anlage verantwortlichen Personen,	2. 법률. 조례 또는 정관에 따라 대표권한 있는 자 또는 시설의 설치 관리 및 감독을 위한 책임 있는 자의 법인 또는 인적회사에 있어서 신청인의 기술 자격 증명
3. der Nachweis der erforderlichen finanziellen Leistungsfähigkeit und der erforderlichen Zuverlässigkeit des Antragstellers,	3. 신청인의 재정 이행능력과 신뢰성에 대한 증명
4. die Angabe, ob die Errichtung und der Betrieb beantragt werden oder ob eine wesentliche Änderung beantragt wird,	4. 시설 또는 운영에 대한 신청인지 중대한 변경에 대한 사항인지 여부

5. die genaue Lage und Bezeichnung des Kohlendioxidspeichers und des Speicherkomplexes und die genaue Eintragung in Karten mit geeignetem Maßstab,	5. 이산화탄소저장소 또는 저장단지의 정확한 위치와 설명 및 적당한 축척으로 지도에 기입된 내용
6. die Beschreibung der Anlage sowie der zu verwendenden Technologien,	6. 사용될 기술과 시설에 대한 설명
7. Angaben über die jährlich und insgesamt zu speichernde Menge an Kohlendioxid, dessen voraussichtliche Herkunft und Zusammensetzung sowie Injektionsraten, Injektionsdruck und maximalen Reservoirdruck,	7. 이산화탄소의 연간 및 저장 총량에 대한 정보와 이산화탄소 공급처 및 주입율, 주입압력과 최대 저장압력에 대한 예측 가능한 정보
8. Angaben über die zu erwartende Druckentwicklung im Speicherkomplex, die Lösung und die Freisetzung von Stoffen und die Verdrängung von Formationswässern während und nach der Injektion,	8. 저장단지 내 예상되는 압력변화, 이산화탄소 주입 기간 및 주입 후 지층수의 변위와 물질의 용해 및 방출에 대한 정보
9. die Angabe, zu welchem Zeitpunkt die Anlage in Betrieb genommen werden soll.	9. 시설의 가동 시점에 대한 정보
(2) Der Antragsteller hat dem Antrag auf Planfeststellung oder Plangenehmigung die zu dessen Prüfung erforderlichen Unterlagen beizufügen, insbesondere	(2) 신청인은 계획 확정 또는 허가 신청서에 심사에 필요한 다음의 서류를 첨부하여야 한다.
1. den Sicherheitsnachweis (§ 19),	1. 안전 증명서(제19조)
2. das Überwachungskonzept (§ 20),	2. 모니터링방법(제20조)
3. das vorläufige Stilllegungs- und Nachsorgekonzept (§ 17 Absatz 2) sowie	3. 임시 폐쇄 및 사후 관리방법(제17조 제2항)
4. die nach dem Gesetz über die Umweltverträglichkeitsprüfung erforderlichen Unterlagen.	4. 환경영향평가법에 따라 필요한 문서

(3) Im Fall einer wesentlichen Änderung muss der Antrag die Angaben nach Absatz 1 und die Unterlagen nach Absatz 2 enthalten, soweit diese Angaben und Unterlagen für die Entscheidung nach § 11 erforderlich sind.	(3) 제11조에 따른 결정에 대한 정보 및 서류가 필요한 경우에 있어서 중대한 변경의 경우에는 신청서에 제1항에 따른 정보와 제2항에 따른 서류가 포함되어야 한다.
(4) Der Antrag des Inhabers einer Untersuchungsgenehmigung nach § 7 genießt Vorrang gegenüber allen weiteren Anträgen auf Planfeststellung für die Errichtung und den Betrieb eines Kohlendioxidspeichers in denselben Gesteinsschichten.	(4) 제7조에 따른 조사 허가를 받은 자의 신청은 동일한 암석층에서 이산화탄소 저장소의 설치 및 운영에 대한 모든 계획확정 신청보다 우선한다.
§ 13 Planfeststellung (1) Der Plan darf nur festgestellt oder die Plangenehmigung nur erteilt werden, wenn	**제13조 계획확정** (1) 계획에 있어서는 다음의 경우에만 계획이 확정되거나 계획허가가 발급될 수 있다.
1. sichergestellt ist, dass unter Berücksichtigung der Standortgebundenheit die Errichtung und der Betrieb des geplanten Kohlendioxidspeichers das Wohl der Allgemeinheit nicht beeinträchtigen und überwiegende private Belange nicht entgegenstehen,	1. 부지 특성을 고려하여 계획된 이산화탄소 저장소의 건설 및 운영이 공익을 해치지 않고 우선되는 사익과 충돌하지 않을 경우
2. die Langzeitsicherheit des Kohlendioxidspeichers gewährleistet ist,	2. 이산화탄소 저장소의 장기적 안정성이 보장되는 경우
3. Gefahren für Mensch und Umwelt im Übrigen nicht hervorgerufen werden können,	3. 그 밖에 인간 및 환경에 대한 위험을 유발하지 않는 경우
4. die erforderliche Vorsorge gegen Beeinträchtigungen von Mensch und Umwelt getroffen wird, insbesondere durch Verhinderung von erheblichen	4. 특히 중대한 이상을 방지함으로써 사람과 환경에 대한 악영향을 막기 위해 필요한 사전적 조치를 취하였을 경우; 이때 필요한 사전조치는 과학기술의 정도에 따

Unregelmäßigkeiten; die erforderliche Vorsorge für Kohlendioxidspeicher nach § 2 Absatz 2 bestimmt sich nach dem Stand von Wissenschaft und Technik,	라 제2조 제2항에 따른 이산화탄소 저장소에 필요한 사항을 말함.
5.d ie nach § 12 Absatz 2 einzureichenden Unterlagen den Anforderungen dieses Gesetzes und den auf Grundlage dieses Gesetzes erlassenen Rechtsverordnungen entsprechen,	5. 제12조 제2항에 따라 제출된 문서가 이법에 근거하여 발령된 법규명령과 이법의 요구에 상응할 경우
6. der Antragsteller sicherstellen kann, dass der Kohlendioxidstrom den Anforderungen des § 24 entspricht,	6. 이산화탄소 스트림이 제24조에 따른 요건을 충족하는지 여부를 신청인이 확인할 수 있을 경우
7. der Antragsteller die von der zuständigen Behörde für das erste Betriebsjahr festgesetzte Deckungsvorsorge nach § 30 Absatz 2 getroffen hat und	7. 신청인이 제30조 제2항에 따라 관할 행정청으로부터 최초 가동연도에 정해진 담보를 제공할 경우
8. sonstige öffentlich−rechtliche Vorschriften nicht entgegenstehen.	8. 기타 공법규정에 위배되지 않을 경우
[2]Die sich aus § 7 Absatz 1 Satz 2 Nummer 1 und 3 bis 7 ergebenden Voraussetzungen gelten entsprechend.	제7조 제1항 제2문 제1호와 제3호부터 제7호까지의 전제요건에 적용된다.
[3]Bei der Planfeststellung und der Plangenehmigung sind Ziele der Raumordnung zu beachten sowie Grundsätze und sonstige Erfordernisse der Raumordnung zu berücksichtigen.	계획확정 및 허가에 있어 공간계획의 목적이 준수되어야 하며, 기본원칙과 그 밖에 공간계획에 필요한 사항이 고려되어야 한다.
[4] Bei der Entscheidung sind im Rahmen der Genehmigungsvoraussetzungen und der Abwägung die Ergebnisse der Umweltverträglichkeitsprüfung nach § 25 des Gesetzes über die Umweltverträglichkeitsprüfung im Hinblick	결정을 함에 있어 허가요건 및 환경영향평가법 제25조에 따른 환경영향평가 결과를 고려하는 범위 내에서 효과적인 환경사전배려를 고려하여야 한다.

auf eine wirksame Umweltvorsorge zu berücksichtigen.	
[5]Auf die Belange der Land– und Forstwirtschaft ist Rücksicht zu nehmen.	농업과 임업의 이익 또한 고려사항에 포함되어야 한다.
(2) Der Planfeststellungsbeschluss oder die Plangenehmigung muss insbesondere enthalten:	(2) 계획확정결정 또는 계획허가는 다음을 포함하고 있어야 한다.
1. den Namen und den Wohnsitz oder Sitz des Antragstellers,	1. 신청인의 이름, 거주지 또는 소재지
2. die genaue Lage und Ausdehnung des Kohlendioxidspeichers, des Speicherkomplexes sowie der betroffenen hydraulischen Einheiten,	2. 이산화탄소 저장소 및 저장단지와 관계 유압장치의 정확한 위치 및 규모
3. die genaue Beschreibung der Anlagen und der zu verwendenden Technologien,	3. 사용할 기술 및 시설에 대한 정확한 정보
4. die Festlegung der jährlichen Höchstmenge, der Gesamtmenge und der zulässigen Zusammensetzung des zu speichernden Kohlendioxids sowie der maximalen Injektionsraten und des maximalen Injektionsdrucks,	4. 저장할 이산화탄소에 있어 허용된 혼합구성물과 저장될 이산화탄소의 연간 최대량, 최대 주입율과 최대 주입 압력에 대한 확정
5. die Festlegung von Maßnahmen zur Verhütung von Leckagen und erheblichen Unregelmäßigkeiten, insbesondere unter Berücksichtigung von Risiken durch gelöste Stoffe und durch die Verdrängung von Formationswässern.	5. 지층수의 이동과 물질의 용해로 인한 위험을 고려하여 누출 또는 중대한 이상을 방지하기 위한 조치의 확정
(3) Der Planfeststellungsbeschluss oder die Plangenehmigung kann mit Befristungen, Bedingungen, einem Vorbehalt des Widerrufs oder Auflagen versehen werden.	(3) 계획확정결정 또는 계획허가는 기간, 조건 및 철회유보 또는 부담과 함께 내려질 수 있다.

²Zur Erfüllung der Vorschriften dieses Gesetzes oder der auf Grund dieses Gesetzes erlassenen Rechtsverordnungen ist bis zur Übertragung der Verantwortung nach § 31 die Aufnahme, Änderung und Ergänzung von Auflagen zulässig.	이 법 또는 이 법에 근거하여 제정된 법규명령을 이행하기 위하여 제31조에 따른 책임이전까지 부담의 사후부과, 변경 및 추가는 허용된다.
(4) Die zuständige Behörde übermittelt eine Abschrift der vollständigen Antragsunterlagen, weitere entscheidungserhebliche Daten und den Entwurf des Planfeststellungsbeschlusses über die zuständigen Stellen in der Bundesregierung an die Kommission.	(4) 관할 행정청은 완비된 신청서류의 사본, 결정에 필요한 중요한 정보와 계획확정결정 초안을 연방정부의 관할당국을 통해 위원회에 송부하도록 한다.
²Die Abschrift der vollständigen Antragsunterlagen ist innerhalb eines Monats nach deren Eingang bei der zuständigen Behörde an die Kommission zu übermitteln.	완비된 신청 서류의 사본은 관할 행정청에 전달된 후 1개월 이내 위원회에 송부되어야 한다.
³Eine Stellungnahme der Kommission ist in der endgültigen Entscheidung zu berücksichtigen, wenn sie innerhalb von vier Monaten nach Übermittlung des Entwurfs des Planfeststellungsbeschlusses eingeht.	위원회의 의견이 계획확정결정의 초안의 송부이후 4개월 이내에 마련되었을 때, 해당 의견은 종국적 결정에 고려되어야 한다.
⁴ Die zuständige Behörde übermittelt den zuständigen Stellen in der Bundesregierung über die dafür nach Landesrecht zuständige Behörde den Planfeststellungsbeschluss sowie Begründungen für etwaige Abweichungen von der Stellungsnahme der Kommission zur Weiterleitung an die Kommission.	관할 당국은 계획확정결정과 위원회의 의견이 상이한 이유를 주법에 따라 위원회에 전달하기 위하여 이를 담당하는 기관을 통해 연방정부의 책임기관에 전달한다.
(5) Das Verfahren zur Planfeststellung oder Plangenehmigung für ein Vorhaben,	(5) 계획확정 또는 계획허가절차의 효과가 각 주의 영역을 벗어날 경우 관할행정

dessen Auswirkungen über das Gebiet eines Landes hinausgehen, ist zwischen den zuständigen Behörden der beteiligten Länder abzustimmen.	청은 관계 주들과 해당 내용을 조정하여야 한다.
§ 14 Duldungspflicht Der Grundstückseigentümer und sonstige Nutzungsberechtigte haben nach Maßgabe des § 75 Absatz 2 Satz 1 des Verwaltungsverfahrensgesetzes die mit der dauerhaften Speicherung verbundenen Einwirkungen zu dulden, soweit diese ausschließlich den Erdkörper unter der Oberfläche des Grundstücks betreffen.	**제14조 수인의무** 지표를 제외하고 토지표면에 관계되는 한 토지소유자 및 기타 사용권한이 있는 자는 행정절차법 제75조 제2항 제1문에 따라 영구적 저장과 연계되어 있는 영향에 대해 수인할 의무가 있다.
[2]§ 905 Satz 2 des Bürgerlichen Gesetzbuchs bleibt unberührt.	민법 제950조 제2문은 그대로 적용된다.
[3]Der Grundstückseigentümer und sonstige Nutzungsberechtigte haften nicht für nachteilige Wirkungen, die durch eine von ihnen nach Satz 1 zu duldende Speicherung verursacht werden.	토지소유자 및 기타 사용권한이 있는 자는 제1문에 따라 수인의무가 있는 저장으로 인해 발생하는 부정적 영향에 대한 책임이 없다.
§ 15 Enteignungsrechtliche Vorwirkung (1) Dienen die Errichtung und der Betrieb des Kohlendioxidspeichers dem Wohl der Allgemeinheit, ist die Enteignung zulässig, soweit sie zur Durchführung des Vorhabens notwendig ist und der Enteignungszweck unter Beachtung der Standortgebundenheit des Vorhabens auf andere zumutbare Weise, insbesondere an anderer Stelle, nicht erreicht werden kann.	**제15조 수용법상 예비효** (1) 이산화탄소 저장소의 설치 및 운영이 공익에 합치하는 경우, 계획의 위치기반 특성을 고려하여 다른 방법으로 수용목적이 달성될 수 없고 계획의 이행에 필요한 경우 수용이 허용된다.
[2]Das Vorhaben dient dem Wohl der Allgemeinheit, wenn es für die Demonstration der dauerhaften Speicherung	독일내 영구적 저장의 실증에 필요하고 기후보호목적으로 독일 내 이산화탄소의 배출을 영구적으로 저감할 수 있

in Deutschland erforderlich ist und zum Zwecke des Klimaschutzes die Emission von Kohlendioxid in Deutschland dauerhaft vermindert wird.	는 경우 해당 계획은 공익에 기여하는 것으로 본다.
(2) Eine Enteignung setzt voraus, dass sich der Antragsteller ernsthaft und zu angemessenen Bedingungen um den freihändigen Erwerb der Rechte am Grundstück oder die Vereinbarung eines Nutzungsverhältnisses vergeblich bemüht hat.	(2) 수용은 신청인이 적당한 조건으로 토지에 대한 권리를 취득하거나 이용에 대한 합의를 도출하는데 진중한 노력을 기울이지 않았다는 것을 전제로 한다.
[2]Die Enteignung darf den zur Verwirklichung des Enteignungszweckes erforderlichen Umfang nicht überschreiten.	수용은 수용 목적을 달성하는 데 필요한 범위를 초과해서는 안 된다.
[3]Soll ein Grundstück oder ein räumlich oder wirtschaftlich zusammenhängender Grundbesitz nur zu einem Teil enteignet werden, kann der Eigentümer die Ausdehnung der Enteignung auf das Restgrundstück oder den Restbesitz insoweit verlangen, als das Restgrundstück oder der Restbesitz nicht mehr in angemessenem Umfang baulich oder wirtschaftlich genutzt werden können.	토지 또는 공간적 또는 경제적 관련 토지가 부분적으로 수용되어야 하는 경우, 잔여 토지 또는 잔여재산이 공간적 경제적으로 더 이상 사용될 수 없을 때 해당 잔여토지 또는 잔여재산으로 수용범위를 확대할 것을 요구할 수 있다.
(3) Über das Vorliegen der Voraussetzungen nach Absatz 1 entscheidet die zuständige Behörde im Planfeststellungsbeschluss.	(3) 관할 행정청은 계획확정결정에서 제1항에 따른 조건의 충족에 대해 결정할 수 있다.
[2]Der Planfeststellungsbeschluss ist dem Enteignungsverfahren zugrunde zu legen; er ist für die Enteignungsbehörde bindend.	계획확정결정은 수용절차의 근거로 사용된다.; 이는 수용행정청에 구속력을 갖는다.
[3]Im Übrigen gelten die Enteignungsgesetze der Länder.	그 밖에 사항에 있어서는 각 주의 수용법에 따른다.

§ 16 Widerruf der Planfeststellung (1) Planfeststellung und Plangenehmigung können widerrufen werden, wenn eine für die Entscheidung maßgebliche Voraussetzung später weggefallen ist und nicht in angemessener Zeit Abhilfe geschaffen werden kann.	**제16조 계획확정 철회** (1) 결정에 필요한 중대한 전제요건이 장래에 미충족 되었거나 적절한 기간 내에 보완될 수 없을 경우 계획확정 및 계획허가는 철회될 수 있다.
[2]Für den späteren Wegfall der in § 13 Absatz 1 Satz 1 Nummer 1 genannten Voraussetzungen und für den Widerruf aus sonstigen Gründen gilt § 49 des Verwaltungsverfahrensgesetzes.	장래에 제13조 제1항 제1문 제1호에 규정된 요건의 불비와 그 밖에 사유로 인한 철회에 행정절차법 제49조가 적용된다.
[3]Der Widerruf der Planfeststellung oder der Plangenehmigung für die Errichtung und den Betrieb eines Kohlendioxidspeichers lässt die Pflichten nach den §§ 17 und 18 unberührt.	이산화탄소 저장소의 설치 및 운영에 대한 계획확정 및 계획허가의 철회는 제17조 및 제18조에 따른 의무에 적용되지 않는다.
(2) Widerruft die zuständige Behörde die Planfeststellung, so soll sie dem Betreiber gegenüber anordnen, dass der Kohlendioxidspeicher unverzüglich stillzulegen ist.	(2) 관할 행정청이 계획확정을 철회하는 경우 관할 행정청은 운영자에게 이산화탄소의 저장소를 지체 없이 폐쇄할 것을 명하여야 한다.
[2]Die zuständige Behörde ist berechtigt, Stilllegung und Nachsorgemaßnahmen auf Kosten des Betreibers selbst oder durch Beauftragung eines anderen vorzunehmen, wenn der Betreiber der Anordnung nicht innerhalb einer von der zuständigen Behörde gesetzten angemessenen Frist nachkommt.	관할 행정청은 운영자가 관할행정청이 정한 적절한 기간 내에 명령을 이행하지 않을 경우 운영자의 비용 또는 위탁자로 하여금 폐쇄와 사후관리조치를 이행할 수 있다.
(3) Absatz 2 Satz 1 gilt nicht, wenn der Kohlendioxidspeicher von einem Dritten weiterbetrieben werden soll und die	(3) 이산화탄소 저장소가 제3자에 의해 계속 운영되어야 하고, 관할 행정청이 임시조사에 따라 제3자에 의한 계획이 제13

zuständige Behörde nach einer vorläufigen Prüfung zu dem Ergebnis gelangt, dass zugunsten des Dritten ein Plan nach § 13 festgestellt werden kann.	조에 따라 확정될 수 있다고 판단할 경우 제2항 제1문은 적용되지 않는다.
[2]Bis zum Planfeststellungsbeschluss betreibt die zuständige Behörde den Kohlendioxidspeicher selbst oder durch Beauftragung eines anderen; die Kosten werden vom früheren Betreiber getragen.	계획확정결정이 내려지기까지 관할 행정청은 이산화탄소 저장소를 직접운영하거나 다른 이에게 위탁하여 운영하도록 한다. 이때 비용은 이전 운영자가 부담한다.
§ 17 Stilllegung (1) Die Stilllegung bedarf der Genehmigung.	**제17조 폐쇄** (1) 폐쇄는 허가를 필요로 한다.
(2) Dem Antrag auf Genehmigung der Stilllegung sind Unterlagen über den Grund der Stilllegung und ein Stilllegungs- und Nachsorgekonzept beizufügen. Das Stilllegungs- und Nachsorgekonzept besteht aus dem aktualisierten Sicherheitsnachweis nach § 19 und aus einem aktualisierten Überwachungskonzept nach § 20 unter Beachtung der Bestimmungen der Anlage 2 Nummer 2.	(2) 폐쇄허가 신청에는 폐쇄사유와 폐쇄 및 사후관리방법이 포함된 서류가 첨부되어야 한다. 폐쇄 및 사후관리방법은 제19조에 따른 안전증명과 부칙2의 2에 따른 규정을 고려하여 제20조에 따른 관리감독 방안이 포함되어 있어야 한다.
(3) Die Genehmigung ist zu erteilen, wenn	(3) 허가는 다음의 경우 발급된다.
1. das Stilllegungs- und Nachsorgekonzept den gesetzlichen Anforderungen entspricht,	1. 폐쇄 및 사후관리방안이 법적 요건을 충족한 경우
2. sichergestellt ist, dass nach der Stilllegung und während der Nachsorge die Voraussetzungen des § 13 Absatz 1 Satz 1 Nummer 2 bis 4 erfüllt werden, sowie	2. 폐쇄 이후와 사후관리 동안에 제13조 제1항 제1문 제2호부터 제4호까지의 전제요건을 충족할 수 있는지 여부가 확인될 경우와
3. sonstige öffentlich-rechtliche Belange nicht entgegenstehen.	3. 그 밖에 공법상 이익과 충돌하지 않을 경우

[2]Die Behörde kann erforderliche Anordnungen treffen, um die Genehmigungsfähigkeit der Stilllegung herzustellen.	행정청은 폐쇄허가가 가능하도록 하기 위하여 필요한 요건을 마련할 수 있다.
(4) In allen Fällen, in denen der Betreiber nach den Vorschriften dieses Gesetzes, einer auf Grund dieses Gesetzes erlassenen Rechtsvorschrift oder auf Grund einer behördlichen Entscheidung zur Stilllegung verpflichtet ist, hat er die Injektion von Kohlendioxid unverzüglich einzustellen.	(4) 행정청의 결정과 이법에 근거하여 발령된 법규명령 및 이법에 의거하여 폐쇄가 결정되었다면, 운영자는 즉시 이산화탄소의 주입을 중단하여야 한다.
[2]Er hat der zuständigen Behörde unaufgefordert und unverzüglich einen Antrag auf Genehmigung der Stilllegung und die Unterlagen nach Absatz 2 zu übermitteln.	운영자는 지체없이 직접 관할 행정청에게 폐쇄허가신청과 제2항에 따른 서류를 제출하여야 한다.
(5) Der Betreiber ist verpflichtet, den Kohlendioxidspeicher stillzulegen, wenn die im Planfeststellungsbeschluss nach § 13 Absatz 2 Nummer 4 festgelegte Menge an Kohlendioxid gespeichert worden ist.	(5) 운영자는 제13조 제2항 제4호에 따라 계획확정결정에서 명시된 이산화탄소의 양을 저장하였을 때 이산화탄소 저장소를 폐쇄하여야 할 의무가 있다.
[2]Hat der Betreiber einen Antrag auf Erhöhung der zu speichernden Menge an Kohlendioxid gestellt, kann die zuständige Behörde auf Antrag des Betreibers die Pflicht nach Absatz 4 Satz 2 bis zum Abschluss des Verfahrens über die Erhöhung der Speichermenge aussetzen, wenn mit einer Entscheidung zugunsten des Betreibers gerechnet werden kann.	운영자가 이산화탄소 저장량을 상향하기 위한 신청서를 제출한 경우, 관할 행정청은 해당 신청이 받아들여질 수 있을 것으로 예상되는 때에는 제4조 제2항에 따른 의무를 유예할 수 있다.
(6) Nach Erteilung der Genehmigung hat der Betreiber die Stilllegung auf seine Kosten durchzuführen.	(6) 허가가 발급된 이후 운영자는 자신의 비용으로 폐쇄를 이행하여야 한다.

[2]Die Stilllegung umfasst nicht die Beseitigung von Einrichtungen, die für die Nachsorge erforderlich sind.	폐쇄에는 사후관리에 필요한 시설의 제거를 포함하지 않는다.
[3]Die zuständige Behörde stellt den ordnungsgemäßen Abschluss der Stilllegung auf Antrag fest.	관할행정청은 폐쇄의 적절히 완료되었음을 확인한다.
§ 18 Nachsorge Nach Abschluss der Stilllegung des Kohlendioxidspeichers ist der Betreiber insbesondere nach Maßgabe des Stilllegungs- und Nachsorgekonzepts verpflichtet, auf seine Kosten Vorsorge gegen Leckagen und Beeinträchtigungen von Mensch und Umwelt zu treffen. [2]Die Pflichten nach den §§ 22 und 23 gelten entsprechend.	**제18조 사후관리** 이산화탄소 저장시설의 폐쇄가 완료된 후, 폐쇄방법 및 사후관리방안에 따라 운영자는 사람 및 환경에 대한 피해와 누출과 관련하여 자신의 비용으로 예방조치를 취해야할 의무를 갖는다. 이는 제22조와 제23조에 따른 의무에도 적용된다.
§ 19 Sicherheitsnachweis Der Betreiber ist verpflichtet, den Sicherheitsnachweis auf Grundlage der Charakterisierung und Bewertung nach § 7 Absatz 3 Satz 1 zu erstellen.	**제19조 안전 증명서** 운영자는 제7조 제3항 제1문에 따른 특성화 및 평가에 기초하여 안전증명서를 작성하여야 한다.
[2]Der Sicherheitsnachweis dient dazu, der zuständigen Behörde die für die Prüfung der Voraussetzungen nach § 13 Absatz 1 Satz 1 Nummer 2 bis 4 erforderlichen Nachweise zu liefern.	안전증명서는 제13조 제1항 제1문 제2호부터 제4호에 따른 요건심사에 필요한 증명을 관할 당국에 제공하기 위함이다.
[3]Im Sicherheitsnachweis sind auch geeignete Maßnahmen zur Verhütung und Beseitigung von Leckagen und erheblichen Unregelmäßigkeiten zu beschreiben.	또한 안전증명서는 누출 및 중대한 이상을 방지하고 제거하기 위한 적절한 조치를 명시하여야 한다.
[4] Dem Sicherheitsnachweis ist eine Stellungnahme der Bundesanstalt für Geowissenschaften und Rohstoffe und des Umweltbundesamtes beizufügen.	안전증명서에는 연방지구과학 및 천연자원연구소와 연방환경청의 의견이 첨부되어야 한다.

§ 20 Überwachungskonzept (1) Der Betreiber ist verpflichtet, für den Zeitraum ab Errichtung des Kohlendioxidspeichers bis zur Übertragung der Verantwortung nach § 31 ein Überwachungskonzept für die Planung und Durchführung der Überwachung nach § 22 Absatz 1 und 2, insbesondere nach Maßgabe der Anlage 2, zu erstellen. [2]Dem Überwachungskonzept sind die Angaben beizufügen, die nach § 45 Absatz 4 erforderlich sind.	**제20조 감독(모니터링)방법** (1) 운영자는 이산화탄소저장소의 설치와 제31조에 따른 책임이 이전되기 전까지 제22조 제1항과 제2항에 따른 감독계획 및 이행에 대한 감독방안을 부칙2에 기재된 방법에 따라 작성하여야 한다. 감독방안에는 제45조 제4항에 따라 필요한 정보가 첨부되어야 한다.
(2) Das Überwachungskonzept ist unbeschadet des § 21 Absatz 2 nach Maßgabe der Anlage 2 alle fünf Jahre zu aktualisieren, um neuen Erkenntnissen in der Einschätzung der Langzeitsicherheit, von Leckagerisiken und von Risiken für Mensch und Umwelt sowie den technischen Entwicklungen Rechnung zu tragen.	(2) 감독방안은 제21조 제2항과 관계없이 누출위험과 인간 및 환경에 미치는 위험 및 기술발전과 장기적인 안전성의 고려측면에서 새로운 지식을 염두하여 5년에 한번 씩 재작성되어야 한다.
[2]Eine Änderung des Überwachungskonzepts gegenüber der Fassung, die nach § 13 Absatz 1 Satz 1 Nummer 5 Voraussetzung für den Planfeststellungsbeschluss war, bedarf der Genehmigung durch die zuständige Behörde, soweit die Änderung nicht Teil des Anpassungsprozesses nach § 21 Absatz 2 ist.	제13조 제1항 제1문 제5호에 따라 계획확정결정의 전제요건이었던 법률의 감독방안에 대한 변경은 제21조 제2항에 따른 조정과정의 부분에 대한 변경이 아닌 한 관할 행정청의 허가를 필요로 한다.
§ 21 Anpassung (1) Der Betreiber ist verpflichtet, alle Tätigkeiten und Anlagen für die dauerhafte Speicherung nach § 2 Absatz 1 auf einem Stand zu halten, der die Erfüllung der in §	**제21조 조정** (1) 운영자는 제2조 제1항에 따른 영구저장에 대한 모든 활동 및 시설을 제13조 제1항 제1문 제2호부터 제4호까지 규정되어 있는 요건을 충족하기 위한 수준으로

13 Absatz 1 Satz 1 Nummer 2 bis 4 genannten Voraussetzungen sicherstellt.	유지해야 할 의무가 있다.
[2]Die zuständige Behörde konkretisiert die Pflicht nach Satz 1 durch nachträgliche Auflagen nach § 13 Absatz 3 Satz 2; sie überprüft alle fünf Jahre, ob die Voraussetzungen des § 13 Absatz 1 Satz 1 Nummer 2 bis 4 eingehalten werden.	관할행정청은 제1문에 따른 의무를 제13조 제3항 제2문에 따른 사후부관을 통해 구체화한다. 이때 관할 행정청은 5년마다 제13조 제1항 제1문 제2호부터 제4호까지의 요건이 충족되고 있는지 여부를 확인한다.
(2) Die nach diesem Gesetz zu erstellenden Programme, Nachweise und Konzepte sind auf Anforderung der zuständigen Behörde in angemessenen Abständen an den Vorsorgestandard nach § 13 Absatz 1 Satz 1 Nummer 4 anzupassen.	(2) 이 법에 따라 마련된 프로그램, 증명서와 방안은 제13조 제1항 제1문 제4호에 따른 예방기준에 적합하게 적절한 간격으로 관할행정청의 요청에 따라 조정되어야 한다.
[2]Die Anpassung ist mit der zuständigen Behörde abzustimmen und ab Inbetriebnahme des Kohlendioxidspeichers bis zur Übertragung der Verantwortung nach § 31 zu gewährleisten.	조정은 관할당국과의 협의하에 이루어지며, 이산화탄소저장소의 시운전시부터 제31조에 따른 책임 이전 전까지 보장되어야 한다.
§ 22 Eigenüberwachung (1) Der Betreiber hat auf Grundlage des Überwachungskonzepts nach § 20 den Kohlendioxidspeicher und den Speicherkomplex, insbesondere die Anlagen zur Injektion, das Verhalten des gespeicherten Kohlendioxids und dessen Einwirkungen auf den Kohlendioxidspeicher und den Speicherkomplex, sowie die umgebende Umwelt kontinuierlich zu überwachen.	**제22조 자체감독** (1) 제20조에 따른 감독방법에 기초하여 운영자는 이산화탄소 저장소와 저장단지, 특히 주입시설, 저장된 이산화탄소의 상태와 이산화탄소 저장소 및 저장단지에의 영향과 그 주변 환경을 지속적으로 감독하여야 한다.
(2) Die Überwachung ist so durchzuführen, dass sie insbesondere Folgendes ermöglicht:	(2) 감독은 다음의 내용이 가능한 방식으로 수행되어야 한다.

1. den Vergleich des tatsächlichen Verhaltens des gespeicherten Kohlendioxids mit dem Verhalten, welches zuvor gemäß Anlage 1 im Modell prognostiziert worden ist,	1. 부칙1에 따라 초안에서 예측된 상태와 저장된 이산화탄소의 실제상태간의 비교
2. das Erkennen von Art und Ausmaß von Leckagen, erheblichen Unregelmäßigkeiten und Migrationen,	2. 누출, 중대한 이상과 이동의 유형과 범위에 대한 감지
3.d as Feststellen von Art und Ausmaß potenziell nachteiliger Einwirkungen auf Mensch und Umwelt sowie auf Belange Dritter,	3. 사람, 환경 및 제3자 이익에 대한 잠재적 부정적 영향의 유형과 범위의 확인
4. die Bewertung der Wirksamkeit von Abhilfemaßnahmen, die nach § 23 getroffenen wurden, und	4. 제23조에 따라 취해진 사후조치에 대한 평가와 효과
5. die kontinuierliche Überprüfung während des Betriebs, insbesondere, ob die Voraussetzungen des § 13 Absatz 1 Satz 1 Nummer 1 bis 4 an diesem Standort mit der gewählten Betriebsweise erfüllt werden können.	5. 저장되고 있는 동안 선택한 작동방식이 해당 위치에서 제13조 제1항 제1문 제1호부터 제4호의 요건을 충족하는지 여부에 대한 지속적인 심사
(3) Der Betreiber ist verpflichtet, auf Verlangen der zuständigen Behörde, mindestens jedoch einmal im Jahr, folgende Angaben zu übermitteln:	(3) 운영자는 관할 행정청의 요청에 따라 적어도 일 년에 1번 다음정보를 제공하여야 한다.
1. die Ergebnisse der kontinuierlichen Überwachung einschließlich der gewonnenen Daten und der verwendeten Technologie sowie	1. 수집된 데이터와 사용된 기술을 포함한 지속적인 감독 결과
2. die Angaben, die erforderlich sind, um die Einhaltung der Zulassungsvoraussetzungen zu prüfen und	2. 허가요건을 유지하고 있는지 심사하고 이산화탄소저장소에 이산화탄소 상태에 대한 지식상태를 확장하는데 필요한 정보

den Kenntnisstand über das Verhalten des Kohlendioxids in einem Kohlendioxidspeicher zu erweitern.	
§ 23 Maβnahmen bei Leckagen oder erheblichen Unregelmäβigkeiten (1) Bei Leckagen oder erheblichen Unregelmäßigkeiten hat der Betreiber unverzüglich	**제23조 누출 또는 중대한 이상에 대한 조치** (1) 누출 또는 중대한 이상이 있는 경우 운영자는 즉시 다음을 하여야 한다.
1. deren Art und Ausmaß der zuständigen Behörde anzuzeigen,	1. 관할 행정청에 해당 유형과 규모 통지
2. geeignete Maßnahmen zu treffen, um die Leckage oder die erhebliche Unregelmäßigkeit vollständig zu beseitigen und weitere Leckagen und erhebliche Unregelmäßigkeiten zu verhüten, insbesondere durch das Ergreifen von Maßnahmen, die im Sicherheitsnachweis nach § 19 Satz 3 vorgesehen sind, und	2. 누출 또는 중대한 이상을 완전하게 제거하고 지속적인 누출과 중대한 이상을 막기 위하여 특히 제19조 제3문에 따른 안전증명서에 있는 조치와 같은 적절한 조치
3. der zuständigen Behörde sowie den Grundstückseigentümern und sonstigen Nutzungsberechtigten die getroffenen Maßnahmen und ihre Wirkungen anzuzeigen.	3. 관할 당국, 토지 소유자 및 기타 사용권한 자에게 해당 조치 및 그에 따른 효과 통지
(2) Der Grundstückseigentümer und sonstige Nutzungsberechtigte haben die zur Durchführung der Maßnahmen nach Absatz 1 Nummer 2 erforderlichen Einwirkungen zu dulden.	(2) 토지 소유자 및 기타 사용권한자는 제1항 제2호에 따른 조치를 이행하기 위하여 필요한 영향을 수인하여야 한다.
[2]Für die Benutzung der Grundstücke zu diesem Zweck gilt § 10 Absatz 2 bis 4 und 6 Satz 1 entsprechend.	이 목적으로 토지가 사용될 경우 제10조 제2항부터 제4항 및 제6항 제1문이 적용된다.

[3]Soweit die Maßnahmen ungeeignet sind oder den Grundstückseigentümer oder den sonstigen Nutzungsberechtigten unzumutbar beeinträchtigen, werden sie von der zuständigen Behörde untersagt.	조치가 적절하지 않거나 소유자 또는 기타 사용권한자에게 예상하지 못한 피해가 될 경우, 이는 관할행정청에 의해 금지된다.
§ 24 Anforderungen an Kohlendioxidströme (1) Ein Kohlendioxidstrom darf nur dann angenommen und in einen Kohlendioxidspeicher injiziert werden, wenn	**제24조 이산화탄소 스트림에 대한 요구** (1) 이산화탄소 스트림은 다음에 한하여 이산화탄소 저장소에 주입될 수 있다.
1. er ganz überwiegend aus Kohlendioxid besteht und der Anteil an Kohlendioxid so hoch ist, wie dies nach dem Stand der Technik bei der jeweiligen Art der Anlage mit verhältnismäßigem Aufwand erreichbar ist,	1. 이산화탄소 스트림의 대부분이 이산화탄소로 구성되어 있고, 합리적인 비용으로 시설의 각각 유형에 대한 최신 기술을 기반으로 달성할 수 있을 만큼 이산화탄소의 비율이 매우 높은 경우
2. er als Nebenbestandteile außer Stoffen zur Erhöhung der Sicherheit und Verbesserung der Überwachung nur zwangsläufige Beimengungen von Stoffen enthält, die aus dem Ausgangsmaterial sowie aus den für die Abscheidung, den Transport und die dauerhafte Speicherung angewandten Verfahren stammen,	2. 안전성을 높이고 감독을 개선하기 위한 물질을 제외하고, 포집, 운송 및 영구저장에 사용되는 공정에서 불가피하게 유래하는 혼합물만이 포함된 이산화탄소 스트림의 경우
3. Beeinträchtigungen von Mensch und Umwelt, der Langzeitsicherheit des Kohlendioxidspeichers und der Sicherheit von Injektions- und Transportanlagen durch die in Nummer 2 genannten Stoffe ausgeschlossen sind sowie	3. 제2호에서 언급한 물질이 주입 및 운송시설의 안전과 이산화탄소저장시설의 장기안전성 및 사람과 환경에 피해가되지 않을 경우
4. er keine Abfälle oder sonstigen Stoffe zum Zweck der Entsorgung enthält.	4. 폐기물과 기타 폐기목적의 물질이 포함되지 않은 경우
(2) Zur Sicherstellung der Anforderungen nach Absatz 1 ist der Betreiber verpflichtet, die Zusammensetzung des	(2) 제1항에 따른 요건의 준수를 위해 운영자는 영구저장 전 이산화탄소스트림의 구성을 지속적으로 감독하고 관할당국

Kohlendioxidstroms vor der dauerhaften Speicherung kontinuierlich zu überwachen und die Zusammensetzung der zuständigen Behörde regelmäßig, mindestens jedoch alle sechs Monate, nachzuweisen.	에 해당 구성에 대하여 적어도 6개월에 한 번씩 지속적으로 증명하여야 한다.
[2]Dabei sind insbesondere die Herkunft des Kohlendioxidstroms und die Namen der Betriebe anzugeben, in denen das Kohlendioxid oder Teile von diesem abgeschieden wurden.	여기에는 이산화탄소 또는 그 일부가 포집된 이산화탄소 스트림의 출처와 운영자 성명이 기재되어있어야 한다.
[3]Der Betreiber hat durch eine Risikobewertung nachzuweisen, dass die in Absatz 1 Nummer 2 bis 4 genannten Voraussetzungen erfüllt werden.	운영자는 위험성평가를 통해 제1항 제2호부터 제4호까지의 요건을 충족하였다는 사실을 증명하여야 한다.
(3) Der Betreiber hat ein Betriebstagebuch zu führen, das Informationen über die Mengen und Eigenschaften, die Zusammensetzung und den Ursprung des Kohlendioxidstroms, einschließlich der Namen und Adressen der Betriebe, in denen das Kohlendioxid abgeschieden wurde, sowie über den Transport des Kohlendioxids, einschließlich der zum Transport genutzten Kohlendioxidleitungen und deren Betreiber, enthält.	(3) 운영자는 이산화탄소를 포집한 운영자의 이름과 주소를 포함하여 이산화탄소 스트림의 출처와 구성비, 성질과 양에 대한 정보 및 운송에 사용된 이산화탄소 운송관 및 그 운영자 이름 및 주소가 포함된 운영일지를 보관하여야 한다.

제 4 장

노르웨이의 CCUS 정책동향과 입법

노르웨이의 CCUS 정책 동향

1. 탄소중립을 위한 정책

노르웨이는 여러 기후 행동조치를 시행하고 있다. 예를 들어, 노르웨이는 거의 모든 전력에 재생가능에너지지원을 사용하며, 2020년에는 재생 에너지가 발전의 98%를 차지했으며, 그 중 수력발전이 92%를 차지한다.

1996년부터 노르웨이는 「미네랄법」에 근거하여 북해 슬라이프너(Sleipner) 유전에서 배출된 연간 100만 톤의 이산화탄소를 포집해 해저에 저장하는 슬라이프너 프로젝트를 시작하였다.

이 프로젝트가 성공으로 각국의 시멘트, 철강, 발전소 등 산업계가 CCS 기술을 관심을 갖기 시작하였다.

2020년 노르웨이 정부는 이산화탄소의 포집 및 저장을 위한 CCS 기술 프로젝트인 Longship 프로젝트를 실시하였다. 롱십 프로젝트의 일환으로 시작된 것이 노던 라이트(Nothern Lights) 프로젝트이다. 이것은 이산화탄소의 수송 및 저장에 특화된 하위 프로젝트라고 할 수 있다. 즉 노르웨이 오슬로에 있는 폐기물 에너지 발전소와 브레빅(Brevik)에 있는 노르셈(Norcem) 시멘트 공장에서 이산화탄소를 포집하여 북해 부근 베슬랜드 카운티(Vestland County)의 오이가든(Oygarden)의 허브터미널로 수송 후, 해저에 저장할 계획으로 2021년~2024년까지는 연간 150만톤의 이산화탄소를 수송·저장할 수 있는 인프라를 구축하고 2025년 이후에는 연간 500만톤까지 저장할 수 있도록 증설하는 방안이다. 노르웨이 국영 에너지 기업 에퀴노르(Equinor)가 주도하고 로얄더치쉘(Shell), 토탈(Total) 같은 다국적 에너지 기업들이 파트너십을 맺고 공동 투자한 상황이며, 현재 브레빅에서는 60.4%, 노던라이트 저장시설은 81.3%의 시설이 건립 중에 있다.[1]

[그림] 노르웨이의 기후행동계획

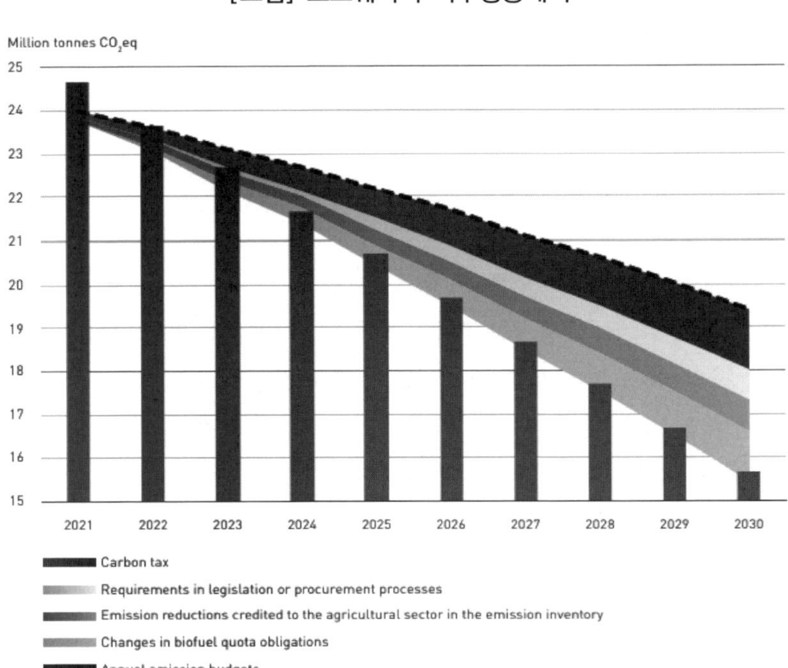

출처: Norway's Climate Action Plan for 2021-2030

최근에 노르웨이를 포함한 유럽은 CCS에 대한 관심이 증가하고 있다. 노르웨이는 수소, 암모니아, CCS 관련 대책으로 2020년 2월에 파리협정에 따른 장기전략(Norway's Long Term Low Emission Strategy for 2050)을 수립하였다

1) 2023. 05.31. 기준.

노르웨이의 CCS 입법 동향

1991년 노르웨이 탄소세의 도입목적은 온실가스 배출에 대한 세금은 비용 대비 효율적인 온실가스 배출 감소였다. 이 세금은 광물제품에 대한 소비세와 대륙붕에서 석유채굴활동으로 인한 이산화탄소 배출에 대한 별도의 세금으로 구성된다.[2)]

노르웨이는 2022년에 대부분의 화석 연료에 대해 탄소세율을 약30% 인상하였으며. 2024년 기준으로 탄소세는 광유, 휘발유, 천연가스 및 LPG에 부과된다. 일반 세율은 1톤당 NOK 1,176($112)에 해당한다.[3)]

이처럼 노르웨이는 값비싼 탄소세 도입으로 이에 대한 큰 경제적인 부담을 느낀 온실가스 배출산업에 대하여 CCS 도입에 대한 투자와 전략적인 대책으로 선회하는 정책을 펼친 것으로 보인다.

노르웨이의 CCS 입법

1. 법제명

노르웨이 CCS법(Regulations relating to exploitation of subsea reservoirs on the continental shelf for storage of CO_2 and relating to transportation of CO_2 on the continental shelf)

2) Act 21 December 1990 no 72 relating to tax on discharge of CO_2 in the petroleum activities on the continental shelf, Sec.(a) 참조.

3) https://www.regjeringen.no/en/dokumenter/notification-excise-duty-on-waste-incineration-exemption-for-undertakings-covered-by-the-ets/id3027669/

2. 전문

노르웨이는 1996년부터 스타토일(현재의 에퀴노르)이 북해의 우치라(Utsira) 지층 해저 깊숙한 곳에 이산화탄소 저장사업을 시작하였다. 이는 세계 최초의 해양 CCS 플랜트(Sleipner 프로젝트)라고 할 수 있다. 노르웨이에서 CCS는 1991년 노르웨이 정부가 석유 활동을 위해 도입한 탄소세에 대응하기 위하여 시작된 것이다. 이산화탄소 배출 억제를 목적으로 화석연료의 사용 등에 과세하는 탄소세와 같은 경제적 제재기법이 온실가스 배출 감소 방안으로 사용되고 있다.

2009년 CO_2의 지중저장에 관한 EU 지침은 EEA(European Economic Area: 유럽경제지역) 내에서 환경적으로 안전한 CO_2 저장을 관리하는 법적 틀을 제공하고 있다. 지침의 목적은 CO_2 누출의 중대한 위험이 없고 CO_2 저장 활동이 인간의 건강 또는 환경적 영향을 수반하지 않음을 보장하고, 수송 네트워크 또는 CO_2 저장소의 안전 및 보안에 부정적 영향을 방지를 요청하고 있다. 동 지침의 핵심은 회원국이 적정한 CO_2 저장·탐사·개발을 위한 탐사권과 개발권을 설정하는 것이다.

노르웨이는 EU 회원국이 아니지만, 이 지침을 반영하여 석유자원 이외의 해저 천연자원에 대한 과학적 연구 및 탐사와 개발에 관한 법률(1963년 6월 21일)에 따라 노르웨이 CCS법을 2014년 12월 5일 왕실령으로 공포하였다.

제1장 서문(§§ 1–1 ~ 1–11)
제2장 조사권(§§ 2–1 ~ 2–6)
제3장 탐사권(§§ 3–1 ~ 3–5)
제4장 CO_2 주입·저장을 위한 저장소 개발권(§§4–1~4–15)
제5장 CO_2의 주입 및 저장(§§ 5–1 ~ 5–13)
제6장 CO_2 수송 등(§§ 6–1 ~ 6–3)
제7장 CO_2 주입 및 저장 중단(§§ 7–1 ~ 607–6)
제8장 오염손해책임(§§ 8–1 ~ 8–8)

제9장 노르웨이 어부 보상에 관한 특별규정(§§ 9-1 ~ 9-6)
제10장 보안에 관한 특별요건(§§ 10-1 ~ 10-6)
제11장 일반 조항(§§ 11-1 - 11-24)
제12장 발효(§12-1)
부록 I. 본 규정의 § 1-10에 규정된 잠재적 저장소 및 주변 지역에 대한 설명 및 평가 기준
부록 II. §제5-4과 §5-7의 폐쇄 후 운영계획의 수립과 업데이트 기준

노르웨이 CCS 입법 번역

Chapter 1. Introductory provision
제1장 서문

원문	번역
Section 1-1. Objective The objective of these Regulations is to contribute to sustainable energy generation and industrial production, by facilitating exploitation of subsea reservoirs on the continental shelf for environmentally secure storage of CO_2 as a measure to counteract climate change.	Section 1-1. 목적 본 규정의 목적은 기후 변화에 대응하기 위한 조치로 환경적으로 안전한 CO_2 저장을 위해 대륙붕의 해저 저장소를 개발함으로써 지속 가능한 에너지 발전 및 산업 생산에 기여하는 것이다.
Section 1-2. Ownership of subsea reservoirs for storage of CO_2 The Norwegian State has the proprietary	Section 1-2. CO_2 저장을 위한 해저 저장소의 소유권 노르웨이는 CO_2 저장을 위한 해당 저장

right to subsea reservoirs on the continental shelf for exploitation of said reservoirs for storage of CO_2 and has an exclusive right to management of said reservoirs.	소의 개발을 위해 대륙붕의 저장소에 대한 독점적 권리와 해당 저장소의 관리에 대한 배타적 권리를 가지고 있다.
Section 1-3. Scope of application These Regulations shall apply for surveying and exploration for subsea reservoirs for storage of CO_2, as well as exploitation, transportation and storage of CO_2 in such reservoirs in areas subject to Norwegian jurisdiction. The Regulations also apply for transport of CO_2 and exploitation of subsea reservoirs for storage of CO_2 in and outside the realm and the Norwegian continental shelf when this follows from international law or from agreements with other states. When a pipeline in internal Norwegian waters, on Norwegian sea territory or the continental shelf starts in an area outside Norwegian jurisdiction, the King may, to the extent that this follows from international law, decide which rules in these Regulations shall apply for said pipeline with associated facilities. Surveying and exploration for subsea reservoirs for storage of CO_2, and exploitation, transport and storage of CO_2 in such reservoirs on the Norwegian continental shelf as part of the petroleum activities is regulated by the Petroleum Act (Act No. 72 of 29 November 1996) with associated regulations. These Regulations do not apply on Svalbard, including its inland waters and sea territory.	Section 1-3. 적용범위 본 규정은 노르웨이 관할구역의 해당 저장소에 대한 CO_2의 개발, 수송 및 저장을 위한 해저 저장소의 조사 및 탐사에 적용한다. 본 규정은 국제법 또는 다른 국가와 협정에 따라 지역 및 노르웨이 대륙붕 안팎의 CO_2 저장을 위한 CO_2 운송 및 해저 저장소 이용에 적용된다. 노르웨이 내부 해역, 노르웨이 해양 영토 또는 대륙붕의 송유관이 노르웨이 관할권 밖의 지역에서 시작되는 경우, 국왕은 국제법에 따른 범위 내에서 관련 시설을 갖춘 해당 송유관에 적용할 규칙을 결정할 수 있다. 석유 생산활동의 일부로서 CO_2의 저장을 위한 해저 저장소의 조사와 탐사는 석유법(1996년 11월 29일 법률 제72호)에 의해 규제된다. 본 규정은 스발바르 내해와 해상 영토를 포함한 스발바르에는 적용되지 않는다.

Section 1-4. Requirement relating to licence etc. Only the State may conduct surveying, exploration, exploitation of subsea reservoirs on the continental shelf for storage of CO_2 and/or transport of CO_2 on the continental shelf without the licences, approvals and consents required pursuant to these Regulations. The other provisions in these Regulations and the regulations laid down pursuant to them, shall apply for such activities insofar as they are applicable.	Section 1-4 면허 등과 관련된 요건 오직 국가만이 규정에 따른 면허, 승인 및 동의를 요하지 않고, 대륙붕의 CO_2 저장 및/또는 CO_2 수송을 위해 대륙붕의 해저 저장소에 대한 측량, 탐사, 개발을 수행할 수 있다. 본 규정의 다른 규정과 그에 따라 정한 규정은 해당되는 한도에서 그러한 활동에 대하여 적용된다.
Section 1-5. Other Norwegian law Norwegian law other than these Regulations, including provisions concerning licences, approval or consent required pursuant to legislation, shall also apply for transport and exploitation of subsea reservoirs on the continental shelf for storage of CO_2. This shall apply unless otherwise follows from regulations, provisions laid down by the King, from international law or from agreements with other states.	Section 1-5. 기타 노르웨이의 법률 CO_2 저장을 위한 대륙붕의 해저 저장소의 운송 및 이용에 대해서는 본 규정 이외의 노르웨이 법률(입법에 따라 요구되는 면허, 승인 또는 동의에 관한 규정 포함)을 적용해야 한다. 이는 국왕령, 국제법 또는 다른 국가와의 협정에 따르지 않는 한 적용된다.
Section 1-6. Definitions These Regulations use the following definitions:	Section 1-6. 정의 이 규정은 다음과 같은 정의를 사용한다.
a) CO_2 flows, the mass flow of CO_2 and any accidental accompanying substances from CO_2 capture processes,	a) CO_2 스트림 – CO_2의 질량류 및 CO_2 포집 과정에서 발생하는 우발적인 수반물질
b) CO_2 dispersion, distribution of CO_2 volumes in a subsea reservoir,	b) CO_2 분포 – 해저 저장소의 CO_2 체적 분포,

c) The Ministry, the Royal Norwegian Ministry of Petroleum and Energy,	c) 노르웨이 석유에너지부 – 노르웨이 왕립 석유에너지부
d) Post-operation, the period after shut-down of a storage location, including the period following transfer of responsibility for said storage location to the Ministry of Petroleum and Energy,	d) 폐쇄후 운영 – 해당 저장소에 대한 책임을 석유에너지부로 이관한 후 기간을 포함하여 저장소의 폐쇄 후 운영
e) Geological formation, a geological unit, delimited by rock types through structural or lithostratigraphic subdivisions,	e) 지질층 - 구조 또는 암석층서로 세분되는 암석군을 가지는 지층 단위.
f) Geological storage of CO_2, injection followed by storage of CO_2 in subsea geo-logical reservoirs,	f) CO_2의 지질학적 저장 - 주입 후 해저 지질 저장소에 이산화탄소를 저장하는 것
g) Hydraulic unit, a hydraulically connected pore volume where pressure communication can be technically measured, and which is surrounded by flow barriers (faults or litho-logical boundaries). A hydraulic unit can be a single subsea reservoir or consist of multiple subsea reservoirs and the surrounding rock,	g) 지중수리역학적 단위 - 단층 또는 암석 경계 등의 덮개암으로 둘러싸인 기술적으로 측정가능한 투수율이 있는 공극을 갖고 있는 층. 하나의 덮개암 내에 단일 또는 복수의 해저저장층이 있을 수 있음
h) Injection, injection of CO_2 in subsea reservoirs, including drilling of injection wells, injection, as well as construction, placement, operation and use of a facility for injection,	h) 주입– 주입은 물론 주입을 위한 시설의 설치, 배치, 운영 및 주입정의 시추를 포함한 해저 저장소의 CO_2 주입.
i) Facility, installations, plants and other equipment for exploitation of subsea reser-voirs for storage of CO_2, but excluding supply and utility vessels or vessels that transport CO_2 in bulk. Facility also includes pipelines and cables unless otherwise de-termined,	i) 시설 – CO_2 저장을 위한 해저 저장소 개발을 위한 시설, 설비, 플랜트 및 기타 장비. 단, CO_2를 대량으로 수송하는 공급 및 해상작업용 선박이나 선박은 제외한다. 시설에는 별도의 정함이 없는 한, 파이프라인 및 케이블도 포함.

j) Continental shelf, the seabed and sub-surface in the subsea areas that extend across the Norwegian sea territory through-out the natural extension of the land terri-tory to the edge of the continental margin, but no less than 200 nautical miles from the baselines from which the sea territory's width is measured, yet limited by the me-dian line in relation to other states unless otherwise follows from the rules in interna-tional law governing the continental shelf outside 200 nautical miles from the baselines or agreements with the state in question,	j) 대륙붕 – 노르웨이 해역 너머 대륙 연변부의 대륙붕단까지 자연적으로 확장되어 있는 해저면 및 해저 아래 지역. 그러나 해역의 너비를 측정하는 기준선에서 200해리 이상 떨어져 있지만, 다른 주와의 관계 상에서 중앙선에 의해 제한된다. 또는 해당 주와의 협정 또는 기준선으로부터 200해리 밖의 대륙붕을 지배하는 국제법의 규칙에서 달리 정한 바가 없으면 그에 따른다,
k) Storage complex, storage location and the geological surroundings that may be of significance for the security of the storage,	k) 저장소와 그 주변영역 – 저장소의 안전에 중요할 수 있는 저장소 및 지질학적 환경
l) Storage location, a certain area within a geological formation that is used for geo-logical storage of CO_2, and associated sur-face and injection facilities,	l) 저장소 – 이산화탄소의 지질학적 저장에 사용되는 지층 내의 특정 영역 및 관련 표면 및 주입 시설
m) Leakage; release of CO_2 from the storage complex,	m) 누출 – 저장소에서 이산화탄소 누출,
n) Exploration drilling, drilling of wildcat and appraisal wells with a view toward as-sessing the potential for exploitation of subsea reservoirs for storage of CO_2, as well as operation and use of facilities to the ex-tent that they are used for exploration drilling,	n) 탐사 시추 – CO_2 저장을 위한 해저 저장소의 개발 가능성을 평가하기 위한 첫 시추, 평가 시추 및 탐사 시추에 사용되는 범위 내에서 시설의 운영 및 사용
o) Exploration, geological, geophysical, geochemical and geotechnical activities, ex-ploration drilling, monitoring and injection testing in order to characterise the storage	o) 탐사, 지질학, 지구물리학, 지구화학 및 지질 기반 기술 활동, 탐사 시추 – CO_2의 저장을 위해 해당 위치의 이용 가능성을 평가하기 위한 목적으로 저장소를

location with a view toward assessing the potential for exploitation of said location for storage of CO_2, as well as operation and use of a facility to the extent that it is used for exploration,	특성화하기 위한 모니터링 및 주입 시험과 탐사에 사용되는 범위까지 관련 시설의 운영 및 사용
p) Shutdown of a storage location, final cessation of CO_2 injection in this storage lo－cation,	p) 저장소 폐쇄 － 저장소에서 이산화탄소 주입의 최종 종료,
q) Migration, movement of CO_2 in the storage complex,	q) 이동 - 저장소와 그 주변영역에서 이산화탄소 이동,
r) Operator, the legal (private or public) person that on behalf of the licensee han－dles the day－to－day management of transport and exploitation of subsea reser－voirs for storage of CO_2,	r) 관리자 － 이산화탄소 저장을 위한 해저 저장소의 일상적인 수송 및 개발 관리를 처리하는 판매 허가자를 대표하는 법적(개인 또는 공공) 담당자
s) Subsea reservoir, a geological unit, de－limited by rock types through structural or stratigraphic boundaries, which has con－tained petroleum and/or water in the for－mation, or a combination thereof. In the event of doubt, the Ministry shall decide what is to be regarded as a subsea reservoir,	s) 해저저장소 － 지질학적 단위인 해저저장소는 구조 또는 지층 경계를 통해 암석 유형으로 구분되며, 형성 중에 석유 및/또는 물을 포함하거나 이들의 조합을 포함한다. 불명확하면, 석유에너지부는 해저저장소로 간주할 대상을 결정해야 한다.
t) Exploitation, all activities linked to storage and monitoring of CO_2 in subsea reservoirs, including development, injection of CO_2, seismic data acquisition for mon－itoring, cessation and permanent storage of CO_2, as well as planning of such activities, but excluding transport of CO_2 in bulk in vessels,	t) 개발 － 이산화탄소 주입, 이산화탄소 모니터링을 위한 탄성파 탐사 자료 취득, 이산화탄소 모니터링, CO_2의 저장중단, 영구 저장 및 그러한 활동 계획 등 해저 저장소의 이산화탄소 저장 및 모니터링과 관련된 모든 활동(선박 내 대량 이산화탄소 수송 제외)
u) Licensee, body corporate, or multiple such persons, which according to these Regulations holds a licence for surveying,	u) 개발권자 － 본 규정에 따라 이산화탄소의 저장 또는 이산화탄소의 운송을 위한 시설의 설치 및 운영을 위한 해저

exploration or exploitation of subsea reservoirs for storage of CO_2, or for installation and operation of facilities for transport of CO_2. If a licence is granted to multiple such persons jointly, the term licensee may include both the licensees together and the individual participant,	저장소의 조사, 탐사 또는 개발 면허를 보유한 개발권자, 기관 또는 복수의 그러한 자. 면허가 그러한 여러 사람에게 공동으로 부여되는 경우, 개발권자는 개발권자와 개별 참여자를 모두 포함할 수 있다.
v) Transport, shipment of CO_2 via pipeline as well as construction of a pipeline, placement, operation and use of a facility for transport,	v) 수송 – 파이프라인을 통한 이산화탄소 수송, 파이프라인 건설, 배치, 운영 및 운송 시설의 사용
w) Corrective measures, measures implemented in order to correct significant irregularities with a view toward preventing or stopping leaks of CO_2 from the storage complex,	w) 시정조치 - 저장복합단지 내 CO_2의 누출을 방지 또는 중단하기 위한 중대한 부정행위를 시정하기 위한 조치
x) Water column, the continuous vertical volume of water from the surface to the base sediments in a mass of water,	x) 수주 – 수괴의 지표면에서 기저 퇴적물에 이르는 물의 연속적인 수직 체적
y) Significant risk, a risk of damage to the environment or human health that cannot be overlooked without endangering the purpose of environmentally secure geological storage of CO_2. The assessment of whether there is a significant risk must take into consideration both the probability of damage occurring and the scope of said damage if it occurs,	y) 중대한 위험 – 환경적으로 안전한 CO_2의 지질학적 저장의 목적을 훼손하지 않고 간과할 수 없는 환경 또는 인간의 건강에 대한 손상 위험. 중대한 위험이 있는지 여부를 평가할 때에는 손상의 발생 확률과 발생 시 해당 손상의 범위를 모두 고려해야 한다.
z) Significant irregularity, an irregularity in the injection or storage operation or in the actual storage complex's condition which entails a risk of leakage or a risk for the environment or human health.	z) 중대한 결함 – 환경 또는 사람의 건강에 대한 위험이나 누출이 수반되는 주입 또는 저장 운영의 결함 또는 사실상 저장소 및 주변지역의 결함

Section 1-7. State participation The King may decide that the State will participate in transport and exploitation of subsea reservoirs for storage of CO_2 pursuant to these Regulations.	Section 1-7. **국가참여** 국왕은 본 규정에 의하여 국가가 CO_2의 저장을 위한 해저저장소의 수송 및 개발에 참여 여부를 결정할 수 있다.
Section 1-8. Operator When granting a licence for exploration (exploration licence), licence for exploitation of a subsea reservoir for storage of CO_2 or licence for installation and operation of a facility for transport of CO_2, the Ministry shall designate or approve an operator. There can be only one operator for each storage location. If a licence is granted for a body corporate as licensee, the Ministry shall as a main rule designate the licensee as the operator. If a licence is granted to multiple body corporates jointly, the Ministry shall as main rule designate one of the participants in the licensee company as the operator.	Section 1-8. **운영자** 석유에너지부는 CO_2 저장을 위한 해저저장소 개발권, CO_2 수송시설 설치 및 운영권을 부여할 때, 운영자를 지정하거나 승인하여야 한다. 각 저장소마다 한 명의 운영자가 있어야 한다. 면허가 개발권자로서 법인에 대해 허가되는 경우, 관계부처는 개발권자를 운영자로 지정하여야 한다. 복수의 법인에 공동으로 면허가 부여되는 경우, 석유에너지부는 주된 규칙으로 허가된 복수의 참여자 중 하나의 법인을 운영자로 지정해야 한다.
Any change of operator is contingent upon the Ministry's approval. When special reasons so warrant, the Ministry may replace the operator.	운영자의 변경은 석유에너지부의 승인을 받아야 한다. 특별한 사유가 있으면, 석유에너지부는 운영자를 교체할 수 있다.
If the Ministry designates or approves an operator that is not a licensee or participant in the licensee company in accordance with the relevant licence, the provisions concerning the licensee's obligations stipulated in or pursuant to these Regulations shall apply correspondingly for the operator unless otherwise has been expressly decided.	관련 면허에 따라 개발권자 또는 개발권자의 참여자가 아닌 운영자를 석유에너지부가 지정 또는 승인하는 경우, 본 규정에서 정한다. 또는 본 규정에 따른 운영자의 의무에 관한 규정은 특별한 규정이 없는 한 운영자에게 동일하게 적용한다.

This provision shall apply correspondingly in relation to special licences for installation and operation of facilities pursuant to Section 6-1.	이 조항은 제6-1절에 따른 시설의 설치 및 운영을 위한 특별 면허와 관련하여 동일하게 적용되어야 한다.
Section 1-9. Division of the continental shelf The sea areas within the outer limit of the continental shelf are divided into blocks with a size of 15 latitude minutes and 20 longitude minutes, unless adjacent land areas, borders with other states' continental shelves or other considerations indicate otherwise.	Section 1-9. **대륙붕 분할** 대륙붕의 바깥쪽 한계 수역은 인접한 육지 면적, 다른 주의 대륙붕과의 경계 또는 다른 고려 사항이 달리 명시되지 않는 한 위도 15분, 경도 20분 크기의 광구로 나눠어진다.
Section 1-10. Selecting a storage location A subsea reservoir's suitability as a storage location shall be determined through a characterisation and assessment of a potential storage location and surrounding area according to the criteria listed in Appendix 1.	Section 1-10. **저장소 선정** 해저저장소의 저장장소로서의 적합성은 부록 1에 열거된 기준에 따른 잠재적 저장장소 및 주변지역의 특성화 및 평가를 통해 판단되어야 한다.
A subsea reservoir shall only be selected as a storage location if there, under the conditions proposed for such use, is not a significant risk of leakage, and there is also not considered to be any risk of health or environmental damage of significance.	해저저장소는 그 사용을 위해 제안된 조건에 따라 누출의 위험성이 크지 않고, 또한 건강에 대한 위험이나 중대한 환경훼손이 없다고 판단되는 경우에만 저장소로 선정하여야 한다.
Section 1-11. Surveys of pipeline routes and other subsurfase surveys The licensee shall, no later than five weeks prior to surveys of pipeline routes and other subsurfase surveys start, send the following information to the Norwegian Petroleum Directorate, the Directorate of Fisheries, the Institute of Marine Research and the Ministry of Defence:	Section 1-11. **파이프라인 경로 및 기타 지반 조사** 개발권자는 파이프라인 경로 조사 및 기타 지반 조사 시작 5주 전에 노르웨이 석유국, 수산국, 해양 연구소 및 국방부에 다음 정보를 보내야 한다.

a) The purpose of the surveys,	a) 조사의 목적
b) Time, duration and location of the surveys,	b) 조사 시간, 기간 및 위치
c) Survey methods,	c) 조사 방법,
d) What vessel will be used,	d) 사용되는 선박
e) How deep any potential drilling will be.	e) 잠재적인 시추의 심도
Vessels that conduct route and other sub-surface surveys must have a fisheries expert on board when this is necessary out of consideration for fishery activities in the area. In the event of doubt, the Norwegian Petroleum Directorate, in consultation with the Directorate of Fisheries, has deciding authority. The name of the fisheries expert must be reported to the mentioned authorities as soon as possible, and no later than five days before the activity starts.	항로 및 기타 지하 조사를 수행하는 선박은 해당 지역의 어업 활동을 고려하여 필요한 경우 어업 전문가를 탑승시켜야 한다. 의심스러운 경우, 노르웨이 석유국은 어업국과 협의하여 결정 권한을 갖는다. 어업 전문가의 이름은 가능한 한 빨리, 그리고 활동 시작 5일 전까지 위에서 언급된 당국에 보고되어야 한다.
While the activity is ongoing, the licensee must send information to the Norwegian Petroleum Directorate, the Directorate of Fisheries, the Institute of Marine Research and the Ministry of Defence on a weekly basis concerning the time, location of and nature of the activity, the survey vessel's movements and calls in Norwegian inland waters.	활동이 진행되는 동안 개발권자는 노르웨이 내해에서 활동 시간, 위치 및 성격, 조사선의 이동 및 호출에 관한 정보를 매주 노르웨이 석유국, 수산국, 해양연구소 및 국방부에 보내야 한다.
If the activity is not started at the set time, the licensee shall as soon as possible send a new report concerning the start-up time for the activity to the authorities as designated in the first paragraph.	활동이 정해진 시간에 시작되지 않은 경우, 개발권자는 가능한 한 빨리 활동의 시작 시간에 관한 새로운 보고서를 첫 번째 항에서 지정한 당국에 보내야 한다.
The Norwegian Petroleum Directorate may, under special circumstances, decide that a	노르웨이 석유국은 첫 번째 항에 지정된 대로 특별한 상황에서 조사를 조정하거나

survey shall be adapted or postponed, stip－ulate special conditions for continuation or halt the survey as designated in the first paragraph.	연기하거나, 계속하기 위한 특별한 조건을 규정하거나, 조사를 중단할 수 있다.
The Norwegian Petroleum Directorate may make exceptions from the deadlines in the first and second paragraphs.	노르웨이 석유국은 첫 번째 항과 두 번째 항의 마감일에 예외를 둘 수 있다.
During pipeline route surveys and other subsurfase surveys drilling cannot exceed 200 metres below the seabed.	파이프라인 경로 조사 및 기타 지반 조사 동안 해저 200m를 초과해서는 안 된다.

Chapter 2. Survey licence
제2장 조사권

원문	번역
Section 2-1. Granting of survey licence etc. The Ministry may grant a body corporate a licence for surveying for subsea reservoirs for storage of CO_2.	Section 2-1. **조사권 등의 부여** 석유에너지부는 CO_2 저장을 위한 해저저장소의 조사권을 법인에 부여할 수 있다.
The survey licence gives the right to ex－plore for subsea reservoirs for storage of CO_2. It does not give an exclusive right to explore in the areas mentioned in the li－cence and neither does it give preferential rights in the assignment of exploration li－cences or licences for exploitation of a subsea reservoir for storage of CO_2. Exploration licences and licences for ex－ploitation of a subsea reservoir for storage of CO_2 may be granted to others, or licences may be issued pursuant to Section 6－1 in areas that are subject to survey licences,	조사권은 CO_2 저장을 위한 해저저장소를 탐사할 수 있는 권리를 부여한다. 그것은 면허에 언급된 지역에서 조사할 독점적인 권리를 부여하지 않으며 CO_2 저장을 위한 해저 저장소의 개발 허가나 조사 면허의 할당에 있어서 우선권도 부여하지 않는다. CO_2 저장을 위한 해저저장소 개발을 위한 조사권과 그것을 타인에게 부여하거나 조사권의 대상이 되는 지역에서 제6－1절에 따른 면허를 발급할 수 있으며, 책임의 효력이 발생하거나 납부된 수수료는 환불하지 않는다.

without responsibility taking effect or refunds of paid fees being demanded.	
Survey licences shall be issued for up to three calendar years unless another duration is stipulated.	별도 기간에 대한 규정이 없는 한 3년 이내의 기간으로 조사권을 부여한다.
The Ministry may give licensees holding survey licences consent to conduct others surveys.	석유에너지부는 조사권을 보유한 자가 기타 탐사를 실시하는 것에 동의를 하는 경우 조사권을 유예할 수 있다.
Section 2-2. The area of a survey licence The survey licence shall indicate the area it comprises and may include one or more blocks or parts of blocks. The survey licence gives no right to survey in areas that are subject to exploration licences or licences for exploitation of CO_2, unless the Ministry decides otherwise pursuant to Section 4-13. Neither does the survey licence give a right to survey areas that are subject to a production licence pursuant to the Petroleum Act, unless the Ministry decides this pursuant to Section 3-11 of the Petroleum Act.	Section 2-2. **조사권의 범위** 조사권은 그것이 구성하는 영역을 나타내야 하며, 하나 이상의 광구 또는 광구의 일부를 포함할 수 있다. 조사권은 제4-13절에 따라 달리 결정하지 않는 한 탐사권이나 CO_2 개발 권의 대상이 되는 지역에서 조사 권한을 부여하지 않는다. 석유법 제3-11절에 따라 석유에너지부가 결정하지 않는 한, 조사권은 석유법에 따라 생산면허를 받아야 하는 지역을 조사할 권리를 부여하지 않는다.
Section 2-3. Application for survey licence Applications for survey licences shall be submitted to the Ministry of Petroleum and Energy or the entity it authorises and shall contain information concerning:	Section 2-3. **조사권 신청** 조사권 신청서는 석유에너지국 또는 석유에너지국이 승인하는 기관에 제출해야 하며, 다음 사항에 관한 정보를 포함해야 한다.
a) The applicant's name, address and nationality. If the application includes multiple applicants, all names, addresses and nationalities must be listed,	a) 신청자의 이름, 주소, 국적. 지원서에 여러 명의 지원자가 포함된 경우, 모든 이름, 주소 및 국적을 기재해야 한다.

b) Who in Norway will act as representa－tive vis－à－vis the authorities,	b) 노르웨이에서 누가 현지 대리인으로 활동할 것인지
c) What area the application comprises,	c) 조사대상지역
d) The purpose of and nature of the survey.	d) 조사의 목적과 성격.
The Ministry of Petroleum and Energy or the entity it authorises may demand addi－tional information.	석유에너지국 또는 해당 부처가 승인한 기관은 추가 정보를 요구할 수 있다.
A receipt for paid fee, cf. Section 2－5, shall be enclosed with the application.	수수료 영수증, (참조; 제2－5절) 신청서에 함께 첨부되어야 한다.
Applications for survey licences with enclo－sures shall be written in Norwegian or English.	첨부된 조사권 신청서는 노르웨이어 또는 영어로 작성되어야 한다.
Section 2-4. Which surveys the licence authorises The survey licence gives the right to conduct geological, petrophysical, geophysical, geo－chemical and geotechnical activities. Shallow drilling may be conducted to a depth stipu－lated by the Ministry of Petroleum and Energy or the entity it authorises. The Ministry of Petroleum and Energy or the entity it author－ises may restrict the individual survey licence to comprise certain types of surveys.	Section 2-4. 조사권의 범위 조사권은 지질학, 석유물리학, 지구물리학, 지구화학, 지질 기반 기술 활동을 수행할 권리를 부여한다. 천부 시추는 석유에너지부 또는 석유에너지부가 승인하는 규정한 깊이까지 시추할 수 있다. 석유에너지부 또는 인가기관은 개별 조사권을 특정 유형의 조사로 구성하도록 제한할 수 있다.
The Ministry or the entity it authorises may stipulate as a condition for the survey li－cence that information shall be provided concerning the sale or trade of survey results and set conditions for the execution of the surveys.	석유에너지부 또는 인가기관은 조사결과의 판매 또는 거래에 관한 정보의 제공을 조건으로 조사권을 부여할 수 있다.
Section 2-5. Payment for the survey licence In respect of a survey licence, a fee amounting to NOK 65,000 per calendar year	Section 2-5. 조사권에 대한 수수료 조사권과 관련하여, 매년 65,000 NOK에 달하는 수수료는 노르웨이 석유국을 통해

shall be paid in advance to the State via the Norwegian Petroleum Directorate.	국가에 선납되어야 한다.
The survey licence will be void if the li-censee has not paid the fee for the up-coming year by 31 December.	조사권자가 12월 31일까지 다음 연도의 수수료를 납부하지 않은 경우, 조사권은 무효가 된다.
A fee amounting to NOK 33,000 must be paid to the State for each seismic survey via the Norwegian Petroleum Directorate. The fee shall be paid no later than when the survey starts. Interest shall be paid in the event of late payment pursuant to Act No. 100 of 17 December 1976 relating to interest on overdue payments, etc.	노르웨이 석유 이사회를 통해 각 지진 조사를 할 때마다 33,000 NOK의 수수료를 국가에 지불해야 한다. 수수료는 조사 개시 시점까지 납부하여야 한다. 연체이자 등과 관련하여 1976년 12월 17일 법률 제 100호에 따라 연체 시 이자를 납부해야 한다.
The Ministry may change the fee in this provision in line with changes in monetary value.	석유에너지부는 금전적 가치의 변화에 따라 이 조항의 수수료를 변경할 수 있다.
Section 2-6. Reporting information in connection with surveys The licensee shall, no later than five weeks prior to the activity pursuant to a survey li-cences starts, send information concerning the following to the Norwegian Petroleum Directorate, the Directorate of Fisheries, the Institute of Marine Research and the Ministry of Defence:	Section 2-6. **조사와 관련된 정보의 보고** 조사권자는 조사권 개시 5주 전에 노르웨이 석유국, 수산국, 해양연구소 및 국방부에 다음 사항에 관한 정보를 보내야 한다.
a) Time, duration and exact information concerning the area of the survey with po-sition lines,	a) 조사 영역에 대한 시간, 기간 및 정확한 정보
b) Survey methods to be used,	b) 사용할 조사 방법,
c) What vessel will be used,	c) 사용되는 선박

d) In what form results from the survey will be available.	d) 조사 결과의 제공형태
The name of the fisheries expert must be reported to the mentioned authorities as soon as possible, and no later than five days before the activity starts.	어업 전문가의 이름은 가능한 한 빨리, 늦어도 활동 시작 5일 전까지 관계 당국에 보고되어야 한다.
The Norwegian Petroleum Directorate may make exceptions from the deadline in the first and second paragraphs.	노르웨이 석유국은 첫 번째 항과 두 번째 항의 마감일의 예외를 둘 수 있다.
If the activity is not started at the set time, the licensee shall as soon as possible send a new report concerning the start-up time for the activity to the authorities as mentioned in the first paragraph.	조사가 정해진 시간에 시작되지 않은 경우, 조사권자는 가능한 한 빨리 첫 번째 항에서 규정한 활동의 시작 시간에 관한 새로운 보고서를 당국에 보내야 한다.
While the activity pursuant to a survey licence is ongoing, the licensee must send information to the Norwegian Petroleum Directorate, the Directorate of Fisheries, the Institute of Marine Research and the Ministry of Defence on a weekly basis concerning the time, location of and nature of the activity, the survey vessel's movements and calls in Norwegian inland waters.	조사권에 따른 조사가 진행되는 동안, 조사권자는 조사시간, 위치 및 성격, 조사선의 이동 및 노르웨이 내해의 호출에 관한 정보를 매주 노르웨이 석유국, 수산국, 해양연구소 및 국방부에 보내야 한다.
If the activity is not concluded at the set time, the licensee shall send a new report concerning the duration of the activity to the authorities as designated in the first paragraph.	조사가 정해진 시간에 종료되지 않는 경우, 조사권자는 첫 번째 항에서 규정한 대로 조사 기간에 관한 새로운 보고서를 당국에 보내야 한다.
The Norwegian Petroleum Directorate shall ensure that a website is maintained with updated information about seismic surveys.	노르웨이 석유국은 지진 조사에 대한 최신 정보로 웹 사이트를 유지 관리해야 한다.
The licensee shall send data, registrations and results from the activity to the Norwegian Petroleum Directorate as soon as possible and no later than within three	조사권자는 조사권에 따른 개별 활동이 완료된 후 3개월 이내에 가능한 한 빨리 노르웨이 석유국에 해당 활동의 데이터, 등록 및

months after the individual activity pursuant to a survey licence is complete. Unless the Norwegian Petroleum Directorate wants to receive raw data, data that require processing beyond 3 months shall be sent as soon as they have been processed. The licensee shall furthermore state whether or not the results, etc., from the survey will be saleable.	결과를 보내야 한다. 노르웨이 석유국이 원본 데이터를 받기를 원하지 않는 한, 3개월 이상 처리가 필요한 데이터는 처리가 완료되는 즉시 전송해야 한다. 개발권자는 설문조사의 결과 등이 판매 가능할지 여부를 추가로 명시해야 한다.
Vessels that conduct surveys for subsea reservoirs for storage of CO_2 shall have on board and use satellite tracking equipment and a flight/voyage recorder. The Norwegian Petroleum Directorate shall stipulate detailed provisions concerning tracking equipment, including access to data.	CO_2 저장을 위해 해저 저장소에 대한 조사를 수행하는 선박은 선내에 위성 추적 장비와 비행/항행 기록기를 사용해야 한다. 노르웨이 석유국은 데이터 접근을 포함한 추적 장비에 관한 세부 조항을 규정해야 한다.
This Section applies correspondingly for surveys conducted pursuant to an exploration licence or licence for exploitation of a subsea reservoir for storage of CO_2.	본 절은 CO_2 저장을 위한 해저 저장소의 조사 면허 또는 개발 면허에 따라 수행된 조사에 해당된다.

Chapter 3. Licence for exploration (exploration licence)
제3장 탐사권

원문	번역
Section 3-1. Licence for exploration (exploration licence) The King in Council may, under certain specific conditions, grant an exploration licence with a view toward assessing the potential for exploitation of a subsea reservoir for storage of CO_2. An exploration licence as mentioned may include stratigraphically designated areas within one or more blocks or parts of blocks.	Section 3-1. **탐사권** 이사회에서 국왕은 특정한 조건 하에서 CO_2 저장을 위한 해저 저장소의 개발 가능성을 평가하기 위한 목적으로 탐사권을 부여할 수 있다. 언급된 탐사권은 하나 이상의 지역 또는 지역의 일부 내에 층서적으로 지정된 영역을 포함할 수 있다.

An exploration licence may be granted to one or more body corporates that are established in concurrence with Norwegian legislation and are registered in the Register of Business Enterprises, when otherwise does not follow from international agreements. If an exploration licence is granted to multiple body corporates jointly, the activities pursuant to the licence shall be exercised at the participants' joint expense and risk. The enterprise that is thus established, shall be regarded as a licensee. An exploration licence shall be granted on objective, published and non-discriminatory criteria.	탐사권은 국제적 합의를 따르지 않을 경우에는 노르웨이 법률에 따라 설립되어 기업 등록부에 등록되어 있는 하나 또는 복수의 법인 기업에게 부여될 수 있다. 탐사권이 여러 법인에 공동으로 부여되는 경우, 그 면허에 따른 활동은 참가자들의 공동 비용과 위험으로 행사되어야 한다. 이렇게 설립된 기업은 개발권자로 간주해야 한다. 탐사권은 객관적이고, 공정하고, 차별적이지 않은 기준에 따라 부여되어야 한다.
The granting of an exploration licence is contingent on the licensee having the financial strength, technical competence and reliability deemed necessary to conduct exploration activity pursuant to these Regulations, and that all quality requirements on the licensee and its organisation have been met. If an exploration licence is granted to multiple body corporates jointly, all participants in the licensee enterprise must satisfy said conditions.	탐사권의 부여는 본 규정에 따라 탐사활동을 수행하는 데 필요한 것으로 간주되는 재정적·기술적 역량 및 신뢰성을 가진 개발권자와 개발권자의 조직에 대한 모든 해당 요건이 충족되었는지 여부에 따라 결정된다. 탐사권이 여러 법인기업에 공동으로 부여되는 경우, 탐사권자의 모든 참여자는 해당 조건을 만족해야 한다.
An exploration licence gives an exclusive right to exploration with a view toward assessing the potential for exploitation of a subsea reservoir for storage of CO_2 in areas comprised by the licence.	탐사권은 해당 면허로 구성된 지역에서 CO_2 저장을 위한 해저 저장소의 개발 가능성을 평가하기 위한 목적으로 탐사에 대한 독점적 권리를 부여한다.
The King may stipulate as a condition for the granting of an exploration licence that a licensee that consists of multiple participants, shall enter into a partnership agreement for the activity pursuant to the licence. Such an	국왕은 탐사권을 부여하기 위한 조건으로 다수의 참가자로 구성된 사업자가 그 면허에 따라 활동에 대한 파트너십 계약을 체결하도록 규정할 수 있다. 그러한 합의는 석유에너지부의 승인을 받아야 한다.

agreement is contingent on the Ministry's approval.	
Section 3-2. Administrative fee For the handling of each application for an exploration licence, a fee of NOK 109,000 shall be paid to the State via the Norwegian Petroleum Directorate.	Section 3-2. **수수료** 탐사권을 위한 각 신청시에 노르웨이 석유국을 통해 국가에 109,000 NOK의 수수료를 납부해야 한다.
If the fee has not been paid, the application shall not be considered to have been received.	수수료가 납부되지 않은 경우, 신청서는 접수된 것으로 간주되지 않는다.
The Ministry may change the fee in this provision in line with changes in monetary value.	석유에너지부는 금전적 가치의 변화에 따라 이 조항의 수수료를 변경할 수 있다.
Section 3-3. Work commitment The King may impose on a licensee a certain specific work commitment for the area comprised by the exploration licence.	Section 3-3. **작업조건** 국왕은 사업자에게 탐사 면허로 구성된 지역에 대해 특정한 업무의 조건을 부과할 수 있다.
The work commitment may consist of surveys and exploration drilling of a certain number of wells down to designated depths or geological formations. The content, scope and deadline for fulfilling the work commitment shall be stipulated in the individual exploration licence. The work commitment may, if needed, also include monitoring of injection tests.	작업 조건은 지정된 깊이 또는 지질학적 형태까지 특정 수의 시추정에 대한 조사 및 탐사 시추로 구성될 수 있다. 업무 조건을 이행하기 위한 내용, 범위 및 기한은 개별 탐사 허가서에 명시되어야 한다. 필요한 경우 작업 조건에는 주입 시험의 모니터링도 포함될 수 있다.
A fee amounting to NOK 33,000 must be paid to the State for each seismic survey via the Norwegian Petroleum Directorate. The fee shall be paid no later than when the survey starts. Interest shall be paid in the	노르웨이 석유국을 통해 각 지진 조사에 대해 33,000 NOK의 수수료를 국가에 지불해야 한다. 수수료는 조사 개시 시점까지 납부해야 한다. 연체이자 등과 관련하여 1976년 12월 17일 법률 제100호에 따라

event of late payment pursuant to Act No. 100 of 17 December 1976 relating to interest on overdue payments, etc.	연체 시 이자를 지급한다.
The Ministry may change the fee in this provision in line with changes in monetary value.	석유에너지부는 금전적 가치의 변화에 따라 이 조항의 수수료를 변경할 수 있다.
The Ministry may, upon application, make exceptions from the work commitment.	석유에너지부는 신청시 작업 조건에서 예외를 둘 수 있다.
Section 3-4. Duration of an exploration licence The duration of an exploration licence shall not exceed the period of time deemed necessary in order to conduct the exploration activity comprised by the licence and may be up to 10 years. If the exploration licence is granted for a shorter period, the Ministry may later extend the licence within the framework of 10 years.	Section 3-4. **탐사권의 기간** 탐사권의 존속기간은 탐사활동을 수행하기 위하여 필요하다고 인정하는 기간을 초과할 수 없으며, 그 기간은 10년 이내로 한다. 만약 탐사권이 10년 보다 짧으면, 석유에너지부는 10년의 범위 내에서 그 면허기간을 연장할 수 있다.
Section 3-5. Relinquishment or surrender of an exploration licence The licensee may, during the period as mentioned in the first sentence of Section 3–4, relinquish parts of the area comprised by the exploration licence with 3 months' notice. Thereafter, relinquishment of parts of the area may take place at the end of each calendar year, given that a notice of such relinquishment is given at least 3 months in advance.	Section 3-5. **탐사권의 반납 또는 포기** 탐사권자는 3–4절의 첫 번째 조항에서 규정한 기간 동안 3개월 전에 탐사권이 미치는 지역의 일부를 반납할 수 있다. 그 후, 그 탐사지역의 일부의 포기는 그러한 포기의 통지가 적어도 3개월 전에 공지되는 것을 고려할 때, 매년 말에 이루어질 수 있다.
The licensee may, during the period mentioned in the first sentence of Section 3–4, surrender the exploration licence in its entirety with 3 months' notice.	탐사권자는 제3–4절의 첫 번째 절에 규정된 기간 동안 3개월 통보기한으로 모든 탐사권을 반납할 수 있다.

The Ministry may demand that the obligations that follow from the exploration licence and the conditions thereunder shall be met prior to relinquishment or surrender pursuant to this provision.	석유에너지부는 본 조항에 따라 포기하거나 포기하기 전에 탐사허가서에 따른 의무와 그에 따른 조건이 충족될 것을 요구할 수 있다.

Chapter 4. Licence for exploitation of a subsea reservoir for injection and storage of CO_2 (exploitation licence)
제4장 CO_2 주입 및 저장을 위한 해저 저장소 개발권

원문	번역
Section 4-1. Licence for exploitation of subsea reservoirs for injection and storage of CO_2 The King in Council may, under certain specific conditions, grant a licence for exploitation of a subsea reservoir for injection and storage of CO_2 (exploitation licence). The licence shall indicate the area comprised by the licence through the indication of longitudes and latitudes, as well as a stratigraphic delineation of the geological unit(s) comprised.	Section 4-1. **CO_2 주입 및 저장을 위한 해저 저장소 개발권** 이사회에서 국왕은 특정한 조건에 따라 CO_2의 주입과 저장을 위한 해저 저장소의 개발권을 허가할 수 있다. 개발권은 위도와 경도의 표시를 통해 개발지역뿐만 아니라 지질단위의 층서적 설명을 표시해야 한다.
An exploitation licence may be granted to one or more body corporates jointly which are established in concurrence with Norwegian legislation and are registered in the Register of Business Enterprises, when otherwise does not follow from international agreements. If a licence as mentioned is granted to multiple legal persons jointly, the activities pursuant to the licence shall be exercised at the participants' joint expense	개발권은 국제협약에 저촉되지 않고, 노르웨이 법률에 따라 기업 등록부에 등록된 하나 이상의 법인에게 부여될 수 있다. 규정된 면허가 복수의 법인에게 공동으로 부여되는 경우, 그 개발권에 따른 활동은 참가자의 공동 비용과 위험으로 행사되어야 한다. 이렇게 설립된 법인은 개발권을 받은 것으로 본다.

and risk. The enterprise that is thus established, shall be regarded as a licensee.	
The granting of a licence for exploitation of a subsea reservoir for storage of CO_2 is contingent on the licensee having the financial strength, technical and geological competence and reliability deemed necessary to operate and control the storage location, and all quality requirements on the licensee and its organisation having been met. If a licence as mentioned is granted to multiple legal persons jointly, all participants in the licensee enterprise must satisfy said conditions.	CO_2 저장을 위한 해저 저장소의 개발권의 부여는 저장소를 운영하고 관리하는 데 필요한 재정적 능력, 기술적 및 지질학적 역량과 신뢰성을 가진 개발권자와 그 기관의 모든 품질 요건을 충족한 개발권자에게 달려 있다. 규정된 면허가 여러 법인에게 공동으로 부여되는 경우, 모든 참여자는 해당 조건을 충족해야 한다.
A licensee that holds an exploration licence as mentioned in Section 3-1 and who, within the licence's validity period, applies for a licence for exploitation of a subsea reservoir for injection and storage of CO_2 in a specific storage location, shall be preferred in the granting of such a licence, given that the work commitment mentioned in Section 3-3 has been completed and the other conditions in the exploration licence have been met. A licence for exploitation of a subsea reservoir for storage of CO_2 gives an exclusive right to store CO_2 in the area comprised by the licence.	제3-3절에 언급된 사항을 완료하고 탐사 면허의 다른 조건들이 충족되었다는 가정 하에, 제3-1절에 규정에 따라 탐사권을 소지하고 있으며, 그 유효 기간 내에 특정 저장소에 CO_2를 주입 및 저장하기 위한 해저저장소의 개발권을 신청하는 자는 해당 면허의 부여에 있어서, 해당 면허 소지서에 언급된 작업조건을 고려할 때, 해당 면허의 부여에 있어서 우선권이 있다. CO_2 저장을 위한 해저 저장소의 개발권은 해당 지역에 CO_2를 저장할 독점적인 권리를 부여한다.
An exploitation licence shall be granted on objective, published and non-discriminatory criteria.	개발권은 객관적이고 공개적이며 차별적이지 않은 기준에 따라 부여되어야 한다.
The King may stipulate as a condition for the granting of an exploitation licence that a licensee that consists of multiple participants, shall enter into a partnership agreement for	국왕은 복수의 참여자로 구성된 사업자가 그 사업자에 따라 그 활동에 대한 파트너십 계약을 체결하도록 개발권을 부여하는 조건을 규정할 수 있다. 그러한 합의

the activity pursuant to the licence. Such an agreement is contingent on the Ministry's approval.	는 석유에너지부의 승인에 달려 있다.
Section 4-2. Application for a licence for exploitation of a subsea reservoir for injection and storage of CO_2 Applications for licences for exploitation of a subsea reservoir for injection and storage of CO_2 shall be submitted to the Ministry with copies to the Norwegian Petroleum Directorate, the Ministry of Labour and Social Affairs and the Petroleum Safety Authority Norway. The application must include:	Section 4-2. **CO_2 주입 및 저장을 위한 해저 저장소 개발 허가 신청** CO_2 주입 및 저장을 위한 해저 저장소의 개발권 신청서는 노르웨이 석유국, 노동사회부 및 노르웨이 석유 안전국에 사본을 첨부하고 석유에너지부에 제출해야 하며, 신청서에는 다음이 포함되어야 한다.
a) The applicant's name and address,	a) 신청자의 이름과 주소,
b) A designation of who in Norway will act as representative vis-à-vis the authorities,	b) 노르웨이에서 누가 정부 당국에 대한 대표자 역할을 할 것인가에 대한 지명
c) A designation of which area(s) is/are sought to be comprised by the exploitation licence,	c) 개발권을 받는 지역의 지정
d) A designation of the applicant's prioritisation of the areas, given that the application comprises multiple areas,	d) 신청자가 다수 지역을 신청한 경우, 신청자의 지역 우선순위 지정
e) Information concerning the applicant's activities, including financial capacity,	e) 재정능력을 포함한 신청자의 활동정보
f) A geological evaluation of the area(s) for which an exploitation licence is sought, and how an efficient storage activity is planned in the area(s),	f) 개발권이 신청된 지역에 대한 지질학적 평가 및 해당 지역에서 효율적인 저장활동계획
g) A financial evaluation of the area(s) sought to be comprised by the exploitation licence,	g) 개발권에 포함시키고자 하는 지역의 사업성 평가

h) Information concerning experience and technical expertise of significance for the area(s) for which an exploitation licence is sought,	h) 개발권을 신청하는 지역에 중요한 경험 및 기술 전문지식에 관한 정보
i) A description of the organisation and competence the applicant will have at its disposal in Norway and other locations for activity in connection with the area(s) for which an exploitation licence is sought,	i) 신청자가 노르웨이 및 기타 지역에서 개발권이 신청된 지역과 관련된 활동을 위한 가용 조직 및 역량에 대한 설명
j) A receipt for paid administrative fee.	j) 수수료 지불 영수증.
The Ministry may deviate from the required content in the application pursuant to the first paragraph, including a demand for ad－ditional information.	석유에너지부는 제1항에 따라 신청서에 필요한 내용 중 추가정보의 요구 등 내용을 추가할 수 있다.
Applications for exploitation licences shall be written in Norwegian or English.	개발 허가 신청서는 노르웨이어 또는 영어로 작성되어야 한다.
Section 4-3. Administrative fee For the handling of each application for an exploitation licence, a fee of NOK 109,000 shall be paid to the State via the Norwegian Petroleum Directorate.	Section 4-3. **수수료** 개발권을 위한 각 신청의 처리를 위해, 노르웨이 석유국을 통해 국가에 109,000 NOK의 수수료를 납부해야 한다.
If the fee has not been paid, the applica－tion shall not be considered received.	수수료가 납부되지 않은 경우, 신청서는 접수된 것으로 간주되지 않는다.
The Ministry may change the fee in this provision in line with changes in monetary value.	석유에너지부는 금전적 가치의 변화에 따라 이 조항의 수수료를 변경할 수 있다.
Section 4-4. Duration of licences for exploitation of a subsea reservoir for injection and storage of CO_2 The duration of an exploitation licence is	Section 4-4. **CO_2 주입 및 저장을 위한 해저 저장소 개발 면허기간** 개발권의 기간은 면허부여시 규정된다.

stipulated upon granting. The duration of the licence presumes that the subsea reservoir is put to use through development and storage within a deadline set upon granting.	개발기간은 해저 저장소의 개발 및 저장을 위해 면허시 정해진 기한이라고 본다.
The Ministry may, upon application from the licensee, when special reasons so warrant, extend the set deadline for development and storage.	개발권자의 신청에 따라, 석유에너지부는 특별한 사유가 있으면, 개발 및 저장을 위해 정해진 기한을 연장할 수 있다.
The Ministry may, upon application from the licensee, when special reasons so warrant, also extend the licence. Applications for extension must be received no later than 5 years prior to expiry of the licence, unless the Ministry agrees or decides otherwise. The Ministry shall stipulate the conditions for such special extension.	석유에너지부는 개발권자의 신청에 따라, 특별한 사유가 있으면 면허를 연장할 수 있다. 연장 신청은 석유에너지부가 동의하거나 달리 결정하지 않는 한, 면허 만료 5년 전에 접수되어야 한다. 석유에너지부는 그러한 특별 연장을 위한 조건을 규정해야 한다.
Section 4-5. Plan for development and operation of a subsea reservoir for injection and storage of CO_2 If the licensee decides to develop a subsea reservoir (storage location) for injection and storage of CO_2, the licensee shall submit to the Ministry for approval a plan for development and operation of the subsea reservoir. The plan for development and operation shall contain a description of the development and an impact assessment. Statements concerning the impact assessment shall be included in the evaluation upon approval of the plan for development and operation. A comprehensive plan that also includes safety and working environment, cf. Regulation No. 158 of 12 February 2010 re–	Section 4-5. **CO_2 주입 및 저장을 위한 해저저장소 개발 및 운영계획** CO_2의 주입 및 저장을 위한 해저저장소(저장위치)를 개발하기로 결정한 경우, 개발면허권자는 해저저장소 개발 및 운영계획을 석유에너지부에 제출하여 승인을 받아야 한다. 개발 및 운영 계획에는 개발에 대한 설명과 환경영향평가가 포함되어야 한다. 개발 및 운영 계획 승인 시 환경영향평가에 관한 내용이 평가에 포함되어야 한다. 안전 및 작업 환경, 석유 활동 및 특정 육상 시설의 보건, 안전 및 환경과 관련된 2010년 2월 12일 규정 번호 158을 참조하고, 개정사항을 포함하는 종합 계획은 석유에너지부, 노동사회부 및 기후환경부에 그리고 노르웨이석유국, 노르웨이 석

lating to health, safety and the environment in the petroleum activities and at certain onshore facilities, with amendments, shall be submitted to the Ministry, the Ministry of Labour and Social Affairs and the Ministry of Climate and Environment with copies to the Norwegian Petroleum Directorate, the Petroleum Safety Authority Norway and the Norwegian Environment Agency.	유 안전국 및 노르웨이 환경청에 사본과 함께 제출해야 한다.
The description of the development shall address financial, resource-related, technical, safety-related, commercial and environmental aspects as well as information concerning how a facility may be used and the storage location permanently shut down upon cessation of storage of CO_2. The plan shall also contain information concerning facilities for transport or exploitation that are covered by Section 6-1. In the event that a facility will be placed on the territory, the plan shall furthermore provide information concerning which permits, etc., have been sought pursuant to other applicable legislation.	개발에 대한 설명은 CO_2의 저장 중단시 시설의 사용 방법 및 저장소가 영구적으로 정지되는 방법에 관한 정보뿐만 아니라 재무, 자원, 기술, 안전, 상업 및 환경 측면도 다루어야 한다. 계획은 또한 제 6-1절에서 다루는 수송 또는 이용을 위한 시설과 관련된 정보를 포함해야 한다. 그 지역에 시설물을 설 경우, 개발계획은 다른 해당 법률에 따라 어떤 허가 등이 요구되었는지에 대한 정보를 추가로 제공하여야 한다.
Plans for development and storage of CO_2 in a subsea reservoir that involve construction measures in violation of the land use part of binding planning decisions pursuant to the Planning and Building Act, cannot be approved by the Ministry until the planning authority has given its consent.	「계획 및 건축법」에 따른 구속력 있는 계획 결정의 토지 이용 부분을 위반하여 건설 조치를 수반하는 해저 저장소의 CO_2 개발 및 저장 계획은 해당관할청의 동의가 있어야 석유에너지부의 승인을 받을 수 있다.
The Ministry may, when special reasons so indicate, demand that the licensee provide a more detailed account of the environmental	석유에너지부는 특별한 사유가 명시되어 있는 경우, 사업자에게 더 큰 전체 영역에 대한 다른 영향을 받는 기업에 대한 영향

impact, potential risk of pollution, as well as effects for other affected enterprises for a larger overall area.	뿐만 아니라 환경 영향, 오염의 잠재적 위험에 대한 보다 상세한 설명을 제공할 것을 요구할 수 있다.
If the development of the storage location is planned in two or more stages, the plan shall, insofar as possible, include the overall development. The Ministry may limit the approval to only apply for individual stages.	저장소의 개발이 2단계 이상 계획되어 있는 경우, 계획에는 가능한 한 전체적인 개발이 포함되어야 한다. 석유에너지부는 개별 단계에만 적용하도록 승인을 제한할 수 있다.
If the licensee consists of multiple participants, the Ministry may demand that the individual participants state how they will finance their part of the development.	개발권자가 복수의 참여자로 구성된 경우, 석유에너지부는 개별 참여자에게 개발 부분에 대한 자금 조달 방법을 명시할 것을 요구할 수 있다.
Significant contractual obligations must not be agreed or construction work started until a plan for development and storage of CO_2 in a subsea reservoir has been approved, unless the Ministry consents to this.	석유에너지부가 동의하지 않는 한 해저 저장소의 CO_2 개발 및 저장 계획이 승인될 때까지 중요한 계약 의무를 합의하거나 건설 공사를 착수해서는 안 된다.
The Ministry shall, in a separate document, which shall be made public, account for and substantiate its decision to approve or not approve the plan for development and storage of CO_2. The substantiation shall e.g. indicate which environmental conditions are potentially associated with the approval, as well as which measures are potentially presumed to mitigate significant negative environmental effects. Confidential information shall not be made public.	석유에너지부는 개발계획 승인여부에 대하여 별도의 문서로 공개되어야 하며, CO_2의 개발 및 저장 계획을 승인하거나 승인하지 않는 결정을 설명하고 입증해야 한다. 입증은 예를 들어, 잠재적으로 승인과 관련된 환경 조건 및 중대한 부정적인 환경 영향을 완화하기 위해 잠재적으로 조건을 명시해야 한다. 다만, 기밀 정보는 공개되어서는 안 된다.
The Ministry may, upon application from the licensee, waive requirements for a plan for development and storage of CO_2 in subsea reservoirs.	석유에너지부는 개발권자의 신청에 따라 해저 저장소의 CO_2 개발 및 저장 계획에 대한 요건을 포기할 수 있다.

The Ministry shall be informed of and approve significant deviations or changed assumptions for a submitted or approved plan and material changes to facilities. The Ministry may demand that a new or amended plan be submitted for approval.	석유에너지부는 제출되거나 승인된 계획 및 시설에 대한 중요한 변경사항 또는 변경된 조건에 대해 통지하고 승인해야 한다. 석유에너지부는 승인을 위해 새로운 또는 수정된 계획의 제출을 요구할 수 있다.
Section 4-6. **Description of the development in plans for development and operation of a subsea reservoir for injection and storage of CO_2** The description of the development with associated documentation shall be adapted to the scope of the development. The description shall account for financial, resource-related, technical, safety and environmental aspects of the development.	Section 4-6. **CO_2 주입 및 저장을 위한 해저저장소 개발 및 운영 계획 수립에 대한 설명** 관련 문서와 함께 개발에 대한 운영계획은 개발 범위에 맞게 수정되어야 한다. 설명은 개발의 재정적, 자원 관련, 기술적, 안전 및 환경적 측면을 설명해야 한다.
The description of the development shall contain the following, as necessary:	개발 계획에는 필요에 따라 다음 사항이 포함되어야 한다.
a) A characterisation of the storage location and storage complex, and an evaluation of the expected security of storage, cf. Section 1-10;	a) 저장지역 및 저장복합시설의 특성 및 저장소의 안전 평가. 조항 1-10 참고;
b) A description of the injection strategy and development solution for the storage location, as well as criteria for the choices that have been made,	b) 저장지역에 대한 주입 전략 및 개발 솔루션에 대한 설명, 그리고 선정사유
c) A description of technical geological and reservoir aspects, as well as the total volume of CO_2 to be injected and stored, a description of anticipated CO_2 sources and transport methods, the injection rate and pressure conditions, as well as a description of where the injection facilities will be placed,	c) 주입 및 저장될 CO_2의 총 부피, 예상 CO_2 포집원 및 수송방법, 주입속도 및 압력조건 및 주입 시설이 배치될 지역에 대한 설명,

d) Composition of the CO_2 flow,	d) CO_2 스트림의 조성,
e) A description of technical solutions with expected energy consumption and access, including measures to prevent significant ir－regularities,	e) 중요한 결함을 방지하기 위한 조치와 예상되는 에너지소비와 접근성에 대한 기술적 설명
f) Information concerning management systems, including information concerning planning, organisation and execution of the development of the storage location,	f) 저장지역의 개발 계획, 구성 및 실행에 관한 정보를 포함한 관리 시스템에 관한 정보
g) Information concerning operation and maintenance,	g) 운영 및 유지관리에 관한 정보,
h) Information concerning financial aspects,	h) 재무적 측면에 관한 정보
i) Information concerning which permits, approvals or consents have been sought or which are planned to be sought pursuant to other applicable legislation, whether or not a facility will be placed on the land territory or sea territory subject to private ownership rights,	i) 다른 적용 법률에 따른 허가, 승인, 동의 또는 사유재산권의 적용을 받는 토지 또는 해상지역에 설치하는 시설 여부에 관한 정보
j) Information concerning facilities for transport that are covered by Section 6－1,	j) 제6－1절에서 다루는 수송 시설에 관한 정보
k) Description of technical measures for preparedness, cf. Regulation No. 158 of 12 February 2010 relating to health, safety and the environment in the petroleum activities and on certain onshore facilities, with amendments,	k) 준비를 위한 기술적 조치에 대한 설명과 개정안, 석유 활동 및 특정 육상 시설의 건강, 안전 및 환경에 관한 것은 2010년 2월 12일 규정 번호 158을 참고,
l) Information concerning other matters of importance for injection and storage of CO_2,	l) CO_2의 주입 및 저장을 위한 기타 중요한 사항에 관한 정보,
m) Other information required pursuant to the prevailing safety regulations, cf. Regulation	n) 제안된 모니터링 계획은, 본 규정의 부록 II를 참고,

No. 158 of 12 February 2010 relating to health, safety and the environment in the petroleum activities and on certain onshore facilities, with amendments,	
n) Proposed monitoring plan, cf. Appendix II to these Regulations	n) 제안된 모니터링 계획은, 본 규정의 부록 II를 참고,
o) Proposed plan for corrective measures in the event of significant irregularities, cf. Section 5－6(1)(b),	o) 중대한 결함이 발생할 경우 시정조치 방안 제안, 조항 5－6(1)(b) 참고
p) Proposed preliminary plan for post－operation, cf. Section 5－7 and Appendix II to these Regulations,	p) 운영 후 사전 계획 제안, 본 규정 제 5－7절 및 부록 II 참고,
q) Documentation showing that the finan－cial guarantee or other equivalent perform－ance required pursuant to Section 5－9 is valid and has entered into force before storage of CO_2 starts,	q) 제5－9절에 따라 요구되는 재정적 보증 또는 기타 동등한 성과가 효력을 갖는 CO_2의 저장이 시작되기 전에 발효되었음을 보여주는 문서
r) Information concerning how the storage facilities may be used in connection with shutting down the storage location.	r) 저장지역 종료와 관련하여 저장 시설을 어떻게 사용할 수 있는지에 대한 정보.
Section 4-7. Study programme for impact assessment in plans for development and operation of a subsea reservoir for injection and storage of CO_2 The licensee shall, well before submitting a plan for development and storage of CO_2 in a subsea reservoir, prepare a proposed study programme. The proposal shall provide a brief description of the development, of relevant development solutions and, on the basis of available knowledge, of presumed	Section 4-7. **CO_2 주입 및 저장을 위한 해저저장소 개발 및 운영계획의 영향 평가를 위한 연구 프로그램** 개발권자는 해저저장소의 CO_2 개발 및 저장 계획을 제출하기 전에 제안된 연구 프로그램을 준비해야 한다. 제안서는 개발, 관련 개발 솔루션 및 이용 가능한 지식을 바탕으로 국경을 넘는 환경 영향을 포함한 다른 산업 및 환경에 대한 추정 영향에 대한 간략한 설명을 제공해야 한다.

effects for other industries and the environment, including any trans-boundary environmental effects.	
The proposal shall furthermore clarify the need for documentation. If an impact assessment has been prepared for the area where the development is planned to be implemented, the proposal shall clarify the need for additional documentation or updates.	제안서는 문서화의 필요성을 더욱 명확히 해야 한다. 개발예정지역에 대한 영향평가가 준비된 경우, 제안서는 추가 문서 또는 업데이트의 필요성을 명확히 해야 한다.
The proposed study programme shall, to a necessary extent, contain a description of how the assessment work will be implemented, particularly as regards information and influence in relation to groups that are presumed to be particularly affected. The proposed study programme shall be based on the framework for documentation in Section 4-6.	제안된 연구 프로그램은 특히 특별히 영향을 받는 것으로 추정되는 그룹과 관련된 정보와 영향력에 관하여 필요한 범위까지 평가 작업이 구현되는 방법에 대한 설명을 포함해야 한다. 제안된 연구 프로그램은 제4-6절의 문서화를 위한 틀에 기초해야 한다.
The licensee shall submit the proposed study programme to affected authorities and special interest organisations for statements. A reasonable deadline shall be set for statements. This deadline should be no less than six weeks. The Ministry shall stipulate the study program on the basis of the proposal and statements in this connection. Received statements shall be accounted for, in addition to how they have been assessed and incorporated in the set programme. Copies of the set programme shall be sent to those who have submitted statements in the case. Decisions pursuant to this provision are not individual administrative decisions pur-	개발권자는 제안된 연구 프로그램을 관계 당국과 특수이해단체에 제출하여 진술서를 작성해야 한다. 명세서에 대해 합리적인 기한을 정해야 한다. 이 마감일은 6주 이상이어야 한다. 석유에너지부는 이와 관련하여 제안과 진술에 기초하여 연구 프로그램을 규정해야 한다. 수령한 명세서는 설정된 프로그램에 포함된 평가 방법과 더불어 회계 처리되어야 한다. 설정된 프로그램의 사본은 해당 사례의 관계자들에게 보내져야 한다. 본 조항에 따른 결정은 「행정법」에 따른 개별 행정상의 결정이 아니다. 석유에너지부는 특별한 경우에 자문을 위해 제안된 연구 프로그램을 제출하기로 결정할 수 있다.

suant to the Public Administration Act. The Ministry may, in special instances, decide that the Ministry will submit the proposed study programme for consultation.	
Section 4-8. Impact assessment in plans for development and operation of a subsea reservoir for injection and storage of CO_2 An impact assessment in a plan for development and storage of CO_2 in a subsea reservoir shall account for the effects the development may have for commercial and environmental circumstances, including preventive and mitigating measures. The impact assessment shall, e.g.:	Section 4-8. **CO_2 주입 및 저장을 위한 해저저장소 개발 및 운영계획에서의 영향평가** 해저 저장소의 CO_2 개발 및 저장을 위한 계획의 영향 평가는 예방 및 완화 조치를 포함하여 상업 및 환경에 미칠 수 있는 영향을 설명해야 한다. 영향 평가는 다음과 같이 수행해야 한다.
a) Describe alternative development solutions the licensee has investigated and substantiate the chosen development solution and injection strategy, account for the criteria for the choice that has been made, as well as describe any subsequent development stages, connection to other subsea reservoirs for storage of CO_2 [and onshore facilities] and any coordination of storage,	a) 개발권자가 조사하여 선택한 후속 개발 단계, CO_2 [육상 시설 포함]의 저장을 위한 다른 해저 저장소와의 연결, 저장 조정 및 결정된 선택 기준을 설명하는 개발해결책을 설명하고, 결정된 개발방법과 주입전략을 입증한다.
b) Describe the environment that may be significantly affected, and assess and consider environmental consequences of the development and storage, including:	b) 개발과 저장이 환경에 미치는 중요한 영향에 대하여 다음 사항을 고려하여 설명
describe discharges to sea and emissions to air,	– 해양과 대기로의 배출물에 대한 설명
describe any material assets and cultural artefacts that may be affected as a result of the development,	– 개발의 결과로 영향을 받을 수 있는 모든 물적 자산과 문화 유물을 설명

assess the consequences of the chosen technical solutions,	– 선택한 기술적 해결책의 결과를 평가
clarify how environmental criteria and consequences have been used as a basis for the chosen technical solutions,	– 환경기준과 결과가 선택된 기술적 해결책의 기초로 어떻게 사용되었는지를 명확히 한다.
describe possible and planned measures to prevent, reduce and if possible compensate for considerable negative environmental im–pact,	– 심각히 부정적인 환경영향을 방지, 감소시키고, 가능하면 보상을 위한 계획된 조치를 설명
c) Assess which permits, approvals or consents will be sought pursuant to other applicable legislation, whether or not a fa–cility will be placed on the land territory, sea territory subject to private ownership rights, inland waters or the sea territory,	c) 시설물이 토지, 민간 소유권의 대상이 되는 해상, 내해 또는 해상 영역에 배치되는 경우, 다른 법률에 따라 허가, 승인 또는 동의여부에 대한 평가
d) Assess how the facilities will be used upon cessation of the storage,	d) 저장 중단 시 시설 사용 방법을 평가한다
e) Assess facilities for transport or ex–ploitation covered by Section 6–1 of the Regulations,	e) 본 규정의 조항 6–1에서 다루는 운송 또는 이용을 위한 시설을 평가
f) Assess technical measures for prepared–ness,	f) 준비를 위한 기술적 조치평가
g) Assess how environmental monitoring in the area can be carried out,	g) 해당 지역의 환경 모니터링 이행방법을 평가
h) Include a summary of the above–men–tioned items.	h) 위에 언급한 항목의 요약을 포함
The impact assessment shall be prepared based on the study programme stipulated pursuant to Section 4–7 and adapted to the scope of the development and to what extent	영향 평가는 제4–7절에 따라 규정된 연구 프로그램에 기초하여 작성되어야 하며 개발 범위와 더 큰 전체 영역에 대한 영향 평가에서 어느 정도까지 해당 개발이

the development is considered to be covered by an impact assessment for a larger overall area. The impact assessment shall be submitted to the Ministry no later than concurrently with a description of the development. In areas where multiple subsea reservoirs for storage of CO_2 are to be developed, the licensee will be able to prepare an impact assessment for a larger overall area. A joint impact assessment may also be prepared for developments that are also subject to impact assessment pursuant to other legislation.	적용되는지에 따라 조정되어야 한다. 영향평가는 개발의 설명과 동시에 석유에너지부에 제출해야 한다. CO_2 저장을 위한 여러 해저저장소가 개발되어야 하는 지역에서 개발권자는 전체 지역에 대한 영향 평가를 할 수 있다. 또한 다른 법률에 따라 영향평가의 대상이 되는 개발에 대해서도 공동 영향 평가를 할 수 있다.
If the licensee substantiates that the development is covered by an existing relevant impact assessment for a subsea reservoir for storage of CO_2 or for a larger overall area, an impact assessment will only be required if the Ministry finds this to be necessary.	개발권자가 CO_2 저장용 해저 저장소 또는 더 넓은 전체 면적에 대한 기존 영향평가의 적용을 받는다는 것을 입증하는 경우, 석유에너지부가 필요하다고 판단하는 경우에만 영향 평가를 받는다
The licensee shall submit the impact assessment to affected authorities and special interest organisations for statements and it will be announced at the same time in the Norwegian Gazette that the impact assessment has been submitted for consultation. The impact assessment and, insofar as possible, any relevant background documents, shall be made available on the Internet. A reasonable deadline shall be set for statements concerning the impact assessment. This deadline should be no less than six weeks. The Ministry may, in special instances, decide that the Ministry will submit the impact assessment for consultation.	개발권자는 관계 당국과 특수이익단체에 의견진술을 위해 영향 평가를 제출해야 하며, 이와 동시에 노르웨이 관보에 해당 평가서가 자문을 위해 제출되었음을 공고해야 한다. 영향평가 및 가능하면 관련문서가 인터넷에 공개할 수 있어야 한다. 영향평가와 관련된 진술에 대해 합리적인 기한을 설정해야 한다. 이 마감일은 6주 이상이어야 한다. 석유에너지부는 특별한 경우 영향평가를 위한 자문을 제출할 수 있다.

The Ministry shall, on the basis of the consultation, decide whether or not there is a need for additional studies or documentation concerning certain aspects. Any additional studies shall be submitted to the affected authorities and those who have given their opinion on the impact assessment for statements before a decision is made in the case. This deadline for statements should be no less than two weeks.	석유에너지부는 자문에 기초하여 특정 측면에 대한 추가 연구 또는 문서화의 필요성 여부를 결정해야 한다. 추가 연구는 영향을 받는 관계당국과 진술에 대한 영향 평가에 대한 의견을 제공한 자에게 해당 경우에 결정이 내려지기 전에 제출해야 한다. 이 의견제출의 마감일은 2주 이상이어야 한다.
The Ministry's case presentation shall state how the effects of the development and received statements have been assessed, and what significance they have been assigned. The case presentation shall assess whether conditions shall be set with a view toward restricting and compensating for negative effects of significance.	석유에너지부의 사례 발표에는 개발영향 및 접수된 의견 진술의 효과가 어떻게 평가되었고, 그것들이 어떤 중요성을 부여받았는지를 설명해야 한다. 사례 발표는 중요한 부정적 영향을 제한하고 보상하는 관점에서 조건들을 평가해야 한다.
The Ministry's decisions pursuant to this Section are not individual administrative decisions pursuant to the Public Administration Act.	이 조항에 따른 석유에너지부의 결정은 행정법에 따른 개별 행정 결정이 아니다.
Section 4-9. Exemption from the requirement for an impact assessment If the development is presumed not to have significant trans-boundary environmental effects, the requirement for an impact assessment may, under special circumstances, be waived in whole or in part. The Ministry shall inform the EFTA Surveillance Authority about the reason for the exception before it is granted.	Section 4-9. **환경영향 평가 요건 면제** 개발로 인해 국경을 넘는 환경적 영향이 크지 않다고 보는 경우, 특별한 사정이 있는 경우에는 영향평가 요건의 전부 또는 일부를 면제할 수 있다. 석유에너지부는 면제사유가 허가되기 전에 EFTA 감시 당국에 통보해야 한다.
Section 4-10. Impact assessment in the event of significant trans-boundary environmental effects	Section 4-10. **국경을 넘는 중대한 환경 영향 발생 시 영향 평가**

If a development may have significant trans−boundary environmental effects, the Ministry shall submit the study programme and information about the requirement for approval of a plan for development and operation to states that may be affected, no later than when the study programme is submitted for consultation. Such information shall also be submitted if this is requested by a state that may be substantially affected.	개발이 국경을 넘는 환경적 영향을 미칠 수 있는 경우, 석유에너지부는 연구 프로그램이 자문을 위해 제출될 때까지 영향을 받을 수 있는 국가에 연구프로그램과 개발 및 운영 계획의 승인 요건에 대한 정보를 제출해야 한다. 이러한 정보는 상당한 영향을 받을 수 있는 국가에서 요청하는 경우에도 제출해야 한다.
Affected states may participate in the impact assessment process, including express opinions concerning the study programme and the im−pact assessment to the Ministry. The Ministry shall submit the impact assessment to the correct authority in affected states when the impact assessment is submitted for consultation in Norway. The Ministry may instruct the li−censee to prepare the documents associated with the impact assessment in the foreign languages that are necessary.	영향을 받는 국가는 연구 프로그램 및 부처에 대한 영향 평가에 관한 의견을 표명하는 것을 포함하여 영향 평가 절차에 참여할 수 있다. 석유에너지부는 노르웨이에서 자문을 위해 영향 평가를 제출할 때 영향을 받는 국가의 해당 기관에 영향 평가를 제출해야 한다. 석유에너지부는 개발권자에게 해당 외국어로 영향 평가와 관련된 문서를 작성하도록 지시할 수 있다.
The Ministry shall, upon approval of a plan for development and storage of CO_2 in a subsea reservoir, submit the document mentioned in Section 4−5(8) to the correct authority in affected states.	석유에너지부는 해저 저장소의 CO_2 개발 및 저장 계획을 승인한 후, 조항 4−5(8)에 언급된 문서를 영향을 받는 국가의 해당기관에 제출해야 한다.
Section 4-11. Stipulation of injection progress, etc. The Ministry shall approve the injection progress before or in conjunction with ap−proval pursuant to Section 4−5. A different injection progress than what follows from an approved plan for development and storage of CO_2 in a subsea reservoir may be stipu−	Section 4-11. **주입 공정 등의 규정** 석유에너지부는 제4−5절에 따른 승인 전 또는 승인과 함께 주입 진행절차를 승인해야 한다. 자원 관리 또는 기타 중요한 사회적 고려 사항이 보장되는 경우 해저 저장소의 CO_2 개발 및 저장을 위한 승인된 계획과는 다른 주입 진행 절차를 규정

lated if the consideration for resource management or other significant social considerations so warrant.	할 수 있다.
The Ministry may instruct the licensee to prepare a report on reservoir-related matters, including alternative injection schemes.	석유에너지부는 개발권자에게 대체 주입 계획을 포함한 저장소 관련 사항에 대한 보고서를 작성하도록 지시할 수 있다.
Section 4-12. Surrender of a licence for exploitation of a subsea reservoir for storage of CO_2 Licensees may surrender its licence for exploitation of a subsea reservoir for storage of CO_2 in its entirety at the end of each calendar year, given that a notice of surrender is given at least 3 months in advance. The Ministry may demand that the obligations that follow from the licence for storage of CO_2 and its conditions shall be met prior to surrender.	Section 4-12. **CO_2 저장을 위한 해저 저장소 개발권 포기** 개발권자는 최소 3개월 전에 통지가 주어지기 때문에 매년 말에 CO_2를 저장하기 위한 해저 저장소 개발 면허를 포기할 수 있다. 석유에너지부는 CO_2의 저장 허가에 따른 의무와 그 조건이 포기 전에 충족될 것을 요구할 수 있다.
Section 4-13. Others' right to conduct surveys Under special circumstances, the Ministry may allow parties other than the licensee to conduct surveys in the area covered by an exploration licence or licence for exploitation of a subsea reservoir for injection and storage of CO_2. The Ministry shall stipulate which surveys may be conducted and the duration of said surveys.	Section 4-13. **제3자의 조사권** 특별한 사유가 있으면, 석유에너지부는 CO_2의 주입 및 저장을 위한 해저저장소의 탐사 면허 또는 개발 면허가 적용되는 지역에서 개발권자 이외의 당사자에게 조사를 실시하도록 허용할 수 있다. 석유에너지부는 어떤 조사가 수행될 수 있는지와 해당 조사기간을 규정해야 한다.
Section 4-14. Others' right to place facilities, etc. Licensees may not oppose that others lay pipelines, cables or lines of another nature or place other facilities on, in or above the area covered by a licence for exploitation of a subsea reservoir for injection and storage	Section 4-14. **시설 등에 대한 타인의 권리** 개발권자는 CO_2 주입 및 저장을 위한 해저저장소의 개발면허가 적용되는 지역의 내부 또는 외부에 다른 유형의 파이프라인, 케이블 또는 라인을 설치하는 것에 반대할 수 없다. 그러한 시설은 개발권자에게 불합

of CO_2. Such facilities must not cause an unreasonable disadvantage for the licensee.	리한 불이익을 초래해서는 안 된다.
The provision in the first paragraph applies correspondingly for necessary route and subsurface surveys prior to such placement.	첫 번째 항의 규정은 그러한 설치에 앞서 필요한 경로 및 지표면 아래의 조사에 적용된다.
Section 4-15. Natural resources other than subsea reservoirs for storage of CO_2, etc. An exploration licence or a licence for exploitation of a subsea reservoir for injection and storage of CO_2 shall not prevent parties other than the licensee from being allowed to conduct surveys for and recovery of other natural resources in the area when this does not cause an unreasonable disadvantage for the exploration or injection and storage of CO_2 conducted by the licensee pursuant to the exploration licence or the licence for exploitation of a subsea reservoir for injection and storage of CO_2. The same applies to scientific surveys.	Section 4-15. **CO_2 등 의 저장을 위한 해저저장소 이외의 천연자원** CO_2 주입 및 저장을 위한 해저저장소의 탐사권자 또는 개발권자는 탐사 또는 주입 및 저장을 위한 불합리한 불이익을 초래하지 않을 경우 개발권자 이외의 당사자가 해당 지역의 다른 천연자원에 대한 조사 및 회수하는 것을 방해할 수 없다. CO_2의 주입 및 저장을 위한 해저저장소의 탐사권 또는 개발권에 따라 사업자가 실시하는 CO_2. 과학 조사에서도 마찬가지다.
If other natural resources are discovered in an area covered by an exploration licence or a licence for exploitation of a subsea reservoir for injection and storage of CO_2 and continuing activities cannot take place without resulting in an unreasonable disadvantage for the exploration or injection and storage of CO_2 conducted by the licensee pursuant to the exploration licence or the licence for exploitation of a subsea reservoir for injection and storage of CO_2, the King shall decide which of the activities shall be postponed, and potentially in what scope. This decision shall take into consideration what kind	CO_2의 주입 및 저장을 위한 해저저장소의 개발권 또는 탐사권이 적용되는 지역에서 다른 천연자원이 발견되고, 사업자가 수행한 CO_2의 탐사 또는 주입 및 저장을 위한 불합리한 불이익을 초래하지 않고서는 지속적인 활동이 이루어질 수 없는 경우 CO_2의 주입 및 저장을 위한 해저 저장소의 탐사권 또는 개발권에 대하여 국왕은 어떤 활동을 연기할 것인지, 그리고 잠재적으로 어떤 범위에서 어떤 활동을 연기할 것인지를 결정해야 한다. 이 결정은 CO_2의 주입 및 저장을 위한 해저저장소의 탐사권 또는 개발권에 따라 수행된 탐사

of discovery has been made, the investments made, what stage the activity has reached, the activities' duration and scope, and their financial and societal importance, etc., viewed in relation to the exploration or injection and storage of CO_2 that is conducted pursuant to the explora-tion licence or the licence for exploitation of a subsea reservoir for injection and storage of CO_2.	권에 따라 수행되는 CO_2의 탐사 또는 주입 및 저장과 관련하여 어떤 종류의 발견이 이루어졌는지, 투자, 활동이 어느 단계에 도달했는지, 활동의 기간과 범위, 그리고 경제적 및 사회적 중요성 등을 고려해야 한다.
The party whose activities are postponed, may demand that its licence be extended for a period of time corresponding to the postponement. If the postponement only applies for a limited part of the activities that can be carried out pursuant to the licence, the Ministry may stipulate a shorter period of time for the extension, decide that an ex-tension shall not be granted or that an ex-tension shall only be granted for part of the area covered by the licence.	활동이 연기된 당사자는 연기된 기간에 해당하는 기간 동안 면허 연장을 요구할 수 있다. 만약 그 연기가 면허에 따라 수행될 수 있는 활동의 제한된 일부에만 적용되는 경우, 석유에너지부는 그 연장에 대해 더 짧은 기간을 규정할 수 있고, 연장을 허가하지 않거나, 그 면허가 적용되는 지역의 일부에 대해서만 연장을 허가하기로 결정할 수 있다.
If the postponement means that the work commitment pursuant to Section 3-3 cannot be implemented within the set deadline, the deadline shall be extended to the necessary extent.	연기로 인하여 제3조의 제3항에 따른 작업이 정해진 기한 내에 이행될 수 없는 경우에는 필요한 범위 내에서 기한을 연장하여야 한다.
If a postponement pursuant to the second paragraph must be presumed to be particularly lengthy, the licence in question may instead be revoked.	두 번째 항에 따른 연장기간이 특히 긴 것으로 추정되는 경우, 해당 면허는 취소될 수 있다.
The King may decide that the party permitted to uphold its activity shall, in whole or in part, refund accrued expenses and to a reasonable extent cover other losses for the party that must postpone or curtail its activity.	국왕은 활동을 유지하도록 허용된 당사자에게 발생된 비용의 전부 또는 일부를 환불하고 활동을 연기하거나 축소해야 하는 당사자에 대한 손실을 합리적으로 보상하기로 결정할 수 있다.

Chapter 5. Injection and storage of CO_2
제5장 CO_2 주입 및 저장

원문	번역
Section 5-1. Prudent storage of CO_2 Storage of CO_2, shutdown of the storage location and post-operation shall take place in line with prudent technical and sound financial principles and such that the risk of leaks during transport of CO_2 and from the storage location is avoided insofar as possible. In order to achieve this, the licensee shall continuously assess technical solutions and implement necessary measures.	Section 5-1. **CO_2의 신중한 저장** CO_2의 저장, 저장 장소의 폐쇄 및 폐쇄 후 운영은 신중한 기술적, 건전한 재무 원칙에 따라 이루어져야 하며, CO_2의 운반 중 및 저장장소로부터의 누출 위험을 가능한 한 방지해야 한다. 이를 위해, 개발권자는 기술적 해결책을 지속적으로 평가하고 필요한 조치를 이행해야 한다.
Section 5-2. Consent for injection and storage of CO_2 The licensee must have acquired consent for injection and storage of CO_2 before starting injection and storage of CO_2 in a subsea reservoir. Consent for injection and storage of CO_2 is granted by the Ministry or the entity it authorises and by the Ministry of Labour and Social Affairs or the entity it authorises, cf.	Section 5-2. **CO_2 주입 및 저장 동의** 개발권자는 해저저장소에서 CO_2의 주입과 저장을 시작하기 전에 CO_2의 주입과 저장에 대한 동의를 얻어야 한다. CO_2 주입 및 저장에 대한 동의는 석유에너지부, 노동사회부의 승인을 얻어야 한다. 아래 사항 참조.
Regulation No. 158 of 12 February 2010 relating to health, safety and the environment in the petroleum activities and at certain onshore facilities, with amendments.	2010년 2월 12일 규정 제158호는 석유활동 및 특정 육상 시설의 건강, 안전 및 환경과 관련된 것으로, 수정안과 함께 참조한다.
The consent for injection and storage of CO_2 shall be compatible with a storage permit granted by the pollution authorities pursuant to Chapter 35 of Regulation No. 931 of 1 June 2004 to the Pollution Control Act (the Pollution Regulations). The same	CO_2의 주입 및 저장 동의는 공해규제법(2004년 6월 1일 규정 제931호 제35장)에 따라 공해 당국에서 허가한 저장허가와 양립 가능하여야 한다. 이러한 동의에 대한 후속 수정, 예외 또는 추가에 대해서도 동일하게 적용된다.

applies for any subsequent amendment of, exception from or addition to such consent.	
Applications for consent for injection and storage of CO_2 shall contain:	CO_2 주입 및 저장을 위한 동의 신청서는 다음의 사항을 포함해야 한다.
The storage location's and storage complex' area and delineation, as well as information about the subsea geological reservoir, in－cluding the hydraulic unit for which the consent for injection and storage shall apply,	저장소 및 저장 단지의 면적과 설명, 주입 및 저장에 대한 동의가 적용되는 유압장치를 포함한 해저 지질 저장소에 대한 정보,
The injection operation, the volume of CO_2 that can be injected, limit values for reservoir pressure and limit values for injection rates and pressure,	주입 작업, 주입할 수 있는 CO_2 부피, 저장장치 압력 한계값, 주입 속도 및 압력 한계값, 압력 증강을 위한 부피 및 한계값,
Volumes and limit values for pressure build－up,	운영자의 모니터링 계획(본 규정의 부록 II 참고),
The operator's monitoring plan, cf. Appendix II to these Regulations, Measurement of CO_2 injection rates, Plans for any corrective meas－ures, Plan for shutdown and post－operation.	CO_2 주입율 측정치, 시정조치에 대한 계획, 종료 및 폐쇄후 작업에 대한 계획 수립.
The Ministry of Petroleum and Energy or the entity it authorises shall be notified in the event of leaks or significant irregularities.	누출 또는 중대한 결함이 발생할 경우 석유에너지부 또는 해당 부처가 승인한 기관에 통보해야 한다.
Section 5-3. Conditions for consent for injection and storage of CO_2 A consent for injection and storage of CO_2 is contingent on fulfilment of the following conditions:	Section 5-3. **CO_2 주입 및 저장 동의의 조건** CO_2 주입 및 저장에 대한 동의는 다음 조건의 충족 여부에 따라 결정된다.
a) All relevant requirements in these Regulations have been met,	a) 본 규정의 모든 관련 요건을 충족할 것.
b) The licensee has the financial strength, technical competence and reliability deemed	b) 개발권자는 저장소를 운영하고 관리하는 데 필요하다고 판단되는 재정능력,

necessary to operate and control the storage location, and all quality requirements on the licensee and its organisation have been met,	기술적 역량 및 신뢰성을 갖추고 있으며, 개발권자와 그 조직에 대한 모든 질적 요건이 충족되었을 것
c) Any mutual pressure influences between storage locations in the same hydraulic unit are of such a nature that the requirements in these Regulations can be fulfilled for both locations at the same time.	c) 동일한 지중수리학적 단위에 속해 있는 저장소들 간에 상호압력교류가 있더라도 저장소들 동시에 본 규정의 요건을 충족할 것
Section 5-4. Monitoring The operator shall monitor the injection facilities and the storage complex, including the dispersion of CO_2 in order to:	Section 5-4. **모니터링** 운영자는 CO_2의 분산을 포함한 주입 시설 및 저장 단지를 모니터링하여 다음 사항을 수행해야 한다.
a) Compare the actual and modelled be-haviour of the CO_2 and the formation water in the storage location,	a) CO_2 와 저장소 지층수의 실제 및 모델링 거동을 비교.
b) Identify significant irregularities,	b) 중대한 결함 파악
c) Follow the migration of CO_2,	c) CO_2의 움직임 파악
d) Detect leaks of CO_2 from the storage complex,	d) 저장소에서 CO_2 누출 감지,
e) Update the assessment of the storage complex' safety and integrity over the short and long term, including whether the stored CO_2 will remain safely stored.	e) 저장된 CO_2가 안전하게 저장되는지 여부를 포함하여 장단기적으로 저장 공간의 안전 및 무결성에 대한 평가 업데이트.
The monitoring shall be conducted on the basis of a monitoring plan prepared by the operator in accordance with the requirements in Appendix II to these Regulations, and to which the Ministry has granted consent pursuant to Section 5-2.	모니터링은 운영자가 본 규정 부록 II의 요건에 따라 작성한 모니터링 계획서에 따라 수행되어야 하며, 제5-2절에 따라 석유에너지부가 동의를 부여한 모니터링 계획에 따라 수행되어야 한다.
The plan shall be updated in line with the requirements in Appendix II to these	계획은 본 규정의 부록 II의 요건에 따라 5년마다 갱신되어야 한다. 이는 누출과 관

Regulations, and no less frequently than every five years. This in order to handle any changes in the risk assessment linked to leaks and for the environment, human health, new scientific knowledge or techno-logical improvements. Updated plans are subject to the Ministry's consent pursuant to Section 5-2.	련된 위험 평가의 모든 변경사항과 환경, 인간의 건강, 새로운 과학적 지식 또는 기술 개선을 처리하기 위한 것이다. 업데이트된 계획은 제5-2절에 따라 석유에너지부의 동의를 받아야 한다.
Section 5-5. **Regulatory supervision** The Ministry or the entity it authorises shall superintend the storage location at least once per year up to three years after shutdown, and then every five years until the respon-sibility has been transferred to the State, represented by the Ministry of Petroleum and Energy. During these regulatory supervisions, the Ministry or the entity it authorises shall inspect relevant injection and monitoring facilities, reservoir conditions, and any effects of the storage complex on the environment. The regulatory supervision shall, insofar as possible, be coordinated with regulatory supervisions by the pollution authorities pursuant to Section 35-11 of Regulation No. 931 of 1 June 2004 relating to pollution control (the Pollution Regulations).	**Section 5-5.** **규제 감독** 부처 또는 그 권한자가 저장소를 폐쇄한 후 3년까지 매년 1회 이상 감독하고, 그 후 석유에너지부로 대표되는 국가에 책임이 이전될 때까지 5년마다 감독하여야 한다. 이러한 규제 감독 동안, 석유에너지부 또는 권한있는 기관은 관련 주입 및 모니터링 시설, 저장소의 상태 및 저장 단지가 환경에 미치는 영향을 검사해야 한다. 규제 감독은 가능한 한 공해와 관련된 2004년 6월 1일 규정 931의 35-11절에 따라 공해당국에 의한 규제 감독에 따라 조정되어야 한다.
Following each regulatory supervision, the Ministry or the entity it authorises shall prepare a report on the regulatory super-vision results. The report shall assess whether the provisions in these Regulations have been adhered to, and whether addi-tional measures are necessary. The report shall be submitted to the operator and made available to the public no later than two	각 규제 감독에 따라, 석유에너지부 또는 권한이 있는 기관은 규제 감독 결과에 대한 보고서를 작성해야 한다. 보고서는 본 규정의 조항이 준수되고 있는지의 여부 및 추가 조치가 필요한지의 여부를 평가하여야 한다. 보고서는 운영자에게 제시하여 규제 감독 완료 후 2개월 이내에 대중에게 하여야 한다.

months after the regulatory supervision is complete.	
Section 5-6. **Measures in the event of significant irregularities or leaks** If there is a risk of leaks or significant irregularities, the operator shall immediately inform the Ministry or the entity it authorises and implement the necessary corrective measures.	Section 5-6. **중대한 결함 누출 발생 시 조치** 운영자는 누출 또는 중대한 결함이 발생할 우려가 있는 경우에는 즉시 부처 또는 인가기관에 통보하고 필요한 시정조치를 시행하여야 한다.
Corrective measures shall be implemented in accordance with the plan for corrective measures that has been prepared and approved pursuant to Section 4-6(1)(o). The Ministry or the entity it authorises may, at any time, instruct the operator to implement necessary corrective measures and measures to protect human health. Such measures may be in addition to, or differ from the measures described in the plan for corrective measures. The Ministry or the entity it authorises may also, at any time, implement corrective measures itself or demand that injection be stopped.	제4-6조 (1)(o)에 따라 작성 및 승인된 시정조치 계획에 따라 시정조치를 시행해야 한다. 석유에너지부나 석유에너지부가 권한을 부여한 기관은 언제든지 운영자에게 필요한 시정 조치와 인간의 건강을 보호하기 위한 조치를 시행하도록 지시할 수 있다. 이러한 조치는 시정조치 계획에 기술된 조치와 추가되거나 상이할 수 있다. 석유에너지부나 석유에너지부가 권한을 부여한 기관도 언제든지 시정조치 자체를 이행하거나 주입 중단을 요구할 수 있다.
If the operator does not implement the necessary corrective measures, the Ministry or the entity it authorises shall implement them itself and recover the expenses from the operator.	운영자가 필요한 시정조치를 이행하지 않을 때에는 부처 또는 인가기관이 자체적으로 이행하여 운영자로부터 비용을 환수하여야 한다.
Section 5-7. **Shutdown and post-operation** A storage location shall be shut down if:	Section 5-7. **종료 및 폐쇄 후 작업** 다음과 같은 경우 저장소를 폐쇄하여야 한다.

a) The conditions stipulated for shutdown in the storage licence issued by the pollution authorities pursuant to Chapter 35 of Regulation No. 931 of 1 June 2004 relating to pollution control (the Pollution Regulations) and in the consent for injection and storage have been fulfilled,	a) 공해관리 규정과 관련된 2004년 6월 1일 규정 제931장 제35장에 따라 공해 당국이 발급한 저장허가서 및 주입 및 저장 동의서에 명시된 정지 조건이 충족되었을 것
b) The King consents to the shutdown on the basis of an application from the operator.	b) 국왕은 운영자의 신청에 따라 폐쇄에 동의한다.
From when a storage location is shut down pursuant to (1)(a) or (b) and until respon－sibility for the storage location is transferred to the State, represented by the Ministry of Petroleum and Energy, pursuant to Section 5－8(1) and (6), the operator is still re－sponsible for monitoring, reporting and im－plementation of corrective measures in line with the provisions in these Regulations. The operator is also responsible for sealing the storage location and removing the injection facilities.	(1)(a) 또는 (b)에 따라 저장소가 폐쇄된 후 제5－8(a)조 및 (6)조에 따라 석유에너지부로 대표되는 국가에 저장소에 대한 책임이 이전될 때까지 운영자는 여전히 다음과 같은 시정 조치의 모니터링, 보고 및 이행에 대한 책임을 진다. 작업자는 또한 저장소를 밀봉하고 주입 시설을 제거할 책임이 있다.
The obligations in the second paragraph shall be fulfilled on the basis of a post－operation plan that has been prepared by the operator based on best practices in the area, and in pursuance of Appendix II to these Regulations. A preliminary post－op－eration plan shall be submitted to the Ministry or the entity it authorises for ap－proval pursuant to Section 4－6(p).	두 번째 항의 의무는 운영자가 지역의 모범 사례를 토대로 작성한 사후 운영 계획에 기초하고 본 규정의 부록 II에 따라 이행되어야 한다. 예비 운영 후 계획은 4－6(p)항에 따라 승인을 위해 석유에너지부 또는 관계기관에 제출해야 한다.
Before shutdown of a storage location pursuant to (1)(a) and (b), the preliminary post－operation plan shall, if necessary, be updated in accordance with the risk analysis,	(1)(a) 및 (b)에 따라 저장소를 정지하기 전에, 필요한 경우 위험분석, 모범 사례 및 기술향상에 따라 예비 폐쇄 후 운영 계획을 갱신하고, 최종 폐쇄 후 운영 계획

best practices and technological improve－ments and then submitted to the Ministry or the entity it authorises for approval as the final post－operation plan.	을 석유에너지부 또는 승인기관에 제출하여 승인을 받아야 한다.
Section 5-8. Transfer of responsibility Following shutdown of a storage location pursuant to Section 5－7(1)(a) or(b), all obligations concerning monitoring and cor－rective measures pursuant to these Regulations shall be transferred to the State, represented by the Ministry of Petroleum and Energy or the entity it authorises, either on its own initiative or upon application from the operator, given that the following con－ditions have been fulfilled:	Section 5-8. 제5-8조(책임 이전) 제5－7조 (1)(a) 또는 (b)에 따른 저장소의 폐쇄 후, 본 규정에 따른 모니터링 및 시정 조치에 관한 모든 의무는 아래와 같은 조건이 충족된 경우, 석유에너지부 또는 석유에너지부가 대표하거나 해당 기관이 운영자의 신청에 따라 국가에게 이전해야 한다.
a) All available information indicates that the stored CO_2 will remain entirely and permanently enclosed. The operator must e.g. be able to document that the actual behaviour of the injected CO_2 matches the modelled behaviour, that leakage cannot be proven and that the storage location is de－veloping toward a condition of permanent stability,	a) 사용 가능한 모든 정보는 저장된 CO_2가 완전히 영구적으로 밀폐된 상태로 유지됨을 나타낼 것. 운영자는 주입된 CO_2의 실제 움직임이 모델링 된 움직임과 일치하고, 누출을 증명할 수 없으며, 저장소가 영구적인 안정성의 조건으로 발전하고 있음을 문서화할 수 있을 것
b) A minimum period stipulated by the Ministry or the entity it authorises has expired. This minimum period must be no less than 20 years, unless the Ministry or the entity it authorises, upon application from the operator before or at this time, is con－vinced that the requirement in (a) has been met before the expiry of this period,	b) 정부 부처나 권한이 있는 기관이 규정한 최소한의 기간이 만료되었을 것. 정부 부처나 승인기관이 그 기간 만료 전에 운영자의 신청에 따라 (a)의 요건이 충족되었음을 확신하지 않는 한 그 최소기간은 20년 이상일 것

c) The financial requirements mentioned in Section 5－10 have been fulfilled,	c) 조항 5－10에 언급된 재정적 요건이 충족될 것.
d) The storage location has been prudently abandoned and the injection facilities removed.	d) 저장소는 신중하게 폐쇄하고 주입 시설은 철거할 것.
The operator shall prepare a report which documents that the condition in (1)(a) has been fulfilled and submit this to the Ministry or the entity it authorises. As a minimum, this report must show	운영자는 (1)(a)의 조건이 충족되었음을 문서화하는 보고서를 작성하여 부처 또는 해당 기관이 승인하는 기관에 제출해야 한다. 최소한 이 보고서는 다음을 표시해야 한다.
a) that the injected CO_2 actually behaves in accordance with the modelled behaviour,	a) 주입된 CO_2가 모델링 된 움직임에 따라 실제로 동작하는지 여부,
b) that no leakage can be proved,	b) 누출 없음이 입증될 것
c) that the storage location is developing toward a condition of long－term stability.	c) 저장소가 장기적인 안정 상태로 발전하고 있다는 점,
No later than one month after the operator's report has been received, the Ministry or the entity it authorises shall submit the report to the EFTA Surveillance Authority.	운영자의 보고서를 받은 후 1개월 이내에 석유에너지부 또는 권한이 있는 기관은 보고서를 EFTA 감시 당국에 제출해야 한다.
If the Ministry or the entity it authorises finds that the conditions in (1) have not been fulfilled, the application for transfer of responsibility shall be rejected. The rejection shall be substantiated.	석유에너지부 또는 권한이 있는 기관이 제1항의 조건이 충족되지 아니한 것을 발견한 때에는 책임이전 신청을 각하한다. 거절사유는 입증되어야 한다.
If the Ministry or the entity it authorises finds that the conditions in (1) have been fulfilled, a draft approval shall be prepared. The draft shall specify which method has been used to ensure that the conditions in (1)(d) have been fulfilled, as well as any updated requirements concerning sealing of the storage location and removal of the injection facilities. The Ministry shall submit the draft approval of transfer of responsibility	석유에너지부 또는 권한이 있는 기관이 (1)의 조건이 충족되었음을 인지한 경우, 승인 초안을 작성해야 한다. 초안에는 저장소의 밀봉 및 주입 시설의 제거와 관련된 업데이트된 요건뿐만 아니라 (1)(d)의 조건이 충족되었는지 확인하기 위해 사용된 방법을 명시해야 한다. 석유에너지부는 4개월 이내에 의견을 제시할 수 있는 책임 이전 승인 초안을 EFTA 감시 당국에

to the EFTA Surveillance Authority, which may provide its opinion within four months.	제출해야 한다.
If the EFTA Surveillance Authority decides not to provide an opinion, the Ministry shall, within one month after the draft approval is received, be informed about this and the reason for the decision to not provide an opinion. When the Ministry or the entity it authorises has ensured that the conditions in (1)(a) through (d) have been fulfilled, the transfer of responsibility shall be approved and the operator shall be informed of this. The approval shall also be reported to the EFTA Surveillance Authority, explaining why any remarks from the EFTA Surveillance Authority have not been taken into account.	EFTA 감시 당국이 의견을 제시하지 않기로 결정한 경우, 석유에너지부는 승인 초안을 수령한 후 1개월 이내에 이 사항과 의견을 제시하지 않기로 결정한 이유를 알려야 한다. 석유에너지부 또는 권한이 있는 기관이 (1)(a)에서 (d)까지의 조건이 충족되었음을 확인한 경우, 책임 이전을 승인하고 운영자에게 이를 알려야 한다. 또한, 승인서는 EFTA 보안 감시 당국의 의견이 고려되지 않은 이유를 설명하여 EFTA 보안 감시 당국에 보고해야 한다.
Following the transfer of responsibility, the routine regulatory supervisions pursuant to Section 5−5(1) shall be suspended, and the monitoring can be limited to a level which ensures that leakage or significant irregu−larities are proven. If leakage or significant irregularities are proven, the monitoring shall be intensified insofar as necessary in order to assess the scope of the problem and the effectiveness of the corrective measures.	책임 이전 후에는 제5−5(1)조에 따른 일상적인 규제 감독을 중단해야 하며, 누출 또는 중대한 결함이 입증되는 한도에서 모니터링을 제한할 수 있다. 누출 또는 중대한 결함이 확인되었을 경우, 문제의 범위와 시정 조치의 효과성을 평가하기 위하여 필요한 범위 내에서 모니터링을 강화하여야 한다.
If the operator has negligently or intentionally made errors, including delivering deficient data or withheld relevant information, the State, represented by the Ministry of Petroleum and Energy, shall recover the costs accrued after the transfer of responsibility from the previous operator. Unless the financial mechanism men−tioned in Section 5−10 applies, additional costs shall not be recovered after the transfer of responsibility.	운영자가 불충분한 자료의 전달 또는 관련 정보의 유보 등 과실 또는 고의적으로 오류를 범한 경우, 석유에너지부로 대표되는 국가는 이전 운영자에게 책임을 전가한 후 발생한 비용을 회수하여야 한다. 제5−10절에 언급된 재정 체계가 적용되지 않는 한, 책임 이전 후 추가 비용은 회수할 수 없다.

Section 5-9. Financial guarantee In applications for permission for injection and storage of CO_2 pursuant to Chapter 35 of Regulation No. 931 of 1 June 2004 relating to pollution control (the Pollution Regulations), the potential operator shall, based on specific provisions stipulated by the Norwegian Environment Agency, document that appropriate decisions and transactions can be made in the form of a guarantee or equivalent to ensure that all obligations arising from the mentioned regulation can be fulfilled. The financial guarantee shall be valid and effective when injection starts. The Ministry of Climate and Environment and the Ministry of Petroleum and Energy shall address the financial guarantee jointly.	Section 5-9. **재정보증** 공해규제와 관련된 2004년 6월 1일 규정 제931장의 제35장에 따른 CO_2의 주입저장 허가 신청 시, 잠재적 운영자는 노르웨이 환경청에서 규정한 특정 조항에 기초하여 적절한 결정과 거래가 이루어질 수 있음을 문서화해야 한다. 상기 규정에서 발생하는 모든 의무를 이행할 수 있도록 보증 또는 동등한 형태로 작성한다. 재정보증은 주입이 시작될 때 유효하고 효과적이어야 하며, 기후환경부와 석유에너지부가 재정보증을 공동으로 관리한다.
Section 5-10. Financial mechanism Before a transfer of responsibility takes place pursuant to Section 5–8, the operator shall make a financial contribution available to the State, represented by the Ministry of Petroleum and Energy, as specifically directed by the Ministry. The contribution shall take into account the criteria mentioned in Appendix I, as well as elements that relate to the historical storage of CO_2 of relevance for stipulation of the obligations after the transfer. The financial contribution shall, as a minimum, cover anticipated monitoring expenses for a period of 30 years. The contribution may be used to cover the State's expenses after the transfer of responsibility to ensure that the CO_2 is safely stored after the transfer of responsibility.	Section 5-10. **재정 체계** 제5–8조에 따른 책임 이전이 이루어지기 전에, 운영자는 석유에너지부로 대표되는 국가가 구체적으로 지시한 대로 재정적 부담을 해야 한다. 기여금은 부록 I에 언급된 기준뿐만 아니라 이전 후 의무의 규정과 관련된 CO_2의 역사적 저장과 관련된 요소를 고려해야 한다. 재정적 부담은 최소한 30년의 기간 동안 예상되는 모니터링 비용을 포함해야 한다. 부담금은 책임 이전 후 CO_2가 안전하게 저장될 수 있도록 책임 이전 후 국가의 비용을 충당하기 위해 사용될 수 있다.

Section 5-11. Coordinated storage of CO_2 If a subsea reservoir and/or a hydraulic unit extends across multiple licences that do not have the same licensee, or onto another state's continental shelf, an agreement shall be sought on the most rational coordination of storage of CO_2 in connection with the reservoir. This shall apply correspondingly when it is obviously rational for multiple subsea reservoirs to coordinate the storage of CO_2.	Section 5-11. CO_2 저장소의 조정 해저저장소가 동일한 면허를 보유하지 않은 다수의 개발권자나 다른 국가의 대륙붕에 걸쳐 있는 경우, 저장소와 관련된 CO_2 저장소의 가장 합리적인 조정에 대한 합의를 구해야 한다. 이는 복수의 해저 저장소가 CO_2의 저장을 조정하는 것이 명백히 합리적일 때 해당된다.
Agreements on coordinated transport, injection, cessation and permanent storage of CO_2 shall be submitted to the Ministry for approval. If an understanding is not reached on such agreements within a reasonable time, the Ministry may decide how such coordinated storage of CO_2 shall take place.	조정에 따른 CO_2의 운송, 주입, 폐쇄 및 영구 저장에 대한 합의서는 승인을 위해 석유에너지부에 제출해야 한다. 합리적인 시간 내에 이러한 합의가 이루어지지 않을 경우, 석유에너지부는 CO_2의 조정된 저장 방법을 결정할 수 있다.
Section 5-12. Third party access to facilities for storage of CO_2 and storage locations The Ministry may, under objective and non-discriminatory conditions, decide that facilities and storage locations covered by Section 4-5 and which are owned or used by a licensee, can be used by others if this is warranted by the consideration for efficient operations or social considerations, and the Ministry finds that such use is not an unreasonable impediment for the licensee's own duly substantiated reasonable need for storage or for a party that has already secured a usage right. The Ministry may, under corresponding conditions, decide that facilities and storage locations covered by Act No.	Section 5-12. CO_2 및 저장소의 저장을 위한 제3자 참여 객관적이고 비차별적인 조건 하에서, 석유에너지부는 효율적인 운영이나 사회적 고려에 의해 보증되는 경우, 제4-5절에 따라 개발권자가 소유 또는 사용하는 시설과 저장소를 제3자가 사용할 수 있다고 결정할 수 있으며, 석유에너지부는 그러한 사용이 사용권을 이미 확보한 당사자나 사업자가 적절하게 입증한 합리적인 저장 필요성에 있어서 불합리한 장애물이 되지 않다고 판단할 수 있다. 석유에너지부는 해당 조건에 따라 석유 활동과 관련하여 1996년 11월 29일 법률 제72호에서 다루는 시설 및 저장소를 제3자가 CO_2를 저장

72 of 29 November 1996 relating to petroleum activities may be used by others to store CO_2.	하기 위해 사용할 수 있다고 결정할 수 있다.
In order to be able to use capacity in facilities covered by Section 4–5, the CO_2 flow to be stored must have specifications that are reasonably certain to be compatible with technical requirements for and the consideration for efficient operation of the facility and the storage location.	제4–5절에서 다루는 시설에서 용량을 사용할 수 있도록 저장해야 하는 CO_2 흐름은 설비 및 저장소의 효율적인 운영을 위한 기술적 요건 및 고려 사항과 호환성이 합리적으로 확실한 규격을 가져야 한다.
Licensees that own a facility covered by Section 4–5 may refuse use of this facility by others as a result of lack of capacity. The refusal shall be duly substantiated. If the licensee that owns the facility denies use of the facility by others as a result of lack of capacity, the Ministry may nevertheless instruct the licensee that owns the facility to improve the capacity, given that this is deemed to be economically justifiable, or that the party that wants to use the increased capacity is willing to pay for the necessary capacity increase. The Ministry may nevertheless only give such instructions if the relevant capacity increases cannot be presumed to have a negative impact on environmental security during storage of CO_2.	제4–5절에서 다루는 시설을 소유한 개발권자는 용량 부족으로 인해 제3자가 이 시설을 사용하는 것을 거부할 수 있다. 거부는 적법하게 입증되어야 한다. 설비를 소유한 사업자가 용량 부족의 결과로 다른 사업자에 의한 시설 사용을 거부할 경우, 석유에너지부는 설비를 소유한 사업자에게 이것이 경제적으로 정당하다고 판단되거나 증가된 용량을 사용하고자 하는 당사자가 기꺼이 비용을 지불할 의사가 있다는 점을 감안하여, 그 시설을 소유한 사업자에게 용량을 증가하도록 지시할 수 있다. 그럼에도 불구하고, 석유에너지부는 CO_2의 저장 동안 관련 저장용량 증가가 환경에 부정적인 영향을 미칠 것으로 추정되지 않는 경우에만 그러한 지시를 할 수 있다.
Agreements on the use of facilities and storage locations that are covered by Section 4–5 or by Act No. 72 of 29 November 1996 relating to petroleum activities shall be submitted to the Ministry for approval. The Ministry may, in connection with approval of agreements pursuant to the first sentence or if an agreement is not reached within a	석유 활동과 관련하여 1996년 11월 29일 법률 제72호 또는 제4–5절에서 다루는 시설 및 저장소의 사용에 관한 합의서는 승인을 위해 석유에너지부에 제출해야 한다. 석유에너지부는 첫 번째 항에 따른 지시와 관련하여, 첫 번째 항에 따른 합의의 승인과 관련하여, 또는 합리적인 시간 내에 합의가 이루어지지 않을 경우, CO_2 저

reasonable time, as well as in connection with instructions pursuant to the first para–graph, stipulate tariffs and other conditions or subsequently change the conditions that have been approved or set, in order to en–sure that storage of CO_2 is implemented based on the consideration for resource management and that the owner of the fa–cility is afforded a reasonable profit, e.g. based on investment and risk.	장소가 자원 관리에 대한 고려 사항에 기초하여 구현되고 설비 소유자가 투자 및 위험에 기초하여 합리적인 이익을 얻을 수 있는지 확인을 위해 관세 및 기타 조건을 규정하거나 이후 승인 또는 설정된 조건을 변경할 수 있다.
This provision shall apply correspondingly for facilities covered by Section 6–1. Licensees that own a facility covered by Section 6–1 may also deny use of this fa–cility by others as a result of a lack of connection to other facilities.	본 조항은 제6–1절에서 다루는 시설에 상응하여 적용되어야 한다. 또한 제6–1절에서 다루는 시설을 소유한 개발권자는 다른 시설과의 연결 부족으로 인해 제3자가 이 시설을 사용하는 것을 거부할 수 있다.
This provision applies correspondingly for storage locations, insofar as appropriate.	본 조항은 저장소에 적용된다.
Section 5-13. Disputes Disagreements concerning access to facili–ties and storage locations for storage of CO_2 can be brought before the Ministry or the entity it authorises for a final decision. Such decisions shall be made without undue delay once the case has been submitted. The Ministry or the entity it authorises may, as a dispute settlement mechanism, demand that the owner of such facilities must provide all necessary information for resolution of the dispute.	Section 5-13. 분쟁 CO_2의 저장을 위한 시설 및 저장 장소에 대한 접근에 관한 이견은 최종 결정을 위해 석유에너지부 또는 관계기관에 제출될 수 있다. 그러한 결정은 이견이 제출된 후 지체 없이 이루어져야 한다. 석유에너지부나 관계기관은 분쟁 해결 절차로 해당 시설의 소유자에게 분쟁 해결을 위해 필요한 모든 정보의 제공을 요구할 수 있다.
This provision shall apply correspondingly for facilities covered by Section 6–1.	본 조항은 제6–1절에서 다루는 시설에 상응하여 적용되어야 한다.

Chapter 6. Transport, etc., of CO_2
제6장 CO_2의 수송 등

원문	번역
Section 6-1. Specific licence to install and to operate facilities The Ministry may on specified conditions, grant a specific licence to install and operate facilities when the right to install and to operate does not follow from an approved plan for development and storage of CO_2 in a subsea reservoir pursuant to Section 4–5.	Section 6-1. **시설 설치 및 운영을 위한 특정 허가** 석유에너지부는 제4–5절에 따른 해저 저장소의 CO_2의 개발 및 저장에 대한 승인된 계획에 따라 설치 및 운영과는 별개로 특정 조건에 따라 시설의 설치 및 운영을 위한 특정 면허를 부여할 수 있다.
Licence to install and to operate facilities may be granted to one or more legal persons that are established in concurrence with Norwegian legislation and are registered in the Register of Business Enterprises, when otherwise does not follow from international agreements. If a licence as mentioned is granted to multiple legal persons jointly, the activities pursuant to the licence shall be exercised at the participants' joint expense and risk. The enterprise that is thus established shall be regarded as a licensee.	시설 설치 및 운영 면허는 국제 협약에 의하지 않을 경우에는 노르웨이 법률에 따라 설립되고 기업 등록부에 등록된 단독 또는 복수의 법인에게 부여될 수 있다. 이러한 면허가 복수의 법인에게 공동으로 부여되는 경우, 그 면허에 따른 활동은 참여자의 공동 비용과 위험으로 행사되어야 한다. 이렇게 설립된 기업은 개발권자로 간주한다.
The granting of a licence to install and to operate a facility is contingent on the licensee having the financial strength, technical and geological competence and reliability deemed necessary to operate and control the facility, and all quality requirements on the licensee and its organisation having been met. If a licence as mentioned is granted to multiple legal persons jointly, all participants	시설 설치 및 운영에 대한 개발권은 시설 운영 및 관리에 필요하다고 간주되는 재정 상태, 기술적 및 지질학적 역량과 신뢰성 및 개발권자와 그 조직의 모든 요건을 충족한 개발권자에게 부여된다. 이상의 개발권이 여러 법인에게 공동으로 부여되는 경우, 개발권자의 모든 참여자는 해당 조건을 만족해야 한다.

in the licensee enterprise must satisfy said conditions.	
An application shall be submitted with a plan for the construction, placing, operation and use of facilities as mentioned in the first paragraph, including shipment facilities, pipelines, facilities for production and transmission of electric energy and other facilities for transport or storage of CO_2.	신청서에는 출하 시설, 송유관, 전기에너지 생산·송출시설, 그 밖에 CO_2의 운반·저장 시설을 포함한 제1항과 같은 시설의 설치·배치·운영 및 사용에 관한 계획서를 첨부하여 제출하여야 한다.
A comprehensive application for a licence to install and to operate facilities as men－tioned in the first paragraph and which also includes safety and working environment, cf. Regulation No. 158 of 12 February 2010 re－lating to health, safety and the environment in the petroleum activities and at certain onshore facilities, with amendments, shall include a plan which must contain a de－scription of the project and an impact assessment. Statements concerning the impact assessment shall be included in the evalua－tion upon approval of the plan for in－stallation and operation. The application shall be submitted to the Ministry and the Ministry of Labour and Social Affairs with copies to the Norwegian Petroleum Directorate and the Petroleum Safety Authority Norway. If an application is submitted by a party other than a licensee pursuant to a permit for exploitation of a subsea reservoir for in－jection and storage of CO_2, the provisions of Section 4－2 shall apply as appropriate.	제1항에서 언급한 시설 설치 및 운영 면허 및 안전 및 작업 환경도 포함되는 포괄적인 신청서는 (참고; 2010년 2월 12일 규정 제158호는 석유 활동 및 특정 육상 시설의 건강, 안전 및 환경과 관련된 것으로, 수정안과 함께 표시) 프로젝트에 대한 설명과 영향 평가를 포함해야 하는 계획이 포함되어야 한다. 운영계획 승인시 환경영향평가에 관한 진술이 평가에 포함되어야 한다. 신청서는 노르웨이 석유국 및 노르웨이 석유 안전국에 사본과 함께 석유에너지부와 노동사회부에 제출되어야 한다. CO_2의 주입 및 저장을 위한 해저저장소의 개발 허가서에 따라 개발권자가 아닌 당사자가 신청서를 제출하는 경우에도, 제4－2절의 조항이 적용되어야 한다.
Licence may be granted for a fixed period of time, and may on application from the licensee be extended by the Ministry.	면허는 정해진 기간 동안 부여될 수 있으며, 개발권자의 신청에 따라 석유에너지부에 의해 연장될 수 있다.

The provisions in Section 4-5, except the first paragraph, first sentence and seventh paragraph, shall apply correspondingly unless otherwise decided by the Ministry.	제 1항, 1절 및 7항을 제외한 제4-5절의 조항은 석유에너지부에 의해 달리 결정되지 않는 한 그에 상응하여 적용된다.
Section 6-2. **Content of a plan to install and operate facilities** Application for licence to install and to operate facilities as mentioned in Section 6-1(1) shall account for financial, resource-related, technical and environmental and safety-related aspects of the project. The documentation shall be adapted to the extent of the project.	Section 6-2. **시설 설치 및 운영 계획의 내용** 제6-1(1)절에 언급된 시설 설치 및 운영에 대한 개발권 신청은 프로젝트의 재정, 자원 관련, 기술 및 환경 및 안전 관련 측면이 설명되어야 한다. 문서는 프로젝트의 범위에 맞게 수정되어야 한다.
Plan to install and operate facilities as mentioned in Section 6-1(1) shall contain the following, to the necessary extent:	제6-1(1)조에 규정된 시설물의 설치 및 운영계획에는 필요한 범위에서 다음 각 호의 사항이 포함되어야 한다.
a) Information on the pipeline's destination, route, dimension and transportation capacity, as well as the criteria for the choices that have been made,	a) 파이프라인의 목적지, 경로, 치수 및 수송용량에 대한 정보 및 선택에 대한 기준
b) Information on the ownership of the facility,	b) 시설의 소유권에 대한 정보,
c) Description of technical solutions, including solutions to prevent and minimize environmentally harmful discharges and emissions,	c) 환경 유해 배출물 및 배출물의 예방 및 최소화를 위한 해결책을 포함한 기술적 해결책에 대한 설명
d) Information on management systems, including information on the planning, organizing and implementation of the development,	d) 개발계획, 구성 및 실행에 대한 정보를 포함한 관리 시스템에 대한 정보
e) Information on operation and maintenance,	e) 운영 및 유지관리에 대한 정보,

f) Information on economic aspects,	f) 경제적 측면에 대한 정보,
g) Information as to what licences, approvals or consents have been applied for, or that are planned to be applied for, pursuant to other applicable legislation, if a facility is to be placed on the land territory or seabed subject to private property rights,	g) 사유재산권의 적용을 받는 토지 또는 해저에 시설을 설치하려는 경우, 별도의 면허, 승인 또는 동의가 신청되었는지 또는 다른 해당 법률에 따라 신청될 계획인지에 대한 정보
h) Information as to how the facilities will be disposed of in connection with cessation of storage of CO_2,	h) CO_2의 저장폐쇄와 관련한 시설물의 처분 방법에 관한 정보,
i) Description of technical measures for emergency preparedness, cf. Regulation No. 158 of 12 February 2010 relating to health, safety and the environment in the petroleum activities and on certain onshore facilities, with amendments,	i) 비상사태 준비를 위한 기술적 조치에 대한 설명. 참고; 2010년 2월 12일 규정 제158호는 석유 활동 및 특정 육상 시설의 건강, 안전 및 환경과 관련된 것으로 수정안과 함께 표시,
j) Information on other factors of importance to the resource management,	j) 자원 관리에 있어 기타 중요한 요소에 대한 정보
k) Other information required pursuant to the safety regulations in force at any time, cf. Regulation No. 158 of 12 February 2010 relating to health, safety and the environment in the petroleum activities and on certain onshore facilities, with amendments.	k) 시행 중인 안전 규정에 따라 요구되는 기타 정보, 참고; 2010년 2월 12일 규정 제158호는 석유 활동 및 특정 육상 시설의 건강, 안전 및 환경과 관련된 것으로, 수정안과 함께 표시.
The Ministry may exempt from the requirement to documentation according to the first paragraph, including demand studies of alternative solutions.	석유에너지부는 대체해결책의 요구를 포함하는 제1항에 따른 문서화 요건을 면제할 수 있다.
Section 4-5(4), (5), (9) and (10) apply correspondingly for a plan to install and to operate facilities.	제4-5(4), (5), (9) 및 (10)절은 시설 설치 및 운영 계획에 따라 적용된다.

The description shall also be coordinated with requirements in Regulation No. 158 of 12 February 2010 relating to health, safety and the environment in the petroleum activities, on certain onshore facilities and in connection with CO_2 handling, with amendments.	신청서의 설명은 2010년 2월 12일 규칙 158호의 특정 육상 시설 및 CO_2 취급과 관련하여 석유 활동의 건강, 안전 및 환경과 관련된 요건에 따라야 한다.
Section 6-3. Conditions, etc. The Ministry may impose conditions on a licence to install and to operate facilities with regard to, inter alia:	Section 6-3. 허가조건 등 석유에너지부는 시설 설치 및 운영권에 다음과 같은 조건을 부과할 수 있다.
a) The ownership of the facility,	a) 시설의 소유권,
b) The landing point of the pipeline,	b) 파이프라인의 설치 지점,
c) The routing, dimension and capacity of the pipeline.	c) 파이프라인의 절차, 치수 및 용량.
The Ministry may, when granting licence to install and to operate facilities as mentioned in this provision and at any subsequent point in time:	석유에너지부는 본 조항에 따라 시설의 설치 및 운영에 대한 면허를 부여할 때, 다음의 조건을 부과할 수 있다.
a) Stipulate tariffs for use of the facility for the owner's own CO_2 and for other CO_2,	a) 소유자 자신의 CO_2 및 타인의 CO_2 에 대한 시설 사용에 대한 요금 규정을 규정할 수 있다
b) Order the tie-in of the facility to other facilities, that the capacity shall be increased and that the facility shall be modified in order to be used for CO_2 other than that for which it was originally built. Orders as mentioned must not increase costs or un-reasonably complicate use of the facility, which has been assured by approval of the Ministry. The costs of implementing orders as mentioned shall, subject to the Ministry's detailed provisions, be covered by the par-	b) 석유에너지부의 승인에 의해 시설물을 다른 시설과 연계시키거나 당초 건설된 시설 보다 CO_2 에 대비하는 용량을 증가시키고, 시설을 변경하도록 지시할 수 있다. 이상과 같은 지시는 비용을 증가시키거나 불합리하게 시설의 사용을 복잡하게 해서는 안 되며, 이에 따른 비용은 석유에너지부의 세부규정에 따라 이익을 얻는 당사자들이 부담하거나 요금을 조정하여 충당할 수 있다.

ty(ies) that benefit from the orders given or be taken into consideration in the stipulation of tariffs,	
c) Decide which CO_2 shall be transported in a pipeline; yet it cannot decide that CO_2 shall be transported to the displacement of CO_2 which has been assured transportation in a pipeline by approval of the Ministry.	c) 어떤 CO_2를 파이프라인으로 수송할지를 결정한다. 그러나 석유에너지부의 승인에 있는 경우에도 파이프라인으로 수송이 보장된 CO_2를 대체하여 수송할 수 없다.

Chapter 7. Cessation of injection and storage of CO_2
제7장 CO_2 주입 및 저장소 폐쇄

원문	번역
Section 7-1. Cessation plan The licensee shall submit a cessation plan to the Ministry before a permit pursuant to Sections 4−1 or 6−1 expires or is surrendered, or the use of a facility finally ceases. The plan shall include a proposal for continued storage of CO_2 or shutdown of the storage location and disposal of facilities. Such disposal may e.g. be further use for storage of CO_2, other use, complete or partial removal or abandonment and permanent storage of CO_2. The plan shall contain the information and assessments that are deemed to be necessary in order to make a decision pursuant to Section 7−3. The Ministry may demand additional information and assessments, or demand a new or amended plan.	Section 7-1. **폐쇄계획** 개발권자는 제4−1절 또는 제6−1절에 따른 허가가 만료되거나 반환되거나 시설의 사용이 최종적으로 중단되기 전에 해당 부처에 폐쇄계획을 제출해야 한다. 계획서에는 CO_2의 지속적 저장 또는 저장소의 폐쇄 및 시설물의 처분에 대한 제안이 포함되어야 한다. 이러한 처분은 예를 들어 CO_2의 저장, 기타 용도로의 사용, CO_2의 완전 또는 부분 제거 또는 폐쇄 및 영구 저장을 위해 추가로 사용될 수 있다. 계획서에는 제7−3절에 따른 결정을 내리기 위해 필요하다고 판단되는 정보와 평가가 포함되어야 한다. 석유에너지부는 추가 정보와 평가를 요구하거나 새로운 또는 수정된 계획을 요구할 수 있다.
The cessation plan shall consist of a disposal part and an impact assessment and	폐쇄계획은 처분 부분과 영향 평가로 구성되어야 하며, 복수의 시설물에 대한 처

may include a proposal for disposing of multiple facilities. The Ministry shall be in-formed about changes to actual circum-stances after the cessation plan has been submitted.	분 제안을 포함할 수 있다. 석유에너지부는 폐쇄계획이 제출된 후 실제 정황의 변화에 대해 통보받아야 한다.
The description shall also be coordinated with requirements in Regulation No. 158 of 12 February 2010 relating to health, safety and the environment in the petroleum activities and at certain onshore facilities, with amendments, and shall be submitted to the Ministry and the Ministry of Labour and Social Affairs with copies to the Norwegian Petroleum Directorate and the Petroleum Safety Authority Norway.	또한 이 서류는 수정 사항들을 포함하여 석유 활동 및 특정 육상시설의 보건, 안전 및 환경과 관련된 2010년 2월 12일 규정 제158호의 요건을 충족해야 하며, 석유에너지부 및 노동사회부에 제출 및 노르웨이 석유 이사회 및 노르웨이 석유 안전국에 사본을 제출해야 한다.
Unless the Ministry consents to or decides otherwise, the time to submit a cessation plan shall be no later than two years before the use of a facility is presumed to finally cease. A corresponding deadline shall apply for the expiry of permits granted pursuant to Sections 4-1 or 6-1, given that the permits expire before use of the facility is presumed to finally cease.	석유에너지부가 동의하거나 달리 결정하지 않는 한, 폐쇄계획은 시설의 사용이 최종적으로 중단될 것이라 예상되는 시점으로부터 2년 전까지 제출되어야 한다. 시설의 사용이 최종적으로 중단될 것으로 추정되기 전에 허가가 만료되는 것을 고려할 때, 제4-1절 또는 제6-1절에 따라 허가된 허가의 만료에 대한 해당 기한이 적용되어야 한다.
The Ministry may waive the requirement to submit a cessation plan.	석유에너지부는 폐쇄 계획 제출 요건을 생략할 수도 있다.
Section 7-2. Notification of cessation of use Licensees shall provide notification to the Ministry and Ministry of Labour and Social Affairs concerning the time of cessation if the use of a facility is presumed to finally cease before the permit for storage of CO_2 or transport of CO_2 expires.	Section 7-2. **폐쇄 통지서** 개발권자는 CO_2의 저장 또는 CO_2의 운송허가가 만료되기 전에 시설의 사용이 최종적으로 중지될 것으로 추정될 경우 석유에너지부와 노동사회부에 중지 시기에 관한 통지를 해야 한다.

Section 7-3. Disposal decision The Ministry shall make a decision concerning disposal and stipulate a deadline for implementing the decision. The assessment forming the basis for the decision shall e.g. emphasise technical, safety-related, environmental and financial aspects, as well as the consideration for other users of the sea. The Ministry may stipulate more detailed conditions in connection with the decision, including in connection with monitoring and responsibility in relation to permanent storage of injected CO_2, cf. also Section 5-8	Section 7-3. **처분결정** 석유에너지부는 폐기에 관한 결정을 내리고 그 결정의 이행 기한을 규정해야 한다. 결정의 기초를 형성하는 평가는 예를 들어 기술적, 안전 관련, 환경적, 재정적 측면뿐만 아니라 해양의 다른 사용자에 대한 고려사항을 강조해야 한다. 석유에너지부는 주입된 CO_2의 영구 저장과 관련된 모니터링 및 책임과 관련된 것을 포함하는 결정과 관련하여 보다 상세한 조건을 규정할 수 있다(제5-8절 참조).
The licensee and owner are obliged to ensure that decisions concerning disposal are implemented, unless the Ministry decides otherwise. The obligation to implement the disposal decision applies even if the disposal decision is made or will be implemented after the expiry of the permit.	개발권자와 소유자는 석유에너지부가 달리 결정하지 않는 한 처분과 관련된 결정을 이행해야 한다. 처분결정이 허가 만료 후 이뤄지거나 시행되더라도 처분결정 이행의무를 부담한다.
If a facility is transferred pursuant to Section 11-13, the licensee and owner are jointly obliged to ensure that decisions concerning disposal are implemented unless the Ministry decides otherwise.	제11-13절에 따라 시설이 이전되는 경우, 개발권자와 소유자는 석유에너지부가 달리 결정하지 않는 한 처분과 관련된 결정을 이행해야 한다.
If the decision involves continued use of the facility to store CO_2 or other use, the licensee, owner and user are jointly obliged to ensure that future decisions concerning disposal are implemented, unless the Ministry decides otherwise.	처분결정이 CO_2 저장 또는 기타 용도로 시설을 지속적으로 사용하는 것을 포함할 경우, 석유에너지부가 달리 결정하지 않는 한, 개발권자, 소유자 및 사용자는 처분과 관련된 향후 결정을 공동으로 이행해야 한다.
If decisions concerning disposal are not implemented within the set deadline, the	만약 폐기에 관한 결정이 정해진 기한 내에 이행되지 않는다면, 석유에너지부는

Ministry may implement necessary measures on behalf of the licensee or other responsible party and at their expense and risk. Expenses for such measures form a basis for enforcing outlays.	개발권자 또는 다른 책임자를 대신하여 그들의 비용과 위험으로 필요한 조치를 시행할 수 있다. 이러한 조치에 대한 비용은 해당 비용을 집행하기 위한 근거가 될 수 있다.
Use of a facility for purposes other than storage of CO_2, complete or partial removal or abandonment cannot be decided pursuant to these Regulations for a facility on land or on sea territory subject to private ownership rights.	CO_2 저장 이외의 목적으로 시설을 사용할 경우, 본 규정에 따라 민간 소유권의 대상이 되는 육상 또는 해상의 시설에 대해서는 완전 또는 부분적 제거 또는 포기를 결정할 수 없다.
Section 7-4. Responsibility Parties that are obliged to implement disposal decisions pursuant to Section 7–3 are responsible for damage or disadvantages that are caused intentionally or negligently in connection with disposal of the facility or otherwise in connection with implementation of the decision.	Section 7-4. 책임. 제7–3절에 따라 처분 결정을 이행할 의무가 있는 당사자는 시설의 처분과 관련하여 또는 그 밖의 결정 이행과 관련하여 고의 또는 과실로 야기되는 손해 또는 불이익에 대해 책임을 진다.
If the decision involves abandonment of the facility and shutdown of the storage location for permanent storage of CO_2, the licensee or owner is responsible for damage or disadvantages that are caused intentionally or negligently in connection with the abandoned facility, unless the Ministry decides otherwise.	CO_2의 영구저장을 위한 시설 폐기 및 저장소 폐쇄가 결정될 경우, 석유에너지부에서 달리 결정하지 않는 한, 폐기시설과 관련하여 고의 또는 과실로 야기된 손해 또는 불이익에 대한 책임은 사업자나 소유자에게 있다.
If there are multiple responsible parties pursuant to the first or second paragraphs, they are jointly and severally liable for financial obligations, unless the Ministry decides otherwise.	제1항 또는 제2항에 따라 책임이 있는 당사자가 다수인 경우, 석유에너지부가 달리 결정하지 않는 한, 공동으로 그리고 개별적으로 금전적 의무에 대한 책임을 진다.

Section 7-5. Encumbrances If the State requires that a facility be re–moved, the encumbrances upon it shall be voided. The same applies if the State takes over the facility pursuant to Section 7–6; however such that usage rights established with the Ministry's consent shall remain.	Section 7-5. 장애물 국가가 시설을 철거할 것을 요구하는 경우, 그 시설에 대한 부담은 무효화 된다. 국가가 제7–6조에 따라 시설을 인수하는 경우에도 마찬가지이다. 다만, 석유에너지부의 동의로 설정된 사용권은 그대로 유지된다.
Section 7-6. State takeover The State is entitled to take over a li–censee's fixed facility when the permit ex–pires, is surrendered or revoked, or when the use of such facilities finally ceases.	Section 7-6. 국가 인수 국가는 개발권이 만료, 반환 또는 취소되거나 그러한 시설의 사용이 최종적으로 중단될 때 개발권자의 고정 시설을 인수할 권리가 있다.
The King shall decide with binding effect whether and to what extent compensation shall be paid for the takeover.	국왕은 인수에 대한 보상금의 지급 여부와 액수를 구속력 있게 결정해야 한다.
When a facility on land or in sea territory subject to private ownership rights is taken over, compensation shall be paid to the extent that this follows from other applicable rules.	민간 소유권의 대상이 되는 육지 또는 해역에 있는 시설을 인수한 때에는 다른 규정에 준하는 범위에서 보상금을 지급한다.
If the State has communicated that it will exercise its right to take over fixed facilities, the takeover shall come into force 6 months after the permit expires or lapses in some other manner or the use of the facility is finally ceased, unless otherwise is agreed or the Ministry decides otherwise.	국가가 고정 시설을 인수할 권리를 행사하겠다고 통보한 경우, 별도의 합의나 석유에너지부의 결정이 없는 한, 인수는 허가가 만료되거나 다른 방법으로 소멸 되거나 시설의 사용이 최종적으로 중단된 후 6개월 후에 효력이 발생한다.
When the State takes over, the facility and associated equipment shall be in a condition indicated by prudent maintenance for op–erational functionality. Disputes concerning this and the potential compensation to be paid to the State for lack of maintenance, shall be decided by discretionary assessment.	국가가 인수할 때, 시설과 관련 장비는 운영 기능을 위한 신중한 유지보수에 의해 관리된 상태에 있어야 한다. 이와 관련된 분쟁과 정비불량에 대해 국가에 지급해야 할 잠재적 보상금은 재량에 의해 결정된다.

Chapter 8. Liability for pollution damage
제8장 오염손해책임

원문	번역
Section 8-1. Definition Pollution damage means damage or loss caused by pollution as a result of discharges or CO_2 emissions from the storage location, and expenses for reasonable measures in order to prevent or limit such damage or such loss as well as damage or loss caused by such measures. Pollution damage also includes damage or loss suffered by a fish-erman due to reduced fishing opportunities.	Section 8-1. 정의 오염손해란 저장소에서 배출 또는 CO_2 배출로 인한 오염으로 인한 피해나 손실, 이로 인한 피해나 손실을 방지하거나 제한하기 위한 합리적인 조치에 대한 비용과 이러한 조치로 인한 피해와 손실을 말한다. 오염 피해에는 어업 기회 감소로 어민이 입은 피해나 손실도 포함된다.
Ships used in a stationary position for drilling are regarded as facilities. Ships used to store CO_2 in connection with injection facilities, are considered to be part of these facilities. The same applies to ships used to transport CO_2 during a facility's loading process.	시추를 위해 고정된 위치에 사용되는 선박은 시설로 간주된다. 주입 시설과 관련하여 CO_2를 저장하는 데 사용되는 선박은 이러한 시설의 일부로 간주된다. 시설의 적재 과정에서 CO_2를 수송하기 위해 사용되는 선박도 또한 같다.
Section 8-2. Scope of application and choice of law The provisions in this chapter apply for liability for pollution damage from facilities and/or storage locations when the damage occurs within the realm or within the outer limits of the continental shelf or affects Norwegian vessels, Norwegian fishing gear or Norwegian facilities in adjacent sea areas. As regards measures to prevent or limit pollu-tion damage, it is adequate for the damage to occur in such areas.	Section 8-2. **적용 범위 및 법률 선택** 이 장의 조항은 손해가 영역 내 또는 대륙붕의 외부 한계 내에서 발생하거나 인접 해역에 있는 노르웨이 선박, 노르웨이 어구 또는 노르웨이 시설에 영향을 미칠 때 시설 또는 저장소의 오염손해에 대한 책임이 적용된다. 오염손해를 예방하거나 제한하기 위한 대책은 그러한 지역에서 피해가 발생하는 것에 한정된다.

The provisions in this chapter also apply to pollution damage from facilities used to transport or store CO_2 in a subsea reservoir pursuant to these Regulations, when the damage occurs on land or sea territory be–longing to a state that has acceded to the Nordic Environmental Protection Convention of 19 February 1974.	이 장의 조항은 1974년 2월 19일 북유럽 환경보호협약에 가입한 국가에 속하는 육상 또는 해상영토에서 손해가 발생하는 경우, 본 규정에 따라 해저저장소에 CO_2를 운송하거나 저장하는 데 사용되는 시설에서 발생하는 오염 피해에도 적용된다.
The King may, unimpeded by the provi–sions in these Regulations, through agree–ment with other states, stipulate rules con–cerning liability for pollution damage due to transport or storage of CO_2 in a subsea res–ervoir pursuant to these Regulations. Such rules shall nevertheless not restrict the right to compensation pursuant to this act as re–gards parties suffering damage under Norwegian jurisdiction.	국왕은 본 규정에서 정하는 바에 의하지 아니하고 다른 국가와 협약을 통해서 본 규정에 따른 해저저장소의 CO_2의 수송 또는 저장으로 인한 오염손해배상책임에 관한 규칙을 정할 수 있다. 그럼에도 불구하고 이러한 규칙은 노르웨이 관할 하에 피해를 입은 당사자에 대해 이 법에 따른 보상권을 제한하지 않는다.
Section 8-3. **The responsible party and scope of liability** The licensee is liable for pollution damage regardless of guilt. The provisions concerning the licensee's responsibility shall apply equivalently to an operator that is not a li–censee when the Ministry of Petroleum and Energy has so decided through approval of operator status.	Section 8-3. **책임 당사자 및 책임 범위** 사업자는 유죄여부와 상관 없이 오염피해에 대해 책임을 진다. 개발권자의 책임에 관한 규정은 석유에너지부 책임자의 승인을 통해 그렇게 결정한 경우 개발권자가 아닌 운영자에게도 동일하게 적용된다.
If the Ministry of Petroleum and Energy has made a decision pursuant to the first para–graph, compensation claims shall first be directed to the operator. In the event that any part of the compensation is not covered by the operator upon maturity, it shall be covered by the licensees according to their ownership interest in the permit. If any party	석유자원부가 1항에 따라 결정을 내린 경우에는 우선 보상 청구를 운영자에게 해야 한다. 보상금 중 일부가 부족한 경우에는 개발권에 대한 소유지분에 따라 개발권자가 부담해야 한다. 만약 어느 당사자가 자신의 몫을 부담할 수 없으면 이것은 다른 당사자들 사이에 비례하여 분배되어야 한다.

does not cover its share, this shall be distributed proportionately among the others.	
If it is substantiated that an unavoidable natural occurrence, act of war, act of public authorities or similar force majeure has considerably contributed to the damage or its scope under circumstances that are outside the control of the responsible party, the responsibility can be reduced insofar as reasonable, taking into particular consideration the scope of the activities, the sufferer's situation and insurance options on both sides.	책임자의 통제를 벗어난 상황에서 불가피한 자연발생, 전쟁, 공공기관의 행위 또는 이와 유사한 불가항력적 사항이 피해 또는 그 범위에 상당 부분 기여했다는 것이 입증될 경우, 특히 양측의 활동 범위, 피해자 상태 및 보험 옵션을 고려해서 합리적인 범위에서 책임을 경감할 수 있다.
In the event of pollution damage from facilities in areas outside the Norwegian continental shelf, the party authorised by the competent authority to conduct the activities with which the facility is associated, shall be regarded as the licensee.	노르웨이 대륙붕 외부 지역의 시설로부터 오염 손상이 발생하는 경우, 해당 시설이 관련된 활동을 수행하도록 관할 당국이 허가한 당사자는 개발권자로 간주한다.
Section 8-4. Allocation of tort liability A licensee's liability for pollution damage shall be asserted pursuant to the rules in these Regulations.	Section 8-4. **불법행위 책임의 분배** 오염피해에 대한 개발권자의 책임은 본 규정에 따라 주장되어야 한다.
Liability for pollution damage cannot be asserted against:	오염피해에 대한 책임은 다음의 당사자에게는 주장할 수 없다.
a) Parties that, according to agreement with a licensee or its contracting parties, have carried out assignments or work in connection with transport or storage of CO_2 in a subsea reservoir,	a) 개발권자 또는 그 계약 당사자와의 합의에 따라 해저저장소의 CO_2 수송 또는 저장과 관련하여 임무를 수행하거나 작업을 수행한 당사자들
b) Parties that have manufactured or delivered equipment for use during transport or storage of CO_2 in a subsea reservoir,	b) 해저저장소에서 CO_2의 수송 또는 저장 중에 사용할 장비를 제조하거나 인도한 당사자들

c) Parties that implement measures to prevent or limit pollution damage, or to save lives or salvage assets that have been put at risk in connection with transport or storage of CO_2 in a subsea reservoir, unless the measure is carried out in violation of pro-hibitions issued by public authorities or will be carried out by parties other than a public authority in spite of express prohibitions by the operator or owner of the threatened assets,	c) 해당 조치가 공공기관이 설정한 금지를 위반하여 수행되거나 운영자 또는 위험 자산의 소유자에 의한 명시적 금지에도 불구하고 공공기관이 아닌 당사자에 의해 수행되지 않는 한, 오염피해 방지 또는 제한, CO_2의 해저저장소 내 수송 또는 저장과 관련하여 위험에 처한 인명 또는 자산을 지키기 위한 조치를 수행하는 자
d) Parties employed by the licensee or by a party as mentioned under a, b or c.	d) 개발권자가 고용한 당사자 또는 a, b 또는 c에 따라 언급된 당사자에 의해 고용된 당사자
If liability for pollution damage is imposed upon the licensee, but not paid within the time set by the judgment, the sufferer may pursue the tort feasor to the same extent that the licensee may pursue the tort feasor in recourse action, cf. Section 8-5.	오염피해에 대한 책임이 개발권자에게 부과되지만, 판결에 의해 정해진 시간 내에 지급되지 않는 경우, 피해자는 개발권자가 불법행위자에게 배상을 청구할 수 있는 것과 같이 불법행위자에게 배상을 청구할 있다. 제8-5절 참고.
The licensee may demand compensation from the tort feasor for pollution damage inflicted upon the licensee to the same ex-tent that the licensee can pursue the tort feasor in recourse action, cf. Section 8-5.	개발권자는 개발권자에게 가해진 오염피해에 대한 보상을 불법행위자에게 청구할 수 있다. 제8-5절 참고.
Section 8-5. **Recourse** Licensees cannot assert reimbursement li-ability for pollution damage against anyone that is exempt from responsibility pursuant to the rules in Section 8-4 unless the party in question or anyone in its service has acted with intent or with gross negligence.	**Section 8-5.** **청구** 당사자나 서비스 종사자가 고의 또는 중대한 과실이 없으면, 개발권자는 제8-4절의 규정에 따라 책임이 면제되는 자에 대해 오염손해에 대한 배상책임을 물을 수 없다.

Reimbursement liability can be reduced insofar as this is found to be reasonable according to demonstrated behaviour, fi－nancial capacity and other circumstances.	입증된 행동, 재정적 능력 및 기타 상황에 따라 합리적인 경우에는 배상 책임을 감면할 수 있다.
The provisions concerning limitation of li－ability in Act No. 39 of 24 June 1994 relating to shipping and navigation (the Norwegian Maritime Code) shall apply insofar as re－course is asserted vis－à－vis anyone that is entitled to limitation of liability pursuant to the rules of the Norwegian Maritime Code.	선박 및 항해와 관련된 1994년 6월 24일 법률 제39호(노르웨이 해양법)의 책임 제한에 관한 규정은 노르웨이 해양법 규칙에 따라 책임 제한을 받을 자격이 있는 모든 사람에게 청구권이 주장되는 한 적용된다.
Agreements concerning further recourse against those that cannot be held liable pursuant to Section 8－4(2) are invalid.	8－4(2)절에 따라 책임을 질 수 없는 자에 대한 추가 청구에 관한 합의는 무효이다.
Section 8-6. Transport and storage of CO_2 in a subsea reservoir without a permit If pollution damage occurs during transport or storage of CO_2 in a subsea reservoir and this activity is conducted without a permit, the party that has conducted such activity is responsible for damage regardless of guilt. The same responsibility rests with others that have taken part in transport or storage of CO_2 in a subsea reservoir and which knew or must have known that the activity was conducted without a permit.	Section 8-6. **무허가 해저저장소에 CO_2의 수송 및 저장** 허가 없이 해저 저장소에 CO_2를 수송 또는 저장하는 과정에서 오염피해가 발생한 경우, 그 행위를 한 당사자는 유죄의 유무에 관계없이 손해배상의 책임을 진다. 해저 저장소에서 CO_2의 운송 또는 저장에 참여했으며 활동이 허가 없이 수행되었음을 알았거나 알고 있었을 것으로 판단되는 사람들에게도 동일한 책임이 있다.
Section 8-7. Public announcement. Legal notice Unless the Ministry of Petroleum and Energy finds it to be obviously unnecessary, the operator shall, without undue delay, through public announcement provide in－formation concerning who compensation	Section 8-7. **공시·법적 고지** 운영자는 석유에너지부가 명백히 불필요하다고 인정하는 경우를 제외하고는 공지를 통하여 오염손해배상청구 대상자와 제한기간 등에 관한 정보를 불합당한 지체 없이 제공하여야 한다.

claims for pollution damage shall be directed to and concerning the length of the period of limitation.	
Announcement shall take place by twice inserting an announcement at least one week apart in the Norwegian Gazette and in newspapers and other publications that are generally read in the locations where damage has occurred or is presumed to occur.	공지는 노르웨이 관보 및 일반적으로 피해가 발생했거나 발생할 것으로 추정되는 장소에서 일반적으로 읽히는 신문 및 기타 간행물에 1주일 이상 간격을 두고 2회 게재하여야한다.
With the Ministry of Petroleum and Energy's consent, potential claimants may be summoned by legal notice, with the effect that claims that are not reported within the expiry of the legal notice period shall be void. The Ministry shall, in this connection, issue more detailed rules concerning the summons and length of the legal notice period, and may issue rules concerning the means of settlement.	석유에너지부의 동의를 얻어 잠재적 청구인을 법정고시로 소환할 수 있으며, 법정고시기간 내에 보고되지 않은 청구는 무효로 한다. 이와 관련하여, 석유에너지부는 소환장 및 법정 통지기간에 관한 보다 상세한 규칙을 정하여야 하며, 분쟁해결 방안에 관한 규칙을 정할 수 있다.
Section 8-8. Jurisdiction Actions concerning compensation for pollution damage shall be filed in the jurisdiction where discharge or emission of CO_2 has occurred or where damage has occurred.	Section 8-8. **관할권** 오염피해 보상에 관한 조치는 CO_2의 배출 또는 배출이 발생하였거나 피해가 발생한 관할 구역에서 하여야 한다.
The Ministry of Petroleum and Energy shall decide where the action shall be filed if:	석유에너지부는 다음과 같은 경우 조치를 제기할 장소를 결정해야 한다.
a) The discharge or emission has occurred or the damage occurred outside the area of any jurisdiction.	a) 관할 구역 밖에서 배출 또는 배기가스가 발생했거나 손해가 발생한 경우.
b) It cannot be proven within which jurisdiction the discharge or emission has occurred or damage occurred.	b) 어느 관할 구역 내에서 배출이 발생했거나 피해가 발생했는지를 증명할 수 없는 경우.

c) The discharge or emission has occurred in one jurisdiction and the damage occurred in another.	c) 배출은 관할구역에서 발생하였고 피해는 다른 관할구역에서 발생한 경우.
d) Damage has occurred in more than one jurisdiction.	d) 두 개 이상의 관할 구역에서 피해가 발생한 경우.

Chapter 9. Special rules concerning compensation to Norwegian fishermen
제9장 노르웨이 어민에 대한 보상에 관한 특별 규정

원문	번역
Section 9-1. Technical scope and definitions This Chapter concerns compensation for financial loss caused by transport and storage of CO_2 for Norwegian fishermen as a result of the activities occupying fishing grounds, or causing pollution and waste or that facilities or measures in connection with placement thereof cause damage.	Section 9-1. **기술적 범위 및 정의** 본 장에서는 노르웨이 어민들이 CO_2의 수송 및 저장으로 인하여 노르웨이 어민들의 금전적 손실 보상에 관한 내용이며, 이는 어장을 점거하거나 오염 및 폐기물을 야기시키거나 시설 또는 그 설치와 관련된 조치로 인한 피해 등이 해당된다.
The Chapter does not concern pollution damage caused by pollution as a result of discharges or CO_2 emissions from a facility, including wells, and expenses for reasonable measures in order to prevent or limit such damage or such loss as well as damage or loss caused by such measures. Pollution damage also includes damage or loss suffered by a fisherman due to reduced fishing opportunities.	본 장은 주입정을 포함한 시설에서의 배출 또는 CO_2 배출에 따른 오염으로 인한 오염피해 및 이로 인한 피해나 손실, 피해 또는 손실을 방지 또는 제한하기 위한 합리적인 조치에 대한 규정이 아니다. 오염피해에는 어업기회 감소로 어민이 입은 피해나 손실도 포함된다.
In this Chapter, pollution and waste mean pollution and waste as mentioned in Act No. 6 of 13 March 1981 relating to protection against pollution and relating to waste,	본 장에서 오염과 폐기물은 오염에 대한 보호 및 폐기물과 관련된 1981년 3월 13일 법률 제6호에서 언급된 오염과 폐기물을 의미한다.

Section 6(1) Nos. 1 and 2 and Section 27(1), respectively.	
In this Chapter, Norwegian fishermen means people registered in the fisherman census and owners of vessels listed in the register of Norwegian fishing vessels subject to registration licence.	본 장에서 노르웨이 어민이란 어민 통계조사에 등록된 사람 및 등록면허를 받은 노르웨이 어선의 등록부에 기재된 선박의 소유자를 의미한다.
The provisions in the other chapters of the act also apply in this chapter insofar as they are appropriate and do not conflict with provisions in this Chapter.	법의 다른 장에 있는 조항들도 본 장의 조항들과 저촉되지 않는 한 본 장의 규정이 적용된다.
Section 9-2. Occupation If transport and storage of CO_2 in an area occupies fishing grounds, in whole or in part, the State is obliged, to the extent that fishery is rendered impossible or significantly complicated, to provide compensation for the economic losses this leads to.	Section 9-2. 점유 한 지역의 CO_2 운송 및 저장이 어장의 전부 또는 일부를 점유하는 경우, 어업이 불가능하거나 상당한 지장이 있는 경우, 국가는 이로 인한 경제적 손실을 보상할 의무가 있다.
The compensation may be stipulated, in whole or in part, as a one-off payment or as fixed annual amounts. Compensation can normally not be sought for losses that occurred more than 7 years after the occupation took place.	보상금의 전부 또는 일부를 일시불 지급 또는 연간 일정금액으로 할 수 있다. 피해 발생 후 7년 이상 경과한 손실에 대해서는 일반적으로 보상을 청구할 수 없다.
The State may demand recourse from the licensee if the licensee should have prevented the loss.	국가는 개발권자가 손실을 막았어야 하는 경우 개발권자에게 상환권을 청구할 수 있다
Section 9-3. Pollution and waste The licensee is liable regardless of guilt for financial losses as a result of pollution and waste from transport and storage of CO_2,	Section 9-3. 오염과 폐기물 CO_2의 수송 및 저장으로 인한 오염 및 폐기물로 인한 재정적 피해, 그리고 그러한 손상 또는 손해를 방지하거나 제한하

and for expenses for reasonable measures to prevent or limit such damage or such loss, as well as damage or loss caused by such measures.	기 위한 합리적인 조치에 대한 비용부담, 그리고 그러한 조치에 의해 야기된 손상 또는 손실에 대한 책임에 관계없이 개발권자는 책임을 진다.
The licensee's responsibility pursuant to the first paragraph also includes damage and disadvantages from pollution and waste as a result of traffic with supply or utility vessels, as well as in connection with moving facili-ties to or from relevant fields. The licensee may assert reimbursement liability against the direct tort feasor or shipowner if the other applicable liability conditions have been met.	첫 번째 항에 따른 개발권자의 책임에는 관련 분야 또는 관련 분야로 시설을 이동하는 것과 관련하여 공급선 또는 공용 선박과의 교통으로 인한 오염 및 폐기물에 의한 손상과 불이익도 포함된다. 개발권자는 다른 적용 가능한 책임조건이 충족된 경우 직접 불법행위 사업자나 선주에게 배상 책임을 주장할 수 있다.
In order for compensation to be demanded for lost fishing time in connection with locat-ing, tagging, recovering or bringing objects ashore, the objects must be prudently tagged or brought ashore and presented to the Police or port authority or other equivalent public authority, unless there are absolute obstacles preventing this. The position must nevertheless be reported to the Police or port authority.	폐기물의 위치, 꼬리표 부착, 회수 또는 해안으로 운반하는 것과 관련하여 잃어버린 어업 시간에 대한 보상을 요구하기 위해서는 이를 방해하는 절대적인 장애물이 없는 한 폐기물에 표식을 하거나 해안으로 가져와 경찰이나 항만 당국 또는 이에 준하는 공공 기관에 제시해야 한다. 제시와 더불어 그 위치는 경찰이나 항만 당국에 보고해야 한다.
What is mentioned in the third paragraph also applies for compensation for other loss insofar as such tagging, position designation or bringing ashore can reasonably be required.	세 번째 항에 언급된 내용은 표식 부착, 위치 지정 또는 육상운반에 대한 합리적 요구는 기타 손실에 대한 보상에도 적용된다.
The liability also comprises other vessels that assist a fishing vessel in bringing objects ashore.	그 요구는 어선이 폐기물을 해안으로 운반하는 것을 돕는 다른 배들에게도 적용된다
Section 9-4. Joint liability If damage has been caused as mentioned in Section 9–3 and the tort feasor cannot be identified, the licensees shall be jointly liable	Section 9-4. **연대책임** 제9–3조에서 규정한 바와 같이 손해가 발생하였으나 불법행위자가 확인되지 않는 경우, 개발권자의 허가와 관련하여 CO_2

to the extent that the damage may have been caused by transport and storage of CO_2 in connection with the licensees' permit.	의 운반 및 저장으로 인하여 손해가 발생하는 범위 내에서 개발권자는 연대 책임을 진다.
Section 9-5. Facilities, etc. that cause damage If a facility or measures in connection with placement thereof cause damage, and the sufferer is not entitled to compensation pursuant to the provisions in Section 9–2, the licensee shall be liable regardless of guilt for the economic losses suffered by the fishermen as a result of the damage.	Section 9-5. 피해를 주는 시설 등 시설이나 그 설치와 관련된 조치가 손해를 야기하고, 그 피해자에게 제9–2조의 규정에 따른 보상을 할 수 없는 경우에는 그 피해로 인하여 어민이 입은 경제적 손실에 대하여 책임과 관계없이 개발권자가 책임을 진다.
Section 9-6. Committees, etc. Claims asserted pursuant to this Chapter shall be processed by a committee. The King will lay down regulations concerning the composition and administrative procedures of the committee, as well as rules concerning the appeal process.	Section 9-6. 위원회 등 본 장에 따라 주장되는 청구는 위원회에 의해 처리되어야 한다. 국왕은 위원회의 구성과 행정 절차에 관한 규정과 상소 절차에 관한 규칙을 제정해야 한다.
The appeal body's decision may, within two months after the party in question has been notified of the decision, be brought directly before the District Court through a writ of summons.	항소기구의 결정은 해당 당사자에게 결정 통보를 받은 후 2개월 이내에 소환장을 통해 지방법원에 직접 제기할 수 있다.
Claims stipulated by the committee or by the appeal body form a basis for enforcing outlays after the deadline for appeals or deadline as mentioned in the second para–graph has expired.	위원회나 상소기구가 규정한 청구는 2항에서 언급한 상소 기한 또는 상소 기한이 만료된 후 지출을 집행할 수 있는 근거가 된다.
If the deadline in the second paragraph is exceeded, the appeal body may, according to the rules in Section 31 of the Public Administration Act, decide that the District	항소기구는 2항의 기한을 넘길 경우 「행정법」 제31조 규칙에 따라 지방법원이 사건을 심리해야 한다고 결정할 수 있다. 기한을 넘긴 결정은 지방법원에 상고할 수 있다.

Court should hear the case. Decisions concerning the exceeded deadline may be appealed to the District Court.	

Chapter 10. Special safety requirements
특별 안전요건

원문	번역
Section 10-1. Safety Transport and storage of CO_2 shall take place such that a high level of safety can be maintained and developed in line with the technological development.	Section 10-1. 안전 CO_2의 수송 및 저장은 기술 발전에 따른 높은 수준의 안전성을 유지되어야 한다.
Section 10-2. Emergency preparedness The licensee and other participants in the transport and storage of CO_2 shall at all times maintain effective emergency preparedness with a view to dealing with accidents and emergencies which may lead to loss of lives or personal injuries, pollution or significant damage to property. The licensee shall see to it that necessary measures are taken to prevent or reduce harmful effects, including the measures required in order, to return the environment to the condition it had before the accident occurred, to the extent possible. The Ministry of Labour and Social Affairs may issue rules concerning such preparedness and such measures, including order preparedness cooperation between multiple licensees.	Section 10-2. 비상 대책 CO_2의 수송 및 저장에 대한 개발권자와 기타 참여자는 인명 손실 또는 인적 부상, 오염 또는 재산의 중대한 손상을 초래할 수 있는 사고 및 비상사태에 대처하기 위해 항상 효과적인 비상대책을 유지해야 한다. 개발권자는 가능한 한 사고 발생 전 환경을 원래 상태로 되돌리기 위해, 필요한 조치를 포함하여 유해한 영향을 방지하거나 줄이기 위해, 필요한 조치를 취해야 한다. 노동사회부는 다수 개발권자 사이의 협력을 포함한 준비 및 조치에 관한 규칙을 공포할 수 있다.

In connection with accident and emergency situations as mentioned in the first para-graph, the Ministry of Labour and Social Affairs may decide that others shall make necessary preparedness resources available at the licensee's expense. The Ministry may, at the licensee's expense, also implement measures to acquire necessary additional resources in some other manner.	제1항에서 언급한 사고 및 비상 상황과 관련하여, 노동사회부는 제3자가 필요한 대비 자원을 개발권자의 비용으로 사용할 수 있도록 할 수 있다. 석유에너지부는 또한 개발권자의 비용으로 필요한 추가 자원을 획득하기 위한 조치를 시행할 수 있다.
The rules in Act No. 7 of 15 December 1950 relating to special measures in time of war, threat of war and similar circumstances, Chapter 5 concerning compulsory surrender to the public authorities, apply correspond-ingly insofar as appropriate.	1950년 12월 15일 법률 제7호의 전쟁 시 특별 조치, 전쟁의 위협 및 이와 유사한 상황에 관한 규칙, 공공당국에 대한 강제적 양도에 관한 제5장은 그에 상응하는 범위 내에서 적용된다.
Section 10-3. Preparedness against deliberate attacks Licensees shall implement and maintain security measures to help prevent deliberate attacks on facilities, and shall always have emergency preparedness plans for such attacks.	Section 10-3. **고의적인 공격에 대한 대비** 개발권자는 시설에 대한 고의적인 공격을 방지하기 위한 보안 조치를 시행하고 유지해야 하며, 그러한 공격에 대한 비상대비 계획을 항상 갖추어야 한다.
Licensees shall make facilities available to public authorities for exercises and shall participate in such exercises, as necessary.	개발권자는 공공기관이 대비할 수 있도록 시설을 제공해야 하며, 필요에 따라 대비 훈련에 참여해야 한다.
The Ministry of Labour and Social Affairs may order the implementation of measures as mentioned in the first and second paragraphs.	노동사회부는 제1항과 제2항에 규정에 따른 조치의 이행을 명령할 수 있다.
Section 10-4. Safety zones, etc. There shall be a safety zone around and above facilities unless the Ministry of Labour and Social Affairs decides otherwise. In ac-cident and emergency situations, the Ministry	Section 10-4. **안전구역 등** 노동사회부가 따로 정하지 않는 한 시설 주변 및 그 위에 안전구역을 둔다. 사고 및 응급상황에서, 석유에너지부는 역효과를 방지하거나 제한하기 위하여 필요하다

may create provisional emergency and exclusion areas to the extent that this is deemed necessary to prevent or limit adverse effects. The extent of zones as mentioned in the first and second sentences shall be determined by the King. This provision does not apply for pipelines and cables.	고 인정되는 범위 내에서 임시비상·배제 구역을 조성할 수 있다. 제1절과 제 2절에서 언급된 구역의 범위는 국왕이 결정한다. 이 조항은 파이프라인 및 케이블에는 적용되지 않는다.
The King may decide that a safety zone shall cross the boundary line to another state's continental shelf. The King may furthermore decide that there shall be a safety zone on the Norwegian continental shelf even if the facility in question is located outside the shelf.	국왕은 안전구역이 경계선을 넘어 다른 국가의 대륙붕까지 확장되는 것을 결정할 수 있다. 국왕은 설비가 자국 대륙붕의 경계 밖에 위치하더라도 안전지대는 자국 대륙붕 내 위치하도록 결정할 수 있다.
The Ministry of Petroleum and Energy may decide that a zone equivalent to the safety zone shall be established within a reasonable time prior to placement of facilities as mentioned in the first paragraph.	석유에너지부는 제1항과 같이 시설배치에 앞서 합리적인 시간 내에 안전 구역에 준하는 구역을 설정하도록 결정할 수 있다.
The Ministry of Labour and Social Affairs may decide that there shall be safety zones around and above abandoned or dumped facilities, or parts of such facilities.	노동사회부는 폐기·방치된 시설 또는 그 일부 시설의 주변과 그 위에 안전구역을 둘설정하는 것을 결정할 수 있다.
Unauthorized vessels, hovercraft, aircraft, fishing gear or other objects must not enter the zone as mentioned in the first, second, third and fourth paragraphs. If fishing can take place in the zone or parts of the zone without impacting safety or preventing storage of CO_2, the Ministry may nevertheless decide that such fishing may take place.	허가받지 않은 선박, 호버크래프트, 항공기, 어구 또는 기타 물체는 첫 번째, 두 번째, 세 번째 및 네 번째 항에서 규정한 구역에 들어가서는 안 된다. 안전성에 영향을 미치거나 CO_2의 저장을 방해하지 않고 구역 또는 구역의 일부에서 조업이 이루어질 수 있는 경우에 석유에너지부는 그러한 조업이 이루어질 수 있다고 결정할 수 있다.

The Ministry of Labour and Social Affairs may lay down provisions that are deemed necessary in order to secure access for fa-cilities as mentioned in the first paragraph to zones as mentioned in the third paragraph.	노동사회부는 제3항과 같은 구역에 대하여 제1항과 같은 시설물의 출입을 확보하기 위하여 필요한 규정을 둘 수 있다.
This Section does not apply for facilities located on land or sea territory subject to private ownership rights.	해당 절은 사유재산권의 적용을 받는 육지나 해역에 위치한 시설에는 적용되지 않는다.
Section 10-5. Stopping storage of CO_2, etc. In the event of accident and emergency situations as mentioned in Section 10-2, the licensee or others that are responsible for operation and use of the facility shall, to a necessary extent, stop storage of CO_2 as long as warranted by the requirement for prudent operations.	Section 10-5. **CO_2 등의 저장 중지** 제10-2절에 규정한 사고 및 비상 상황 발생 시, 시설 운영 및 사용을 책임지는 개발권자 또는 관계자들은 신중한 운영 요건에 의해 보증되는 한 필요한 범위까지 CO_2의 저장을 중단해야 한다.
Under special circumstances, the Ministry (Ministry of Labour and Social Affairs) may instruct that storage of CO_2 be stopped as necessary or set special conditions for continuation.	특별한 경우, 석유에너지부(노동사회부)는 필요에 따라 CO_2의 저장을 중지하도록 지시하거나 특별한 지속 조건을 설정할 수 있다.
When decisions as mentioned in the sec-ond paragraph are substantiated by circum-stances that are not caused by the licensee, the Ministry may, upon application, extend the permit's period of duration and, to a reasonable extent, reduce the obligations incumbent on the licensee.	제2항에서 규정한 결정이 개발권자에 의하지 않은 경우, 석유에너지부는 신청 시 허가서의 기간을 연장하고 개발권자에 대한 의무를 합리적으로 경감할 수 있다.
Section 10-6. Requirements for safety documentation If the licensee decides to prepare plans with a view toward approval or a permit	Section 10-6. **안전 문서 요구 사항** 개발권자가 제4-2절 또는 제6-1절에 따라 승인 또는 허가를 목적으로 계획을

pursuant to Sections 4–2 or 6–1, the plans and the licensee's documentation for implementing this work shall be presented to the Ministry (Ministry of Labour and Social Affairs) as part of the safety supervision.	작성할 경우, 이 작업을 이행하기 위한 계획 및 개발권자의 문서는 안전 감독의 일환으로 석유에너지부(노동사회부)에 제출되어야 한다.

Chapter 11. General provisions
제11장 총칙

원문	번역
Section 11-1. Requirements for prudent transport and storage of CO_2 Transport and storage of CO_2 pursuant to these Regulations shall take place in a prudent manner and in conformity with applicable regulations for such transport and storage of CO_2. Transport and storage of CO_2 shall safeguard considerations for safety for personnel, the environment and the financial assets represented by the facilities and vessels, including operational availability.	Section 11-1. **CO_2의 신중한 수송 및 저장을 위한 요구 사항** 본 규정에 따른 CO_2의 수송 및 저장은 CO_2의 수송 및 저장을 위한 해당 규정에 따라 신중하게 이루어져야 한다. CO_2의 수송 및 저장은 운영 가용성을 포함하여 시설과 선박으로 대표되는 인력, 환경 및 금융 자산에 대한 안전을 고려해야 한다.
Transport and storage of CO_2 must not, to an unnecessary or unreasonable extent, complicate or obstruct shipping, fishing, aviation or other activities, or cause damage or risk of damage to pipelines, cables or other subsea facilities. All reasonable precautions shall be taken to prevent damage to animal life and vegetation in the sea, relics of the past on the seabed and to prevent pollution and littering of the seabed, its subsurface, the sea, the atmosphere or onshore.	CO_2의 수송 및 저장은 불필요하거나 불합리한 범위로 선박, 어업, 항공 또는 기타 활동을 복잡하게 하거나 방해해서도 안되고, 파이프라인, 케이블 또는 기타 해저 시설에 손상 또는 위험을 초래해서는 안 된다. 바다 동물들의 생명 및 식생, 해저의 유물, 해저, 수면 밑, 바다, 대기 또는 육상의 오염 및 쓰레기를 방지하기 위하여 모든 합리적인 예방조치를 취하여야 한다.

Section 11-2. Management of activities associated with transport and exploitation of subsea reservoirs for storage of CO_2, bases, etc. The licensee shall ensure that the activity can be carried out prudently, in accordance with applicable legislation, and in a manner that safeguards good resource management, health, safety and the environment. The licensee's organisation in Norway must have a structure and size that enables the licensee, at all times, to make informed decisions about its activities under this Regulation.	Section 11-2. **CO_2 해저저장소, 기지 등을 위한 수송 및 탐사 관련 활동 관리** 개발권자는 해당 활동이 적절한 법률에 따라, 그리고 양호한 자원 관리, 건강, 안전 및 환경을 보호하는 방식으로 신중하게 수행될 수 있도록 해야 한다. 노르웨이에 있는 개발권자의 조직은 개발권자가 항상 본 규정에 따른 활동에 대해 정보에 입각한 결정을 내릴 수 있는 구조와 규모를 갖추어야 한다.
To ensure compliance with the first paragraph, the Ministry may, in each individual case, and to the extent it is deemed necessary in relation to the scope of the licensee's activity, set special requirements regarding the licensee's organisation in Norway. The Ministry may also, if indicated by the consideration for prudent resource management or health, safety and the environment, order the licensee to use specific bases.	제1항의 이행을 보장하기 위해, 석유에너지부는 각각의 개별적인 경우에, 그리고 개발권자의 활동 범위와 관련하여 필요하다고 판단되는 범위까지, 노르웨이에서 개발권자의 조직에 관한 특별한 요건을 설정할 수 있다. 석유에너지부는 신중한 자원 관리 또는 보건, 안전 및 환경에 대한 고려에 의해 지시된 경우 개발권자에게 특정 기지 사용을 명령할 수 있다.
The licensee shall see to that the circumstances permit trade union activities to take place among his own employees and the personnel of contractors and sub-contractors personnel in accordance with Norwegian practice.	개발권자는 노르웨이 관습에 따라 자신의 직원과 하청업체 및 하도급업체 직원 간에 노동조합 활동이 이루어질 수 있도록 상황이 허락하는지 확인해야 한다.
Section 11-3. Regulatory supervision of transport and storage of CO_2 The Ministry (Ministry of Petroleum and Energy, Ministry of Labour and Social Affairs) or such entity as they may authorise may conduct regulatory supervisions to verify that	Section 11-3. **CO_2 수송 및 저장에 대한 규제 감독** 석유에너지부, 노동사회부 또는 이들이 권한을 부여하는 기관은 본 규정에 따라 본 규정의 적용을 받는 CO_2의 수송 및 저장을 수행하는 모든 당사자가 준수하는지

the provisions stipulated in or pursuant to these Regulations are adhered to by all parties conducting transport and storage of CO_2 that is covered by these Regulations. The Ministry may issue the instructions that are necessary for implementation of the provisions stipulated in or pursuant to these Regulations.	확인하기 위해 관리감독을 할 수 있다. 석유에너지부는 본 규정 또는 본 규정에 따른 지침에 의하여 규정의 시행에 필요한 지시를 할 수 있다.
The Ministry (Ministry of Labour and Social Affairs) may, when deemed necessary, instruct that vessels or mobile facilities or parts of facilities be brought to a Norwegian harbour or other location.	노동사회부는 필요하다고 판단될 때 선박이나 이동식 시설 또는 시설의 일부를 노르웨이의 항구 또는 다른 위치로 가져오도록 지시할 수 있다.
Representatives of the Ministry (Ministry of Petroleum and Energy, Ministry of Labour and Social Affairs), the Norwegian Petroleum Directorate, the Petroleum Safety Authority Norway or other authority as determined by the authorities, shall at all times have access to vessels and facilities for transport and storage of CO_2, as well as to available data and materials that are necessary to conduct regulatory supervision activities, and shall be entitled to participate in surveys. Authority representatives are entitled to stay on vessels and facilities as long as is necessary. Licensees shall ensure transport of authority representatives to and from vessels and facilities, as well as accommodation on board.	노르웨이 석유국, 노르웨이 석유안전국 또는 관계당국이 결정한 기타 당국(석유에너지부, 노동사회부)의 대리인은 CO_2의 수송 및 저장을 위한 선박 및 시설에 항상 접근할 수 있으며, 관리 감독활동을 수행하는 데 필요한 정보와 자료를 요구할 수 있고, 조사에 참여할 자격이 있다. 관계당국의 대리인은 필요한 한도내에서 선박과 시설에 머무를 권리가 있다. 개발권자는 선박과 시설 사이에 그들의 이동과 선내 체류를 보장해야 한다.
The licensee or the party the individual regulatory supervision is aimed at or the party where the regulatory supervision takes place shall cover expenses related to regulatory supervisions. A sector fee may also be charged to cover all or parts of the activities.	개발권자나 개별 관리감독 대상자 또는 관리감독이 이루어지는 당사자는 관리감독과 관련된 비용을 부담해야 한다. 관리감독 활동의 전부 또는 일부에 충당하기 위해 수수료가 부과될 수 있다.

Section 11-4. Register of storage locations The Ministry or such entity as authorises shall ensure the establishment and recording of:	Section 11-4. **저장소 등록부** 석유에너지부 또는 권한이 있는 기관은 다음의 설정 및 기록을 보장해야 한다.
a) A register of assigned permits for storage of CO_2, and	a) CO_2 저장에 대해 할당된 허가 등록 및
b) A permanent register of all shut down storage locations and surrounding storage complexes, including maps showing the spatial extent of the facilities, as well as the available information that is relevant in order to assess whether the stored CO_2 will remain entirely and permanently confined.	b) 모든 폐쇄된 저장소와 주변 저장 단지에 대한 영구 등록, 시설의 공간 범위를 보여주는 지도와 저장된 CO_2가 완전히 영구적으로 저장되는지의 여부를 평가하기 위한 관련 정보.
The register shall be taken into consid–eration in relevant planning procedures and in connection with approval of activities that may affect or be affected by the geological storage of CO_2 in the registered storage locations.	등록은 관련 계획 절차 및 등록된 저장소의 CO_2의 지질학적 저장에 영향을 미치거나 영향을 받을 수 있는 활동의 승인과 관련하여 고려되어야 한다.
Section 11-5. Area fee When exploration permits, and permits for exploitation of a subsea reservoir for in–jection and storage of CO_2 are granted, or at a subsequent date, the licensee may be or–dered to pay a fee per km^2 (area fee).	Section 11-5. **점용료** 탐사가 허용되고 CO_2 주입 및 저장을 위한 해저저장소의 개발이 허가될 때, 또는 이후 날짜에 개발권자는 km^2당 점용료를 납부해야 한다.
The Ministry may lay down regulations concerning payment of the area fee, in–cluding the size of and basis for such fees.	석유에너지부는 해당 점용료의 규모와 근거를 포함하여 지역 점용료의 납부에 관한 규정을 정할 수 있다.
Fee claims with the addition of interest and expenses form a basis for enforcing outlays.	점용료는 이자와 비용이 가산될 수 있다.

Section 11-6. Qualifications Licensees and others that participate in transport and storage of CO_2 shall have the necessary qualifications to conduct the work in a prudent manner. Training shall take place to a necessary extent.	Section 11-6. **자격 요건** CO_2의 수송 및 저장에 참여하는 개발권자 및 그 밖의 사람은 작업을 신중하게 수행하기 위해 필요한 자격을 갖추어야 한다. 교육은 필요한 범위 내에서 이루어져야 한다.
Licensees are also obliged to ensure that any party that performs work on their behalf complies with the provisions in the first paragraph.	또한 개발권자는 자신을 대신하여 업무를 수행하는 당사자가 제1항의 규정을 준수하는지 확인할 의무가 있다.
Section 11-7. Materials and information concerning storage of CO_2 Materials and information that the licensee, operator, contractor, etc., has or is preparing in relation to planning and implementation of transport, injection and storage of CO_2 pursuant to these Regulations, shall be available in Norway and must be made available, on demand and free of charge to the Ministry (Ministry of Petroleum and Energy, Ministry of Labour and Social Affairs) or such entity as designated by the Ministry. This submission shall take place in the format the Ministry decides to the extent that this is found to be reasonable. The Ministry may, in this connection, also demand that analyses and studies be conducted. In connection with surrender of permits for storage of CO_2, the operator shall take over responsibility pursuant to this provision for materials and information relating to the surrendered permit for storage of CO_2.	Section 11-7. **CO_2 저장에 관한 자료 및 정보** 본 규정에 따른 CO_2의 수송, 주입 및 저장 계획과 관련하여 개발권자, 운영자, 계약자 등이 보유하고 있거나 준비하고 있는 자료와 정보는 노르웨이에서 제공되어야 하며, 요청 시 부처(석유에너지부, 노동사회부)또는 부처가 지정한 기관에 무상으로 제공되어야 한다. 이 제출은 타당하다고 판단되는 범위 내에서 부처가 결정하는 형식으로 이루어져야 한다. 부처는 이와 관련하여 분석 및 연구수행을 요구할 수 있다. 운영자는 CO_2의 저장 허가를 반납할 시에는 CO_2의 저장 허가와 관련된 자료 및 정보에 대한 책임을 본 조항에 따라 인수한다.

The King will issue more detailed rules concerning which materials shall be available to the authorities and what the authorities can demand be submitted, as well as what information shall be given to public authorities before transport and storage of CO_2 commences and after this is under way.	국왕은 관계당국이 어떤 자료를 이용할 수 있고, 관계당국이 제출할 것을 요구할 수 있는 사항에 관한 보다 상세한 규칙과 CO_2의 수송과 저장을 시작하기 전 그리고 이것이 진행 후에 공공기관에 어떤 정보를 제공해야 하는지에 관한 보다 상세한 규칙을 발표해야 한다.
It shall be possible to use information that is provided to the authorities according to more detailed provisions stipulated by the Ministry, e.g., for preparation of overview maps and for statistical purposes, e.g. by Statistics Norway.	석유에너지부가 규정한 보다 상세한 조항에 따라 당국에 제공되는 정보는 예를 들어 개요 지도의 작성 및 통계 목적(예: 노르웨이 통계청)을 위해 사용할 수 있어야 한다.
Section 11-8. **Duty to comply with the Regulations and to ensure that provisions are adhered to** Licensees and others that participate in transport and storage of CO_2 that is covered by these Regulations, are obliged to comply with the Regulations, and regulations and individual administrative decisions laid down pursuant to the Regulations through implementation of necessary systematic measures.	Section 11-8. **규정 준수 및 규정 준수 확인 의무** 본 규정의 적용을 받는 CO_2의 수송 및 저장에 참여하는 개발권자 및 그 밖의 사람들은 필요한 체계적인 조치의 시행을 통하여 규정과 규정에 따라 정해진 규칙 및 개별 행정결정을 준수할 의무가 있다.
Licensees are also responsible for ensuring that everyone contracted to perform work, either personally, through employees or through contractors or subcontractors, complies with requirements stipulated in or pursuant to the safety and working environment legislation.	또한 개발권자는 개인적으로, 고용인 또는 계약자나 하도급자를 통해, 작업을 수행하기로 계약된 모든 사람이 안전 및 작업 환경 법규에 명시된 요구 사항을 준수하는지 확인할 책임이 있다.
Section 11-9. **Guarantee** Sections 5-9 and 5-10 notwithstanding, the Ministry may, upon granting a licence and	Section 11-9. **보증** 석유에너지부는 제5-9절과 제5-10절에도 불구하고, 면허를 부여한 후, 개발권자

subsequently, decide that licensees shall furnish such a guarantee as the Ministry requires for fulfilling the obligations the licensees have assumed, as well as for potential liability in connection with transport and storage of CO_2.	가 CO_2의 수송 및 저장과 관련된 잠재적인 책임뿐만 아니라 개발권자가 부담한 의무를 이행하기 위해 석유에너지부에서 요구하는 보증을 제공하기로 결정할 수 있다.
This applies correspondingly for other responsible parties pursuant to Chapter 8.	이는 8장에 따라 다른 책임 당사자들에게도 해당된다.
Section 11-10. Liability for obligations If a licensee consists of multiple participants that together hold a permit pursuant to these Regulations, they are jointly and severally liable vis-à-vis the State for financial obligations arising from transport, injection and storage of CO_2 in accordance with the permit.	Section 11-10. **의무책임** 개발권자가 본 규정에 따라 허가증을 함께 소지하는 복수의 참여자로 구성된 경우, 그들은 허가증에 따른 CO_2의 수송, 주입 및 저장으로 인해 발생하는 비용은 정부에 대하여 연대책임을 부담한다.
Section 11-11. Liability for damage caused If any party that performs assignments for a licensee is liable vis-à-vis a third party, the licensee is liable to the same extent as and jointly and severally with the tort feasor and its employer, if applicable, for the compensation claim.	Section 11-11. **손해배상 책임** 개발권자를 대신하는 당사자가 제3자에 대해 책임을 지는 경우, 개발권자가 보상청구를 받는 다면 불법행위자 및 그 고용주와 공동으로 그리고 개별적으로 책임을 진다.
Section 11-12. Investigation commission If a serious accident has occurred in connection with transport and storage of CO_2 that is covered by these Regulations, the Ministry may appoint a special investigation commission. The same applies for incidents during the activities that have resulted in a serious risk of loss of life or significant material damage or pollution of the marine environment. The commission's members	Section 11-12. **조사위원회** 본 규정에 따라 CO_2의 수송 및 저장과 관련하여 중대한 사고가 발생한 경우, 석유에너지부는 특별조사위원회를 둘 수 있다. 해양 환경의 심각한 인명 손실 또는 중대한 물질적 손상 또는 오염의 위험을 초래한 활동 중 사고도 마찬가지이다. 위원회의 구성원들은 적절한 법률, 항해 및 기술적 전문지식을 대표하는 자이어야 한

shall represent adequate legal, nautical and technical expertise. The chair shall satisfy the criteria for being a supreme court judge.	다. 의장은 대법관과 같은 기준을 충족해야 한다.
The investigation commission may demand that licensees and others that are involved in the accident or incident provide the commission with information that may be of significance for the investigation and that they make available documents, facilities and other things in a location where it is appropriate for the investigation to take place.	조사위원회는 사고·사건에 관여하는 개발권자 등에게 조사에 유의할 수 있는 정보를 위원회에 제공하고, 조사가 이루어지기 적합한 장소에 문서·시설 등을 이용할 것을 요청할 수 있다.
Licensees may be expected to cover expenses in connection with the investigation commission's work.	개발권자는 조사위원회의 업무와 관련된 비용을 부담해야 한다.
Rules in Chapter 18 of the Norwegian Maritime Code concerning maritime inquiries of maritime accidents and regulations laid down in pursuance of the Norwegian Maritime Code (Act No. 39 of 24 June 1994) apply correspondingly insofar as appropriate.	노르웨이 해양법(1994년 6월 24일 법률 제39호)에 따라 정해진 규정 및 해양 사고에 대한 해양조사에 관한 노르웨이 해양법 제18장의 규칙이 해당 범위 내에서 적용된다.
Section 11-13. Transfer, etc. Transfer of a permit or ownership interest in a permit pursuant to these Regulations cannot take place without the Ministry's consent. The same applies for other direct or indirect transfer of interest or participation in the permit, including e.g. transfer of shareholdings and other ownership interests that may yield a controlling influence over a licensee holding an ownership interest in a permit.	Section 11-13. **양도 등** 본 규정에 따른 허가증 또는 허가증에 대한 소유권의 양도는 석유에너지부의 동의 없이 이루어질 수 없다. 예를 들면, 허가증에 대한 소유 지분을 보유한 사업자에게 지배적인 영향력을 미칠 수 있는 지분 및 기타 소유 지분의 이전과 같은 다른 직간접적인 지분 이전이나 허가증 참여에도 동일하게 적용된다.
Transfer of a licensee's ownership rights to fixed facilities cannot take place without the Ministry's consent.	사업자의 소유권을 고정 시설로 이전하는 것은 석유에너지부의 동의 없이 이루어질 수 없다.

The Ministry may, in special instances, decide that a fee shall be paid for the transfer.	석유에너지부는 특별한 경우에, 양도수수료를 부과할 수 있다.
Section 11-14. Insurance The activities conducted by licensees pur-suant to these Regulations shall be insured at all times. This insurance must, as a mini-mum, cover:	Section 11-14. **보험** 본 규정에 따라 개발권자가 수행하는 활동은 항상 보험에 가입하여야 한다. 이 보험은 최소한 다음사항이 포함되어야 한다.
a) Damage to facilities,	a) 시설물 파손
b) Pollution damage and other liability vis-à-vis third parties,	b) 제3자에 대한 오염 피해 및 기타 책임
c) Removal of wrecks and clean-up as a result of accidents,	c) 사고로 인한 잔해물 제거 및 청소
d) Insurance of own employees who are involved in the activities.	d) 활동에 참여하는 자체 직원의 보험.
Licensees shall ensure that contractors and sub-contractors involved in the activities insure their employees to the same extent as the operator insures its employees.	개발권자는 활동에 관여하는 계약자와 하도급자가 사업자가 종업원을 보험에 가입시키는 것과 동일한 범위 내에서 종업원을 보험에 가입시키도록 보장해야 한다.
In connection with insurance as mentioned in (1)(a) through (c), licensees shall ensure reasonable insurance coverage based on the consideration for risk exposure and premium costs. Insurance as mentioned in (d) shall be taken out according to more detailed agreement with the employee organisations.	(1)(a)부터 (c)까지에 언급된 보험과 관련하여, 개발권자는 위험 노출과 보험료 비용을 고려하여 합리적인 보험 적용을 보장해야 한다. (d)에 규정된 보험은 직원조직과 상세한 합의에 따라 가입되어야 한다.
The Ministry may give licensees consent to use other forms of guarantees.	석유에너지부는 개발권자에게 다른 형태의 보증을 사용하는 것에 대한 동의할 수 있다.
Licensees shall, at the end of each calendar year, inform the Ministry of applicable in-surance agreements and list their commercial	개발권자는 매년 말에 해당 보험계약에 대해 석유에너지부에 통보하고 보험계약사항과 상업적 조건을 열거해야 한다. 석

terms. The Ministry may demand that additional insurance coverage be taken out.	유에너지부는 추가 보험 가입을 요구할 수 있다.
Section 11-15. Audits In permits with State participation, the operator shall ensure that the annual settlement for the permit, which has been prepared in accordance with the permit, is audited by a certified public accountant. An auditor's report, in accordance with RS 800, shall be available no later than four months after the close of the accounting year.	Section 11-15. **감사** 운영자는 국가 참여의 허가를 통해 허가증에 따라 작성된 허가서의 연간 결산서에 대하여 공인 회계사의 감사를 받아야 한다. RS 800에 따른 감사 보고서는 회계연도 종료 후 4개월 이내에 구비되어야 한다.
Section 11-16. Trade union activities Shop stewards in trade unions that have a collective agreement with the licensee, contractors or sub-contractors that perform work for him, shall, to a reasonable extent, be given access to the workplace in order to handle duties pursuant to collective agreements after notifying the local enterprise management.	Section 11-16. **노동조합 활동** 사업자와 단체협약을 맺은 노동조합의 담당자, 그를 위해 업무를 수행하는 계약당사자 또는 그 보조자는 지역 기업 경영진에 통보한 후 단체협약에 따라 업무를 처리하기 위해 합리적인 범위 내에서 사업장에 접근할 수 있어야 한다.
Section 11-17. Notification and reporting Incidents and other matters that lead to shutdown of a storage location or which affect implementation of activities in line with decisions made pursuant to the Regulations, shall be reported to the Norwegian Petroleum Directorate without delay. The ministries (the Ministry of Petroleum and Energy and Ministry of Labour and Social Affairs) may stipulate more detailed provisions concerning notification and reporting to the authorities.	Section 11-17. **통지 및 보고** 저장소의 폐쇄를 초래하거나 규정에 따른 작업의 이행에 영향을 미치는 사건 및 기타 사항은 노르웨이 석유국에 지체 없이 보고해야 한다. 부처(석유에너지부 및 노동사회부)는 당국에 대한 통지 및 보고에 관한 보다 상세한 규정을 둘 수 있다.

Section 11-18. Observers Representatives of the Ministry of Petroleum and Energy and Ministry of Labour and Social Affairs and the Norwegian Petroleum Directorate and Petroleum Safety Authority Norway shall be able to participate as observers in cooperative bodies established in accordance with agreements as mentioned in Section 4-1(6), out of consideration for coordinated operations as mentioned in Section 5-11 and in any cooperative bodies established in connection with construction and operation of facilities as mentioned in Section 6-1 of the Act.	Section 11-18. **감시자** 석유에너지부, 노동사회부, 노르웨이 석유국 및 노르웨이 석유안전국 대표자는 조정 고려 없이 제4-1(6)절에 규정된 협정에 따라 설립된 협력기구에 제5-11절 및 법 제6-1절에 규정된 시설의 건설 및 운영에 관여 외에 감시자로 참여할 수 있다.
Section 11-19. Expert and laboratory services The Norwegian Petroleum Directorate may, to the extent that it is deemed reasonable, instruct licensees to make expert and laboratory services available to the Norwegian Petroleum Directorate in order to resolve special problems in connection with transport and storage of CO_2.	Section 11-19. **전문가 및 실험실 서비스** 노르웨이 석유국은 CO_2의 수송 및 저장과 관련된 특별한 문제를 해결하기 위해 개발권자에게 전문가 및 실험실 서비스를 제공하도록 지시할 수 있다.
Section 11-20. Administrative procedures and confidentiality The rules in Section 18(1) of the Act of 10 February 1967 relating to procedure in cases concerning public administration (the Public Administration Act) concerning a party's right to familiarise itself with the case documents, does not apply in connection with applications for exploration permits, permits for storage of CO_2 or permits for transport of CO_2.	Section 11-20. **행정 절차 및 비밀취급** 1967년 2월 10일 법률 제18조 제1항의 규정은 당사자가 사건 문서에 익숙해질 권리를 고려하는 행정에 관한 절차(공공행정법)와 연관되어 탐사 허가, CO_2 저장 허가 또는 CO_2 운송 허가 신청과 관련된 규정은 적용되지 않는다.

Information of any nature that is submitted to the authorities in connection with applications for exploration permits, permits for storage of CO_2 or permits for transport of CO_2, shall be subject to confidentiality until an exploration permit, permit for storage of CO_2 or permit for transport of CO_2 to the relevant areas has been granted. Thereafter, the information will be subject to confidentiality to the extent that this follows from the Public Administration Act for a period of 20 years, cf. Section 13c(3) of the Public Administration Act.	탐사 허가, CO_2 저장 허가 또는 CO_2 수송 허가 신청과 관련하여 당국에 제출되는 모든 성질의 정보는 관련 지역으로의 탐사 허가, CO_2 저장 허가 또는 CO_2 수송 허가서가 허가될 때까지 기밀의 대상이 된다. 그 후, 이 정보는 20년 동안 행정법에 따라 기밀의 대상이 된다. 행정법 제13c(3)조 참고.
Anyone who performs services or work for an administrative body, is obliged to prevent unauthorized personnel from gaining access to or familiarity with what he, in connection with this service or work, learns concerning geological, technical reservoir and technical injection conditions in reports or other materials that are submitted to public authorities. For data that is subject to confidentiality pursuant to the first sentence, the confidentiality shall have the following duration, calculated from when the data became available to the owner of the data:	행정서비스를 수행하거나 행정 기관을 위해 일하는 모든 사람은 허가받지 않은 직원이 본 서비스 또는 작업과 관련하여 공공기관에 제출되는 보고서 또는 기타 자료에서 지질, 기술적 저장소 및 기술적 주입 조건에 관해 학습한 내용에 접근하거나 숙지하는 것을 방지할 의무가 있다. 제1조에 따라 비밀 유지의 대상이 되는 자료의 경우 비밀 유지는 자료의 소유자가 이용할 수 있게 된 시점부터 계산하여 다음 각 호의 기간을 두어야 한다.
a) 2 years for data that are not saleable and which are the joint property of the licensees in a permit covered by these Regulations and which arose from the permit in question,	a) 판매되지 않고 본 규정에서 다루는 허가증의 개발권자의 공동재산이며 해당 허가증으로부터 발생한 데이터의 경우 2년
b) 10 years for data that have been saleable from when they became available to the owner,	b) 소유자가 사용할 수 있게 된 시점부터 판매된 데이터의 경우 10년,

c) 5 years for other data.	c) 기타 데이터는 5년.
The following applies for data as men-tioned in (3): For data that is the joint property of the licensees in a permit pursuant to these Regulations and which arose from the permit in question, the confidentiality ends when the permit is surrendered or the area from which the data arose is relinquished. Information concerning whether data shall be saleable shall be reported to the Norwegian Petroleum Directorate pursuant to Section 2-6(8). The Norwegian Petroleum Directorate may stipulate what is regarded as saleable data. As regards interpreted data, the confidentiality shall have a duration of 20 years. The Norwegian Petroleum Directorate may, upon application, shorten the period of con-fidentiality for interpreted data and extend or shorten the period of confidentiality for data as designated in (3).	(3)에 규정된 데이터에 대해서는 다음 사항이 적용된다. 본 규정에 따른 허가서 내 개발권자의 공동재산이며 해당 허가서로부터 발생한 데이터의 경우, 허가서가 반환되거나 자료가 발생한 지역이 폐쇄될 때 기밀성은 종료된다. 데이터의 판매 가능 여부에 관한 정보는 제2-6(8)항에 따라 노르웨이 석유국에 보고해야 한다. 노르웨이 석유 이사회는 판매가능한 데이터로 간주되는 것을 규정할 수 있다. 해석된 데이터의, 비밀유지 기간은 20년이다. 노르웨이 석유국은 신청 시 해석 데이터의 기밀 기간을 단축하고 (3)에 지정된 데이터의 기밀 기간을 연장 또는 단축할 수 있다.
The provisions concerning confidentiality in Sections 13 through 13f of the Public Administration Act shall otherwise apply for administrative bodies that receive or process information or materials concerning surveys and exploration for, exploitation, transport and storage of CO_2 in subsea reservoirs, al-beit such that the duty of confidentiality ends after 10 years, cf. Section 13c(3) of the Public Administration Act.	「행정법」 제13조부터 제13조까지의 비밀유지에 관한 규정은 비밀유지의무가 10년 후에 끝나더라도 해저저장소 내 CO_2의 조사·탐사·이용·운반·저장 등에 관한 정보 또는 자료를 제공 또는 처리하는 행정기구에 대하여 따로 적용한다. (참고; 행정법 제13c(3)조.)
The provisions in this Section shall not prevent the Ministry from issuing general statements concerning the activities and concerning the opportunities for finding storage locations, as well as concerning ex-	본 조항의 규정은 중앙등록부 관련하여 1994년 6월 3일 법률 제15호에서 추정된 정보의 교환뿐만 아니라 저장소 탐사와 활동에 관한 일반문건에는 적용되지 않는다.

change of information as presumed in Act No. 15 of 3 June 1994 relating to the Central Coordinating Register of Legal Entities.	
Neither shall the provision in this Section prevent exchange of information with the Ministry of Labour and Social Affairs and the Petroleum Safety Authority Norway.	본 조항도 노동사회부 및 노르웨이 석유안전청과의 정보 교환을 방해해서는 안 된다.
Section 11-21. Revocation The King may revoke permits pursuant to these Regulations in the event of serious or repeated infringement of these Regulations, regulations laid down in pursuance thereof, stipulated conditions or issued instructions.	Section 11-21. **취소** 국왕은 본 규정, 그에 따라 정한 규정, 규정된 조건 또는 발령된 지시를 중대하거나 반복적으로 위반하는 경우에는 본 규정에 따른 허가를 취소할 수 있다.
If incorrect information is provided in an application for a permit or information of significance has been withheld and it must be presumed that a permit would not have been granted if correct or complete in-formation had been provided, the permit may be revoked from the licensee in question.	허가신청서에 부정확한 정보가 제공되거나 중요한 정보가 보류된 경우, 정확하고 완전한 정보가 제공되었더라면 허가가 부여되지 않았을 것으로 추정해야 하는 경우, 해당 개발권자의 허가는 취소될 수 있다.
A permit may be revoked if the guarantee the licensee is obliged to furnish pursuant to Section 11-9 has been significantly weak-ened, or if the enterprise or other association holding the permit is dissolved or subject to compulsory debt settlement or bankruptcy proceedings.	개발권자가 제11-9조에 따라 제공할 의무가 있는 보증이 현저하게 약화되었거나, 그 허가를 보유하고 있는 기업 또는 기타 협회가 해산되거나, 강제채무 청산 또는 파산절차의 적용을 받는 경우, 허가가 취소될 수 있다.
Section 11-22. Results of revocation, surrender of rights or discharge for other reasons Revocation of permits, surrender of rights or discharge of rights for other reasons do	Section 11-22. **취소, 권리 포기 또는 기타 사유로 인한 해고 결과** 허가 취소, 권리 포기 또는 기타 이유로 인한 권리 해제는 본 규정, 그에 따라 정

not remove the financial obligations that follow from these Regulations, regulations laid down in pursuance thereof or special conditions. If a work commitment or other obligation has not been fulfilled, the Ministry may demand payment, in whole or in part, of the amount that fulfilment of the obliga-tion would have cost. The amount shall be stipulated with binding effect by the Ministry.	해진 규정 또는 특별한 조건에 따른 재정적 의무는 소멸되지 않는다. 업무 약속이나 다른 의무가 이행되지 않은 경우, 석유에너지부는 의무 이행에 소요되는 비용의 전부 또는 일부를 지급할 것을 요청할 수 있다. 그 금액은 석유에너지부가 규정한다.
Section 11-23. Regulations and administrative decisions The Ministry (Ministry of Petroleum and Energy and Ministry of Labour and Social Affairs) may draft the regulations and issue the instructions that are necessary to imple-ment these Regulations.	Section 11-23. **규정 및 행정 결정** 부처(석유에너지부 및 노동사회부)는 본 규정을 시행하기 위하여 필요한 규정을 초안하고 지침을 제정할 수 있다.
The Ministry itself can make decisions or delegate authority to others regardless of whether authority pursuant to these regu-lations is given to the Norwegian Petroleum Directorate or the Petroleum Safety Authority Norway.	석유에너지부는 본 규정에 따른 권한이 노르웨이 석유 이사회 또는 노르웨이 석유 안전국에 부여되었는지 여부에 관계없이 다른 기관에 결정을 내리거나 권한을 위임할 수 있다.
Authority in connection with regulatory supervision activity may, in special instances, be delegated to parties other than public administrative bodies.	규제 감독 활동과 관련된 권한은 특별한 경우 공공행정기관 이외의 당사자에게 위임할 수 있다.
The Ministry may, in special circumstances, grant exemption from provisions stipulated in or laid down pursuant to these Regulations.	석유에너지부는 특별한 상황에서 본 규정에 따라 규정되거나 규정된 조항에 대한 면제를 허가할 수 있다.
When authority in these Regulations is given to the Norwegian Petroleum Directorate or the Petroleum Safety Authority Norway, this also includes authority pursuant to (1) and (4).	본 규정의 권한이 노르웨이 석유 이사회 또는 노르웨이 석유 안전청에 주어지는 경우, 여기에는 (1)항 및 (4)항에 따른 권한도 포함된다.

Other conditions than those mentioned in these Regulations may be stipulated in connection with administrative decisions that have a natural connection to the measure or the activities to which the administrative decision applies.	본 규정에서 언급한 사항 이외의 조건은 조치와 관련성이 있는 행정 결정이나 행정 결정이 적용되는 활동과 관련하여 정할 수 있다.
Section 11-24. Penal provisions Intentional or negligent infringement of provisions or decisions made in or pursuant to these Regulations shall be punished with fines or imprisonment for up to 3 months. Imprisonment for up to 2 years may be applied under particularly aggravated circumstances. Aiding and abetting shall be punished in the same way. These provisions shall not apply if the matter is covered by more stringent penal provisions.	Section 11-24. 벌칙 조항 본 규정에서 또는 본 규정에 따른 행한 규정 또는 결정의 고의 또는 과실로 인한 침해는 3개월 이하의 벌금 또는 금고형에 처한다. 특히 중대한 사항의 경우에는 2년 이하의 징역형에 처할 수 있다. 방조도 같은 형으로 처벌한다. 이 조항들은 그 문제가 더 중한 처벌조항에 의해 다루어지는 경우에는 적용되지 않는다.

Section 12–1. Entry into force
제12장 발효

원문	번역
Section 12-1. Entry into force These Regulations shall enter into force immediately.	Section 12-1. 발효 이 규정은 즉시 시행한다.

Appendix I.

부록 I

본 규정의 제1-10절에 언급된 잠재적 저장소와 주변 지역을 설명하고 평가하기 위한 기준

본 규정 제1-10절에 언급된 관련 저장소 및 주변 지역에 대한 설명과 평가는 평가 당시 모범 사례에 따라 아래의 기준에 따라 3단계로 수행되어야 한다. 석유에너지부는 개발권자가 제1-10절에 따른 결정의 기준으로 설명과 평가의 적합성에 영향을 미치지 않는다는 것을 입증한 경우, 이러한 기준 중 하나 이상의 편차를 허용할 수 있다.

원문	번역
Step 1: Data acquisition Sufficient data shall be collected to establish a volumetric and three-dimensional static (3D) geological model of the storage location and storage complex, including cap rocks and the surrounding areas – including hydraulically connected areas.	Step 1: Data acquisition 1단계: 데이터 수집 저장소 및 저장 단지의 부피 및 3차원(3D) 지질 모델을 수립하기 위해 충분한 데이터를 수집해야 한다. 여기에는 덮개암과 인접한 지역, 지중수리학적으로 연결된 지역이 포함된다.
These data shall at least include the following inherent characteristics of the storage complex:	이러한 데이터는 최소한 다음과 같은 저장단지의 고유한 특성을 포함해야 한다.
Geological and geophysical data, Reservoir calculations (including volumetric calculations of pore volume for CO_2 injection and maximum storage capacity), Geochemical data (resolution velocity, mineralisation velocity), Geomechanical data (permeability, fracture pressure), Earthquake frequency,	지질학적 및 지구물리학적 데이터, 저장소 계산(CO_2 주입 및 최대 저장 용량에 대한 공극 체적의 용적 계산 포함) 지구화학 자료(용해 속도, 광물화 속도), 지질역학적 자료(투수율, 균열 압력), 지진 빈도,

Presence and condition of natural and an-thropogenic flow routes for CO_2, including wells and boreholes that may form leakage routes.	누출 경로를 형성할 수 있는 시추공을 포함하여 CO_2 에 대한 자연 및 인공적 누출 경로의 존재 및 상태.
The following characteristics of the storage complex' surroundings shall be documented:	저장단지 주변의 다음 각 호의 특성을 기록하여야 한다.
Areas that surround the storage complex and which may be influenced by the storage of CO_2 – at the storage location, Proximity to valuable natural resources, Activities around the storage complex and possible interactions with these activities (for example exploration for, production and storage of hydrocarbons, geothermal use of aquifers and use of subsurface water reser-voirs),	저장 단지에 인접하는 CO_2의 저장에 영향을 받을 수 있는 지역 - 저장소에서 귀중한 천연자원에 근접해 있고, 저장 단지 주변의 활동과 이러한 활동과의 가능한 상호작용(예: 탄화수소의 탐사, 생산 및 저장, 대수층의 지열 사용 및 지하수 저장소의 사용)
Proximity to the potential CO_2 source or CO_2 sources (including estimates of the total volume of CO_2 that is reasonably available for storage) as well as suitable transport options,	잠재적 CO_2 저장소 또는 CO_2 저장소에 대한 접근성(저장이 합리적으로 가능한 CO_2 총체적의 추정치 포함) 및 적절한 수송방법
Step 2: Establishing a three-dimensional geological model (for injection) By using the data gathered in Step 1, one shall, using reservoir simulation tools, es-tablish a three-dimensional geological model, or a set of such models of the pro-posed storage complex, including cap rocks and hydraulically connected areas and liquids.	2단계: 3차원 지질 모델 구축(주입용) 1단계에서 수집한 데이터를 사용하여 저장소 시뮬레이션 도구로 3차원 지질 모델 또는 덮개암, 저장층 및 유체를 포함한 저장단지의 해당 모델 세트를 설정해야 한다
The static geological model or models shall characterise the complex as regards:	정적 지질 모델은 다음과 같은 저장소 단지의 특성을 나타내야 한다.

Geological structure of the physical trap, Geomechanical, geochemical and flow properties of the reservoir's overlying layer (cap rocks, seals, porous and permeable layers) and surrounding formations, Characterisation of fractures and faults and the presence of natural and anthropogenic flow routes, The area and vertical extent of the storage complex, Pore volume (including distribution of po–rosity), Original liquid distribution, Other relevant characteristics.	물리적 트랩[4]의 지질학적 구조, 저장소의 중첩층(덮개암, 포획, 공극층다공질 및 유체투과성층) 및 주변층의 지질학적, 지구화학적 및 거동 특성 균열 및 단층의 특성 및 자연 및 인위적 흐름 경로의 존재 여부 저장소의 면적과 수직 범위, 공극 체적(공극률 분포 포함), 원시 유체 분포, 기타 관련 특성.
The uncertainty linked to each of the pa–rameters used to construct the model shall be assessed by developing multiple scenarios for each parameter and estimating associated confidence limits. Any uncertainty associated with the model itself shall also be assessed.	모델 구성에 사용된 각 매개변수에 연결된 불확실성은 각 매개변수에 대한 다중 시나리오를 개발하고 관련 신뢰 한계를 추정하여 평가해야 한다. 모델 자체와 관련된 모든 불확실성도 평가되어야 한다.
Step 3: Characterising the dynamic devel–opment, sensitivity and risk assessment of the storage The characterisations and assessments shall be based on dynamic models that include time simulations of CO_2 injections in the storage location by using the three–dimen–sional geological calculation model estab–lished for the storage complex in accordance with Step 2.	3단계: 저장소의 동적 개발, 민감도 및 위험도 평가 특성화 2단계에 따라 저장소에 대해 수립된 3차원 지질계산모델을 이용하여 저장소에서 CO_2 주입의 시간 시뮬레이션을 포함하는 동적모델에 기초하여야 한다.
Step 3.1: Characterising dynamic conditions in the storage location As a minimum, the following factors shall be assessed:	3.1단계: 저장소의 동적 조건 특성화 최소한 다음 요소를 평가해야 한다.

a) Potential injection rates and properties of the CO_2 flow,	a) CO_2 거동의 잠재적 주입율 및 주입 특성,
b) The effect of linked process modellings (i.e. how different individual effects in the calculation model work together),	b) 연결된 절차 모델링의 효과(즉, 계산 모델에서 서로 다른 개별 효과가 함께 작동하는 방식),
c) Reactive processes (i.e. how reactions between injected CO_2 and the present com-ponents (substances) connect back to the model),	c) 반응 절차(즉, 주입된 CO_2 와 현재 성분(물질) 간의 반응이 모델에 다시 연결되는 방법),
d) The reservoir simulation model used (multiple simulations may be necessary in order to validate certain discoveries),	d) 사용된 저장층 시뮬레이션 모델(특정 발견을 검증하기 위해 여러 시뮬레이션이 필요할 수 있음)
e) Short and long-term simulations (in order to establish what happens with the injected CO_2 and development over decades and millennia, including the resolution ve-locity of CO_2 in water),	e) 단기 및 장기 시뮬레이션(지층수 내 CO_2 분해 속도를 포함하여 수십 년 및 수천 년에 걸친 CO_2 주입 및 개발에서 어떤 일이 일어나는지 확인하기 위해)
The dynamic modelling shall provide give insight into:	동적 모델링은 다음 사항에 대한 세부사항을 제공해야 한다.
f) Pressure and temperature in the storage formation as a function of injection rate and accumulated injected volume over time,	f) 주입율 및 시간 경과에 따른 누적 주입 체적의 함수로서 저장 압력 및 온도,
g) Area and vertical extent of CO_2 over time,	g) 시간 경과에 따른 CO_2 면적 및 수직 범위,
h) The CO_2 flow in the reservoir, including the phases it occurs in,	h) 저장소 내 CO_2의 상 거동
i) CO_2 trap mechanisms and velocities (including the overfilling point) and lateral and vertical seals,	i) CO_2 저장 메커니즘 및 수직 및 수평 차폐율(과주입 지점 포함)
j) Secondary shut-in systems for the entire storage complex,	j) 전체 저장 시설에 대한 보조 폐쇄 시스템,

k) Storage capacity and pressure gradients for the storage location,	k) 저장소에 대한 저장 용량 및 압력 구배
l) Risk of fracturing in the storage for－mations and cap rocks,	l) 저장층과 덮개암에서 균열의 위험.
m) Risk of CO_2 ingress in the cap rocks,	m) 덮개암 내 CO_2 누출 위험,
n) Risk of leakage from the storage loca－tion (e.g. through abandoned or insufficiently sealed wells),	n) 저장소에서의(예: 방치되거나 충분히 밀봉되지 않은 유정을 통한) 누출 위험.
o) Migration velocity (in non－shut－in reservoirs),	o) 이동 속도(폐쇄되지 않은 저장소의 경우)
p) Fracture sealing velocity,	p) 균열대 밀봉율,
q) Changes in the formations' liquid chem－istry and subsequent reactions (e.g. pH changes, mineral formation) and use of mod－elling of reactions to assess the consequences,	q) 지층유체의 화학 및 2차 반응(예: pH 변화, 광물 형성)의 변화 및 결과를 평가하기 위한 반응 모델링 사용
r) Replacement of formation liquids,	r) 지층유체의 이동
s) Increased seismicity and surface elevation.	s) 지표면에서 증가된 지진 활동 및 고도
Step 3.2: Sensitivity characteristics Multiple simulations must be performed in order to identify the sensitivity of the as－sessments of chosen assumptions for special parameters. The simulations shall be based on different parameters in the geological model(s), and on different velocity functions and assumptions in the dynamic modelling. All significant sensitivity shall be taken into consideration in the risk assessment.	3.2단계: 민감도 특성 특수 매개변수에 대해 선택된 가정의 평가 민감도를 식별하기 위해 여러 시뮬레이션을 수행해야 한다. 시뮬레이션은 지질 모델의 다른 매개변수와 동적 모델링의 다른 속도 함수 및 가정에 기초해야 한다. 위험 평가 시 모든 중요한 민감도가 고려되어야 한다.
Step 3.3: Risk assessment The risk assessment shall e.g. include the following:	3.3단계: 위험 평가 위험 평가에는 다음이 포함되어야 한다.

3.3.1. Risk characteristics Risk characteristics shall be obtained by characterising the potential for leakage from the storage complex, as established through dynamic modelling and safety characteristics as described above. This shall include ob－servations such as:	3.3.1. 위험 특성 위험 특성은 위에서 설명한 동적 모델링 및 안전 특성을 통해 설정된 저장소에서 누출 가능성을 특성화하여 구해야 한다. 여기에는 다음과 같은 관찰이 포함되어야 한다.
a) Potential leakage routes,	a) 잠재적 누출 경로,
b) Potential size of leaks from identified leakage routes (flux velocities),	b) 확인된 누출 경로에서 누출의 잠재적 크기(유속)
c) Critical parameters that affect potential leakage (e.g. maximum reservoir pressure, maximum injection rate, temperature, sensi－tivity for varying assumptions in the geo－logical model(s), etc.),	c) 잠재적 누출에 영향을 미치는 중요 매개변수(예: 최대 저장압력, 최대 주입속도, 온도, 지질 모델의 다양한 가정에 대한 민감도 등)
d) Secondary effects of the storage, in－cluding displaced formation fluid and new substances formed in connection with storage of CO_2,	d) CO_2 저장과 관련하여 대체된 지층유체 및 새로운 물질을 포함한 저장의 2차적 영향
e) Any other factors that may entail a risk for health or the environment (e.g. physical structures associated with the project).	e) 건강 또는 환경에 대한 위험을 수반할 수 있는 기타 요인(예: 프로젝트와 관련된 물리적 구조)
The risk characteristics shall include the entire spectrum of potential operational conditions for testing the safety of the stor－age complex.	위험 특성에는 저장 단지의 안전성을 시험하기 위한 잠재적 운용 조건의 전체 스펙트럼이 포함되어야 한다.
3.3.2. Exposure assessment This shall be based on characteristics of the environment and activities above the storage complex, and on the potential behaviour and what happens with CO_2 that leaks from the potential leakage routes identified in Step 3.3.1.	3.3.2. 위험도 평가 이는 저장단지 위의 환경 및 활동 특성, 잠재적 활동 및 3.3.1단계에서 식별된 잠재적 누출 경로에서 누출되는 CO_2 에 대해 발생하는 현상에 기초해야 한다.

3.3.3. Effect assessments These shall be based on the sensitivity of spe－cial species or habitats in connection with po－tential leakage incidents identified in Step 3.3.1.	3.3.3. 환경영향 평가 이는 3.3.1단계에서 식별된 잠재적 누출사고와 관련된 특수 종 또는 서식지의 민감도에 기초해야 한다.
If applicable, the assessments shall include the effects of exposure to elevated CO_2 con－centrations in the biosphere (including soil, sediments in seawater and benthic water (lack of oxygen, elevated CO_2 content in the blood) and reduced pH in these environments as a result of leaked CO_2). It shall also include an assessment of effects of other substances that may be present in leaked CO_2 (either as im－purities present in the injection flow or new substances formed through the storage of CO_2). These effects shall be assessed for different duration and area extent and linked to lea－kages of different sizes.	해당되는 경우, 평가에는 생물권 내 CO_2 농도 상승(토양, 바닷물 및 저수층수의 퇴적물 포함)에 대한 노출의 영향과 누출 CO_2의 결과로 이러한 환경에서 pH가 감소된 영향이 포함되어야 한다. 또한 누출된 $CO\alpha$ 에 존재할 수 있는 다른 물질(주입 흐름에 존재하는 불순물 또는 CO_2의 저장을 통해 형성된 새로운 물질)의 영향도 평가해야 한다. 이러한 영향은 다른 지속시간 및 면적 범위에 대해 평가되어야 하며 다른 크기의 누출과 연결되어야 한다.
3.3.4. Risk characterisation This shall include an assessment of the safety and integrity of the storage location over the short and long term, including an assessment of the risk of leakage under the proposed us－age conditions, and as the worst imaginable environmental and health consequences.	3.3.4. 위험 특성 분석 여기에는 제안된 사용 조건에 따른 누출위험 평가와 상상할 수 있는 최악의 환경 및 건강 결과를 포함하여 장단기 동안 저장 위치의 안전 및 무결성에 대한 평가가 포함되어야 한다.
The risk characterisation shall be performed based on risk, exposure and effect assessments. It shall include an assessment of the sources of uncertainty that are identified through the steps in the characterisation and of the storage loca－tion and, when possible, a description of the opportunities to reduce uncertainty.	위험 특성화는 위험, 노출 및 효과 평가에 기초하여 수행되어야 한다. 여기에는 특성화 단계와 저장소의 단계를 통해 식별되는 불확실성의 기저에 대한 평가와 가능한 경우 불확실성을 줄일 수 있는 기회에 대한 설명이 포함되어야 한다.

4) 트랩은 석유나 천연가스가 외부로 이동하지 않도록 상층부가 물이 통과하지 않는 덮개암으로 덮여있어 석유나가스의 집적이 이뤄질 수 있는 구조를 말한다.

Appendix Ⅱ. Criteria for establishing and updating the monitoring plan in Section 5-4 and post-operation plan in Section 5-7
부록 Ⅱ 제5-4절과 5-7절의 폐쇄 후 운영계획의 수립과 업데이트

원문	번역
1. Establishing and updating a monitoring plan The monitoring plan mentioned in Section 5-4(2) shall be prepared in accordance with the risk assessment analysis performed Step 3 in Appendix I. The monitoring plan shall be updated to satisfy the requirements stipulated in Section 5-4(1) in line with the following criteria:	**1. 모니터링 계획 수립 및 업데이트** 제5-4(2)절에 언급된 모니터링 계획은 부록 I의 3단계에서 수행한 위험 평가 분석에 따라 작성되어야 한다. 모니터링 계획은 다음 기준에 따라 제5-4(1)절에 규정된 요건을 충족하도록 업데이트되어야 한다.
1.1. Establish the plan The monitoring plan shall contain details concerning the monitoring programme that will be implemented in all main stages of the project, including basic data, operational phase and the post-operation phase. The following shall be specified for each phase: a) The parameters to be monitored, b) The monitoring techniques that will be used and a substantiation for the chosen monitoring techniques, c) Monitoring locations and a substantiation for the chosen sampling locations, d) Sampling frequency and a substantiation thereof,	1.1. 계획 수립 모니터링 계획에는 기본 데이터, 운영 단계 및 운영 후 단계를 포함하여 프로젝트의 모든 주요 단계에서 구현될 모니터링 프로그램에 대한 세부 사항이 포함되어야 한다. 각 단계에 대해 다음 사항이 지정되어야 한다. a) 모니터링해야 할 측정변수 b) 사용될 모니터링 기법과 선택된 모니터링 기법에 대한 입증, c) 선택된 샘플링 위치에 대한 모니터링 위치 및 검증 d) 샘플링 주기 및 그 증명

The parameters to be monitored shall be chosen such that they can satisfy the objective of the monitoring. The plan shall nevertheless always include continuous or periodic monitoring of the following factors:	모니터링 대상 매개변수는 모니터링 목표를 충족할 수 있도록 선택해야 한다. 그럼에도 불구하고 계획에는 항상 다음 요소에 대한 지속적 또는 정기적인 모니터링이 포함되어야 한다.
e) Diffuse emissions of CO_2 near the injection facility,	e) 주입시설 주변 CO_2의 확산배출량,
f) CO_2 volume flow near the injection wellheads,	f) 주입 정두[5] 근처의 CO_2 체적 흐름,
g) CO_2 pressure and temperature near the injection wellheads (in order to determine mass flow),	g) 주입 수원 부근의 CO_2 압력 및 온도(질량 흐름을 결정하기 위해),
h) Chemical analysis of the injection flow,	h) 주입 흐름의 화학적 분석,
i) Reservoir temperature and pressure (to determine the CO_2 phases' behaviour and condition),	i) 저장층 온도 및 압력(CO_2 단계의 거동 및 상태 확인을 위한)
The choice of monitoring techniques shall be based on the best practice available at the time of design. The following alternatives shall be considered and used, if possible:	모니터링 기법의 선택은 설계 당시 사용 가능한 모범 사례에 기초해야 한다. 가능한 경우 다음 대안을 고려하고 사용해야 한다.
j) Technologies that can detect the presence, location and migration route of CO_2 in the subsurface and on the surface,	j) 지표 및 해저지층에서 CO_2의 존재, 위치 및 이동경로를 검출할 수 있는 기술,
k) Technologies that can provide information about the development of pressure and volume and area/vertical saturation of the CO_2 cloud (plume) in order to improve numerical 3D simulations related to 3D geological models of the storage formation	k) 본 규정 제1－10절 및 부록 I에 따른 저장소 형성의 3D 지질학적 모델과 관련된 수치 3D 시뮬레이션을 개선하기 위해 CO_2 구름(plume)의 압력과 체적 및 면적/수직 포화도에 관한 정보를 제공할 수 있는 기술

established pursuant to these Regulations' Section 1−10 and Appendix I, l) Technologies that can cover a broad area in order to obtain information about previously undiscovered potential leakage routes across the area dimensions of the entire storage complex and above, in the event of significant irregularities or migration of CO_2 out of the storage complex.	 l) 심각한 불규칙성 또는 CO_2의 저장 공간의 외부로의 이동 시 전체 저장단지의 면적 치수에 걸쳐 이전에 발견되지 않은 잠재적 누출 경로에 대한 정보를 얻기 위해 광범위한 영역을 망라할 수 있는 기술
1.2. Updating the plan Data obtained from the monitoring shall be collected and interpreted. The observed results shall be compared with the behaviour predicted in the dynamic simulation of 3D pressure volume and saturation behaviour performed in connection with safety characteristics pursuant to these Regulations' Section 1−10 and Appendix I, Step 3. In the event of significant deviations between observed and predicted behaviour, the 3D model shall be calibrated to reflect the observed behaviour. The calibration shall be based on data observations from the monitoring plan, and additional data shall be collected where this is necessary in order to strengthen the calibration assumptions. Steps 2 and 3 in Appendix I shall be repeated by using the calibrated 3D model to generate new risk scenarios and flux rates and to revise and update the risk assessment. As regards new CO_2 sources, leakage routes and flux rates or in the event of observed significant deviations from previous assessments identified in the comparison	1.2. 계획 업데이트 모니터링에서 얻은 데이터를 수집하고 해석해야 한다. 관측 결과는 본 규정의 제 1−10절 및 부록 I, 3단계에 따라 안전 특성과 관련하여 수행되는 3D 압력 부피 및 포화 거동의 동적 시뮬레이션에서 예측된 거동과 비교해야 한다. 관찰된 거동과 예측치 사이에 상당한 편차가 발생하는 경우, 관찰된 거동 특성을 반영하도록 3D 모델을 보정해야 한다. 보정은 모니터링 계획에서 관측한 자료를 토대로 하며, 보정 가정 강화를 위해 필요한 경우 추가 자료를 수집하여야 한다. 부록 I의 2단계와 3단계를 보정된 3D 모델을 사용하여 새로운 위험 시나리오와 유동률을 수립하고 위험 평가를 수정 및 업데이트해야 한다. 새로운 CO_2 발생원, 누출 경로 및 유동률 또는 모델의 과거 데이터, 적응 및 보정과의 비교에서 확인된 이전 평가에서 유의한 편차가 관찰된 경우 이에 따라 모

with historical data, adaptation and calibra-tion of the model, the monitoring plan shall be updated in line with this.	니터링 계획을 업데이트해야 한다.
2. Monitoring after shutdown Monitoring after the storage location is shut down shall be based on the information that has been collected and modelled during implementation of the monitoring plan in Section 5-4(2) and in the above-men-tioned No. 1.2 in this Appendix. It shall particularly serve to provide the information required to make a decision pursuant to Section 5-7(1) of these Regulations.	**2. 폐쇄 후 모니터링** 저장소 폐쇄 후 모니터링은 제5-4(2)절과 본 부록의 상기 1.2번에서 모니터링 계획 이행 중 수집 및 모델링된 정보를 기반으로 해야 한다. 특히 본 규정 제5-7(1)절에 따른 의사결정에 필요한 정보를 제공하는 역할을 해야 한다.

5) 시추장비와 유정 사이를 이어주는 연결장치

제 5 장

일본의 CCUS 정책동향과 입법

I 일본의 CCUS 정책 동향

1. 일본의 이산화탄소 배출량

2022년도 CO_2 배출량은 10억 3,500만 톤으로 온실가스 총 배출량의 91.1%를 차지했다.1990년도 대비 10.6% 감소, 전년도 대비 2.5% 감소했다.

2022년도의 CO_2 배출량은 연료 연소에 따른 배출이 94.9%로 가장 많았고, 공업 프로세스 및 제품 사용 분야에서의 배출(4.0%), 폐기물 분야에서의 배출(1.1%)이 그 뒤를 이었다.

연료의 연소에 따른 배출을 보면, 에너지 산업이 2.0%, 제조업·건설업이 22.7%, 운수가 17.9%, 기타 부문 6개가 12.3%를 차지하고 있었다. 전년도부터 배출량이 감소한 원인으로는 제조업·건설업에서의 연료 연소에 따른 배출이 감소한 것 등을 들 수 있다.

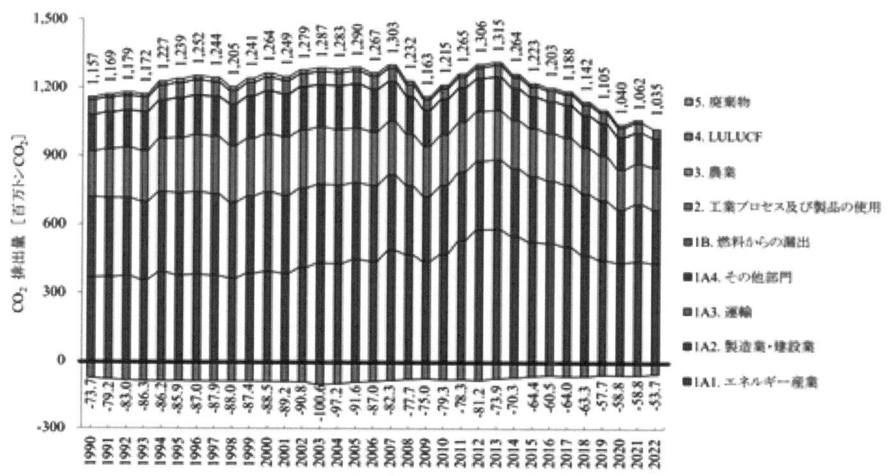

2. 일본의 CO_2 프로젝트 현황

일본은 국가에 의한 지원사업으로서 그 효과를 최대한 높이기 위해 CO_2의 포집원, 수송방법, CO_2 저장지역의 조합이 다른 프로젝트를 지원함으로써 다양한 CCS 사업모델의 확립을 목표로 하는 동시에 2030년까지 연간 저장량 600만~1,200만t의 확보를 목표하고 있다.

이를 위해서 7개 프로젝트를 진행하고 있다. 다배출원에서 발전, 석유정제, 철광, 화학, 종이·펄프, 시멘트 등의 사업 분야를 고려하여 국내 다배출 지역을 선정하였다. 2030년 연간 저장 예상 합계는 약 1,300만톤(해외는 30%)이며 목표치는 600－1,200만톤의 달성을 할 것으로 전망되고 잇다.

안건(저장장소)	회수원	수송방법	저장지역
① 토마코마이 지역 石油資源開発、出光興産、北海道電力	제유소, 화력발전소	파이프라인	지역고갈유전가스전 또는 해저하(연안지역)
② 日本海側東北地方 伊藤忠商事、INPEX、大成建設、日本製鉄、太平洋セメント、三菱重工、伊藤忠石油開発	제철소, 시멘트 공장	선박, 파이프라인	해저하(연안지역)
③東新潟地域石油資源開発、東北電力、三菱ガス化学、北越コーポレーション、野村総合研究所	화학공장, 제지공장, 화력발전소	파이프라인	지역고갈유전가스전 또는 해저하(연안지역)
④首都圏INPEX、日本製鉄、関東天然瓦斯開発	제철소 등	파이프라인	해저하(연안지역)
⑤九州北部沖~西部沖ENEOS、JX石油開発、電源開発	제유소, 화력발전소	선박, 파이프라인	해저하(앞바다)
⑥マレーシア マレー半島東海岸沖 三井物産	제유소, 화학공장 등	선박, 파이프라인	해외(말레이시아)
⑦大洋州 三菱商事、日本製鉄、ExxonMobil	제철소 등	선박, 파이프라인	해외(대양주)

[그림] 선정안건의 위치 및 제안기업[1)]

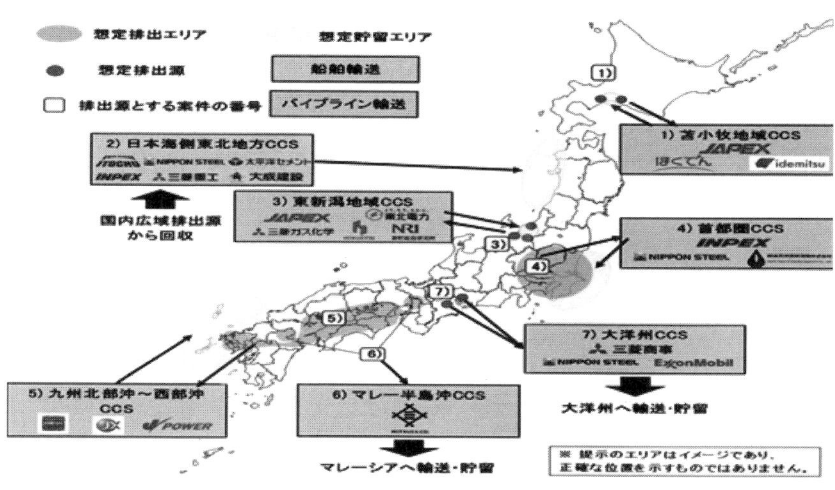

당초 2020년까지의 실증화가 목표였던 CCS이지만, 일본에서 CCS가 상업규모로 운용된 경우는 없다. 비교적 규모가 큰 실증 실험으로서 홋카이도의 토마코마이에서 행해진 것이 있다. 동 사업에서는, 2016년 4월부터 2019년 11월의 3년 반에 걸쳐, 2개의 주입정으로부터 총 30만 톤이 주입되어 현재도 모니터링이 계속 되고 있다. 그 중 1개의 주입정에서는 충분한 양의 CO_2를 주입할 수 없었다.

일본에서는 육지에서의 저장 잠재력이 한정되어 있기 때문에 해양에서의 저장 가능성을 상정되고 있다. 그 때문에 비용이 높고, 안정된 비용으로 저장할 수 있다고 예상되는 해외에 CO_2를 운반해 저장한다고 하는 논의가 지속되고 있다. 액화 CO_2 운반선도 정부 지원에 의해 개발 중이지만, 실증 실험 단계이다.

2022년에 경제산업성의 'CCS 사업비 및 실비방안 워킹 그룹'에서 제시한 추계에 따르면, 현재의 CCS 비용은 12,800엔~20,200엔/tCO_2로, 2050년까

---

1) https://www.meti.go.jp/press/2023/06/20230613003/20230613003.html

지 60% 정도로 감축할 것으로 예상되지만, 이를 위한 구체적인 대책은 제시되어 있지 않다.

정책에서는 2030년까지 CCS 사업을 본격적으로 시작하여, 2050년 시점에서 CO_2를 연간 1.2억~2.4억 톤 저장하는 것을 목표로 하고 있으며 비용의 절감이나 법 정비, 대중수용성을 높이기 위해 노력 중이다.

또한 일본의 온실가스 연간 배출량은 11억 2,200만 톤(CO_2 환산, 2021년)으로, 연간 1.2억 톤~2.4억 톤이라고 하면, 그 10%~20%에 해당한다. 일본 정부는 「탈탄소화를 최대한 추진해도 CO_2 배출이 불가피한 부분을 중심으로 CCS를 최대한 활용한다.」고 하고 있지만, 재생 가능 에너지 등의 대체안이 존재하는 전력 섹터에서의 활용도 의도되고 있다.

향후, CCS 사업을 진행시켜 나가는데 있어서, 사업자가 따르는 규정이나 국가에 의한 감독, 보안이나 배상 등에 대응하기 위해서 2024년의 정기 국회에 「CCS 저장사업법」 안이 제출되었으며, 중의원에서 동년 4월 9일 통과되어 5월 24일 공포되었다.

II 일본의 CCS 입법현황

1. 「해양오염방지법」의 제정

「해양오염 및 해상재해 방지에 관한 법률」(海洋汚染等及び海上災害の防止に関する法律, 이하 "해양오염방지법"이라 한다)은 일본 CCS 법·제도의 기본이 되는 상위법으로서, 일본 Offshore CCS의 토대를 제공하고 있다. 이 법은 London Protocol 수정안을 바탕으로 하고 있으며, 내각령과 환경부 법령을 하위 내용으로 두고 있다. 이 법을 적용하기 위해서 환경영향평가보고서

(Environment Impact Assessment Report), 오염 방지를 위한 모니터링 계획(Monitoring Plan to confirm no pollution), 심해 침출 완화 계획(Mitigation Plan in the case of seepage) 등이 요구된다.

내각령(Cabinet Order 혹은 The Cabinet of Japan)은 「해양오염방지법」의 하위법에 해당하며 CCS의 기반이 되며, 폐기물 관리에 대한 근거를 제공하는 즉시 실행 가능하다, 내각령은 국회에 의해 선정되는 Prime Minister와 14명의 Ministers of State로 구성되어 있다.

[그림] 일본 기본법 구조
(Akio Takemoto Ministry of the Environment, Japan, CCS 포럼 제 2회)

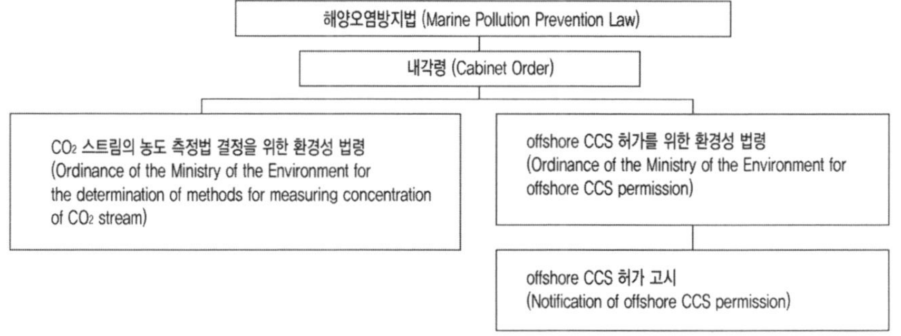

일본은 '포집한 CO_2'를 폐기물로 규정하고 있으며, 해저에 저장하는 방법을 고려하고 있다. 이에 따라 '포집한 CO_2'를 「해양오염방지법」으로 관리하고 있다.

CCS에 관련한 「해양오염방지법」 개정안은 CO_2 stream의 순도가 99% 이상 또는 수소 생산으로부터 98% 이상일 것을 요구하고 있다. 또한 환경성 법령을 통해서 CO_2의 주입 시기, CO_2 stream의 특성, 저장되어야 하는 CO_2의 양, 이미 저장된 기존 CO_2의 양, 저장 부지의 위치와 면적, CO_2 주입 단계, 누출 시 대처법과 경감법 등의 내용과 프로젝트의 진행 단계를 지정하고 있다.

동법은 이산화탄소저장사업을 위한 사업계획서에 이산화탄소 유출시 복구방안, 환경영향평가를 포함하도록 하고, CCS 실시 허가로서 리스크를 방지하기 위해 CO_2의 저장 지점을 적절하게 선택할 것, 저장되는 CO_2에 의한 잠재적 영향평가를 제대로 실시하는 제도적 조치를 할 것, 저장소에서 CO_2 유출 및 해양환경의 변화 정도, 지층의 압력이나 온도의 변화 등 지층의 상황과 CO_2의 위치 등을 모니터링하도록 하고, 해양환경 생태계에 미치는 영향의 우려가 있을 경우에는 적절한 조치를 할 의무를 부과하고 있다.

CCS 관련 규제에 환경영향평가(Environmental Impact Assessment, EIA), 고압가스보안법(High Pressure Gas Safety Act), 도로법 등을 적용, 지하수질 오염, 해수 오염, 주민 피해, 생태계 파괴 등과 같은 CO_2 유출 시나리오 별 환경적 리스크에 따른 환경영향평가도 마련하고 있다.

CO_2 저장사업자는 저장·격리 지역의 오염상태를 모니터링하고 보고할 의무를 가지고 있으며, 환경대신(한국의 경우 환경부장관)은 해양지중 처분 지역을 지정하고 관리하도록 하고 있다. 만일 프로젝트에 관한 계획에 따른 경우라면 주입기간, CO_2처리량, 유출시 복구 방안 등이 기재되도록 하고 있고, 모니터링 계획, 처분 지역 선정 및 환경영향평가 보고서, 사업자의 재정적/기술적 적정성 등을 관련 부처에 제출하도록 하고 있다.

정부의 허가를 받아 이산화탄소의 해저저장이 가능하도록 하고, 정부의 허가 시 주입기간, 주입량, CO_2 누출 시 복구방안, 모니터링, 환경영향평가 등에 관한 사항이 포함된 승인서 제출을 요구한다.

저장소의 설치허가는 정부의 모니터링 결과에 근거하여 정기적으로(최대 5년 정도) 검토하고 업데이트 할 것 등을 의무로 규정하고 있다. 일본은 CCS 사업자가 환경대신의 승인을 취득하는 것을 의무화하고 있으며, 매 5년마다 갱신할 것을 명시하고 있다.

동법에서 해양 지중 CCS 프로젝트에 관한 규정을 마련하였고, 환경대신의 허가를 얻은 경우에 한해서 해양지중에 CO_2 처분을 가능하게 하고 있는데 이 경우 CO_2는 98~99%의 순도를 준수해야 할 의무를 부과하고 있다.

2. 일본의 「CO_2 저장사업법」

「이산화탄소의 저장사업에 관한 법률」(二酸化炭素の貯留事業に関する法律)은 2024년 2월 13일 참의원에 제출되었으며, 경제산업위원회의 심의를 거쳐, 중의원에서 동년 4월 9일 통과되어 5월 24일 공포되었다. 총 8장으로 148개의 조문으로 되어 있다.

이 법률은 공포일로부터 2년이 초과하지 아니하는 범위 내에서 정령으로 정하는 날부터 시행하도록 되어 있다. 단 부칙 제22조의 규정은 공포일에, 제1장, 제4장, 제130조, 제132조 제3항, 제5항 및 제6항, 제133조(제107조 제1항, 제109조 제1항 및 제110조와 관련된 부분에 한함), 제137조 제1항, 제138조 및 제139조의 규정(이들 규정과 관련된 벌칙을 포함)과 부칙 제5조, 제6조 및 제9조의 규정은 공포일부터 기산하여 3개월을 초과하지 않는 범위 내에서 정령으로 정하는 날에, 제2장 제1절(시굴과 관련된 부분에 한함), 같은 장 제2절(시굴 및 시굴권과 관련된 부분에 한함), 같은 장 제3절 제3관, 제65조(시굴과 관련된 부분에 한함), 같은 장 제4절(시굴과 관련된 부분에 한함), 제5장 및 제6장(시굴과 관련된 부분에 한함), 제131조(제1호(제4조 제1항, 제12조 제1항, 제14조 제1항 및 제120조 제1항과 관련된 부분에 한함)와 관련된 부분, 제17조 및 제19조부터 제21조까지의 규정은 공포일부터 기산하여 6개월을 초과하지 않는 범위 내에서 정령으로 정하는 날에 각각 시행하도록 되어 있다.

주요내용으로는 저장사업과 시추에 대한 내용이며, 제2장 시추사업 및 시추, 제3장 도관수송사업, 제4장 저장층의 탐사, 제5장 토지의 사용 및 수용, 제6장 손해배상을 담고 있다. 주요 내용은 아래의 번역문을 참조하면 될 것이다.

일본의 CO_2 저장사업법의 번역

[표] 이산화탄소의 저장 사업에 관한 법률에 관한 번역문

원문	번역문
第一総則	**제1장 총칙**
(目的) 第一条 この法律は、世界的規模でエネルギーの脱炭素化に向けた取組等が進められる中で、エネルギー及び鉱物資源の利用による環境への負荷の程度を低減させることが重要となっていることに鑑み、二酸化炭素の貯留層における安定的な貯蔵を確保するための措置その他の貯留事業及び導管輸送事業の適正な運営を確保するための措置、これらの事業の用に供する工作物等についての保安に関する規制の措置等を講ずることにより、これらの事業の健全な発達及び海洋環境の保全を図り、並びに公共の安全を確保し、もって国民生活の向上及び国民経済の健全な発展に寄与することを目的とする。	제1조 (목적) 본 법률은 에너지의 탈탄소화를 위한 국제적 노력이 진행되고 있는 가운데, 에너지 및 광물 자원의 이용으로 인한 환경 부담을 저감하는 것이 중요하다는 점에 비추어, 이산화탄소의 안정적인 저장을 위한 조치, 그 밖에 저장 사업 및 도관 수송 사업의 적정 운영을 위한 조치, 이러한 사업에 사용하는 공작물 등의 안전에 관한 규제 조치 등을 마련함으로써, 이러한 사업의 건전한 발전 및 해양 환경 보전을 도모하고, 또한 공중의 안전을 확보하여 국민 삶의 향상과 국민 경제의 건전한 발전에 기여하는 것을 목적으로 한다.
(定義) 第二条 この法律において「貯留層」とは、その内部及び周辺の地層の温度、圧力その他の性質が二酸化炭素(二酸化炭素がその大部分を占める流体を含む。以下同じ。)の安定的な貯蔵に適している地下の地層をいう。	제2조 (정의) ① 본 법률에 있어서 "저장층"이란 그 내부 및 주변 지층의 온도, 압력 그 밖에 성질이 이산화탄소(이산화탄소가 대부분을 차지하는 유체를 포함한다. 이하 같다)의 안정적인 저장에 적합한 지하 지층을 말한다.
2 この法律において「貯留事業」とは、二酸化炭素を貯留層に貯蔵する事業をいう。	② "저장사업"이란 이산화탄소를 저장층에 저장하는 사업을 말한다.
3 この法律において「貯留区域」とは、貯留層の全部又は一部をその区域に含む地下	③ "저장구역"이란 저장층의 전부 또는 일부를 그 범위에 포함하는 지하의 일정한

원문	번역문
の一定の範囲における立体的な区域であって、貯留事業の用に供するものをいう。	범위에 있어서 입체적인 범위로서, 저장 사업에 사용하는 것을 말한다.
4 この法律において「試掘」とは、地下の地層が貯留層に該当するかどうかを調査するため、当該地層を掘削すること(当該地層を構成する砂岩その他の岩石を採取することを含み、当該地層における二酸化炭素の貯蔵を伴わないものに限る。)をいう。	④ "시추"란 지하 지층이 저장층에 해당하는지 여부를 조사하기 위해 해당 지층을 굴착하는 것(해당 지층을 구성하는 사암 그 밖에 암석을 채취하는 것을 포함하고, 해당 지층에서의 이산화탄소의 저장을 수반하지 않는 것에 한한다)을 말한다.
5 この法律において「試掘区域」とは、地下の一定の範囲における立体的な区域であって、試掘の用に供するものをいう。	⑤ "시추구역"이란 지하의 일정한 범위에 있어서 입체적인 범위로서, 시추에 사용하는 것을 말한다.
6 この法律において「貯留等工作物」とは、坑井、掘削用機械、圧送機、配管その他の工作物及びこれらの附属設備であって、貯留事業又は試掘の用に供するものをいう。	⑥ "저장등 공작물"이란 갱, 굴착용 기계, 압송기, 배관 그 밖에 공작물 및 이들의 부속 시설로서 저장 사업 또는 시추에 사용하는 것을 말한다.
7 この法律において「貯留権」とは、貯留区域内の貯留層における貯留事業の用に供する貯留等工作物を当該貯留区域に設置し、及び運用し、並びに当該貯留層に二酸化炭素を貯蔵する権利をいう。	⑦ "저장권"이란 저장 구역 내의 저장층에서의 저장 사업에 사용하는 저장등 공작물을 해당 저장 구역에 설치 및 운영하고, 또한 해당 저장층에 이산화탄소를 저장하는 권리를 말한다.
8 この法律において「試掘権」とは、試掘区域における試掘の用に供する貯留等工作物を当該試掘区域に設置し、及び運用し、並びに当該試掘区域において試掘を行う権利をいう。	⑧ "시추권"이란 시추 구역에서의 시추에 사용하는 저장등 공작물을 해당 시추 구역에 설치 및 운영하고, 또한 해당 시추 구역에서 시추를 행하는 권리를 말한다.
9 この法律において「導管輸送事業」とは、二酸化炭素を貯留層(外国における貯留層に相当するものを含む。)に貯蔵することを目的として、導管により当該二酸化炭素を輸送する事業をいう。	⑨ "도관 수송 사업"이란 이산화탄소를 저장층(외국에 있어서의 저장층에 상당하는 것을 포함한다.)에 저장하는 것을 목적으로 도관에 의해 해당 이산화탄소를 수송하는 사업을 말한다.
10 この法律において「導管輸送工作物」とは、導管その他の工作物及びこれらの附属設備であって、導管輸送事業の用に供するものをいう。	⑩ "도관 수송 공작물" 이란 도관, 그 밖의 공작물 및 이들의 부속 시설로서 도관 수송 사업에 사용하는 것을 말한다.

원문	번역문
第二章 貯留事業及び試掘	**제2장 저장사업 및 시추**
第一節 貯留事業及び試掘の許可	제1절 저장사업 및 시추의 허가
第一款 特定区域の指定並びに特定区域における貯留事業及び試掘の許可	제1관 특정구역의 지정 및 특정구역에서의 저장사업 및 시추의 허가
(特定区域の指定) 第三条 経済産業大臣は、貯留層が存在し、又は存在する可能性がある区域について、当該貯留層における二酸化炭素の貯蔵により公共の利益の増進を図るためには、当該区域内の当該貯留層における貯留事業又は当該区域における試掘を最も適切に行うことができる者(以下「特定事業者」という。)を選定し、その特定事業者に当該区域における貯留事業又は試掘(以下「貯留事業等」という。)を行わせる必要があると認めるときは、当該区域を特定区域として指定することができる。	제3조 (특정구역의 지정) ① 경제산업대신은 저장층이 존재하거나 존재할 가능성이 있는 구역에 대하여, 해당 저장층에서의 이산화탄소 저장으로 공공의 이익 증진을 도모하기 위해서는 해당 구역 내의 해당 저장층에서의 저장 사업 또는 해당 구역에서의 시추를 가장 적절하게 행할 수 있는 자(이하 "특정사업자"라 한다)를 선정하고, 그 특정사업자에게 해당 구역에서의 저장사업 또는 시추(이하 "저장사업등"이라 한다)를 행하게 해야 한다고 인정할 때는, 해당 구역을 특정구역으로 지정할 수 있다.
2 前項の規定による指定は、その指定の際現にある他の特定区域又は第五条第一項第四号に規定する許可貯留区域等(特定区域以外の区域に存するものに限る。)の直上の区域と重複していない区域に限ってするものとする。	② 전항의 규정에 의한 지정은 그 지정 당시 현존하는 다른 특정구역 또는 제5조 제1항 제4호에 규정하는 허가 저장구역 등(특정구역 외의 구역에 존재하는 것에 한한다)의 직상 구역과 중복되지 않은 구역에 한한다.
3 経済産業大臣は、第一項の規定による指定(海域に係るものに限る。)をしようとするときは、あらかじめ、環境大臣に協議し、その同意を得なければならない。	③ 경제산업대신은 제1항의 규정에 의한 지정(해역에 관한 것에 한한다)을 하려고 할 때는, 사전에 환경대신과 협의하여 그 동의를 얻어야 한다.
4 経済産業大臣は、第一項の特定区域を指定したときは、特定区域ごとに、特定事業者の募集に係る実施要項(以下単に「実施要項」という。)を定めなければならない。	④ 경제산업대신은 제1항의 특정구역을 지정한 때는, 특정구역마다 특정사업자의 모집에 관한 실시 요강(이하 단순히 "실시요강"이라 한다)을 정해야 한다.

원문	번역문
5 実施要項は、次に掲げる事項を定めるものとする。 一 特定区域の所在地 二 特定区域の面積 三 特定区域において行わせる貯留事業又は試掘の別 四 特定事業者の募集を開始する日及び募集の期間 五 特定事業者を選定するための評価の基準 六 その他経済産業省令で定める事項	⑤ 실시요강은 다음 각 호의 사항을 정하는 것으로 한다. 1. 특정구역의 소재지 2. 특정구역의 면적 3. 특정구역에서 행하게 할 저장사업 또는 시추의 구분 4. 특정사업자의 모집을 개시하는 날 및 모집 기간 5. 특정사업자를 선정하기 위한 평가의 기준 6. 그 밖에 경제산업성령에서 정하는 사항
6 前項第四号に規定する期間は、三月を下らない期間を定めるものとする。ただし、経済産業省令で定める緊急を要する特別の事情があるときは、この限りでない。	⑥ 전항 제4호에 규정하는 기간은, 3월을 넘지 않는 기간을 정하는 것으로 한다. 다만, 경제산업성령으로 정하는 긴급을 요하는 특별한 사정이 있는 때는, 이에 한한다.
7 第五項第五号に規定する評価の基準は、募集に係る特定区域における貯留事業等の適切な実施の確保その他の公共の利益の増進を図る見地から定めるものとする。	⑦ 제5항 제5호에 규정하는 평가의 기준은, 모집에 관한 특정구역에서의 저장사업 등의 적절한 실시 확보 그 밖에 공공의 이익 증진을 도모하는 관점에서 정하는 것으로 한다.
8 経済産業大臣は、第一項の規定により特定区域を指定し、又は第四項の規定により実施要項を定めたときは、遅滞なく、特定区域を表示する図面と併せてこれらを公示しなければならない。これらを変更し、特定区域の指定を解除し、又は実施要項を廃止したときも、同様とする。	⑧ 경제산업대신은 제1항의 규정에 의하여 특정구역을 지정하거나 제4항의 규정에 의하여 실시요강을 정한 때는, 지체없이 특정구역을 표시하는 도면과 함께 이들을 공시해야 한다. 이들을 변경하고, 특정구역의 지정을 해제하거나 실시요강을 폐지한 때도, 마찬가지로 한다.
9 第二項及び第三項の規定は、特定区域の変更について準用する。	⑨ 제2항 및 제3항의 규정은 특정구역의 변경에 준용한다.
(貯留事業等の許可の申請) 第四条 前条第一項の規定により指定された特定区域(特定区域の変更があったときは、その変更後のもの。第十一条を除き、以下同じ。)において貯留事業等を行おうとする者は、当該特定区域に係る実施要項に従っ	**제4조 (저장사업 및 시추의 허가 신청)** ① 제1항의 규정에 의하여 지정된 특정구역(특정구역의 변경이 있었을 때는 그 변경 후의 것. 제11조를 제외하고, 이하 같다)에서 저장사업등을 행하려는 자는 해당 특정구역에 관한 실시요강에 따라 경제산업대

원문	번역문
て、経済産業大臣に申請して、貯留事業については貯留区域ごとに、試掘については試掘区域ごとに、それぞれその許可を受けなければならない。	신에게 신청하여, 저장사업의 경우에는 저장 구역마다, 시추의 경우에는 시추 구역마다 각각 그 허가를 받아야 한다.
2 前項の規定による申請をしようとする者は、経済産業省令で定めるところにより、次に掲げる事項を記載した申請書を、経済産業大臣に提出しなければならない。 一 氏名又は名称及び住所並びに法人にあっては、その代表者の氏名 二 当該申請に係る貯留区域又は試掘区域(以下この条、次条第一項及び第七条第二号において「申請貯留区域等」という。) 三 貯留事業等の開始の予定年月日 四 貯留事業等の概要	② 전항의 규정에 의한 신청을 하려는 자는 경제산업성령으로 정하는 바에 따라 다음 각 호에 규정하는 사항을 기재한 신청서를 경제산업대신에게 제출해야 한다. 1. 성명 또는 명칭 및 주소, 법인에 있어서는 그 대표자의 성명 2. 해당 신청에 관한 저장구역 또는 시추구역(이하 이 조, 다음 조 제1항 및 제7조 제2호에서 "신청저장구역등"이라 한다) 3. 저장사업등의 개시 예정 연월일 4. 저장사업등의 개요
3 前項の申請書には、経済産業省令で定めるところにより、次に掲げる書類を添付しなければならない。 一 事業計画書 二 申請貯留区域等を表示する図面 三 申請貯留区域等の全部又は一部が、この法律又は他の法律によって土地を使用し、又は収用することができる事業の用に供されているときは、当該事業の用に供する者の意見書 四 申請貯留区域等の利用について法令の規定による制限があるときは、当該法令の施行について権限を有する行政機関の長の意見書 五 その他経済産業省令で定める書類	③ 전항의 신청서에는 경제산업성령에서 정하는 바에 따라 다음 각 호에 규정하는 서류를 첨부해야 한다. 1. 사업 계획서 2. 신청저장구역등을 표시하는 도면 3. 신청저장구역등의 전부 또는 일부가 본 법률 또는 다른 법률에 의하여 토지를 사용하거나 수용할 수 있는 사업의 용도로 공급되고 있는 때는 해당 사업의 용도로 공급하는 자의 의견서 4. 신청저장구역등의 이용에 관하여 법령의 규정에 의한 제한이 있을 경우 해당 법령의 시행에 관한 권한을 가진 행정기관의 장의 의견서 5. 그 밖에 경제산업성령에서 정하는 서류
4 前項第二号の規定による申請貯留区域等の表示は、当該申請貯留区域等に係る土地又はこれに定着する物件に関して所有権	④ 전항 제2호의 규정에 의한 신청저장구역등의 표시는 해당 신청저장구역등에 관한 토지 또는 이에 정착하는 물건에 관하

원문	번역문
その他の権利を有する者が、自己の権利に係る土地の地下が当該申請貯留区域等に含まれ、又は自己の権利に係る物件が当該申請貯留区域等若しくはその直上の区域にあることを容易に判断できるものでなければならない。	여 소유권 그 밖에 권리를 가진 자가, 자신의 권리에 관한 토지의 지하가 해당 신청저장구역등에 포함되거나, 자신의 권리에 관한 물건이 해당 신청저장구역등 또는 그 바로 위의 구역에 있음을 쉽게 판단할 수 있는 것으로 해야 한다.
5　第三項第三号及び第四号に掲げる意見書は、貯留事業等を行おうとする者が意見を求めた日から三週間を経過してもこれを得ることができなかったときは、添付することを要しない。この場合においては、意見書を得ることができなかった事情を疎明する書類を添付しなければならない。	⑤ 제3항 제3호 및 제4호에 규정하는 의견서는 저장사업 등을 행하려는 자가 의견을 구한 날로부터 3주를 경과하더라도 이를 얻을 수 없었을 때는 첨부하지 않아도 된다. 이 경우에는 의견서를 얻을 수 없었던 사정을 소명하는 서류를 첨부해야 한다.
(特定事業者の選定等)　第五条 経済産業大臣は、前条第二項の申請書を受理したときは、その申請に係る募集の期間の終了後遅滞なく、その申請が次に掲げる基準に適合しているかどうかを審査しなければならない。 一　申請者が、申請貯留区域等における貯留事業等を適確に遂行するに足りる経理的基礎及び技術的能力を有し、かつ、十分な社会的信用を有すること。 二　申請者が次のいずれにも該当しないこと。 イ　この法律に規定する罪を犯し、刑に処せられ、その執行を終わり、又はその執行を受けることがなくなった日から五年を経過しない者 ロ　第十九条第三項の規定により貯留事業等の許可(前条第一項、第十条第一項又は第十二条第一項の許可をいう。以下同じ。)を取り消され、その取消しの日から五年を経過しない者	**제5조 (특정사업자의 선정등)** ① 경제산업대신은 제4조 제2항의 신청서를 접수한 때에는 그 신청에 관한 모집 기간이 종료된 후 지체 없이, 그 신청이 다음에 열거한 기준에 부합하는지 여부를 심사하여야 한다. 1. 신청자가 신청저장구역등에서의 저장사업 등을 적확히 수행할 수 있는 경제적 기초 및 기술적 능력을 갖추고 있으며, 또한 충분한 사회적 신용을 갖추고 있는 경우 2. 신청자가 다음에 모두 해당하지 않는 경우 가. 이 법률에서 규정하는 죄를 범하고, 형에 처하고, 그 집행을 마치거나 그 집행을 받지 않은 날로부터 5년이 경과하지 않은 자 나. 제19조 제3항의 규정에 따라 저장사업 등의 허가(제4조 제1항, 제10조 제1항 또는 제12조 제1항의 허가를 말한다. 이하 같다)를 취소되어 취소의 날로부터 5년이 경과하지 않은 자

원문	번역문
ハ　貯留事業等の許可を受けた者(以下「貯留事業者等」という。)で法人であるものが第十九条第三項の規定により貯留事業等の許可を取り消された場合において、その取消しの日前三十日以内に当該貯留事業者等の役員であった者で、その取消しの日から五年を経過しないもの	다. 저저장사업 등의 허가를 받은 자(이하 "저장사업자등"이라 한다) 중 법인인 경우 제19조 제3항의 규정에 따라 저장사업등의 허가를 취소된 경우에 있어서, 취소의 날로부터 30일 이내에 해당 저장사업자 등의 임원이었던 자로서, 그 취소의 날로부터 5년이 경과하지 않은 자
ニ　貯留事業者等で法人であるものが第十九条第三項の規定により貯留事業等の許可を取り消された場合において、その取消しの原因となった事実が発生した当時現に当該貯留事業者等の親会社等(その法人の経営を実質的に支配することが可能となる関係にある法人として政令で定めるものをいう。チ並びに第百八条第二号ニ及びチにおいて同じ。)であった法人で、その取消しの日から五年を経過しないもの	라. 저장사업자등 중 법인인 경우 제19조 제3항의 규정에 따라 저장사업 등의 허가를 취소된 경우에 있어서, 그 취소의 사유가 발생한 당시에 현재 해당 저장사업자등의 모회사 등(해당 법인의 경영을 실질적으로 지배할 수 있는 관계로 정령에서 정하는 것을 말한다. 아 및 제108조 제2호 라 및 아와 같다)였던 법인 중, 취소의 날로부터 5년이 경과하지 않은 자
ホ　暴力団員による不当な行為の防止等に関する法律(平成三年法律第七十七号)第二条第六号に規定する暴力団員又は同号に規定する暴力団員でなくなった日から五年を経過しない者(ト並びに第百八条第二号ホ及びトにおいて「暴力団員等」という。)	마. 폭력단원에 의한 부당한 행위의 방지등에 관한 법률(1991년 법률 제77호) 제2조 제6호에 규정하는 폭력단원 또는 동호에 규정하는 폭력단원이 아니게 된 날로부터 5년이 경과하지 않은 자(사 및 제108조 제2호 마 및 사에서 "폭력단원등"이라 한다)
ヘ 法人であって、その業務を行う役員のうちにイからハまで又はホのいずれかに該当する者があるもの	바. 법인으로서, 그 업무를 수행하는 임원 중에 가부터 마까지 또는 마의 어느 하나에 해당하는 자가 있는 경우
ト 暴力団員等がその事業活動を支配する者	사. 폭력단원등이 그 사업활동을 지배하는 자
チ　法人であって、その者の親会社等がイ、ロ、ニ、ヘ又はトのいずれかに該当するもの	아. 법인으로서, 그 자의 모회사 등이 가, 나, 라, 바 또는 사의 어느 하나에 해당하는 경우
三　貯留事業に係る申請にあっては、その申請に係る貯留区域内の貯留層において、二酸化炭素の安定的な貯蔵が行われることが見込まれること。	3. 저장사업에 관한 신청에 있어서는, 그 신청에 관한 저장구역 내의 저장층에서 이산화탄소의 안정적인 저장이 이루어질 것으로 전망되는 것

원문	번역문
四　申請貯留区域等が他人の許可貯留区域等(貯留事業等の許可に係る貯留区域又は試掘区域をいう。以下同じ。)と隣接する場合においては、当該申請貯留区域等における貯留事業等を行うことが当該他人の許可貯留区域等における貯留事業等の実施を著しく妨害するものでないこと。 五　申請貯留区域等の直上の区域が、他人の鉱区(鉱業法(昭和二十五年法律第二百八十九号)第五条に規定する鉱区をいう。以下同じ。)と重複し、又は隣接する場合においては、当該申請貯留区域等における貯留事業等を行うことが当該他人の鉱区における鉱業(同法第四条に規定する鉱業をいう。以下同じ。)の実施を著しく妨害するものでないこと。 六　申請貯留区域等における貯留事業等を行うことが、農業、漁業その他の産業の利益を損じ、公共の福祉に反するものでないこと。 七　前各号に掲げるもののほか、申請貯留区域等における貯留事業等を行うことが内外の社会的経済的事情に照らして著しく不適切であり、公共の利益の増進に支障を及ぼすおそれがあるものでないこと。	4. 신청저장구역등이 타인의 허가저장구역등(저장사업 등의 허가에 관한 저장구역 또는 시범구역을 말한다. 이하 같다)과 인접하는 경우에 있어서는, 해당 신청 저장구역등에서의 저장사업 등을 타인의 허가 저장구역 등에서의 저장사업 등의 시행을 현저히 방해하지 않을 것 5. 신청저장구역등의 직상의 구역이 타인의 광구(광업법(1950년 법률 제289호) 제5조에 규정하는 광구를 말한다. 이하 같다)와 중복하거나 인접하는 경우에 있어서는, 해당 신청 저장구역등에서의 저장사업등을 타인의 광구에서의 광업(동법 제4조에 규정하는 광업을 말한다. 이하 같다)의 시행을 현저히 방해하지 않을 것 6. 신청저장구역등에서의 저장사업등을 행함으로써 농업, 어업 그 밖에 산업의 이익을 손상시키고 공공의 복지에 반하는 것이 아닐 것 7. 전 각 호에 열거한 바의 외에도, 신청저장구역등에서의 저장사업등을 행함으로써 내외의 사회경제적 사정을 비추어 현저히 부적절하며 공공의 이익을 증진시키는데 장애가 없을 것
2　経済産業大臣は、前項の規定により審査した結果、その申請が同項各号に掲げる基準に適合していると認められるときは、第三条第五項第五号に規定する評価の基準に従って、その適合していると認められた全ての申請について評価を行うものとする。	② 경제산업대신은 전항의 규정에 따라 심사한 결과, 그 신청이 동항 각 호에 열거한 기준에 부합하는 것으로 판단될 때에는 제3조 제5항 제5호에 규정된 평가 기준에 따라, 그 부합이 인정된 모든 신청에 대해 평가를 실시한다.
3　経済産業大臣は、前条第一項の規定による申請(海域の貯留層における貯留事業に係るものに限る。)について前項の評価	③ 경제산업대신은 전조에 따른 신청(해역의 저장층에서의 저장사업에 한정한다)에 대해 평가를 실시하고자 할 때는, 그 신청이

원문	번역문
を行おうとするときは、その申請が第一項第一号(経理的基礎及び技術的能力に係る部分に限る。)及び第三号に掲げる基準に適合していることについて、あらかじめ、環境大臣に協議し、その同意を得なければならない。	제1항 제1호(경제적 기초 및 기술적 능력과 관련된 부분에 한정한다) 및 제3호에 열거한 기준에 부합하는지에 대해 미리 환경대신과 협의하고 그 동의를 받아야 한다.
4　経済産業大臣は、第二項の評価に従い、特定区域における貯留事業等を最も適切に行うことができると認められる者を選定し、その者に対し、前条第一項の許可をするものとする。	④ 경제산업대신은 제2항의 평가에 따라, 특정 지역에서의 저장사업등을 가장 적절하게 수행할 수 있는 자를 선정하고, 그 자에게 제5조 제1항의 허가를 부여한다.
5　経済産業大臣は、前条第一項の許可をしたときは、当該許可を受けた者以外の者がした申請については、同項の許可を与えないこととし、遅滞なく、その旨及びその理由を、その者に通知するものとする。	⑤ 경제산업대신은 제1항의 허가를 한 경우, 해당 허가를 받은 자 이외의 사람이 한 신청에 대해서는 같은 항의 허가를 주지 않으며, 즉시 그 사실과 이유를 해당자에게 통지한다.
(関係都道府県知事への協議等)　第六条　経済産業大臣は、第四条第一項の許可をしようとするときは、その申請に係る貯留事業等について関係のある都道府県知事に協議しなければならない。	**제6조 (관계 도도부현지사와의 협의 등)** ① 경제산업대신은 제4조 제1항의 허가를 하려 할 때는, 그 신청과 관련된 저장사업등에 대해 관련된 도도부현 지사와 협의하여야 한다.
2　経済産業大臣は、第四条第一項の許可をしようとする場合において、同条第五項の規定により意見書の添付がなかったときその他必要があると認めるときは、同条第三項第三号の事業の用に供する者又はその申請に係る貯留事業等について関係のある行政機関の長(前項に規定する都道府県知事を除く。)の意見を求めなければならない。ただし、同号の事業の用に供する者については、その者を確知することができないときその他その意見を求めることができないときは、この限りでない。	② 경제산업대신은 제4조 제1항의 허가를 하려는 경우에 있어서, 동조 제5항의 규정에 따라 의견서의 첨부가 없었을 때 그 밖에 필요한 경우에는, 동조 제3항 제3호의 사업에 이용하는 자 또는 그 신청과 관련된 저장사업등에 대해 관련된 행정기관의 장(앞항에 규정된 도도부현 지사는 제외한다)의 의견을 요청하여야 한다. 다만, 동호의 사업에 이용하는 자에 대해서는 그 자를 확인할 수 없는 경우, 그 밖에 의견을 요청할 수 없는 경우에는 이에 해당하지 않는다.

원문	번역문
3　第一項に規定する都道府県知事又は前項に規定する行政機関の長は、第四条第一項の許可について、経済産業大臣に対して意見を述べることができる。	③ 제1항에 규정된 도도부현 지사 또는 전항에 규정된 행정기관의 장은 제4조 제1항의 허가에 대해 경제산업대신에게 의견을 제시할 수 있다.
(公告及び縦覧)　第七条 経済産業大臣は、第四条第一項の許可をしようとするときは、その申請に係る次に掲げる事項を公告し、公告の日から一月間これらの事項を公衆の縦覧に供しなければならない。 一　氏名又は名称及び住所並びに法人にあっては、その代表者の氏名 二　申請貯留区域等を表示する図面 三　貯留事業等の概要 四　その他経済産業省令で定める事項	**제7조 (공고 및 종람)** 경제산업대신은 제4조 제1항의 허가를 하려 할 때는, 그 신청과 관련된 다음에 열거한 사항을 공고하고, 공고일로부터 1개월간 이러한 사항을 일반인의 열람하게 하여야 한다. 1. 성명 또는 명칭 및 주소 그리고 법인에 있어서는 그 대표자의 성명 2. 신청저장구역등을 표시하는 도면 3. 저장사업등의 개요 4. 그 밖에 경제산업성령에서 정하는 사항
(利害関係人の意見書の提出)　第八条 前条の規定による公告があったときは、第四条第一項の許可について利害関係を有する者は、前条の縦覧期間内に、経済産業大臣に意見書を提出することができる。	**제8조 (이해관계자 의견서의 제출)** 전조의 규정에 따른 공고가 있을 때는, 제4조 제1항의 허가에 대해 이해관계를 가지는 자는 전조의 열람 기간 내에 경제산업대신에 의견서를 제출할 수 있다.
(試掘の許可の有効期間及び更新)　第九条 第四条第一項の許可(試掘に係るものに限る。)の有効期間は、当該許可の日から起算して四年とする。	**제9조 (시추 허가의 유효기간 및 갱신)** ① 제4조 제1항의 허가(시추에 관한 것에 한정한다.)의 유효기간은 해당 허가의 날로부터 4년으로 한다.
2　前項に規定する許可の有効期間の満了後引き続き当該許可に係る試掘を行おうとする者は、有効期間の満了前に、経済産業省令で定めるところにより、当該許可の更新を受けなければならない。	② 전항에 규정된 허가의 유효기간 만료 후 계속하여 해당 허가에 관련된 시추를 하려는 자는 유효기간 만료 전에 경제산업성령에서 정하는 바에 따라 해당 허가의 갱신을 받아야 한다.
3　前項の更新の申請をしようとする者は、経済産業省令で定めるところにより、次に掲げる事項を記載した申請書を、経済産業大臣に提出しなければならない。	③ 전항의 갱신의 신청을 하려는 자는 경제산업대신에게 다음에 열거한 사항을 기재한 신청서를 제출하여야 한다.

원문	번역문
一　氏名又は名称及び住所並びに法人にあっては、その代表者の氏名 二　第一項に規定する許可に係る試掘区域 三　試掘を開始した年月日 四　試掘の概要	1. 성명 또는 명칭 및 주소 그리고 법인에 있어서는 그 대표자의 성명 2. 제1항에 규정된 허가에 관련된 시추 구역 3. 시추를 시작한 연월일 4. 시추의 개요
4　経済産業大臣は、第二項の更新の申請が次に掲げる基準に適合していると認めるときでなければ、その更新をしてはならない。 一　誠実に試掘をした事実又はやむを得ない理由により試掘の事業に着手していない場合には当該事業の準備をした事実が明らかであると認めるとき。 二　試掘区域内の地下の地層が貯留層に該当するかどうかを調査するため更に試掘を継続する必要があると認めるとき。	④ 경제산업대신은 제2항의 갱신의 신청이 다음에 열거한 기준에 부합한다고 인정되는 경우가 아니면, 해당 갱신을 해서는 안 된다. 1. 성실하게 시추를 한 사실 또는 불가피한 이유로 시추 사업에 착수하지 않은 경우에는 해당 사업의 준비를 한 사실이 명백한 경우 2. 시추 구역 내의 지하층이 저장층에 해당하는지 여부를 조사하기 위해 더 많은 시추를 계속해야 할 필요가 있는 경우
5　第四条第三項から第五項までの規定は第三項の申請書並びに当該申請書に係る試掘及び試掘区域について、第六条から前条までの規定は第二項の更新並びに当該更新に係る試掘及び試掘区域について、それぞれ準用する。	⑤ 제4조 제3항부터 제5항까지의 규정은 제3항의 신청서 및 해당 신청서에 관련된 시추 및 시추 구역에 대해서, 제6조부터 전조까지의 규정은 제2항의 갱신 및 해당 갱신에 관련된 시추 및 시추 구역에 대해서 각각 준용한다.
6　第二項の規定によりその更新を受けた場合における第一項に規定する許可の有効期間は、当該更新前の許可の有効期間が満了する日の翌日から起算して二年を経過する日までの期間とする。	⑥ 제2항의 규정에 따라 해당 갱신을 받은 경우에 있어서의 제1항에 규정된 허가의 유효기간은 해당 갱신 이전 허가의 유효기간이 만료하는 날 다음날부터 2년이 경과하는 날까지의 기간으로 한다.
(試掘の許可を受けた者による貯留事業の許可の申請)　第十条 第四条第一項の許可(試掘に係るものに限る。)を受けた者は、その試掘区域における試掘の状況を踏まえ、当該試掘区域内の貯留層における貯留事業を行おうとするとき	**제10조 (시추 허가를 받은 자에 의한 저장사업 허가 신청)** ① 시추에 관한 제4조 제1항의 허가를 받은 자는, 해당 시추 구역의 시추 상황을 고려하여, 해당 시추 구역 내의 저장층에 대한 저장사업을 하려 할 때는, 경제산업대신

원문	번역문
は、経済産業大臣に申請して、貯留区域ごとに、その許可を受けなければならない。	에게 신청하여 해당 허가를 받아야 한다.
2　前項の規定による申請をしようとする者は、経済産業省令で定めるところにより、次に掲げる事項を記載した申請書を、経済産業大臣に提出しなければならない。 一　氏名又は名称及び住所並びに法人にあっては、その代表者の氏名 二　当該申請に係る貯留区域(次項及び第五項において「申請貯留区域」という。) 三　貯留事業の開始の予定年月日 四　貯留事業の概要	② 전항의 규정에 따른 신청을 하려는 자는 경제산업성령에서 정하는 바에 따라 다음에 열거한 사항을 기재한 신청서를 경제산업대신에게 제출하여야 한다. 1. 성명 또는 명칭 및 주소 그리고 법인에 있어서는 그 대표자의 성명 2. 해당 신청에 관련된 저장구역 (다음 항 및 제5항에서 "신청 저장구역"이라 한다) 3. 저장사업 시작 예정 연월일 4. 저장사업의 개요
3　経済産業大臣は、第一項の規定による申請が次に掲げる基準に適合していると認めるときでなければ、その申請を許可してはならない。 一　申請者が、申請貯留区域内の貯留層における貯留事業を適確に遂行するに足りる経理的基礎及び技術的能力を有し、かつ、十分な社会的信用を有すること。 二　申請者が第五条第一項第二号イからチまでのいずれにも該当しないこと。 三　申請貯留区域がなお試掘を要するものでないこと。 四　申請貯留区域内の貯留層において、二酸化炭素の安定的な貯蔵が行われることが見込まれること。 五　申請貯留区域が他人の許可貯留区域等と隣接する場合においては、当該申請貯留区域内の貯留層における貯留事業を行うことが当該他人の許可貯留区域等における貯留事業等の実施を著しく妨害するものでないこと。 六　申請貯留区域の直上の区域が、他人の鉱区と重複し、又は隣接する場合におい	③ 경제산업대신은 제1항의 규정에 따른 신청이 다음에 열거한 기준에 부합한다고 인정되는 경우가 아니면, 해당 신청을 허가해서는 안 된다. 1. 신청자가, 신청저장구역 내의 저장층에 대한 저장사업을 적절하게 수행할 수 있는 경리적 기초 및 기술적 능력을 가지고 있으며, 충분한 사회적 신용을 가지고 있는 경우 2. 신청자가 제5조 제1항 제2호 이에서 마까지의 어느 것에도 해당하지 않는 경우 3. 신청저장구역이 아직 시추를 요구하지 않는 경우 4. 신청저장구역 내의 저장층에서 이산화탄소의 안정적인 저장이 예상되는 경우 5. 신청저장구역이 타인의 허가 저장구역등과 인접하는 경우에 있어서, 해당 신청저장구역 내의 저장층에 대한 저장사업이 해당 타인의 허가저장구역등에 대한 저장사업 등의 실행을 심각하게 방해하지 않는 경우 6. 신청저장구역의 직상구역이 다른 사람의 광구역과 겹치거나 인접하는 경우에 있

원문	번역문
ては、当該申請貯留区域内の貯留層における貯留事業を行うことが当該他人の鉱区における鉱業の実施を著しく妨害するものでないこと。 七　申請貯留区域内の貯留層における貯留事業を行うことが、農業、漁業その他の産業の利益を損じ、公共の福祉に反するものでないこと。 八　前各号に掲げるもののほか、申請貯留区域内の貯留層における貯留事業を行うことが内外の社会的経済的事情に照らして著しく不適切であり、公共の利益の増進に支障を及ぼすおそれがあるものでないこと。	어서, 해당 신청저장구역 내의 저장층에 대한 저장사업이 해당 타인의 광업의 실행을 심각하게 방해하지 않는 경우. 7. 신청저장구역 내의 저장층에 대한 저장사업이 농업, 어업 그 밖에 산업의 이익을 손상시키고 공공의 복지에 반하는 경우가 아닌 경우 8. 전 각 호 외에도, 신청저장구역 내의 저장층에 대한 저장사업을 실시하는 것이 내외의 사회적·경제적 상황을 고려하여 심각하게 부적절하며, 공공의 이익 증진에 장애를 주지 않는 경우가 아닌 경우
4 経済産業大臣は、第一項の規定による申請(海域の貯留層における貯留事業に係るものに限る。)について同項の許可をしようとするときは、その申請が前項第一号(経理的基礎及び技術的能力に係る部分に限る。)及び第四号に掲げる基準に適合していることについて、あらかじめ、環境大臣に協議し、その同意を得なければならない。	④ 경제산업대신은 제1항의 규정에 따른 신청 (해역의 저장층에 관한 저장사업에 한정한다)에 대해 동조의 허가를 하려 할 때는, 해당 신청이 전항 제1호 (경리적 기초 및 기술적 능력에 관한 부분에 한정한다) 및 제4호에 열거한 기준에 부합하는 것을 앞서 환경대신에게 협의하고, 그 동의를 받아야 한다.
5 第四条第三項から第五項までの規定は第二項の申請書並びに当該申請書に係る貯留事業及び申請貯留区域について、第六条から第八条までの規定は第一項の許可並びに当該許可に係る貯留事業及び申請貯留区域について、それぞれ準用する。	⑤ 제4조 제3항부터 제5항까지의 규정은 제2항의 신청서 및 해당 신청서에 관련된 저장사업 및 신청저장구역에 대해서, 제6조부터 제8조까지의 규정은 제1항의 허가 및 해당 허가에 관련된 저장사업 및 신청저장구역에 대해서 각각 준용한다.
(特定区域の指定及び変更の提案)第十一条 特定区域以外の区域において貯留事業等を行おうとする者は、当該区域に貯留層が存在し、又は存在する可能性があると思料するときは、経済産業省令で定めるところにより、経済産業大臣に対し、当該区域を特定区域として指定し、又は特定区域を変更することを提案することができる。	**제11조 (특정 지역 지정 및 변경 제안)** ① 특정 지역 이외의 지역에서 저장사업 등을 하려는 자는 해당 지역에 저장층이 존재하거나 존재할 가능성이 있다고 판단할 때에는, 경제산업대신에게 해당 지역을 특정 지역으로 지정하거나 특정 지역을 변경할 것을 제안할 수 있다.

원문	번역문
2 経済産業大臣は、前項の規定による提案が行われた場合において、当該提案に係る区域について特定区域として指定をしないこととしたとき、又は当該提案に係る特定区域の変更をしないこととしたときは、遅滞なく、その旨及びその理由を、当該提案をした者に通知するものとする。	② 경제산업대신은 전항의 규정에 따른 제안이 있었을 경우, 해당 제안에 관련된 지역에 대해 특정 지역으로 지정하지 않거나 해당 제안에 관련된 특정 지역의 변경을 하지 않기로 결정했을 때에는, 지체 없이 해당 제안자에게 그 사실과 그 이유를 통보하여야 한다.
第二款　特定区域以外の区域における貯留事業及び試掘の許可	**제2관 특정 지역 이외의 지역에서의 저장사업 및 시추 허가**
第十二条　鉱物(鉱業法第三条第一項に規定する鉱物をいう。次条第一項において同じ。)のうち石油、可燃性天然ガスその他の政令で定めるものについて同法第二十一条第一項、第四十条第三項若しくは第七項又は第四十一条第一項の規定により採掘権の設定を受けた者は、その鉱区であって特定区域以外の区域に存するものにおいて貯留事業等を行おうとするときは、経済産業大臣に申請して、貯留事業については貯留区域ごとに、試掘については試掘区域ごとに、それぞれその許可を受けることができる。	제12조 ① 광물(광업법 제3조 제1항에 정한 광물을 말한다. 다음 조 제1항에서도 같다) 중 석유, 가연성 천연가스 등으로 정령이 되는 것에 대하여 광업법 제21조 제1항, 제40조 제3항 또는 제7항 또는 제41조 제1항의 규정에 따라 채굴권의 설정을 받은 자는, 해당 광구에서 특정 지역 이외의 지역에 존재하는 것에 대해 저장사업 등을 하려고 할 때는, 경제산업대신에게 신청하여 저장사업에 대해서는 저장구역별로, 시추에 대해서는 시추구역별로, 각각 그 허가를 받을 수 있다.
2 前項の規定による申請をしようとする者は、経済産業省令で定めるところにより、次に掲げる事項を記載した申請書を、経済産業大臣に提出しなければならない。 一　氏名又は名称及び住所並びに法人にあっては、その代表者の氏名 二　当該申請に係る貯留区域又は試掘区域(以下この条において「申請貯留区域等」という。) 三　申請貯留区域等において行おうとする貯留事業又は試掘の別 四　貯留事業等の開始の予定年月日 五　貯留事業等の概要	② 전항의 규정에 따른 신청을 하려는 자는 경제산업성령에서 정하는 바에 따라 다음에 열거한 사항을 기재한 신청서를 경제산업대신에게 제출하여야 한다. 1. 성명 또는 명칭 및 주소 그리고 법인에 있어서는 그 대표자의 성명 2. 해당 신청에 관련된 저장구역 또는 시추구역(이 조에서 "신청저장구역등"이라 한다) 3. 신청저장구역등에서 하려는 저장사업 또는 시추의 종류 4. 저장사업등의 시작 예정 년월일 5. 저장사업등의 개요

원문	번역문
3　経済産業大臣は、第一項の規定による申請が次に掲げる基準に適合していると認めるときでなければ、その申請を許可してはならない。	③ 경제산업대신은 제1항의 규정에 따른 신청이 다음에 열거한 기준에 부합한다고 인정되는 경우가 아니면, 해당 신청을 허가해서는 안 된다.
一　申請貯留区域等において貯留層が存在し、又は存在する可能性があり、かつ、公共の利益の増進を図るためには、当該申請貯留区域等における貯留事業等を行わせる必要があると認められること。	1. 신청저장구역등에 저장층이 존재하거나 존재할 가능성이 있으며, 그리고 공공의 이익을 증진하기 위해서는 해당 신청저장구역등에서의 저장사업등을 시행해야 한다고 인정된다는 것
二　申請者が、申請貯留区域等における貯留事業等を適確に遂行するに足りる経理的基礎及び技術的能力を有し、かつ、十分な社会的信用を有すること。	2. 신청자가 신청저장구역등에서의 저장사업 등을 적절하게 수행할 수 있는 경리적 기초 및 기술적 능력을 가지고 있으며, 그리고 충분한 사회적 신용을 가지고 있는 경우
三　申請者が第五条第一項第二号イからチまでのいずれにも該当しないこと。	3. 신청자가 제5조 제1항 제2호 이에서 마까지의 어느 것에도 해당하지 않는 경우
四　貯留事業に係る申請にあっては、その申請に係る貯留区域内の貯留層において、二酸化炭素の安定的な貯蔵が行われることが見込まれること。	4. 저장사업에 관한 신청에 있어서는, 그 신청에 관한 저장구역 내의 저장층에 이산화탄소의 안정적인 저장이 예상된다는 것
五　申請貯留区域等が他人の許可貯留区域等と隣接する場合においては、当該申請貯留区域等における貯留事業等を行うことが当該他人の許可貯留区域等における貯留事業等の実施を著しく妨害するものでないこと。	5. 신청저장구역등이 타인의 허가 저장구역등과 인접하는 경우에 있어서, 해당 신청저장구역등에 대한 저장사업등을 타인의 허가 저장구역등에 대한 저장사업등의 실행을 심각하게 방해하지 않는 것
六　申請貯留区域等の直上の区域が、他人の鉱区と重複し、又は隣接する場合においては、当該申請貯留区域等における貯留事業等を行うことが当該他人の鉱区における鉱業の実施を著しく妨害するものでないこと。	6. 신청저장구역등의 직상지역이 다른 사람의 광구역과 겹치거나 인접하는 경우에 있어서, 해당 신청저장구역등에 대한 저장사업등을 다른 사람의 광업구역에서의 광업의 실행을 심각하게 방해하지 않는 것
七　申請貯留区域等における貯留事業等を行うことが、農業、漁業その他の産業の利益を損じ、公共の福祉に反するものでないこと。	7. 신청저장구역등에서의 저장사업등을 실시하는 것이 농업, 어업 그 밖에 산업의 이익을 손상시키고 공공의 복지에 반하는 것이 아닌 것

원문	번역문
八　前各号に掲げるもののほか、申請貯留区域等における貯留事業等を行うことが内外の社会的経済的事情に照らして著しく不適切であり、公共の利益の増進に支障を及ぼすおそれがあるものでないこと。	8. 위 각 항목에 기재된 사항 외에도, 신청저장구역등에서의 저장사업 등을 내외의 사회경제적 상황에 비추어 현저히 부적절하며, 공공의 이익 증진에 장애를 줄 우려가 없는 것임을 확인하여야 한다.
4 経済産業大臣は、第一項の規定による申請(海域の貯留層における貯留事業に係るものに限る。)について同項の許可をしようとするときは、その申請が前項第二号(経理的基礎及び技術的能力に係る部分に限る。)及び第四号に掲げる基準に適合していることについて、あらかじめ、環境大臣に協議し、その同意を得なければならない。	④ 경제산업대신은 제1항의 규정에 따른 신청(해역의 저장층에 관한 저장사업에 한정된다)에 대해 동항의 허가를 하려 할 때는, 해당 신청이 전항 제2호(경리적 기초 및 기술적 능력에 관한 부분에 한정된다) 및 제4호에 기재된 기준에 부합하는지에 대해 미리 환경대신과 협의하여 그 동의를 얻어야 한다.
5　第四条第三項から第五項までの規定は第二項の申請書及び当該申請書に係る申請貯留区域等について、第六条から第八条までの規定は第一項の許可及び当該許可に係る申請貯留区域等について、それぞれ準用する。	⑤ 제4조 제3항부터 제5항까지의 규정은 제2항의 신청서 및 해당 신청서에 관련된 신청 저장구역등에 대해서 제6조부터 제8조까지의 규정은 제1항의 허가 및 해당 허가에 관련된 신청 저장구역등에 대해서 각각 준용한다.
6　第九条(第五項を除く。)の規定は第一項の許可(試掘に係るものに限る。)について、第四条第三項から第五項までの規定はこの項において準用する第九条第三項の申請書並びに当該申請書に係る試掘及び試掘区域について、第六条から第八条までの規定はこの項において準用する第九条第二項の更新並びに当該更新に係る試掘及び試掘区域について、それぞれ準用する。	⑥ 제9조(제5항 제외)의 규정은 제1항의 허가(시추에 관한 것에 한정된다)에 대해서 제4조 제3항부터 제5항까지의 규정은 이 항에서 준용하는 제9조 제3항의 신청서 및 해당 신청서에 관련된 시추 및 시추구역에 대해서 제6조부터 제8조까지의 규정은 이 항에서 준용하는 제9조 제2항의 갱신 및 해당 갱신에 관련된 시추 및 시추구역에 대해, 각각 준용한다.
第三款　禁止規定	**제3관 금지 규정**
第十三条 貯留事業の許可(第四条第一項若しくは前条第一項の許可(貯留事業に係るものに限る。)又は第十条第一項の許可をいう。以下同じ。)を受けた者(以下「貯留事業者」	**제13조** ① 저장사업의 허가(제4조 제1항 또는 전조 제1항의 허가(저장사업에 관한 것에 한정된다) 또는 제10조 제1항의 허가를 말한다. 이하 같다)를 받은 자(이하 "저장사업자"

원문	번역문
という。)でなければ、貯留層における二酸化炭素の貯蔵を行ってはならない。 ただし、鉱物の掘採に伴うものその他の経済産業省令で定める二酸化炭素の貯蔵については、この限りでない。	라 한다)가 아니면 이산화탄소의 저장을 해서는 아니 된다. 다만, 광물의 채취에 따른 것 등 경제산업성령으로 정하는 이산화탄소의 저장에는 이 한계가 적용되지 않는다.
2　試掘の許可(第四条第一項又は前条第一項の許可(試掘に係るものに限る。)をいう。以下同じ。)を受けた者(以下「試掘者」という。)でなければ、試掘を行ってはならない。	② 시추의 허가(제4조 제1항 또는 전조 제1항의 허가(시추에 관한 것에 한정된다)를 말한다. 이하 같다)를 받은 자(이하 "시추자"라 한다)가 아니면 시추를 해서는 아니 된다.
第四款　許可貯留区域等の増減等	**제4관 허가저장구역등의 증감 등**
(許可貯留区域等の増減の許可の申請) 第十四条 貯留事業者等は、その許可貯留区域等の増減をしようとするときは、経済産業大臣に申請して、その許可を受けなければならない。	**제14조 (허가저장구역등의 증감의 허가의 신청)** ① 저장사업자등은 그 허가저장구역등의 증감을 하려 할 때는, 경제산업대신에게 신청하여야 하며, 해당 허가를 받아야 한다.
2　前項の規定による申請をしようとする貯留事業者等は、経済産業省令で定めるところにより、次に掲げる事項を記載した申請書を、経済産業大臣に提出しなければならない。 一　氏名又は名称及び住所並びに法人にあっては、その代表者の氏名 二　当該申請に係る増減をしようとする許可貯留区域(貯留事業の許可に係る貯留区域をいう。以下同じ。)又は許可試掘区域(試掘の許可に係る試掘区域をいう。以下同じ。) 三　当該申請に係る増減後の貯留区域又は試掘区域(次項において「申請貯留区域等」という。) 四　貯留事業等の概要	② 전항의 규정에 따른 신청을 하려는 저장사업자등은 경제산업성령으로 정하는 바에 따라, 다음의 사항을 기재한 신청서를 경제산업대신에게 제출하여야 한다. 1. 성명 또는 명칭 및 주소 및 법인에 있어서는 그 대표자의 성명 2. 해당 신청에 관련된 증감을 하려는 허가저장구역(저장사업의 허가에 관련된 저장구역을 말한다. 이하 같다) 또는 허가시추구역(시추의 허가에 관련된 시추구역을 말한다. 이하 같다) 3. 해당 신청에 관련된 증감 후의 저장구역 또는 시추구역(다음 항에서 "신청저장구역등"이라 한다) 4. 저장사업등의 개요
3 第四条第三項から第五項まで(許可貯留区域等の減少に係る申請にあっては、第三項第三号及び第四号並びに第五項を除	③ 제4조 제3항부터 제5항까지(허가저장구역등의 감소에 관련된 신청에 있어서는, 제3항 제3호 및 제4호 및 제5항을 제외한

원문	번역문
く。)の規定は前項の申請書並びに当該申請書に係る許可貯留区域等の増減及び申請貯留区域等について、第六条から第八条までの規定は第一項の許可(許可貯留区域等の増加に係るものに限る。)及び当該許可に係る申請貯留区域等について、第十二条第三項(第一号及び第三号を除き、許可貯留区域等の減少に係る申請にあっては、第二号及び第四号に限る。)の規定は第一項の規定による申請及び当該申請に係る申請貯留区域等について、それぞれ準用する。	다)의 규정은 전항의 신청서 및 해당 신청서에 관련된 허가저장구역등의 증감 및 신청저장구역등에 대해서 제6조부터 제8조까지의 규정은 제1항의 허가(허가저장구역등의 증가에 관련된 것에 한정된다) 및 해당 허가에 관련된 신청저장구역등에 대해, 제12조 제3항(제1호 및 제3호를 제외하고, 허가저장구역등의 감소에 관련된 신청에 있어서는, 제2호 및 제4호에 한정한다)의 규정은 제1항의 규정에 따른 신청 및 해당 신청에 관련된 신청저장구역등에 대해서 각각 준용한다.
4 経済産業大臣は、第一項の規定による申請(海域の貯留層における貯留事業に係るものに限る。)について同項の許可をしようとするときは、その申請が前項において準用する第十二条第三項第二号(経理的基礎及び技術的能力に係る部分に限る。)及び第四号に掲げる基準に適合していることについて、あらかじめ、環境大臣に協議し、その同意を得なければならない。	④ 경제산업대신은 제1항의 규정에 따른 신청(해역의 저장층에 관한 저장사업에 관련된 것에 한정된다)에 대해 동항의 허가를 하려 할 때는, 해당 신청이 전항에 준용하는 제12조 제3항 제2호(경리적 기초 및 기술적 능력에 관한 부분에 한정된다.) 및 제4호에 기재된 기준에 부합하는지에 대해 미리 환경대신과 협의하여 그 동의를 얻어야 한다.
5 第一項の規定による申請(抵当権の設定が登録されている貯留権に係る許可貯留区域の減少に係るものに限る。)は、あらかじめ抵当権者の承諾を得なければすることができない。	⑤ 제1항의 규정에 따른 신청(저장권이 저당권의 설정이 등록된 것에 관한 것에 한정된다.)은, 미리 저당권자의 승낙을 얻어야만 할 수 있다.
(許可貯留区域の増減命令) 第十五条 経済産業大臣は、二酸化炭素の貯蔵の状況その他の事情を勘案して、貯留事業者の許可貯留区域を変更しなければ当該許可貯留区域内の貯留層における二酸化炭素の安定的な貯蔵ができないと認めるときその他貯留事業の適切な実施を確保するため必要があると認めるときは、当該貯留事業者に	**제15조 (허가저장구역의 증감명령)** 경제산업대신은 이산화탄소 저장 상황 및 그 밖에 사정을 고려하여, 저장사업자의 허가 저장 지역을 변경해야 할 때 또는 해당 허가 저장 지역 내에서 이산화탄소의 안정적인 저장이 불가능하다고 인정되거나 저장 사업의 적절한 실행을 보장하기 위해 필요하다고 인정될 때, 해당 저장사업자에

원문	번역문
対し、前条第一項の規定による許可貯留区域の増減の申請をすべきことを命ずることができる。	게 전항 제1항에 따라 허가 저장 지역의 증감을 신청해야 할 것을 명령할 수 있다.
(許可貯留区域の分割及び合併の許可の申請) 第十六条 貯留事業者は、その許可貯留区域の分割又は合併をしようとするときは、経済産業大臣に申請して、その許可を受けなければならない。	**제16조 (허가저장구역의 분할 및 합병의 허가 신청)** ① 저장사업자는 그 허가 저장 지역의 분할 또는 합병을 하려는 경우, 경제산업대신에게 신청하여 그 허가를 받아야 한다.
2 前項の規定による申請をしようとする貯留事業者は、経済産業省令で定めるところにより、次に掲げる事項を記載した申請書を、経済産業大臣に提出しなければならない。 一 氏名又は名称及び住所並びに法人にあっては、その代表者の氏名 二 当該申請に係る分割又は合併をしようとする許可貯留区域 三 当該申請に係る分割後又は合併後の貯留区域 四 貯留事業の概要	② 전항의 규정에 따른 신청을 하려는 저장사업자는 경제산업성령에 정해진 바에 따라 다음 사항이 기재된 신청서를 작성하여 경제산업대신에게 제출해야 한다. 1. 성명 또는 명칭 및 주소 및 법인에 있어 그 대표자의 성명 2. 해당 신청에 관한 분할 또는 합병을 하려는 허가 저장 지역 3. 해당 신청에 관한 분할 후 또는 합병 후의 저장 지역 4. 저장 사업 개요
3 前項の申請書には、経済産業省令で定めるところにより、次に掲げる書類を添付しなければならない。 一 事業計画書 二 前項第三号に掲げる貯留区域を表示する図面 三 その他経済産業省令で定める書類	③ 전항의 신청서에는 경제산업성령으로 정하는 바에 따라 다음과 같은 서류를 첨부하여야 한다. 1. 사업 계획서 2. 전항 제3호에 따른 저장 지역을 표시하는 도면 3. 그 밖에 경제산업성령으로 정하는 서류
4 経済産業大臣は、第一項の規定による申請に係る分割後又は合併後の貯留区域内の貯留層における貯留事業が安定的に遂行されると見込まれるときでなければ、その申請を許可してはならない。	④ 경제산업대신은 제1항의 규정에 따른 신청에 관한 분할 후 또는 합병 후의 저장 지역 내의 저장층에서의 저장 사업이 안정적으로 진행될 것으로 예상될 때에만 그 신청을 허가하여야 한다.

원문	번역문
5 第一項の規定による申請(抵当権の設定が登録されている貯留権に係る許可貯留区域に係るものに限る。)は、あらかじめ抵当権者の承諾及び抵当権の順位に関する協定を経なければすることができない。	⑤ 제1항의 규정에 따른 신청(저당권이 설정되어 있는 저장권에 관한 허가 저장 지역에 관한 것에 한한다)은 미리 저당권자의 동의 및 저당권의 순위에 관한 협정을 거쳐야 한다.
(貯留事業等の譲渡及び譲受けの認可等) 第十七条 貯留事業者等が一の許可貯留区域等における貯留事業等の全部の譲渡を行う場合において、譲渡人及び譲受人があらかじめ当該譲渡及び譲受けについて経済産業省令で定めるところにより経済産業大臣の認可を受けたときは、譲受人は、貯留事業者等の地位を承継する。	**제17조 (저장사업등의 양도 및 양수의 허가등)** ① 저장사업자등이 한 허가저장지역등에서의 저장사업등의 전부를 양도하는 경우, 양수인과 양도인이 사전에 해당 양도 및 양수에 대해 경제산업성령에서 정해진 바에 따라 경제산업대신의 인가를 받았을 때, 양수인은 저장사업자등의 지위를 계승한다.
2 貯留事業者等である法人の合併の場合(貯留事業者等である法人と貯留事業者等でない法人が合併する場合において、貯留事業者等である法人が存続するときを除く。)又は分割の場合(当該一の許可貯留区域等における貯留事業等の全部を承継させる場合に限る。)において、あらかじめ当該合併又は分割について経済産業省令で定めるところにより経済産業大臣の認可を受けたときは、合併後存続する法人若しくは合併により設立された法人又は分割により当該一の許可貯留区域等における貯留事業等の全部を承継した法人は、貯留事業者等の地位を承継する。	② 저장사업자등 법인의 합병의 경우(저장사업자등 법인과 저장사업자등이 아닌 법인이 합병하는 경우에 있어서, 저장사업자등 법인이 생존하는 경우를 제외한다.) 또는 분할의 경우(해당 한 허가 저장 지역등에서의 저장사업등의 전부를 계승시키는 경우에 한한다)에 있어서, 사전에 해당 합병 또는 분할에 대해 경제산업대신이 정하는 바에 따라 경제산업대신의 인가를 받았을 때, 합병 후 생존하는 법인 또는 합병으로 설립된 법인 또는 분할로 해당 한 허가 저장지역등에서의 저장사업등의 전부를 계승한 법인은 저장사업자등의 지위를 계승한다.
3 経済産業大臣は、前二項の認可の申請が次に掲げる基準に適合していると認めるときでなければ、これらの認可をしてはならない。 一 当該一の許可貯留区域等における貯留事業等の全部を譲り受ける者又は合併後	③ 경제산업대신은 전항의 승인의 신청이 다음에 게재된 기준에 부합하는 경우에만 이러한 승인을 해서는 안 된다. 1. 해당 한 허가저장지역등에서의 저장사업등의 전부를 양수하는 자 또는 합병 후

원문	번역문
存続する法人若しくは合併により設立される法人若しくは分割により当該一の許可貯留区域等における貯留事業等の全部を承継する法人(以下この条において「譲受人等」という。)が、当該一の許可貯留区域等における貯留事業等を適確に遂行するに足りる経理的基礎及び技術的能力を有し、かつ、十分な社会的信用を有すること。 二　譲受人等が第五条第一項第二号イからチまでのいずれにも該当しないこと。 三　貯留事業の譲渡又は貯留事業者である法人の合併若しくは分割に係る申請にあっては、当該一の許可貯留区域内の貯留層において、二酸化炭素の安定的な貯蔵が行われることが見込まれること。 四　前三号に掲げるもののほか、譲受人等が当該一の許可貯留区域等における貯留事業等を行うことが内外の社会的経済的事情に照らして著しく不適切であり、公共の利益の増進に支障を及ぼすおそれがあるものでないこと。	생존하는 법인 또는 합병으로 설립된 법인 또는 분할로 해당 한 허가저장지역등에서의 저장 사업 등의 전부를 계승한 법인(이하 "양수인등"이라 한다.)이 해당 한 허가저장지역등에서의 저장 사업 등을 적절하게 수행할 충분한 경리적 기초 및 기술적 능력을 갖고 있으며, 그리고 충분한 사회적 신용을 갖고 있는 경우 2. 양수인 등이 제5조 제1항 제2호 가부터 아까지의 어느 하나에도 해당하지 않는 경우 3. 저장 사업의 양도 또는 저장사업자인 법인의 합병 혹은 분할에 관한 신청에 있어서, 해당 한 허가 저장 지역 내의 저장층에서 이산화탄소의 안정적인 저장이 이루어질 것으로 예상되는 경우 4. 제3호에서 게재한 것 외에도, 양수인 등이 해당 한 허가 저장 지역 등 서의 저장 사업 등을 진행하는 것이 내외의 사회 경제적 상황에 비추어 심각하게 부적절하며, 공공의 이익 증진에 장애가 될 우려가 없는 경우
4　経済産業大臣は、第一項又は第二項の認可(海域の貯留層における貯留事業に係るものに限る。)をしようとするときは、その申請が前項第一号(経理的基礎及び技術的能力に係る部分に限る。)及び第三号に掲げる基準に適合していることについて、あらかじめ、環境大臣に協議し、その同意を得なければならない。	④ 경제산업대신은 제1항 또는 제2항의 인가(해역의 저장층에서의 저장사업에 관한 것에 한정한다)를 하려는 경우, 그 신청이 전항 제1호(경리적 기초 및 기술적 능력에 관한 부분에 한정한다) 및 제3호에 게재된 기준에 부합하는 것으로 판단될 때에는, 사전에 환경대신과 협의하고 그 동의를 받아야 한다.
(貯留事業者等の相続)　第十八条 貯留事業者等について相続があったときは、相続人(相続人が二人以上ある場合において、その全員の同意により当該貯留事業者等が行っていた貯留事業等を承継すべき相続人を選定したときは、その者。以下	**제18조 (저장 사업자 등의 상속)** ① 저장사업자등에 대한 상속이 있었을 때에는, 상속인(상속인이 두 명 이상인 경우에 있어서, 그 전체의 동의에 의해 해당 저장사업자등이 진행하고 있었던 저장사업 등을 계승하여야 할 상속인을 선정한 경우

원문	번역문
この条において同じ。)は、貯留事業者等の地位を承継する。	그 자. 이하 이 조항에 있어서 같다)은 저장사업자 등의 지위를 계승한다.
2　前項の規定により貯留事業者等の地位を承継した相続人は、経済産業省令で定めるところにより、被相続人の死亡後三月以内にその旨を経済産業大臣に届け出なければならない。	② 전항의 규정에 따라 저장사업자등의 지위를 계승한 상속인은, 경제산업성령으로 정하는 바에 따라, 피상속인의 사망 후 3개월 이내에 그 사실을 경제산업대신에게 신고하여야 한다.
3　経済産業大臣は、前項の規定による届出が、次の各号に掲げる基準のいずれにも適合すると認めるときは、その旨をその届出をした者に通知し、いずれかに適合しないと認めるときは、貯留事業者等である相続人が行う全ての許可貯留区域等における貯留事業等(第一号及び第四号並びに次条第三項第五号において「相続貯留事業等」という。)を、その譲渡をするために通常必要と認められる期間として経済産業省令で定める期間内に譲渡すべき旨をその届出をした者に通知しなければならない。 一　相続人が、相続貯留事業等を適確に遂行するに足りる経理的基礎及び技術的能力を有し、かつ、十分な社会的信用を有すること。 二　相続人が第五条第一項第二号イからハまで又はホのいずれにも該当しないこと。 三　相続人が貯留事業者の地位を承継した場合にあっては、その許可貯留区域内の貯留層において、二酸化炭素の安定的な貯蔵が行われることが見込まれること。 四　前三号に掲げるもののほか、相続人が相続貯留事業等を行うことが内外の社会的経済的事情に照らして著しく不適切であり、公共の利益の増進に支障を及ぼすおそれがあるものでないこと。	③ 경제산업대신은 전항의 신고가 다음에 게재된 각 항목에 부합한다고 인정될 때는, 그 사실을 그 신고를 한 자에게 통지하여야 하며, 어느 하나에 부합하지 않는 것으로 판단될 때는, 저장사업자등인 상속인이 수행하는 모든 허가저장지역등에서의 저장사업등(제1호 및 제4호 및 다음 조 제3항 제5호에서 "상속 저장 사업 등"이라 한다)은 그 양도를 위하여 통상 필요한 기간으로 경제산업성령으로 정하는 기간 내에 양도하여야 할 것을 그 신고를 한 자에게 통지하여야 한다. 1. 상속인이 상속 저장사업등을 적절하게 수행할 충분한 경리적 기초 및 기술적 능력을 갖고 있으며, 그리고 충분한 사회적 신용을 갖고 있는 경우 2. 상속인이 제5조 제1항 제2호가 제이부터 마까지 또는 라의 어느 하나에도 해당하지 않는 경우 3. 상속인이 저장사업자의 지위를 계승한 경우에 있어서는, 그 허가 저장 지역 내의 저장층에서 이산화탄소의 안정적인 저장이 이루어질 것으로 예상되는 경우 4. 전호에서 게재한 것 외에도, 상속인이 상속 저장사업등을 진행하는 것이 내외의 사회경제적 상황에 비추어 심각하게 부적절하며, 공공의 이익 증진에 장애가 될 우려가 없는 경우

원문	번역문
4　経済産業大臣は、前項各号に掲げる基準のいずれにも適合する旨の通知(海域の貯留層における貯留事業に係るものに限る。)をしようとするときは、第二項の規定による届出が前項第一号(経理的基礎及び技術的能力に係る部分に限る。)及び第三号に掲げる基準に適合していることについて、あらかじめ、環境大臣に協議し、その同意を得なければならない。	④ 경제산업대신은 전항 각 호에 게재된 기준에 부합하는 것으로 통지하려는 경우(해역의 저장층에서의 저장 사업에 관한 것에 한정한다)에는, 제2항의 규정에 따른 신고가 전항 제1호(경리적 기초 및 기술적 능력에 관한 부분에 한정한다) 및 제3호에 게재된 기준에 부합하는 것으로 판단될 때에는, 사전에 환경대신과 협의하고 그 동의를 받아야 한다.
(貯留事業等の許可の取消し等) 第十九条　経済産業大臣は、貯留事業者等が行う貯留事業等が、農業、漁業その他の産業の利益を損じ、著しく公共の福祉に反するようになったと認めるときは、当該貯留事業等に係る許可貯留区域等のその部分について減少の処分をし、又は貯留事業等の許可を取り消さなければならない。	**제19조 (보관사업 등의 허가 취소 등)** ① 경제산업대신은 보관사업자 등이 수행하는 보관사업 등이 농업, 어업 그 밖에 산업의 이익을 손상시키고 현저하게 공공의 복지에 반하는 것으로 인정될 때 해당 보관사업 등에 대한 허가보관구역 등의 그 일부에 대해 감소 조치를 하거나 보관사업 등의 허가를 취소하여야 한다.
2　経済産業大臣は、貯留事業者等が行う貯留事業等が、他人が行う貯留事業等又は鉱業を著しく妨害するに至った場合において、他にその妨害を排除する方法がないと認めるときは、当該貯留事業者等が行う貯留事業等に係る許可貯留区域等のその部分について減少の処分をし、又は貯留事業等の許可を取り消すことができる。	② 경제산업대신은 보관사업자 등이 수행하는 보관사업 등이 타인이 수행하는 보관사업 등 또는 광업을 현저하게 방해하는 경우에 다른 방해를 제거할 수 있는 방법이 없다고 인정될 때 해당 보관사업자 등이 수행하는 보관사업 등에 대한 허가보관구역 등의 그 일부에 대해 감소 조치를 하거나 보관사업 등의 허가를 취소할 수 있다.
3　経済産業大臣は、貯留事業者等が次の各号のいずれかに該当するときは、貯留事業等の許可を取り消すことができる。 一　偽りその他不正の手段により貯留事業等の許可又は試掘の許可の更新を受けたとき。 二　第五条第一項第一号、第十条第三項第一号又は第十二条第三項第二号(第十四条第三項において準用する場合を含む。)	③ 경제산업대신은 보관사업자 등이 다음 각 호의 어느 하나에 해당하는 경우 해당 보관사업 등의 허가를 취소할 수 있다. 1. 거짓 또는 그 밖에 부정한 수단으로 보관사업 등의 허가 또는 시추의 허가 갱신을 받은 때 2. 제5조 제1항 제1호, 제10조 제3항 제1호 또는 제12조 제3항 제2호(제14조 제3항에 준용되는 경우를 포함한다)에 열거된 기

원문	번역문
に掲げる基準(経理的基礎及び技術的能力に係る部分に限る。)のいずれかに適合しなくなったとき。 三　第五条第一項第二号イからチまでのいずれかに該当するに至ったとき。 四　前条第二項の規定による届出をしなかったとき。 五　前条第三項の経済産業省令で定める期間内に相続貯留事業等の譲渡がされないとき。 六　第三十七条第一項、同条第二項(第五十八条第三項において準用する場合を含む。)若しくは第五十八条第一項の規定に違反して貯留事業等の事業に着手しないとき、又は第三十七条第五項(第五十八条第三項において準用する場合を含む。)の規定に違反して引き続き一年以上休業したとき。 七　第四十二条又は第六十三条の規定による命令に違反したとき。 八　第百三十条第一項の規定により貯留事業等の許可に付された条件に違反したとき。	준(경리적 기초 및 기술적 능력에 관한 부분에 한정된다) 중 하나에 더 이상 부합하지 않게 된 때 3. 제5조 제1항 제2호 가목부터 아목까지 중 하나에 해당하는 경우에 이르렀을 때 4. 전조 제2항의 규정에 따른 보고를 하지 않았을 때 5. 전조 제3항의 경제산업성령으로 정한 기간 내에 상속 보관사업 등의 양도가 이루어지지 않았을 때 6. 제37조 제1항, 동조 제2항(제58조 제3항에 준용되는 경우를 포함한다.) 또는 제58조 제1항의 규정에 위반하여 보관사업 등의 사업에 착수하지 않았을 때, 또는 제37조 제5항(제58조 제3항에 준용되는 경우를 포함한다.)의 규정에 위반하여 계속해서 1년 이상 휴업했을 때 7. 제42조 또는 제63조의 규정에 따른 명령에 위반했을 때 8. 제130조 제1항의 규정에 따라 보관사업 등의 허가에 부속된 조건에 위반했을 때
4　環境大臣は、海域の貯留層における貯留事業を行う貯留事業者が第五条第一項第一号、第十条第三項第一号若しくは第十二条第三項第二号(第十四条第三項において準用する場合を含む。)に掲げる基準(経理的基礎及び技術的能力に係る部分に限る。)のいずれかに適合しなくなったと認めるとき、又は第四十二条の規定による命令に違反したと認めるときは、経済産業大臣に対し、前項の規定による貯留事業の許可の取消しを求めることができる。	④ 환경대신은 해역의 보관층에서 보관사업을 수행하는 보관사업자가 제5조 제1항 제1호, 제10조 제3항 제1호 또는 제12조 제3항 제2호(제14조 제3항에 준용되는 경우를 포함한다)에 열거된 기준(경리적 기초 및 기술적 능력에 관한 부분에 한정된다) 중 하나에 더 이상 부합하지 않게 된 것으로 인정될 때 또는 제42조의 규정에 따른 명령에 위반했을 때, 경제산업대신에게 상기 조치에 따른 보관사업의 허가 취소를 요청할 수 있다.
(損失の補償)　第二十条 国は、前条第一項の規定による許可貯留	**제20조 (손실 보상)** ① 국가는 전조 제1항의 규정에 따른 허

원문	번역문
区域等の減少の処分又は貯留事業等の許可の取消しによって損失を受けた貯留事業者等又は貯留事業者等であった者(以下この条において「損失を受けた者」という。)に対して、通常生ずべき損失を補償しなければならない。	가보관구역 등의 감소 조치 또는 보관사업 등의 허가 취소로 인해 손실을 입은 보관사업자 등 또는 그보다 더 손실을 입은 자(이하 "손실을 입은 자"라 한다)에 대해 일반적으로 발생할 수 있는 손실을 보상하여야 한다.
2 前項の規定による損失の補償については、国と損失を受けた者とが協議しなければならない。	② 전항의 규정에 따른 손실 보상에 대해서는 국가와 손실을 입은 자가 협의하여야 한다.
3 前項の規定による協議が成立しない場合においては、国は、自己の見積もった金額を損失を受けた者に支払わなければならない。	③ 전항의 규정에 따른 협의가 성립하지 않은 경우에는 국가는 자체가 추정한 금액을 손실을 입은 자에게 지불하여야 한다.
4 前項の補償金額に不服がある損失を受けた者は、その決定の通知を受けた日から六月以内に、訴えをもって、その増額を請求することができる。	④ 전항의 보상 금액에 불만이 있는 손실을 입은 자는 그 결정의 통지를 받은 날로부터 6개월 이내에 소를 제기하여 그 증액을 청구할 수 있다.
5 前項の訴えにおいては、国を被告とする。	⑤ 전항의 소송에서는 국가를 피고로 한다.
6 前条第一項の規定による許可貯留区域の減少の処分又は貯留事業の許可の取消しに係る貯留権の上に抵当権があるときは、当該抵当権に係る抵当権者から供託をしなくてもよい旨の申出がある場合を除き、国は、その補償金を供託しなければならない。	⑥ 전조 제1항의 규정에 따른 허가보관구역의 감소 조치 또는 보관사업의 허가 취소에 관한 보관권의 위에 저당권이 있는 경우에는 해당 저당권에 관한 저당권자로부터 공탁을 하지 않아도 되는 바에 한하여, 국가는 그 보상금을 공탁하여야 한다.
7 前項の抵当権者は、同項の規定により供託した補償金に対してその権利を行うことができる。	⑦ 전항의 저당권자는 동항의 규정에 따라 공탁한 보상금에 대해 그 권리를 행사할 수 있다.
8 国は、第一項の規定による補償金額の全部又は一部をその理由を生じさせた者に負担させることができる。	⑧ 국가는 제1항의 규정에 따른 보상금액의 전부 또는 일부를 그 이유를 초래한 자에게 부담시킬 수 있다.
(許可貯留区域の減少の処分等と抵当権) 第二十一条 経済産業大臣は、第十九条第一項若しくは第二項の規定により抵当権の設定が登録されている貯留権に係る許可貯留区域の減	**제21조 (허가저장구역의 감소 조치 등과 저당권)** 경제산업대신은 제19조 제1항 또는 제2항의 규정에 따라 저당권의 설정이 등록된 저장권에 관한 허가저장구역의 감소 조치

원문	번역문
少の処分をしようとするとき、又は同条第一項から第三項までの規定により抵当権の設定が登録されている貯留権に係る貯留事業の許可を取り消そうとするときは、あらかじめ、その旨を当該抵当権に係る抵当権者に通知しなければならない。	를 하려는 때 또는 동조 제1항부터 제3항까지의 규정에 따라 저당권의 설정이 등록된 저장권에 관한 저장사업의 허가를 취소하려는 때에는 미리 해당 저당권자에게 그 사실을 통지하여야 한다.
(貯留開始貯留事業の許可の取消し等に伴う措置)　第二十二条 貯留事業者であって、その許可貯留区域内の貯留層への二酸化炭素の注入を開始している貯留事業(以下「貯留開始貯留事業」という。)を行っているもの(以下「貯留開始貯留事業者」という。)が貯留開始貯留事業の許可の取消し(第十九条第一項から第三項までの規定による貯留事業の許可(貯留開始貯留事業に係るものに限る。)の取消しをいう。以下この条において同じ。)を受けたとき、又は貯留開始貯留事業者が解散し、若しくは死亡した場合において第十七条第一項若しくは第二項若しくは第十八条第一項の規定による承継がなかったときは、旧貯留開始貯留事業者(貯留開始貯留事業の許可の取消しを受けた貯留開始貯留事業者であった者又は貯留開始貯留事業者が解散し、若しくは死亡した場合において第十七条第一項若しくは第二項若しくは第十八条第一項の規定による承継がなかったときの清算人若しくは破産管財人若しくは相続人に代わって相続財産を管理する者をいう。以下この条において同じ。)は、その貯留開始貯留事業に対するこの法律の規定(第五十三条第一項から第三項までの規定(これらの規定に係る罰則を含む。)を除く。)の適用については、第五十三条第五項の許可を受けるまでの間	**제22조 (저장 개시 저장사업의 허가 취소 등에 따른 조치)** ① 저장사업자이면서 그 허가저장구역 내의 저장층에 이산화탄소를 주입을 시작한 저장사업(이하 "저장개시저장사업"이라 한다)을 수행하는 자(이하 "저장개시저장사업자"라 한다)가 저장개시저장사업의 허가 취소(제19조 제1항부터 제3항까지의 규정에 따른 저장사업의 허가(저장개시저장사업에 관한 것에 한정된다. 이하 이 조에서 같다)의 취소를 말한다. 이하 이 조에서 같다)를 받거나 저장개시저장사업자가 해산하거나 사망한 경우에 제17조 제1항 또는 제2항 또는 제18조 제1항의 규정에 따른 계승이 없었을 때는, 이전 저장개시저장사업자(저장개시저장사업의 허가 취소를 받은 저장개시저장사업자이거나 저장개시저장사업자가 해산하거나 사망한 경우에 제17조 제1항 또는 제2항 또는 제18조 제1항의 규정에 따른 계승이 없었을 때의 청산인 또는 파산관리인 또는 상속인에 대해 해당 저장개시저장사업에 대한 이 법의 규정(제53조 제1항부터 제3항까지의 규정(이 규정에 관련된 형벌을 포함한다)을 제외한다)의 적용에 대해서는, 제53조 제5항의 허가를 받을 때까지는 계속하여 저장개시저장사업자로 간주한다. 이 경우에 있어서, 동조 제4항 중 "폐쇄조치"라고 되어 있는 것은 "특정폐쇄조치(제22조 제3항에 규정하는 특정폐쇄조치를 말한다. 다음

원문	번역문
は、なお貯留開始貯留事業者とみなす。この場合において、同条第四項中「閉鎖措置」とあるのは「特定閉鎖措置(第二十二条第三項に規定する特定閉鎖措置をいう。次項において同じ。)」と、同条第五項中「閉鎖措置」とあるのは「特定閉鎖措置」と、「以後」とあるのは「以後、遅滞なく」とする。	항에서 같다)"로, 동조 제5항 중 "폐쇄 조치"라고 되어 있는 것은 "특정폐쇄조치"로, "이후"라고 되어 있는 것은 "이후, 지체 없이"로 한다.
2　貯留開始貯留事業の許可の取消しがあったとき、又は貯留開始貯留事業者が解散し、若しくは死亡した場合において第十七条第一項若しくは第二項若しくは第十八条第一項の規定による承継がなかったときは、旧貯留開始貯留事業者は、直ちに、その取り消された許可又はその解散し、若しくは死亡した貯留開始貯留事業者が行っていた貯留開始貯留事業に係る許可貯留区域内の貯留層への二酸化炭素の注入を停止しなければならない。	② 저장개시저장사업의 허가 취소가 있었을 때, 또는 저장개시저장사업자가 해산하거나 사망한 경우에 제17조 제1항 또는 제2항 또는 제18조 제1항의 규정에 따른 계승이 없었을 때는, 이전 저장개시저장사업자는 즉시 해당 취소된 허가 또는 해당 저장개시저장사업자가 수행했던 저장개시저장사업에 대한 허가보관구역 내의 저장층에 이산화탄소의 주입을 중지하여야 한다.
3　旧貯留開始貯留事業者は、前項の規定により同項に規定する許可貯留区域内の貯留層への二酸化炭素の注入を停止したときは、主務省令で定めるところにより、当該許可貯留区域及び当該許可貯留区域に係る貯留事業の用に供する貯留等工作物を設置する場所についての坑口の閉塞その他の主務省令で定める措置(以下この条において「特定閉鎖措置」という。)に関する計画(以下この条において「特定閉鎖措置計画」という。)を定め、貯留開始貯留事業の許可の取消しを受けた日又は貯留開始貯留事業者の解散若しくは死亡の日から主務省令で定める期間内に主務大臣に認可の申請をしなければならない。	③ 이전 저장개시저장사업자는 전항의 규정에 따라 같은 항에 규정하는 허가저장구역 내의 저장층에 이산화탄소의 주입을 중지한 경우, 주무성령에서 정하는 바에 따라, 해당 허가보관구역 및 해당 허가저장구역에 대한 저장사업의 용도로 사용하는 저장등 공작물을 설치하는 장소에 대한 갱구의 폐쇄 등 그 밖에 주무성령에서 정하는 조치(이하 이 조에서 "특정폐쇄조치"라 한다)에 관한 계획(이하 이 조항에서 "특정폐쇄조치계획"이라 한다)을 정하고, 저장개시저장사업의 허가 취소를 받은 날 또는 저장개시저장사업자의 해산 또는 사망일로부터 주무성령에서 정하는 기간 내에 주무대신에게 인가를 신청하여야 한다.

원문	번역문
4 旧貯留開始貯留事業者は、前項の認可を受けるまでの間は、特定閉鎖措置を講じてはならない。	④ 이전 저장개시저장사업자는 전항의 승인을 받을 때까지 특정폐쇄조치를 취해서는 안 된다.
5 旧貯留開始貯留事業者は、第三項の認可を受けた特定閉鎖措置計画を変更しようとするときは、主務省令で定めるところにより、主務大臣の認可を受けなければならない。 ただし、主務省令で定める軽微な変更をしようとするときは、この限りでない。	⑤ 이전 저장개시저장사업자는 제3항의 승인을 받은 특정폐쇄조치계획을 변경하려는 경우, 주무성령으로 정하는 바에 따라 주무대신의 승인을 받아야 한다. 다만, 주무성령으로 정하는 경미한 변경을 하려는 경우에는 이에 해당하지 않는다.
6 主務大臣は、第三項又は前項の認可の申請に係る特定閉鎖措置計画が主務省令で定める基準に適合していると認めるときは、第三項又は前項の認可をしなければならない。	⑥ 주무대신는 제3항 또는 전항의 승인의 신청에 관한 특정폐쇄조치계획이 주무성령으로 정하는 기준에 부합한다고 인정할 때는, 제3항 또는 전항의 인가를 하여야 한다.
7 旧貯留開始貯留事業者は、第三項の認可を受けた特定閉鎖措置計画について第五項ただし書の主務省令で定める軽微な変更をしたときは、その旨を主務大臣に届け出なければならない。	⑦ 이전 저장개시저장사업자는 제3항의 인가를 받은 특정폐쇄조치계획에 대해 제5항 단서의 주무성령에서 정하는 경미한 변경을 하였을 때에는 그 사실을 주무대신에게 신고하여야 한다.
8 旧貯留開始貯留事業者は、第三項の認可を受けた特定閉鎖措置計画(第五項又は前項の規定による変更の認可又は届出があったときは、その変更後のもの)に従って特定閉鎖措置を講じなければならない。	⑧ 이전 저장개시저장사업자는 제3항의 인가를 받은 특정폐쇄조치계획(제5항 또는 전항의 규정에 따른 변경의 인가 또는 신고가 있는 경우에는 그 변경 후의 것)에 따라 특정폐쇄조치를 취해야 한다.
9 主務大臣は、前項の規定に違反して特定閉鎖措置を講じた旧貯留開始貯留事業者に対し、当該特定閉鎖措置に係る許可貯留区域内の貯留層における二酸化炭素の安定的な貯蔵の確保又は公共の安全の維持若しくは災害の発生の防止のために必要な措置をとるべきことを命ずることができる。	⑨ 주무대신은 전항의 규정에 위반하여 특정 폐쇄 조치를 취한 이전 저장개시저장사업자에 대해 해당 특정폐쇄조치에 관한 허가저장구역 내의 저장층에 대한 이산화탄소의 안정적인 저장을 보장하거나 공공의 안전을 유지하거나 재해의 발생을 예방하기 위해 필요한 조치를 취할 것을 명할 수 있다.
(貯留開始貯留事業以外の貯留事業等に係る許可の取消し等に伴う措置) 第二十三条 第十九条第一項から第三項までの規定による貯留事業等の許可の取消し(貯留開始貯	**제23조 (저장개시저장사업 이외의 저장사업 등에 따른 허가 취소 등에 따른 조치)** ① 제19조 제1항부터 제3항까지의 규정에 따른 저장사업등의 허가 취소(저장개시저장

원문	번역문
留事業に係るものを除く。)があったとき、貯留事業者等(貯留開始貯留事業以外の貯留事業又は試掘を行っている者に限る。以下この項において同じ。)が解散し、若しくは死亡した場合において第十七条第一項若しくは第二項若しくは第十八条第一項の規定による承継がなかったとき、又は試掘の許可の有効期間が満了したときは、その許可の取消しを受けた貯留事業者等であった者、貯留事業者等が解散し、若しくは死亡した場合において第十七条第一項若しくは第二項若しくは第十八条第一項の規定による承継がなかったときの清算人若しくは破産管財人若しくは相続人に代わって相続財産を管理する者又はその有効期間が満了した試掘の許可に係る試掘者であった者は、遅滞なく、その取り消された許可、その解散し、若しくは死亡した貯留事業者等が行っていた貯留開始貯留事業以外の貯留事業若しくは試掘又はその有効期間が満了した試掘の許可に係る許可貯留区域等及び当該許可貯留区域等に係る貯留事業等の用に供する貯留等工作物を設置する場所についての坑口の閉塞その他の経済産業省令で定める措置を講じなければならない。	사업에 관한 것을 제외한다)가 된 때, 저장사업자등(저장개시저장사업 이외의 저장사업 또는 시험을 수행하고 있는 자에 한정된다. 이하 이 항에 대해 같다)가 해산하거나 사망한 경우에 제17조 제1항 또는 제2항 또는 제18조 제1항의 규정에 따른 계승이 없을 때, 또는 시험의 허가의 유효기간이 만료한 때에는, 해당 허가의 취소를 받은 저장사업자 등이었던 자, 저장사업자등이 해산하거나 사망한 경우에 제17조 제1항, 제2항 또는 제18조 제1항의 규정에 따른 계승이 없었을 때의 청산인이나 파산관재인이나 상속인 또는 그 유효기간이 만료한 시험의 허가에 대한 시험자였던 자는 지체 없이 해당 취소된 허가, 해당 해산하거나 사망한 저장사업자등이 수행했던 저장 시작 저장사업 이외의 저장사업이나 시험 또는 그 유효기간이 만료한 시험의 허가에 대한 허가보관구역 등 및 해당 허가보관구역 등에 대한 저장사업 등의 용도로 사용하는 저장 등 공작물을 설치하는 장소에 대한 구덩이의 폐쇄 등 경제산업성령에서 정하는 조치를 취해야 한다.
2　経済産業大臣は、前項の規定に違反した者に対し、同項に規定する措置の円滑かつ着実な実施又は公共の安全の維持若しくは災害の発生の防止のために必要な措置をとるべきことを命ずることができる。	② 경제산업대신은 전항의 규정을 위반한 자에게 해당 조치의 원활하고 안정한 시행이나 공공의 안전 유지나 재해의 발생을 예방하기 위해 필요한 조치를 취할 것을 명령할 수 있다.
第二節　貯留権及び試掘権	**제2절 저장권 및 시추권**
第一款　貯留権及び試掘権の設定等	**제1관 저장권 및 시추권의 설정 등**
(貯留事業等の許可の告示)　第二十四条　経済産業大臣は、貯留事業等の許可をし	**제24조(저장사업 등의 허가의 고시)** 경제산업대신은 저장사업등의 허가를 한

원문	번역문
たときは、遅滞なく、その旨及び次に掲げる事項を当該許可に係る貯留事業者等に通知するとともに、告示しなければならない。 一　当該貯留事業者等の氏名又は名称及び住所並びに法人にあっては、その代表者の氏名 二　許可貯留区域等 三　当該許可に係る貯留事業又は試掘の別 四　貯留事業等の概要 五　試掘の許可にあっては、当該許可の有効期間が満了する日	경우에는 지체 없이 그 사실 및 다음에 열거한 사항을 해당 허가에 관한 저장사업자등에게 통지하고 공시하여야 한다. 1. 해당 저장사업자등의 성명 또는 명칭 및 주소 및 법인에 있어서는 그 대표자의 성명 2. 허가저장구역등 3. 해당 허가에 관한 저장사업 또는 시추의 구분 4. 저장사업등의 개요 5. 시추의 허가에 있어서는 해당 허가의 유효기간이 만료되는 날
(貯留権等の設定とその効果) 第二十五条 前条の規定による告示があったときは、当該告示に係る許可貯留区域等に係る貯留権等(貯留権又は試掘権をいう。以下同じ。)が設定され、当該許可貯留区域等に係る土地に関するその他の権利は、当該貯留権等に係る貯留事業者等が当該許可貯留区域等において行う二酸化炭素の貯蔵若しくは試掘を妨げ、又は当該貯蔵若しくは試掘に支障を及ぼす限度においてその行使を制限される。	**제25조(저장권 등의 설정 및 그 효과)** ① 전조의 규정에 의한 공고가 있었을 때는 해당 공고에 관한 허가저장구역등에 관한 저장권등(저장권 또는 시추권을 말한다. 이하 같다)이 설정되고, 해당 허가 저장구역 등에 관한 토지에 관한 그 밖의 권리는 해당 저장권등에 관한 저장사업자등이 해당 허가저장구역등에서 이산화탄소의 저장 또는 시추를 방해하거나 해당 저장 또는 시추에 지장을 초래하는 한에서 그 행사를 제한된다.
2　前項の規定により試掘権が設定された場合における同項の規定により土地に関するその他の権利がその行使を制限される期間は、前条の規定による告示の日から当該試掘権に係る試掘の許可の有効期間が満了する日までの期間に限るものとする。	② 전항의 규정에 의하여 시추권이 설정된 경우에 있어서의 동항의 규정에 의하여 토지에 관한 그 밖의 권리가 그 행사를 제한되는 기간은 전조의 규정에 의한 고시의 날로부터 해당 시추권에 관한 시추의 허가의 유효기간이 만료되는 날까지의 기간으로 한다.
(損失の補償)　第二十六条 前条第一項の規定による権利の行使の制限によって具体的な損失が生じたときは、当該損失を受けた者は、第二十四条の規定	**제26조(손실의 보상)** ① 전항의 규정에 의한 권리의 행사의 제한으로 구체적인 손실이 발생한 때에는 해당 손실을 입은 자는 제24조의 규정에 의

원문	번역문
による告示の日から一年以内に限り、貯留事業者等に対し、その損失の補償を請求することができる。	한 고시한 날로부터 1년 이내에 한하여, 저장사업자등에게 그 손실의 보상을 청구할 수 있다.
2　前項の規定による損失の補償は、貯留事業者等と損失を受けた者とが協議して定めなければならない。	② 전항의 규정에 의한 손실의 보상은 저장사업자등과 손실을 입은 자가 협의하여 정하여야 한다.
3　前項の規定による協議が成立しないときは、土地収用法(昭和二十六年法律第二百十九号)第九十四条第二項から第十二項までの規定を準用する。この場合において、同条第二項中「起業者」とあるのは「貯留事業者等(二酸化炭素の貯留事業に関する法律第五条第一項第二号ハに規定する貯留事業者等をいう。第六項において同じ。)」と、同条第六項中「起業者である者」とあるのは「貯留事業者等である者」と、同条第七項中「この法律」とあるのは「二酸化炭素の貯留事業に関する法律」と読み替えるものとする。	③ 전항의 규정에 의한 협의가 성립하지 않을 때는 토지수용법(1951년 법률 제219호) 제94조 제2항부터 제12항까지의 규정을 준용한다. 이 경우에 있어서, 동조 제2항 중 "기업자"라고 되어 있는 것은 "저장사업자등(이산화탄소의 저장사업에 관한 법률 제5조 제1항 제2호 가에 규정하는 저장사업자등을 말한다. 제6항에 있어 같다)"로서, 동조 제6항 중 "이 법률"이라고 되어 있는 것은 "이산화탄소의 저장사업에 관한 법률"로 본다.
4　前項において準用する土地収用法第九十四条第二項又は第九項の規定による裁決の申請又は訴えの提起は、貯留事業者等が行う許可貯留区域等における貯留事業等を停止しない。	④ 전항에 있어 준용하는 토지수용법 제94조 제2항이나 제9항의 규정에 따른 판결의 신청이나 소송의 제기는 저장사업자등이 행하는 허가 저장구역등에서의 저장사업등을 중단하지 않는다.
(図面の縦覧)　第二十七条 経済産業大臣は、第二十四条の規定による告示をしたときは、直ちに、経済産業省令で定めるところにより、許可貯留区域等を表示する図面を公衆の縦覧に供しなければならない。	**제27조 (도면의 열람)** 경제산업대신은 제24조에 따른 고시를 한 경우에는, 즉시 경제산업성령으로 정하는 바에 따라 허가저장지역등을 표시하는 도면을 일반에게 열람할 수 있도록 제공하여야 한다.
(試掘権の消滅)　第二十八条 試掘権は、試掘の許可の有効期間が満了した時に消滅する。	**제28조 (시추권의 소멸)** 시추권은 시추 허가의 유효 기간이 만료되었을 때 소멸한다.

원문	번역문
(試掘の許可の更新の告示及び試掘権の変更等) 第二十九条 経済産業大臣は、第九条第二項(第十二条第六項において準用する場合を含む。)の規定による試掘の許可の更新をしたときは、遅滞なく、その旨及び次に掲げる事項を当該更新を受けた者に通知するとともに、告示しなければならない。 一　試掘の許可の更新を受けた者の氏名又は名称及び住所並びに法人にあっては、その代表者の氏名 二　許可試掘区域 三　試掘の概要 四　試掘の許可の有効期間が満了する日	**제29조 (시추 허가 갱신의 고시 및 시추권의 변경 등)** ① 경제산업대신은 제9조 제2항(제12조 제6항에 준용되는 경우를 포함한다)의 규정에 따른 시추 허가의 갱신을 한 경우 즉시 그 사실 및 다음의 사항을 해당 갱신을 받은 자에게 통지하고 고시하여야 한다. 1. 갱신을 받은 자의 성명 또는 명칭 및 주소 및 법인인 경우 그 대표자의 성명 2. 허가 시추 구역 3. 시추 개요 4. 시추의 허가 유효 기간이 만료되는 날
2　前項の規定による告示があったときは、当該告示に係る許可試掘区域に係る試掘権が変更され、当該許可試掘区域に係る土地に関するその他の権利は、当該試掘権に係る試掘の許可の更新を受けた者が当該許可試掘区域において行う試掘を妨げ、又は当該試掘に支障を及ぼす限度においてその行使を制限される。	② 전항의 규정에 따른 고시가 있을 때 해당 고시에 관련된 허가 시추 구역에 대한 시추권이 변경되고, 해당 허가 시추 구역에 대한 토지에 관한 그 밖에 권리는 해당 시추권을 갖는 자가 해당 허가 시추 구역에서 시추를 진행하는 데 방해하거나 해당 시추에 장애가 되는 한도 내에서 그 행사를 제한된다.
3　前項の規定により試掘権が変更された場合における同項の規定により土地に関するその他の権利がその行使を制限される期間は、第一項の規定による告示の日から当該試掘権に係る試掘の許可の有効期間が満了する日までの期間に限るものとする。	③ 전항의 규정에 따라 시추권이 변경된 경우 해당 항의 규정에 따라 토지에 관한 그 밖에 권리의 행사가 제한되는 기간은 제1항의 규정에 따른 고시일부터 해당 시추권의 유효 기간이 만료되는 날까지의 기간으로 한다.
4　第二十六条及び第二十七条の規定は、第一項の規定による告示及び当該告示に係る試掘の許可の更新を受けた者について準用する。この場合において、第二十六条第四項中「許可貯留区域等」とあるのは「許可試掘区域」と、「貯留事業等」とあるの	④ 제26조 및 제27조의 규정은 제1항의 규정에 따른 고시 및 해당 고시에 관련된 시추허가를 받은 자에게 준용한다. 이 경우 제26조 제4항 중 "허가저장구역등"은 "허가 시추 구역"으로, "저장사업등"은 "시추"로, 제27조 중 "허가저장지역등"은 "허가 시추

원문	번역문
は「試掘」と、第二十七条中「許可貯留区域等」とあるのは「許可試掘区域」と読み替えるものとする。	구역"으로 본다.
(許可貯留区域等の増減の許可等の告示及び貯留権等の変更等) 第三十条 経済産業大臣は、第十四条第一項若しくは第十六条第一項の許可をしたとき、又は第十九条第一項若しくは第二項の規定による許可貯留区域等の減少の処分をしたときは、遅滞なく、その旨及び次に掲げる事項を当該許可又は処分を受けた者に通知するとともに、告示しなければならない。 一　貯留事業者等の氏名又は名称及び住所並びに法人にあっては、その代表者の氏名 二　当該許可又は処分により変更された許可貯留区域等 三　貯留事業等の概要 四　当該許可又は処分を受けた者が試掘者である場合にあっては、当該試掘者に係る試掘の許可の有効期間が満了する日	**제30조 (허가저장지역등의 증감 허가 등의 고시 및 저장권 등의 변경 등)** ① 경제산업대신은 제14조 제1항 또는 제16조 제1항의 허가를 한 경우 또는 제19조 제1항 또는 제2항의 규정에 따른 허가저장구역등의 감소 처분을 한 경우 즉시 그 사실 및 다음의 사항을 해당 허가 또는 처분을 받은 자에게 통지하고 고시하여야 한다. 1. 저장사업자등의 성명 또는 명칭 및 주소 및 법인인 경우 그 대표자의 성명 2. 해당 허가 또는 처분에 의해 변경된 허가 저장 지역 등 3. 저장사업등의 개요 4. 해당 허가 또는 처분을 받은 자가 시추자인 경우 해당 시추자에 대한 시추의 허가 유효 기간이 만료되는 날
2　前項の規定による告示があったときは、当該告示に係る許可貯留区域等に係る貯留権等が変更され、当該許可貯留区域等に係る土地に関するその他の権利は、当該貯留権等に係る貯留事業者等が当該許可貯留区域等において行う二酸化炭素の貯蔵若しくは試掘を妨げ、又は当該貯蔵若しくは試掘に支障を及ぼす限度においてその行使を制限される。	② 전항의 규정에 따른 고시가 있을 때 해당 공고에 관련된 허가저장지역등에 대한 저장권 등이 변경되고, 해당 허가저장지역등에 대한 토지에 관한 그 밖에 권리는 해당 저장권 등을 갖는 저장사업자등이 해당 허가저장지역등에서 이산화탄소의 저장 또는 시험시추를 방해하거나 해당 저장 또는 시험시추에 장애가 되는 한도 내에서 그 행사를 제한된다.
3　前項の規定により試掘権が変更された場合における同項の規定により土地に関するその他の権利がその行使を制限される期間は、第一項の規定による告示の日から当	③ 전항의 규정에 따라 시추권이 변경된 경우 해당 항의 규정에 따라 토지에 관한 그 밖에 권리의 행사가 제한되는 기간은 제1항의 규정에 따른 고시일부터 해당 시

원문	번역문
該試掘権に係る試掘の許可の有効期間が満了する日までの期間に限るものとする。	추권의 유효 기간이 만료되는 날까지의 기간으로 한다.
4 第二十六条の規定は第一項の規定による告示(許可貯留区域等の増加に係るものに限る。)について、第二十七条の規定は同項の規定による告示について、それぞれ準用する。この場合において、第二十六条第一項中「具体的な損失」とあるのは、「具体的な損失(許可貯留区域等の増加によるものに限る。)」と読み替えるものとする。	④ 제26조의 규정은 제1항의 규정에 따른 고시(허가저장구역등의 증가에 관련된 것에 한정된다)에 대하여, 제27조의 규정은 동 항의 규정에 따른 고시에 대하여 각각 준용된다. 이 경우 제26조 제1항 중 "구체적인 손실"은 "구체적인 손실(허가저장구역등의 증가로 인한 것에 한정된다)"이라고 본다.
(貯留事業等の譲渡及び譲受けの認可等の告示並びに貯留権等の移転等) 第三十一条 経済産業大臣は、第十七条第一項若しくは第二項の認可をしたとき、又は第十八条第三項の規定により同項各号に掲げる基準のいずれにも適合する旨の通知をしたときは、遅滞なく、その旨及び次に掲げる事項を告示しなければならない。 一　貯留事業者等の地位を承継した者の氏名又は名称及び住所並びに法人にあっては、その代表者の氏名 二　承継された許可貯留区域等 三　承継された貯留事業等の概要 四　貯留事業者等の地位を承継した者に移転した貯留権等の種類 五　試掘権が移転した場合にあっては、当該試掘権に係る試掘の許可の有効期間が満了する日	**제31조(저장사업등의 양도 및 양수의 인가 등의 고시 및 저장권등의 이전 등** ① 경제산업대신은 제17조 제1항 또는 제2항의 인가를 한 경우, 또는 제18조 제3항의 규정에 따라 해당 항 각 호에 열거된 기준 중 어느 것에도 적합한 점을 통지한 경우에는 지체 없이 그 사실 및 다음에 열거한 사항을 고시하여야 한다. 1. 저장사업자등의 지위를 승계한 자의 성명 또는 명칭 및 주소 및 법인에 있어서는, 그 대표자의 성명 2. 승계된 허가 저장구역등 3. 승계된 저장사업등의 개요 4. 저장사업자등의 지위를 승계한 자에게 이전된 저장권등의 종류 5. 시추권이 이전된 경우에 있어서는 해당 시추권에 관한 시추의 허가의 유효기간이 만료되는 날
2 第二十七条の規定は、前項の規定による告示について準用する。	② 제27조의 규정은 전항의 규정에 따른 고시에 대하여 준용한다.
(貯留事業等の許可の取消しの告示及び貯留権等の消滅) 第三十二条 経済産業大臣は、第十九条第一項から第三項までの規定により貯留事業等の許可	**제32조 (저장사업등의 허가의 취소의 고시 및 저장권등의 소멸)** ① 경제산업대신은 제19조 제1항부터 제3항까지의 규정에 따라 저장사업등의 허가

원문	번역문
(貯留開始貯留事業に係るものを除く。)を取り消したときは、遅滞なく、その旨及び次に掲げる事項を当該許可を取り消された者に通知するとともに、告示しなければならない。 一　当該許可を取り消された者の氏名又は名称及び住所並びに法人にあっては、その代表者の氏名 二　当該許可の取消しに係る許可貯留区域等 三　当該許可の取消しに係る貯留事業等に係る貯留権等が消滅する旨	(저장시작 저장사업에 관한 것을 제외한다)를 취소한 때에는 지체 없이 그 사실 및 다음에 열거한 사항을 해당 허가를 취소된 자에게 통지하고 고시하여야 한다. 1. 해당 허가를 취소된 자의 성명 또는 명칭 및 주소 및 법인에 있어서는, 그 대표자의 성명 2. 해당 허가의 취소에 관한 허가저장구역등 3. 해당 허가의 취소에 관한 저장사업등에 관한 저장권등이 소멸하는 점
2　前項の規定による告示があったときは、当該告示に係る貯留権等は、消滅する。	② 전항의 규정에 따른 고시가 있었을 때는 해당 공고에 관한 저장권등은 소멸한다.
第二款　貯留権及び試掘権の性質等	**제2관　저장권 및 시추권의 성질 등**
(性質)　第三十三条 貯留権等は、物権とみなし、この法律に別段の定めがある場合を除き、不動産に関する規定を準用する。	**제33조(성질)** 저장권등은 물권으로서, 이 법률에 별도의 규정이 있는 경우를 제외하고는 부동산에 관한 규정을 준용한다.
(権利の目的)　第三十四条 貯留権等は、相続その他の一般承継、譲渡、滞納処分、強制執行、仮差押え及び仮処分の目的となるほか、権利の目的となることができない。ただし、貯留権にあっては、抵当権の目的となることができる。	**제34조(권리의 목적)** 저장권등은 상속 그 밖의 일반 상속, 양도, 체납처분, 강제집행, 가압류 및 가처분의 목적이 되는 것으로서, 권리의 목적이 될 수 없다. 다만, 저장권에 있어서는 저당권의 목적이 될 수 있다.
(処分の制限等)　第三十五条 貯留権等は、第十七条第一項又は第二項の認可を受けなければ、移転(相続によるものを除く。)をすることができない。	**제35조(처분의 제한 등)** ① 저장권등은 제17조 제1항 또는 제2항의 인가를 받지 않으면 이전(상속에 의한 것은 제외함)을 할 수 없다.
2　貯留開始貯留事業者は、貯留開始貯留事業に係る貯留権を放棄することができない。	② 저장개시저장사업자는 저장개시저장사업에 관한 저장권을 포기할 수 없다.
3　貯留事業者等は、その貯留権等(貯留権にあっては、貯留開始貯留事業以外の貯留事	③ 저장사업자등은 그 저장권등(저장권에 있어서는, 저장개시저장사업 이외의 저장사

원문	번역문
業に係るものに限る。)を放棄したときは、経済産業省令で定めるところにより、その旨を経済産業大臣に届け出なければならない。	업에 관한 것에 한한다)을 포기한 경우에는, 경제산업성령에서 정하는 바에 따라 그 사실을 경제산업대신에게 신고하여야 한다.
4 経済産業大臣は、前項の規定による届出があったときは、遅滞なく、その旨及び次に掲げる事項を告示しなければならない。 一 当該届出をした貯留事業者等の氏名又は名称及び住所並びに法人にあっては、その代表者の氏名 二 当該届出に係る貯留権等が消滅する旨 三 当該届出に係る貯留権等に係る許可貯留区域等	④ 경제산업대신은 전항의 규정에 따른 신고가 있었을 때는 지체 없이 그 사실 및 다음에 열거한 사항을 고시하여야 한다. 1. 해당 신고를 한 저장사업자등의 성명 또는 명칭 및 주소 및 법인에 있어서는, 그 대표자의 성명 2. 해당 신고에 관한 저장권등이 소멸하는 사실 3. 해당 신고에 관한 저장권등에 관한 허가 저장구역 등
5 前項の規定による告示があったときは、当該告示に係る貯留権等は、消滅する。	⑤ 전항의 규정에 따른 고시가 있었을 때는 해당 고시에 관한 저장권등은 소멸한다.
6 貯留開始貯留事業以外の貯留事業に係る貯留権であって、抵当権の設定が登録されているものについては、その抵当権者の同意がなければ、これを放棄することができない。	⑥ 저장개시저장사업 이외의 저장사업에 관한 저장권으로서, 저당권의 설정이 등록된 것에 대해서는, 해당 저당권자의 동의가 없으면, 이를 포기할 수 없다.
7 第十七条第一項若しくは第二項の認可を受けないでした貯留権等の移転又は前項の同意を得ないでした貯留権の放棄は、その効力を生じない。	⑦ 제17조 제1항 또는 제2항의 인가를 받지 않은 저장권등의 이전 또는 전항의 동의를 얻지 않은 저장권의 포기는, 그 효력을 발생시키지 않는다.
8 第三項の規定による届出があった場合において、当該届出が貯留権に係るものであるときは当該貯留権に係る許可貯留区域における貯留事業について第五十七条第一項の規定による届出があったものと、当該届出が試掘権に係るものであるときは当該試掘権に係る許可試掘区域における試掘について第六十四条第二項において準用する第五十七条第一項の規定による届出があったものとみなす。	⑧ 제3항의 규정에 따른 신고가 있었을 경우에는, 해당 신고가 저장권에 관한 것일 때에는 해당 저장권에 관한 허가저장구역에 대한 저장사업에 대하여 제57조 제1항의 규정에 따른 신고가 있는 것으로, 해당 신고가 시추권에 관한 것일 때에는 해당 시추권에 관한 허가 시추구역에 대한 시추에 대하여 제64조 제2항에 준용하는 제57조 제1항의 규정에 따른 신고가 있는 것으로 본다.

원문	번역문
(貯留権等の登録) 第三十六条 貯留権等及び貯留権を目的とする抵当権の設定、移転、変更、消滅及び処分の制限は、貯留権等登録簿に登録する。	제36조(저장권 등의 등록) ① 저장권등 및 저장권을 목적으로 하는 저당권의 설정, 이전, 변경, 소멸 및 처분의 제한은 저장권등 등록부에 등록한다.
2 前項の規定による登録は、登記に代わるものとする。	② 전항의 규정에 따른 등록은 등기로 대체한다.
3 第一項の規定による登録に関する処分については、行政手続法(平成五年法律第八十八号)第二章及び第三章の規定は、適用しない。	③ 제1항의 규정에 따른 등록에 관한 처분에 대해서는 행정절차법(1993년 법률 제88호) 제2장 및 제3장의 규정은 적용하지 않는다.
4 貯留権等登録簿については、行政機関の保有する情報の公開に関する法律(平成十一年法律第四十二号)の規定は、適用しない。	④ 저장권등 등록부에 관하여는 행정기관이 보유하는 정보의 공개에 관한 법률(1999년 법률 제42호)의 규정은 적용하지 않는다.
5 貯留権等登録簿に記録されている保有個人情報(個人情報の保護に関する法律(平成十五年法律第五十七号)第六十条第一項に規定する保有個人情報をいう。)については、同法第五章第四節の規定は、適用しない。	⑤ 저장권등 등록부에 기록된 보유 개인정보(개인정보의 보호에 관한 법률(2003년 법률 제57호) 제60조 제1항에 규정된 보유 개인정보를 말한다.)에 관해서는, 동법 제5장 제4절의 규정은 적용하지 않는다.
6 前各項に規定するもののほか、登録に関し必要な事項は、政令で定める。	⑥ 전 각 항에 규정하는 것 이외에, 등록에 관한 필요한 사항은 정령으로 정한다.
第三節 貯留事業及び試掘の実施	**제3절 저장사업 및 시추의 실시**
第一款 貯留事業の実施	**제1관 저장사업의 실시**
(事業着手の義務等) 第三十七条 貯留事業者は、貯留事業に着手するために通常必要と認められる期間として経済産業省令で定める期間内に、貯留事業に着手しなければならない。	제37조 (사업 착수 의무 등) ① 저장사업자는 경제산업성령에서 정하는 기간 내에 일반적으로 필요하다고 인정되는 기간으로서 저장사업에 착수하여야 한다.
2 貯留事業者は、やむを得ない理由により前項の経済産業省令で定める期間内に貯留事業に着手することができないときは、期間を定め、理由を付して、経済産業大臣の認可を受けなければならない。	② 저장사업자는 불가항력적인 이유로 제1항의 경제산업성령에서 정하는 기간 내에 저장사업에 착수할 수 없는 경우에는 기간을 정하여 이유를 명시하여 경제산업대신의 인가를 받아야 한다.

원문	번역문
3　貯留事業者は、貯留事業に着手したときは、遅滞なく、その旨を経済産業大臣に届け出なければならない。許可貯留区域内の貯留層への二酸化炭素の注入を開始したときも、同様とする。	③ 저장사업자는 저장사업에 착수한 경우에는 지체 없이 그 사실을 경제산업대신에게 신고하여야 한다. 허가 저장구역 내의 저장층으로 이산화탄소 주입을 시작한 경우에도 마찬가지이다.
4　経済産業大臣は、前項後段の規定による届出を受理したときは、当該届出に係る貯留事業者の氏名又は名称及び住所その他経済産業省令で定める事項を独立行政法人エネルギー・金属鉱物資源機構（以下「機構」という。）に通知するものとする。	④ 경제산업대신은 전항 후단의 규정에 따른 신고를 접수한 경우에는 해당 신고에 관한 저장사업자의 성명 또는 명칭 및 주소 등 그 밖에 경제산업성령으로 정하는 사항을 독립행정법인 에너지·금속광물자원기구(이하 '기구'라 한다)에 통지하는 것으로 한다.
5　貯留事業者は、引き続き一年以上その貯留事業を休止しようとするときは、期間を定め、理由を付して、経済産業大臣の認可を受けなければならない。	⑤ 저장사업자는 계속해서 1년 이상 해당 저장사업을 중단하려 할 때에는 기간을 정하여 이유를 명시하여 경제산업대신의 인가를 받아야 한다.
6　貯留事業者は、前項の認可を受けて休止した貯留事業を再開したときは、遅滞なく、その旨を経済産業大臣に届け出なければならない。	⑥ 저장사업자는 전항의 인가를 받아 중단한 저장사업을 재개한 경우에는 지체 없이 그 사실을 경제산업대신에게 신고하여야 한다.
（貯留事業実施計画）　第三十八条 貯留事業者は、許可貯留区域ごとに、主務省令で定めるところにより、次に掲げる事項を記載した貯留事業実施計画を定め、貯留事業を開始する前に、主務大臣の認可を受けなければならない。 一 許可貯留区域 二 二酸化炭素の貯蔵の方法に関する事項 三 貯留事業場（許可貯留区域及び当該許可貯留区域に係る貯留事業の用に供する貯留等工作物を設置する場所をいう。以下同じ。）における保安を確保するための措置に関する事項 四 貯蔵する二酸化炭素の漏えいを防止す	**제38조 (저장사업 시행 계획)** ① 저장사업자는 허가 저장구역마다, 주무성령으로 정하는 바에 따라, 다음의 사항을 기재한 저장사업 시행 계획을 정하고, 저장사업을 개시하기 전에 주무 대신의 인가를 받아야 한다. 1. 허가 저장구역 2. 이산화탄소 저장 방법에 관한 사항 3. 저장사업장(허가 저장구역 및 해당 허가저장구역에 관한 저장사업의 용도로 공급되는 저장 등 공작물을 설치하는 장소를 말한다. 이하 같다)에서의 보안을 보장하기 위한 조치에 관한 사항 4. 저장하는 이산화탄소의 누출을 방지하

원문	번역문
るための措置に関する事項 五 貯蔵する二酸化炭素の貯蔵の状況の監視に関する事項 六 貯蔵する二酸化炭素の特性に関する事項 七 貯留事業の安定的な遂行を確保するための措置に関する事項その他の主務省令で定める事項	기 위한 조치에 관한 사항 5. 저장하는 이산화탄소의 저장 상황 모니터링에 관한 사항 6. 저장하는 이산화탄소의 특성에 관한 사항 7. 저장사업의 안정적인 진행을 보장하기 위한 조치에 관한 사항 그 밖에 주무성령으로 정하는 사항
2 主務大臣は、前項の認可の申請に係る貯留事業実施計画が次に掲げる基準に適合していると認めるときは、同項の認可をしなければならない。 一 二酸化炭素の貯蔵の方法がその安定的な貯蔵を確保する観点から適切であること。 二 貯留事業場における保安を確保するための措置が、公共の安全の維持及び災害の発生の防止の観点から適切であること。 三 貯蔵する二酸化炭素の漏えいを防止するための措置が適切であること。 四 貯蔵する二酸化炭素の貯蔵の状況の監視が適切に行われることが見込まれること。 五 二酸化炭素の貯蔵が海域の貯留層において行われる場合にあっては、次に掲げる基準に適合すること。 イ 貯蔵する二酸化炭素が政令で定める基準に適合するものであること。 ロ 海域の貯留層における二酸化炭素の貯蔵以外に適切な処分の方法がないこと。 六 その他貯留事業が安定的に遂行されることが見込まれること。	② 주무대신은 전항의 인가 신청에 관한 저장사업 시행 계획이 다음에 열거한 기준에 부합하는 것으로 인정할 때에는, 동항의 인가를 하여야 한다. 1. 이산화탄소 저장 방법이 안정적인 저장을 보장하는 측면에서 적절할 것 2. 저장사업장에서의 보안을 보장하기 위한 조치가 공공의 안전 유지 및 재해의 발생 방지 측면에서 적절할 것 3. 저장하는 이산화탄소의 누출을 방지하기 위한 조치가 적절할 것 4. 저장하는 이산화탄소의 저장 상황 모니터링이 적절하게 이루어질 것으로 예상될 것 5. 이산화탄소의 저장이 해역의 저장층에서 이루어지는 경우에는 다음에 열거한 기준에 부합할 것 가. 저장하는 이산화탄소가 정령으로 정하는 기준에 부합할 것 나. 해역의 저장층에서의 이산화탄소 저장 이외에 적절한 처분 방법이 없을 것 6. 그 밖에 저장사업이 안정적으로 진행될 것으로 예상될 것
(貯留事業実施計画の変更の認可等) 第三十九条 貯留事業者は、前条第一項の認可を受けた貯留事業実施計画を変更しようとするときは、主務省令で定めるところにより、主	**제39조 (저장사업실시계획의 변경의 인가등)** ① 저장사업자는 전조 제1항의 인가를 받은 저장사업실시계획을 변경하려 할 때에는, 주무성령으로 정하는 바에 따라 주무대

원문	번역문
務大臣の認可を受けなければならない。ただし、主務省令で定める軽微な変更をしようとするときは、この限りでない。	신의 인가를 받아야 한다. 다만, 주무성령으로 정하는 경미한 변경을 하려 할 때에는 이에 해당하지 않는다.
2 貯留事業者は、前条第一項の認可を受けた貯留事業実施計画について前項ただし書の主務省令で定める軽微な変更をしたときは、その旨を主務大臣に届け出なければならない。	② 저장사업자는 전조 제1항의 인가를 받은 저장사업실시계획에 대해 전항의 주무부령으로 정하는 경미한 변경을 한 경우에는, 그 사실을 주무대신에게 신고하여야 한다.
3 前条第二項の規定は、第一項の規定による変更の認可について準用する。	③ 전조 제2항의 규정은 제1항의 규정에 따른 변경의 인가에 대해서 준용한다.
(貯留事業実施計画の遵守) 第四十条 貯留事業者は、第三十八条第一項の認可を受けた貯留事業実施計画(前条第一項又は第二項の規定による変更の認可又は届出があったときは、その変更後のもの。以下「認可貯留事業実施計画」という。)によらなければ、貯留事業を行ってはならない。	**제40조 (저장사업실시계획의 준수)** 저장사업자는 제38조 제1항의 인가를 받은 저장사업실시계획(전조 제1항 또는 제2항의 규정에 따른 변경의 인가 또는 신고가 있는 경우에는 그 변경 후의 것. 이하 "인가 저장사업실시계획"이라 한다)에 따르지 않으면 저장사업을 진행해서는 아니 된다.
(認可貯留事業実施計画の変更勧告等) 第四十一条 主務大臣は、貯留事業者の認可貯留事業実施計画を変更しなければその許可貯留区域における貯留事業の安定的な遂行又は貯留事業場における保安を確保することができないと認めるときは、当該貯留事業者に対し、認可貯留事業実施計画を変更すべきことを勧告することができる。	**제41조 (인가 저장사업실시계획의 변경 권고 등)** ① 주무대신은 저장사업자의 인가 저장사업실시계획을 변경하지 않으면 해당 허가저장구역에서의 저장사업의 안정적인 진행 또는 저장사업장에서의 보안을 보장할 수 없다고 인정할 때에는, 해당 저장사업자에게 인가 저장사업실시계획을 변경해야 할 것을 권고할 수 있다.
2 主務大臣は、前項の規定による勧告を受けた貯留事業者が、正当な理由がなくてその勧告に従わないときは、当該貯留事業者に対し、認可貯留事業実施計画を変更すべきことを命ずることができる。	② 주무대신은 전항의 규정에 따른 권고를 받은 저장사업자가 정당한 이유 없이 해당 권고에 따르지 않을 때는 해당 저장사업자에게 인가 저장사업실시계획을 변경해야 할 것을 명령할 수 있다.
(貯留事業停止命令) 第四十二条 主務大臣は、貯留事業者が次の各号のい	**제42조 (저장사업 중지명령)** 주무대신은 저장사업자가 다음의 어느 하

원문	번역문
ずれかに該当するときは、当該貯留事業者に対し、期間を定めて当該貯留事業の全部又は一部の停止を命ずることができる。 一 第十五条、前条第二項、次条第三項、第四十四条第二項、第四十八条第二項、第六十六条第三項、第六十七条第二項若しくは第三項、第六十八条第二項、第六十九条第四項、第七十三条、第七十四条第三項若しくは第七十五条第五項の規定による命令又は第六十七条第二項若しくは第三項の規定による制限に違反したとき。 二 第四十条の規定に違反して、認可貯留事業実施計画によらないで貯留事業を行ったとき。 三 第百三十条第一項の規定により貯留事業の許可又は第三十八条第一項の認可若しくは第三十九条第一項の規定による変更の認可に付された条件に違反したとき。	나에 해당하는 경우에는 해당 저장사업자에게 기간을 정하여 해당 저장사업의 전부 또는 일부를 중지할 것을 명령할 수 있다. 1. 제15조, 전조 제2항, 다음조 제3항, 제44조 제2항, 제48조 제2항, 제66조 제3항, 제67조 제2항 또는 제3항, 제68조 제2항, 제69조 제4항, 제73조, 제74조 제3항 또는 제75조 제5항의 규정에 따른 명령 또는 제67조 제2항 또는 제3항의 규정에 따른 제한을 위반한 경우 2. 제40조의 규정을 위반하여, 인가 저장사업실시계획에 따르지 않고 저장사업을 한 경우 3. 제130조 제1항의 규정에 따라 저장사업의 허가 또는 제38조 제1항의 인가 또는 제39조 제1항의 규정에 따른 변경 인가에 부속된 조건에 위반한 경우
(二酸化炭素の貯蔵の状況の監視) 第四十三条 貯留開始貯留事業者は、主務省令で定めるところにより、認可貯留事業実施計画に従い、その貯留開始貯留事業に係る許可貯留区域内の貯留層の温度、圧力その他の当該貯留層における二酸化炭素の貯蔵の状況を確認するために必要な事項として主務省令で定めるものを監視しなければならない。	**제43조 (이산화탄소 저장 상황 감시)** ① 저장개시저장사업자는 주무성령으로 정하는 바에 따라, 인가 저장사업실행계획에 따라, 그 저장개시저장사업에 관련된 허가저장구역 내 저장층의 온도, 압력 등 해당 저장층에서 이산화탄소 저장 상황을 확인하기 위해 필요한 사항으로 주무성령으로 정하는 것을 감시해야 한다.
2 貯留開始貯留事業者は、主務省令で定めるところにより、前項の規定による監視の結果を主務大臣に報告しなければならない。	② 저장개시저장사업자는 주무성령으로 정하는 바에 따라, 전항의 규정에 따른 감시 결과를 주무대신에게 보고해야 한다.
3 主務大臣は、貯留開始貯留事業者が認可貯留事業実施計画に従い、その貯留開始貯留事業に係る許可貯留区域内の貯留層における二酸化炭素の貯蔵の状況を適切に監	③ 주무대신은 저장개시저장사업자가 인가 저장사업실행계획에 따라, 그 저장개시저장사업에 관련된 허가저장구역 내 저장층에서의 이산화탄소 저장 상황을 적절하

원문	번역문
視していないと認めるときは、当該貯留開始貯留事業者に対し、必要な措置をとるべきことを命ずることができる。	게 감시하지 않았다고 인정할 때에는, 해당 저장개시저장사업자에게 필요한 조치를 취하도록 명령할 수 있다.
（二酸化炭素の注入を終了した後の貯留開始貯留事業の実施に必要な費用に充てるための資金の確保） 第四十四条 貯留開始貯留事業者は、その貯留開始貯留事業に係る許可貯留区域内の貯留層への二酸化炭素の注入を終了したときから第五十三条第五項の許可を受けるまでの間における前条第一項の規定による監視に要する費用その他の当該貯留開始貯留事業の実施に必要な費用に充てるため、経済産業省令で定めるところにより、引当金の積立てその他の当該費用に充てるための資金を確保するための措置として経済産業省令で定めるものを講じなければならない。	**제44조 (이산화탄소 주입 종료 후 저장개시저장사업의 실행에 필요한 비용 확보)** ① 저장개시저장사업자는 그 저장개시저장사업에 관련된 허가저장구역 내 저장층에 대한 이산화탄소 주입을 종료한 후 제53조 제5항의 허가를 받을 때까지의 기간 동안의 제43조 제1항의 규정에 따른 감시에 필요한 비용 등 해당 저장개시저장사업의 실행에 필요한 비용을 확보하기 위해 주무성령으로 정하는 바에 따라 예비금 적립 등 해당 비용을 확보하기 위한 조치를 해야 한다.
2　経済産業大臣は、貯留開始貯留事業者が前項の経済産業省令で定める措置を講じていないと認めるときは、当該貯留開始貯留事業者に対し、当該措置を講ずべきことを命ずることができる。	② 경제산업대신은 저장개시저장사업자가 전항의 경제산업성령으로 정하는 조치를 취하지 않았다고 인정할 때에는 해당 저장개시저장사업자에게 해당 조치를 취하도록 명령할 수 있다.
（拠出金） 第四十五条 貯留開始貯留事業者は、機構が行う第五十四条第一項に規定する通知貯留区域管理業務に必要な費用に充てるため、各年度（毎年四月一日から翌年三月三十一日までをいう。次条第一項において同じ。）、貯留開始貯留事業に係る許可貯留区域ごとに、機構に対し、拠出金を納付しなければならない。	**제45조 (출연금)** ① 저장개시저장사업자는 기구가 수행하는 제54조 제1항에 규정된 통지 저장 구역 관리 업무에 필요한 비용을 확보하기 위해, 매년(매년 4월 1일부터 다음 해 3월 31일까지를 말한다. 다음 조 제1항에서도 동일하게 적용한다) 허가 저장 구역별로 해당 비용을 확보하기 위해 출연금을 납부해야 한다.
2　前項の拠出金の額は、許可貯留区域ごとの第五十四条第一項に規定する通知貯留区域管理業務に要する費用の長期的な見通	② 전항의 출연금의 금액은 허가 저장 구역별 제54조 제1항에 규정된 통지 저장 구역 관리 업무에 필요한 비용의 장기적인

원문	번역문
しに照らし、当該通知貯留区域管理業務を円滑かつ着実に実施するために十分なものとするために経済産業省令で定める基準に従い、機構が定める。	전망을 고려하여, 해당 통지 저장 구역 관리 업무를 원활하게 하고 안정적으로 실행하기 위해 필요한 만큼으로 하며, 경제산업성령으로 정하는 기준에 따라 기구가 결정한다.
3 貯留開始貯留事業者は、経済産業省令で定めるところにより、認可貯留事業実施計画、第四十三条第一項の規定による監視の結果その他経済産業省令で定める事項を機構に届け出なければならない。	③ 저장개시저장사업자는 경제산업성령으로 정하는 바에 따라 인가 저장 사업 실행계획, 제43조 제1항의 감시 결과 등 경제산업성령에서 정하는 사항을 기구에게 신고해야 한다.
4 機構は、拠出金の額を定め、又はこれを変更しようとするときは、経済産業大臣の認可を受けなければならない。	④ 기구는 출연금의 금액을 결정하거나 변경하려 할 때에는, 경제산업대신의 인가를 받아야 한다.
5 機構は、前項の認可を受けたときは、遅滞なく、経済産業省令で定めるところにより, 当該認可に係る拠出金の額を貯留開始貯留事業者に通知しなければならない。	⑤ 기구는 전항의 인가를 받은 경우, 즉시 경제산업성령에서 정하는 바에 따라 해당 인가에 따른 출연금의 금액을 저장개시저장사업자에게 통지해야 한다.
6 経済産業大臣は、第五十四条第一項に規定する通知貯留区域管理業務に要する費用に充てるための資金の確保の状況その他の事情に照らし必要と認めるときは、機構に対し、拠出金の額の変更をすべきことを命ずることができる。	⑥ 경제산업대신은 제54조 제1항에 규정된 통지 저장 구역 관리 업무에 필요한 비용을 확보하기 위한 자금 확보 상황 등의 사정을 고려하여 필요하다고 인정할 때에는, 기구에게 출연금의 금액을 변경하도록 명령할 수 있다.
(拠出金の納付の期限等) 第四十六条 前条第一項の規定による拠出金の納付は、各年度の三月一日（その年度に貯留層への二酸化炭素の注入を新たに開始した許可貯留区域に係る拠出金にあっては、その注入を新たに開始した日の属する年度の翌年度の三月一日）までにしなければならない。	**제46조 (출연금의 납부 기한 등)** ① 전조 제1항에 따른 출연금의 납부는 매 연도의 3월 1일까지(해당 연도에 저장층에 이산화탄소 주입을 새로 시작한 허가 저장 구역에 대한 출연금의 경우, 그 주입을 새로 시작한 날이 속하는 연도의 다음 년도의 3월 1일까지) 납부해야 한다.
2 機構は、拠出金を前項の納期限までに納付しない貯留開始貯留事業者があるときは、遅滞なく、その旨を経済産業大臣に報告しなければならない。	② 기구는 출연금을 전항의 납기까지 납부하지 않는 저장개시저장사업자가 있는 경우 즉시 해당 사실을 경제산업대신에게 보고해야 한다.

원문	번역문
3　経済産業大臣は、前項の規定による報告を受けたときは、その旨を公表するものとする。	③ 경제산업대신은 전항의 규정에 따른 보고를 받았을 때 그 사실을 공표해야 한다.
4　拠出金の延納その他拠出金の納付に関して必要な事項は、政令で定める。	④ 출연금의 연기 등 출자금 납부에 관한 필요한 사항은 정령으로 정한다.
（督促及び滞納処分）第四十七条 機構は、貯留開始貯留事業者が前条第一項の納期限までに拠出金を納付しないときは、期限を指定して、これを督促しなければならない。	**제47조 (독촉 및 체납처리)** ① 기구는 저장개시저장사업자가 전조 제1항의 납기까지 출연금을 납부하지 않은 경우, 기한을 정하여 독촉해야 한다.
2　機構は、前項の規定による督促をするときは、貯留開始貯留事業者に対し、督促状を発する。この場合において、督促状により指定すべき期限は、督促状を発する日から起算して十日以上経過した日でなければならない。	② 기구는 전항의 규정에 따른 독촉을 할 때 저장개시저장사업자에게 독촉장을 발송해야 한다. 이 경우 독촉장으로 지정할 기한은 독촉장을 발송한 날로부터 10일을 경과한 날까지여야 한다.
3　機構は、第一項の規定による督促を受けた貯留開始貯留事業者がその指定の期限までにその督促に係る拠出金及び第五項の規定による延滞金を納付しないときは、国税の滞納処分の例により、経済産業大臣の認可を受けて、滞納処分をすることができる。	③ 기구는 제1항의 규정에 따른 독촉을 받은 저장개시저장사업자가 그 지정된 기한까지 해당 독촉에 관한 출연금 및 제5항의 규정에 따른 연체금을 납부하지 않은 경우, 국세 체납 처리의 예에 따라 경제산업대신의 인가를 받아 체납 처리를 할 수 있다.
4　前項の規定による徴収金の先取特権の順位は、国税及び地方税に次ぐものとし、その時効については、国税の例による。	④ 전항의 규정에 따른 징수금의 선취 특권의 순위는 국세 및 지방세에 이어서 그 다음으로 한다. 그 때의 시효에 대해서는 국세의 예에 따른다.
5　機構は、第一項の規定による督促をしたときは、その督促に係る拠出金の額につき年十四・五パーセントの割合で、納期限の翌日からその拠出金の完納の日又は財産の差押えの日の前日までの日数により計算した額の延滞金を徴収することができる。ただし、経済産業省令で定める場合は、この限りでない。	⑤ 기구는 제1항의 규정에 따른 독촉을 할 때 해당 독촉에 관한 출연금의 금액에 대해 연간 14.5%의 비율로, 납기 다음 날부터 해당 출연금의 완납일 또는 재산 압류일 전날까지의 일수로 계산한 금액의 연체금을 징수할 수 있다. 다만, 경제산업성령으로 정하는 경우에는 그러하지 않다.

원문	번역문
（漏えい時の措置） 第四十八条 貯留開始貯留事業者は、その貯留開始貯留事業に係る許可貯留区域内の貯留層に貯蔵された二酸化炭素の漏えいが発生し、又は発生するおそれがあるときは、直ちに、二酸化炭素の漏えいの防止のための応急の措置を講ずるとともに、速やかに、その漏えいの状況及び講じた措置の概要を主務大臣に報告しなければならない。	제48조 (누출 시 조치) ① 저장개시저장사업자는 해당 저장 개시 저장 사업에 관한 허가 저장 구역 내의 저장층에 저장된 이산화탄소의 누출이 발생하거나 발생할 우려가 있는 경우 즉시 이산화탄소의 누출 방지를 위한 긴급 조치를 취하고 즉시 그 누출 상황 및 취한 조치 개요를 주무대신에게 보고해야 한다.
2 主務大臣は、貯留開始貯留事業者が前項の応急の措置を講じていないと認めるときは、当該貯留開始貯留事業者に対し、同項の応急の措置を講ずべきことを命ずることができる。	② 주무대신은 저장개시저장사업자가 전항의 긴급 조치를 취하지 않은 것으로 인정될 때 해당 저장개시저장사업자에게 해당 긴급 조치를 취해야 한다는 명령을 내릴 수 있다.
（定期の報告） 第四十九条 貯留事業者は、主務省令で定めるところにより、認可貯留事業実施計画の実施状況（第四十三条第一項の規定による監視の結果を除く。）を主務大臣に報告しなければならない。	제49조 (정기 보고서) 저장사업자는 주무성령에서 정하는 바에 따라 허가 저장사업 시행 계획의 시행 상황(제48조 제1항의 규정에 따른 감시 결과 제외)을 주무대신에게 보고해야 한다.
（特定貯留事業約款） 第五十条 特定貯留事業者（他の者の委託を受けて行う貯留事業であって、他の者の活動に伴って排出された二酸化炭素に係るもの（以下「特定貯留事業」という。）を行う貯留事業者をいう。以下同じ。）は、特定貯留事業に係る料金その他の条件について、経済産業省令で定めるところにより、特定貯留事業約款を定め、経済産業大臣に届け出なければならない。これを変更しようとするときも、同様とする。	제50조 (특정 저장 사업 계약서) ① 특정저장사업자(타인의 위탁을 받아 수행하는 저장사업으로서, 타인의 활동으로부터 배출된 이산화탄소와 관련된 것을 말한다. 이하 같다)는 특정저장사업에 관한 요금 등의 조건에 대해 경제산업성령으로 정하는 바에 따라 특정저장사업 계약서를 작성하여 경제산업대신에게 제출해야 한다. 이를 변경하려는 경우에도 같다.
2 特定貯留事業者は、前項の規定による届出をした特定貯留事業約款以外の条件により特定貯留事業を行ってはならない。ただし、その特定貯留事業約款により難い特	② 특정저장사업자는 전항에 따른 제출을 받은 특정 저장 사업 계약서 이외의 조건으로 특정저장사업을 진행해서는 안 된다. 다만, 해당 특정저장사업 계약서로부터 어

원문	번역문
別の事情がある場合において、経済産業大臣の承認を受けた料金その他の条件により特定貯留事業を行うときは、この限りでない。	려운 특별한 사정이 있는 경우에는 경제산업대신의 승인을 받은 요금 등의 조건으로 특정저장사업을 진행하는 경우에는 이에 해당하지 않는다.
3　経済産業大臣は、特定貯留事業約款が次の各号のいずれかに該当しないと認めるときは、当該特定貯留事業者に対し、相当の期限を定め、その特定貯留事業約款を変更すべきことを命ずることができる。 一 第一項の規定による届出に係る特定貯留事業約款により二酸化炭素の貯蔵の役務の提供を受けようとする者が当該役務の提供を受けることを著しく困難にするおそれがないこと。 二 料金の額の算出方法が適正かつ明確に定められていること。 三 特定の者に対して不当な差別的取扱いをするものでないこと。	③ 경제산업대신은 특정저장사업 계약서가 다음 각 호의 어느 하나에 해당하지 않는 것으로 인정될 때 해당 특정저장사업자에게 적절한 기간을 정하고 해당 특정저장사업 계약서를 변경해야 한다는 명령을 내릴 수 있다. 1. 제1항의 규정에 따른 제출에 관한 특정저장사업 계약서로 이산화탄소의 저장 서비스를 제공받으려는 자가 해당 서비스를 받는 것을 현저히 어렵게 하는 우려가 없을 것 2. 요금의 금액 산출 방법이 적절하고 명확히 정해져 있을 것 3. 특정인에게 불합리한 차별적 대우를 하는 것이 아닐 것
4　特定貯留事業者は、第一項の規定による届出をしたときは、経済産業省令で定めるところにより、その特定貯留事業約款を公表しなければならない。	④ 특정저장사업자는 제1항에 따른 제출을 한 경우에는 경제산업성령으로 정하는 바에 따라 해당 특정저장사업 계약서를 공개해야 한다.
5　経済産業大臣は、特定貯留事業者が正当な理由なく特定貯留事業約款による二酸化炭素の貯蔵の役務の提供を拒んだときは、当該特定貯留事業者に対し、当該役務の提供を行うべきことを命ずることができる。	⑤ 경제산업대신은 특정저장사업자가 정당한 이유 없이 특정저장사업 계약서에 의한 이산화탄소 저장 서비스 제공을 거부한 경우 해당 특정저장사업자에게 해당 서비스를 제공해야 한다는 명령을 내릴 수 있다.
（禁止行為等）　第五十一条 特定貯留事業者は、その特定貯留事業の業務について、特定の者に対し、不当に優先的な取扱いをし、若しくは利益を与え、又は不当に不利な取扱いをし、若しくは不利益を与えてはならない。	제51조 (금지행위 등) ① 특정저장사업자는 해당 특정저장사업의 업무에 있어 특정한 자에게 불공정하게 우대적인 대우를 주거나 이익을 제공하거나, 또는 불공정하게 불리한 대우를 주거나 이익을 제공해서는 아니 된다.

원문	번역문
2　経済産業大臣は、前項の規定に違反する行為があると認めるときは、当該特定貯留事業者に対し、当該行為の停止又は変更を命ずることができる。	② 경제산업대신은 전항의 규정을 위반하는 행위가 있는 것으로 판단될 때 해당 특정저장사업자에게 해당 행위의 중단 또는 변경을 명령할 수 있다.
（業務改善命令）　第五十二条 経済産業大臣は、貯留事業の適正な運営を確保するため必要があると認めるときは、その必要の限度において、貯留事業者に対し、業務の方法の変更その他業務の運営の改善に必要な措置をとるべきことを命ずることができる。	**제52조 (업무 개선 명령)** 경제산업대신은 저장사업의 적절한 운영을 보장하기 위해 필요한 경우 해당 저장사업자에게 업무 방식의 변경 및 그 밖에 업무 운영 개선을 위한 조치를 취할 수 있도록 명령할 수 있다.
第二款 貯留事業の廃止等	**제2관　저장사업의 폐지 등**
（貯留開始貯留事業の廃止の許可等） 第五十三条 貯留開始貯留事業者は、一の許可貯留区域における貯留開始貯留事業を廃止しようとするときは、閉鎖措置（当該許可貯留区域に係る貯留事業場についての坑口の閉塞その他の主務省令で定める措置をいう。以下この条において同じ。）を講じなければならない。	**제53조 (저장개시저장 사업의 폐지 허가 등)** ① 저장개시저장사업자는 한 허가저장구역에서의 저장개시저장사업을 폐지하려 할 때 폐쇄 조치(해당 허가저장구역에 대한 저장사업장에 대한 광구의 폐쇄 등 그 밖에 주무성령에서 정하는 조치를 말한다. 이하 이 조에서 같다)를 취해야 한다.
2　貯留開始貯留事業者は、閉鎖措置を講じようとするときは、あらかじめ、主務省令で定めるところにより、閉鎖措置に関する計画（次項において「閉鎖措置計画」という。）を定め、主務大臣の認可を受けなければならない。	② 저장개시저장사업자는 폐쇄 조치를 취하려 할 때 미리 주무성령에서 정하는 바에 따라 폐쇄 조치에 관한 계획(이하 "폐쇄조치계획"이라 한다)을 수립하고, 주무대신의 인가를 받아야 한다.
3 第二十二条第五項から第九項までの規定は、貯留開始貯留事業者並びにその閉鎖措置計画及び閉鎖措置について準用する。この場合において、同条第五項から第八項までの規定中「第三項」とあるのは、「第五十三条第二項」と読み替えるものとする。	③ 제22조 제5항부터 제9항까지의 규정은 저장개시저장사업자 및 해당 폐쇄조치계획 및 폐쇄 조치에 준용된다. 이 경우, 동조 제5항부터 제8항까지의 규정에서 "제3항"이라는 것은 "제53조 제2항"으로 본다.

원문	번역문
4　貯留開始貯留事業者は、閉鎖措置が終了したときは、主務省令で定めるところにより、その結果が主務省令で定める基準に適合していることについて、主務大臣の確認を受けなければならない。	④ 저장개시저장사업자는 폐쇄 조치가 종료된 경우 주무성령으로 정하는 바에 따라 그 결과가 주무성령에서 정하는 기준에 부합하는지에 대해 주무대신의 확인을 받아야 한다.
5　前項の確認を受けた貯留開始貯留事業者は、当該閉鎖措置に係る許可貯留区域内の貯留層への二酸化炭素の注入を最後に行った日から起算して当該貯留層に貯蔵された二酸化炭素の貯蔵の状況が安定するまでに必要と認められる期間として主務省令で定める期間を経過する日以後、当該閉鎖措置に係る貯留開始貯留事業の廃止について、経済産業大臣に申請して、その許可を受けなければならない。	⑤ 전항의 확인을 받은 저장개시저장사업자는 해당 폐쇄 조치에 관한 허가저장구역 내의 저장층으로의 이산화탄소 주입을 마친 날부터 해당 저장층에 저장된 이산화탄소의 저장 상황이 안정될 때까지 필요한 기간으로 주무성령에서 정하는 기간을 경과한 날 이후에 해당 폐쇄 조치에 관한 저장개시저장사업의 폐지에 대해 경제산업대신에게 신청하여 그 허가를 받아야 한다.
6　前項の規定による申請をしようとする貯留開始貯留事業者は、経済産業省令で定めるところにより、次に掲げる事項を記載した申請書を、経済産業大臣に提出しなければならない。 一　氏名又は名称及び住所並びに法人にあっては、その代表者の氏名 二 廃止しようとする貯留開始貯留事業に係る許可貯留区域 三 前号に掲げる許可貯留区域内の貯留層への二酸化炭素の注入を終了した年月日 四 貯留開始貯留事業を廃止する予定年月日 五 その他経済産業省令で定める事項	⑥ 전항의 규정에 따른 신청을 하려는 저장개시저장사업자는 경제산업성령에서 정하는 바에 따라 다음을 기재한 신청서를 경제산업대신에게 제출해야 한다. 1. 성명 또는 명칭 및 주소 및 법인에 있어 그 대표자의 성명 2. 폐지하려는 저장개시저장사업에 관한 허가저장구역 3. 전호에 기재된 허가저장구역 내의 저장층으로의 이산화탄소 주입을 종료한 연월일 4. 저장개시저장사업을 폐지할 예정 연월일 5. 그 밖에 경제산업성령에서 정하는 사항
7　前項の申請書には、経済産業省令で定めるところにより、次に掲げる書類を添付しなければならない。 一 廃止しようとする貯留開始貯留事業に係る許可貯留区域内の貯留層における二酸	⑦ 전항의 신청서에는 경제산업성령에서 정하는 바에 따라 다음을 첨부해야 한다. 1. 폐지하려는 저장개시저장사업에 관한 허가저장구역 내의 저장층에서의 이산화탄소 저장 상황을 설명하는 서류

원문	번역문
化炭素の貯蔵の状況を説明する書類 二 貯留開始貯留事業の廃止後、機構が次条第一項に規定する通知貯留区域管理業務を円滑かつ着実に実施するために必要な事務の引継ぎその他の経済産業省令で定める措置の実施状況を説明する書類 三 その他経済産業省令で定める書類	2. 저장개시저장사업의 폐지 후 기관이 다음 조항 제1항에서 정하는 통지 저장 구역 관리 업무를 원활하게 체결하고 신속히 실시하기 위해 필요한 업무의 인계 및 그 밖에 경제산업성령에서 정하는 조치의 실시 상황을 설명하는 서류 3. 그 밖에 경제산업성령에서 정하는 서류
8 経済産業大臣は、第五項の許可の申請が次に掲げる基準に適合していると認めるときでなければ、同項の許可をしてはならない。 一 廃止しようとする貯留開始貯留事業に係る許可貯留区域内の貯留層における二酸化炭素の貯蔵の状況が安定しており、かつ、その状況が将来にわたって継続することが見込まれること。 二 機構に第四十五条第一項の拠出金が納付されていること。 三 前項第二号の経済産業省令で定める措置が適切に実施されていると認められること。	⑧ 경제산업대신은 제5항의 허가신청이 다음에 명시된 기준에 적합하다고 인정될 때에만 해당 신청을 허가하여야 한다. 1. 폐지하려는 저장개시저장사업에 관한 허가저장구역 내의 저장층에서의 이산화탄소 저장 상황이 안정되어 있으며, 그 상황이 향후에도 지속될 것으로 예상될 것 2. 기구에 제45조 제1항에 따른 출연금이 납부되어 있을 것 3. 전항 제2호의 경제산업성령에서 정하는 조치가 적절하게 실시되어 있을 것
9 経済産業大臣は、第五項の許可（海域の貯留層における貯留開始貯留事業に係るものに限る。）をしようとするときは、その申請が前項第一号に掲げる基準に適合していることについて、あらかじめ、環境大臣に協議し、その同意を得なければならない。	⑨ 경제산업대신은 제5항의 허가(해역의 저장층에서의 저장 개시 저장 사업에 관한 것에 한한다)를 하려 할 때에는 미리 환경대신과 협의하여 해당 신청이 전항 제1호에 기재된 기준에 적합하다고 인정되었을 때 그 동의를 받아야 한다.
10 経済産業大臣は、第五項の許可をしようとするときは、あらかじめ、機構の意見を聴かなければならない。	⑩ 경제산업대신은 제5항의 허가를 하려 할 때에는 미리 기구의 의견을 들어야 한다.
11 経済産業大臣は、第五項の許可をしたときは、直ちに、その旨、当該許可に係る許可貯留区域その他経済産業省令で定める事項を機構に通知しなければならない。	⑪ 경제산업대신은 제5항의 허가를 한 경우 즉시 해당 허가에 관한 허가저장구역 및 그 밖에 경제산업성령에서 정하는 사항을 기구에 통지하여야 한다.

원문	번역문
12 経済産業大臣は、第五項の許可をしたときは、遅滞なく、次に掲げる事項を告示しなければならない。 一 当該許可を受けた貯留開始貯留事業に係る貯留権が機構に移転する旨 二 通知貯留区域（前項の規定による通知に係る許可貯留区域をいう。以下同じ。）	⑫ 경제산업대신은 제5항의 허가를 한 경우 지체 없이 다음을 고시하여야 한다. 1. 해당 허가를 받은 저장개시저장사업에 관한 저장권이 기구에 이전되는 사실 2. 통지 저장구역(전항의 규정에 따른 통지에 관한 허가 저장구역을 의미한다. 이하 같다)
13 第二十七条の規定は、前項の規定による告示をしたときについて準用する。この場合において、同条中「許可貯留区域等」とあるのは、「第五十三条第十二項第二号に規定する通知貯留区域」と読み替えるものとする。	⑬ 제27조의 규정은 전항의 규정에 따른 고시를 한 경우에 준용된다. 이 경우에 있어서, 동 조항 중 "허가저장구역등"이라는 것은 "제53조 제12항 제2호에 규정된 통지 저장구역"으로 본다.
14 第五項の規定による申請（抵当権の設定が登録されている貯留権に係る許可貯留区域に係るものに限る。）は、あらかじめ抵当権者の承諾を得なければすることができない。	⑭ 제5항의 규정에 따른 신청(저당권 설정이 등록된 저장권에 관한 허가저장구역에 관한 것에 한한다)은 미리 저당권자의 동의를 받지 않으면 할 수 없다.
（機構が行う通知貯留区域の管理の業務） 第五十四条 機構は、通知貯留区域内の貯留層における二酸化炭素が安定的に貯蔵されていることを確認するために必要な事項として主務省令で定めるものの監視その他通知貯留区域の管理の業務（第三項及び次条第一項において「通知貯留区域管理業務」という。）を行うものとする。	**제54조 (기구가 수행하는 통지 저장구역의 관리 업무)** ① 기구는 통지 저장구역 내의 저장층에 이산화탄소가 안정적으로 저장되어 있는지 확인하기 위해 필요한 사항으로 주무성령으로 정하는 것의 감시 등 통지 저장구역의 관리 업무 (제3항 및 다음 조 제1항에서 "통지 저장구역 관리 업무"라 한다)를 수행한다.
2 機構は、主務省令で定めるところにより、前項の監視の結果を主務大臣に報告しなければならない。	② 기구는 주무성령에서 정하는 바에 따라 전항의 감시 결과를 주무대신에게 보고하여야 한다.
3 第十三条第一項の規定は、機構が行う通知貯留区域管理業務については、適用しない。	③ 제13조 제1항의 규정은 기구가 수행하는 통지 저장구역 관리 업무에 대해서는 적용되지 않는다.

원문	번역문
(貯留権の移転等) 第五十五条 第五十三条第十二項の規定による告示があったときは、第三十五条第一項の規定にかかわらず、当該告示に係る貯留権は機構に移転し、当該告示に係る通知貯留区域に係る土地に関するその他の権利は、機構が当該通知貯留区域において行う通知貯留区域管理業務を妨げ、又は通知貯留区域管理業務に支障を及ぼす限度においてその行使を制限される。	**제55조 (저장권의 이전 등)** ① 제53조 제12항의 규정에 따른 고시가 있을 때에는, 제35조 제1항의 규정에 관계없이 해당 고시에 관한 저장권은 기구에 이전되고, 해당 고시에 관한 통지 저장구역에 관한 토지에 대한 그 밖에 권리는 기구가 해당 통지 저장구역에서 수행하는 통지 저장구역 관리 업무를 방해하거나 통지 저장구역 관리 업무에 지장을 초래할 한도 내에서 그 행사를 제한한다.
2 機構は、前項の規定により移転した貯留権を放棄することができない。	② 기구는 전항의 규정에 따라 이전된 저장권을 포기할 수 없다.
(漏えい時の措置) 第五十六条 機構は、通知貯留区域内の貯留層に貯蔵された二酸化炭素の漏えいが発生し、又は発生するおそれがあるときは、直ちに、二酸化炭素の漏えいの防止のための応急の措置を講ずるとともに、速やかに、その漏えいの状況及び講じた措置の概要を主務大臣に報告しなければならない。	**제56조 (누출 시 조치)** 기구는 통지 저장구역 내의 저장층에 저장된 이산화탄소의 누출이 발생하거나 발생할 우려가 있는 경우 즉시 이산화탄소의 누출 방지를 위한 긴급한 조치를 취하고, 신속히 해당 누출의 상황 및 취한 조치 개요를 주무대신에게 보고하여야 한다.
(貯留開始貯留事業以外の貯留事業の廃止の届出等) 第五十七条 貯留事業者は、一の許可貯留区域における貯留開始貯留事業以外の貯留事業を廃止したときは、経済産業省令で定めるところにより、その旨を経済産業大臣に届け出なければならない。	**제57조 (저장개시저장사업 이외의 저장사업의 폐지의 신고 등)** ① 저장사업자는 1개의 허가저장구역에 대한 저장개시저장사업 이외의 저장사업을 폐지하는 경우, 경제산업대신에게 그 사실을 신고하여야 한다.
2 経済産業大臣は、前項の規定による届出があったときは、遅滞なく、その旨及び次に掲げる事項を告示しなければならない。 一 当該届出をした貯留事業者の氏名又は名称及び住所並びに法人にあっては、その代表者の氏名	② 경제산업대신은 전항의 규정에 따른 신고가 있을 때는 지체 없이 그 사실과 다음 사항을 고시하여야 한다. 1. 해당 신고를 한 저장사업자의 성명 또는 명칭 및 주소, 법인에 있어서는 대표자의 성명

원문	번역문
二 当該届出に係る貯留事業に係る貯留権が消滅する旨 三 当該届出に係る貯留事業に係る許可貯留区域	2. 해당 신고에 따른 저장사업에 관한 저장권이 소멸하는 사실 3. 해당 신고에 따른 저장사업에 관한 허가 저장구역
3 前項の規定による告示があったときは、当該告示に係る貯留権は、消滅する。	③ 전항의 규정에 따른 고시가 있을 때는 해당 공시에 관한 저장권은 소멸한다.
4 第一項の規定により貯留事業者が抵当権の設定が登録されている貯留権に係る許可貯留区域における貯留開始貯留事業以外の貯留事業の廃止の届出をしようとするときは、あらかじめ、抵当権者の承諾を得なければならない。	④ 제1항의 규정에 따라 저장사업자가 저당권의 설정이 등록된 저장권에 관한 허가 저장구역에 대한 저장개시저장사업 이외의 저장사업의 폐지의 신고를 하려는 경우에는 미리 저당권자의 동의를 받아야 한다.
5 第二十三条の規定は、貯留事業者が第一項の規定による届出をしたときについて準用する。この場合において、同条第一項中「その取り消された許可、その解散し、若しくは死亡した貯留事業者等が行っていた貯留開始貯留事業以外の貯留事業若しくは試掘又はその有効期間が満了した試掘の許可」とあるのは「第五十七条第一項の規定による届出」と、「許可貯留区域等」とあるのは「許可貯留区域」と、「貯留事業等の用」とあるのは「貯留事業の用」と読み替えるものとする。	⑤ 제23조의 규정은 저장사업자가 제1항의 규정에 따른 신고를 한 경우에 대하여 준용한다. 이 경우에 있어서, 동조 제1항 중 "그 허가를 취소한 허가, 그 해산하거나, 또는 사망한 저장사업자등이 수행하고 있었던 저장개시저장사업 이외의 저장사업, 시추 또는 그 유효 기간이 만료된 시추의 허가"라고 되어 있는 것은 "제57조 제1항의 규정에 따른 신고"로, "허가저장구역등"이라고 되어 있는 것은 "허가저장구역"으로, "저장사업등의 용도"이라고 되어 있는 것은 "저장사업의 용도"로 본다.
第三款　試掘の実施等	**제3관 시추의 실시 등**
(事業着手の義務等) 第五十八条　試掘者は、試掘の事業に着手するために通常必要と認められる期間として経済産業省令で定める期間内に、試掘の事業に着手しなければならない。	제58조(사업 착수의 의무 등) ① 시추자는 시추 사업에 착수하기 위해 보통 필요하다고 인정되는 기간으로 경제산업성령에서 정하는 기간 내에 시추의 사업에 착수하여야 한다.
2 試掘者は、試掘の事業に着手したときは、遅滞なく、その旨を経済産業大臣に届け出なければならない。	② 시추자는 시추 사업에 착수한 경우 지체 없이 그 사실을 경제산업대신에게 신고하여야 한다.

원문	번역문
3　第三十七条第二項、第五項及び第六項の規定は、試掘者による試掘の事業について準用する。この場合において、同条第二項中「前項」とあるのは、「第五十八条第一項」と読み替えるものとする。	③ 제37조 제2항, 제5항 및 제6항의 규정은 시추자에 의한 시추 사업에 대하여 준용된다. 이 경우에 있어서, 동 조항 제2항 중 "전항"이라고 되어 있는 것은 "제58조 제1항"으로 본다.
(試掘実施計画)　第五十九条 試掘者は、許可試掘区域ごとに、経済産業省令で定めるところにより、次に掲げる事項を記載した試掘実施計画を定め、試掘の事業を開始する前に、経済産業大臣の認可を受けなければならない。 一　許可試掘区域 二　試掘の方法に関する事項 三　試掘場(許可試掘区域及び当該許可試掘区域に係る試掘の用に供する貯留等工作物を設置する場所をいう。以下同じ。)における保安を確保するための措置に関する事項 四　試掘の適切な実施を確保するための措置に関する事項その他の経済産業省令で定める事項	**제59조(시추실시계획)** ① 시추자는 허가시추구역별로 경제산업성령으로 정하는 바에 따라 다음 사항을 기재한 시추실시계획을 마련하고, 시추 사업을 시작하기 전에 경제산업대신의 인가을 받아야 한다. 1. 허가시추구역 2. 시추 방법에 관한 사항 3. 시추장소(허가시추구역 및 해당 허가시추구역에 관한 시추용으로 공급되는 저장 등 공작물을 설치하는 장소를 말한다. 이하 같다)에서 안전을 보장하기 위한 조치에 관한 사항 4. 시추의 적절한 실시를 보장하기 위한 조치에 관한 사항 그 밖에 경제산업성령에서 정하는 사항
2　経済産業大臣は、前項の認可の申請に係る試掘実施計画が次に掲げる基準に適合していると認めるときは、同項の認可をしなければならない。 一　試掘の方法が適切であること。 二　試掘場における保安を確保するための措置が、公共の安全の維持及び災害の発生の防止の観点から適切であること。 三　その他試掘が適切に実施されることが見込まれること。	② 경제산업대신은 전항의 인가 신청에 관한 시추실시계획이 다음에 열거한 기준에 부합되는 것으로 인정될 때는, 동항의 인가를 해야 한다. 1. 시추 방법이 적절할 것 2. 시추장소에서의 안전을 보장하기 위한 조치가 공공의 안전 유지 및 재해 발생 예방의 관점에서 적절할 것 3. 그 밖에 시추가 적절하게 실시될 것으로 예상될 것
(試掘実施計画の変更の認可等)　第六十条 試掘者は、前条第一項の認可を受けた試掘実施計画を変更しようとするときは、経	**제60조(시도실시계획의 변경의 인가 등)** ① 시추자는 전조 제1항의 인가를 받은 시추실시계획을 변경하려는 경우에는 경제

원문	번역문
済産業省令で定めるところにより、経済産業大臣の認可を受けなければならない。ただし、経済産業省令で定める軽微な変更をしようとするときは、この限りでない。	산업성령에서 정하는 바에 따라 경제산업대신의 인가를 받아야 한다. 다만, 경제산업성령에서 정하는 경미한 변경을 하려는 경우에는 그렇지 않다.
2 試掘者は、前条第一項の認可を受けた試掘実施計画について前項ただし書の経済産業省令で定める軽微な変更をしたときは、その旨を経済産業大臣に届け出なければならない。	② 시추자는 전조 제1항의 인가를 받은 시추실시계획에 대해 전항 예외에 해당하는 경제산업성령에서 정하는 경미한 변경을 한 경우에는 그 사실을 경제산업대신에게 신고하여야 한다.
3 前条第二項の規定は、第一項の規定による変更の認可について準用する。	③ 전조 제2항의 규정은 제1항의 규정에 따른 변경의 인가에 대하여 준용한다.
(試掘実施計画の遵守) 第六十一条 試掘者は、第五十九条第一項の認可を受けた試掘実施計画(前条第一項又は第二項の規定による変更の認可又は届出があったときは、その変更後のもの。以下「認可試掘実施計画」という。)によらなければ、試掘を行ってはならない。	**제61조(시추실시계획의 준수)** 시추자는 제59조 제1항의 인가를 받은 시추실시계획(전조 제1항 또는 제2항의 규정에 따른 변경의 인가 또는 신고가 있는 경우에는 해당 변경 후의 것. 이하 "인가시추실시계획"이라 한다)에 따라 시추를 진행해야 한다.
(認可試掘実施計画の変更勧告等) 第六十二条 経済産業大臣は、試掘者の認可試掘実施計画を変更しなければその許可試掘区域における試掘の適切な実施又は試掘場における保安を確保することができないと認めるときは、当該試掘者に対し、認可試掘実施計画を変更すべきことを勧告することができる。	**제62조(인가된 시추실시계획의 변경 권고 등)** ① 경제산업대신은 시추자의 인가된 시추실시계획을 변경하지 않으면 해당 허가시추구역에서의 시추의 적절한 실시 또는 시추장소의 안전을 보장할 수 없다고 인정될 때, 해당 시추자에 대해 인가된 시추실시계획을 변경해야 할 것을 권고할 수 있다.
2 経済産業大臣は、前項の規定による勧告を受けた試掘者が、正当な理由がなくてその勧告に従わないときは、当該試掘者に対し、認可試掘実施計画を変更すべきことを命ずることができる。	② 경제산업대신은 전항의 규정에 따른 권고를 받은 시추자가 정당한 이유 없이 그 권고에 따르지 않을 때는 해당 시추자에게 인가된 시추실시계획을 변경해야 할 것을 명령할 수 있다.
(試掘停止命令) 第六十三条 経済産業大臣は、試掘者が次の各号のいずれかに該当するときは、当該試掘者に対	**제63조(시추 중지명령)** 경제산업대신은 시추자가 다음 각 호의 어느 하나에 해당하는 경우에는 해당 시추

원문	번역문
し、期間を定めて当該試掘の全部又は一部の停止を命ずることができる。 一　第六十一条の規定に違反して、認可試掘実施計画によらないで試掘を行ったとき。 二　前条第二項、第六十六条第三項、第六十七条第二項若しくは第三項、第六十八条第二項、第六十九条第四項、第七十三条、第七十四条第三項若しくは第七十五条第五項の規定による命令又は第六十七条第二項若しくは第三項の規定による制限に違反したとき。 三　第百三十条第一項の規定により試掘の許可又は第五十九条第一項の認可若しくは第六十条第一項の規定による変更の認可に付された条件に違反したとき。	자에게 기간을 정하여 해당 시추의 전부 또는 일부를 중지할 것을 명령할 수 있다. 1. 제61조의 규정을 위반하여 인가 시추실시계획에 따르지 않고 시도를 진행한 때 2. 전조 제2항, 제66조 제3항, 제67조 제2항 또는 제3항, 제68조 제2항, 제69조 제4항, 제73조, 제74조 제3항 또는 제75조 제5항의 규정에 따른 명령 또는 제67조 제2항 또는 제3항의 규정에 따른 제한을 위반한 때 3. 제130조 제1항의 규정에 따라 시추의 허가 또는 제59조 제1항의 인가 또는 제60조 제1항의 규정에 따른 변경의 인가에 부가된 조건을 위반한 때
(定期の報告等に係る規定の準用) 第六十四条 第四十九条の規定は、試掘者の認可試掘実施計画の実施状況について準用する。この場合において、同条中「主務省令」とあるのは「経済産業省令」と、「主務大臣」とあるのは「経済産業大臣」と読み替えるものとする。	**제64조(정기적 보고 등에 관한 규정의 준용)** ① 제49조의 규정은 시추자의 인가된 시추실시계획의 실행 상황에 대해 준용한다. 이 경우에 있어서, 동조항 중 "주무성령"이란 "경제산업성령"으로, "주무대신"이란 "경제산업대신"으로 본다.
2　第五十七条第一項から第三項までの規定は、試掘者の許可試掘区域における試掘について準用する。この場合において、同条第二項第二号及び第三項中「貯留権」とあるのは、「試掘権」と読み替えるものとする。	② 제57조 제1항부터 제3항까지의 규정은 시추자의 허가시추구역에서의 시추에 대해 준용한다. 이 경우에 있어서, 동조 제2항 제2호 및 제3항 중 "저장권"이란 "시추권"으로 본다.
3　第二十三条の規定は、試掘者が前項において準用する第五十七条第一項の規定による届出をしたときについて準用する。この場合において、第二十三条第一項中「その取り消された許可、その解散し、若しく	③ 제23조의 규정은 시추자가 전항에 의해 준용하는 제57조 제1항의 규정에 따른 신고를 한 경우에 대해 준용한다. 이 경우에 있어서, 제23조 제1항 중 "그 철회된 허가, 그 해산하거나, 혹은 사망한 저장사업

원문	번역문
は死亡した貯留事業者等が行っていた貯留開始貯留事業以外の貯留事業若しくは試掘又はその有効期間が満了した試掘の許可」とあるのは「第六十四条第二項において準用する第五十七条第一項の規定による届出」と、「許可貯留区域等」とあるのは「許可試掘区域」と、「貯留事業等の用」とあるのは「試掘の用」と読み替えるものとする。	자 등이 하였던 저장개시저장사업 이외의 저장사업이나 시추 또는 그 유효기간이 만료된 시추의 허가"라고 되어 있는 것은 "제64조 제2항에 의해 준용하는 제57조 제1항의 규정에 따른 신고"로, "허가시추구역등"이란 "허가시추구역"으로, "저장사업등의 용도"란 "시추의 용도"로 본다.
第四款　機構の協力業務	**제4관 기구의 협력 업무**
第六十五条 機構は、貯留事業者等の依頼に応じて、その貯留事業等の適切な実施に資するよう、二酸化炭素の貯蔵の方法又は試掘の方法に関する情報の提供その他必要な協力の業務を行うものとする。	**제65조** 기구는 저장사업자등의 요청에 따라, 그 저장사업등의 적절한 실시에 기여하기 위해 이산화탄소의 저장 방법 또는 시추 방법에 관한 정보 제공 및 그 밖에 필요한 협조 업무를 수행한다.
第四節　保安	**제4절　보안**
第一款　貯留事業者等の義務等	**제1관　저장사업자 등의 의무 등**
(貯留事業者等の義務)　第六十六条 貯留事業者は、次に掲げる事項について、経済産業省令で定めるところにより、公共の安全の維持及び災害の発生の防止のために必要な措置を講じなければならない。 一　貯留事業のための土地の掘削 二　貯留層における二酸化炭素の貯蔵 三　貯留等工作物の工事、維持及び運用並びに火薬類(火薬類取締法(昭和二十五年法律第百四十九号)第二条第一項に規定する火薬類をいう。以下同じ。)及び火気の取扱い	**제66조(저장사업자 등의 의무)** ① 저장사업자는 다음에 해당하는 사항에 대해, 경제산업성령에서 정하는 바에 따라 공공의 안전 유지 및 재해 발생 방지를 위해 필요한 조치를 취해야 한다. 1. 저장사업을 위한 토지의 굴착 2. 저장층에 이산화탄소의 저장 3. 저장 등 공작물의 공사, 유지 및 운영 및 화약류(화약류규제법(1950년 법률 제149호) 제2조 제1항에 규정된 화약류를 말한다. 이하 같다) 및 화재의 처리
2　試掘者は、次に掲げる事項について、経済産業省令で定めるところにより、公共の安全の維持及び災害の発生の防止のために必要な措置を講じなければならない。	② 시추자는 다음에 해당하는 사항에 대해서 경제산업성령에서 정하는 바에 따라 공공의 안전 유지 및 재해 발생 방지를 위해 필요한 조치를 취해야 한다.

원문	번역문
一　試掘のための土地の掘削 二　貯留等工作物の工事、維持及び運用並びに火薬類及び火気の取扱い	1. 시추를 위한 토지의 굴착 2. 저장 등 공작물의 공사, 유지 및 운영 및 화약류 및 화재의 처리
3　経済産業大臣は、貯留事業者等が前二項の規定に違反していると認めるときその他貯留事業場又は試掘場(以下「貯留事業場等」という。)における保安を確保するため必要があると認めるときは、当該貯留事業者等に対し、公共の安全の維持又は災害の発生の防止のために必要な措置を講ずべきことを命ずることができる。	③ 경제산업대신은 저장사업자등이 전항의 규정을 위반하고 있다고 인정할 때 그 밖에 저장사업장 또는 시추장소(이하 "저장사업장등"이라 한다)에서의 보안을 보장하기 위해 필요한 경우 해당 저장사업자등에게 공공의 안전 유지 또는 재해 발생 방지를 위해 필요한 조치를 명령할 수 있다.
(貯留等工作物の維持等)　第六十七条 貯留事業者等は、その貯留等工作物を経済産業省令で定める技術上の基準に適合するように維持しなければならない。	**第67조(저등 공작물의 유지 등)** ① 저장사업자등은 그 저장등 공작물을 경제산업성령에서 정하는 기술적 기준에 부합하도록 유지해야 한다.
2　経済産業大臣は、貯留等工作物が前項の経済産業省令で定める技術上の基準に適合していないと認めるときは、貯留事業者等に対し、当該技術上の基準に適合するようにその貯留等工作物を修理し、改造し、若しくは移転し、若しくはその使用を一時停止すべきことを命じ、又はその使用を制限することができる。	② 경제산업대신은 저장등 공작물이 전항의 경제산업성령에서 정한 기술적 기준에 부합하지 않는다고 인정할 때 해당 저장사업자등에게 그 저장등 공작물을 수리, 개조, 이전하거나 사용을 일시 중단하도록 명령하거나 사용을 제한할 수 있다.
3　経済産業大臣は、公共の安全の維持又は災害の発生の防止のため緊急の必要があると認めるときは、貯留事業者等に対し、その貯留等工作物を移転し、若しくはその使用を一時停止すべきことを命じ、若しくはその使用を制限し、又はその貯留等工作物内における二酸化炭素の廃棄その他の必要な措置を講ずべきことを命ずることができる。	③ 경제산업대신은 공공의 안전 유지 또는 재해 발생 방지를 위해 긴급한 필요가 있다고 인정할 때 해당 저장사업자등에게 해당 저장 등 공작물을 이전하거나 사용을 일시 중단하도록 명령하거나 사용을 제한하거나 해당 저장등 공작물 내에서의 이산화탄소의 폐기 및 필요한 조치를 취하도록 명령할 수 있다.
(災害時の報告)　第六十八条 貯留事業者等は、貯留事業等に係る災害	**第68조(재해 시 보고)** ① 저장사업자등은 경제산업성령에서 정

원문	번역문
として経済産業省令で定めるものが発生した場合には、経済産業省令で定めるところにより、遅滞なく、その旨を経済産業大臣に報告しなければならない。	하는 저장사업등의 재해가 발생한 경우, 경제산업성령에서 정하는 바에 따라 지체 없이 해당 사실을 경제산업대신에게 보고하여야 한다.
2　経済産業大臣は、前項の規定による報告があったときは、貯留事業者等に対し、災害発生の日時、場所及び原因、被害の程度その他必要な事項を報告すべきことを命ずることができる。	② 경제산업대신은 전항의 규정에 따른 보고가 있을 때, 저장사업자등에게 재해 발생 날짜, 장소 및 원인, 피해 정도 등 필요한 사항을 보고하도록 명령할 수 있다.
第二款　自主的な保安	제2관　자주적인 보안
(保安規程)　第六十九条 貯留事業者等は、その貯留事業場等における保安を確保するため、当該貯留事業場等の現況に応じて講ずべき保安上必要な措置について、経済産業省令で定めるところにより、保安規程を定め、貯留事業等(第七十六条第一項の自主検査を伴う貯留等工作物の設置又は変更の工事をする場合にあっては、当該工事)の開始前に、経済産業大臣に届け出なければならない。	제69조(보안 규정) ① 저장사업자등은 해당 저장사업장등의 보안을 보장하기 위해 해당 저장사업장등의 현황에 따라 취해야 할 보안 상 필요한 조치에 대해 경제산업성령에서 정하는 바에 따라 보안 규정을 정하고, 저장사업등(제76조 제1항의 자율 검사를 동반하는 저장등 공작물의 설치 또는 변경 공사를 하는 경우에 있어서는 해당 공사)의 시작 전에 경제산업대신에게 신고하여야 한다.
2　貯留事業者等は、保安規程を変更したときは、遅滞なく、変更した事項を経済産業大臣に届け出なければならない。	② 저장사업자등은 보안 규정을 변경할 때, 지체 없이 변경된 사항을 경제산업대신에게 신고하여야 한다.
3　貯留事業者等は、保安規程を定め、又は変更するに当たっては、第七十四条の規定による調査の結果を踏まえて行わなければならない。	③ 저장사업자등은 보안 규정을 정하거나 변경할 때는 제74조의 규정에 따른 조사 결과를 참고하여야 한다.
4　経済産業大臣は、第七十四条の規定による調査の結果に照らして保安規程の内容が貯留事業場等における保安を確保するため適当でないと認めるときその他貯留事業場等における保安を確保するため必要があると認めるときは、貯留事業者等に対し、保安規程を変更すべきことを命ずることができる。	④ 경제산업대신은 제74조의 규정에 따른 조사 결과에 따라 보안 규정의 내용이 해당 저장사업장 등의 보안을 보장하기에 적절하지 않다고 판단할 때 그 밖에 해당 저장사업자등의 보안을 보장하기 위해 필요하다고 판단할 때 해당 저장사업자등에게 보안 규정을 변경할 것을 명할 수 있다.

원문	번역문
5 貯留事業者等及びその従業者は、保安規程を守らなければならない。	⑤ 저장사업자등과 해당 종업원은 보안 규정을 준수하여야 한다.
(保安教育) 第七十条 貯留事業者等は、その従業者に保安教育を施さなければならない。	**제70조(보안 교육)** ① 저장사업자등은 해당 종업원에게 보안 교육을 실시하여야 한다.
2 経済産業大臣は、貯留事業者等がその従業者に施す保安教育が公共の安全の維持又は災害の発生の防止上十分でないと認めるときは、当該貯留事業者等に対し、その従業者に保安教育を施し、又はその内容若しくは方法を改善すべきことを勧告することができる。	② 경제산업대신은 저장사업자등이 해당 종업원에게 실시하는 보안 교육이 공공의 안전 유지 또는 재해 발생 방지 측면에서 충분하지 않다고 인정할 때 해당 저장사업자등에게 해당 종업원에게 보안 교육을 실시하거나 내용 또는 방법을 개선하도록 권고할 수 있다.
(作業監督者) 第七十一条 貯留事業者等は、経済産業省令で定めるところにより、経済産業省令で定める要件を備える者のうちから、作業監督者を選任し、その貯留事業場等における保安の監督をさせなければならない。	**제71조(작업 감독자)** ① 저장사업자등은 경제산업성령에서 정하는 바에 따라 경제산업성령에서 정하는 요건을 갖춘 자 중에서 작업 감독자를 선임하고, 해당 저장사업장등에서의 보안을 감독시켜야 한다.
2 貯留事業者等は、前項の規定により作業監督者を選任したときは、遅滞なく、その旨を経済産業大臣に届け出なければならない。これを解任したときも、同様とする。	② 저장사업자등은 전항의 규정에 따라 작업 감독자를 선임한 경우 지체 없이 해당 사실을 경제산업대신에게 신고하여야 한다. 이를 해임한 경우에도 같다.
(作業監督者の義務等) 第七十二条 作業監督者は、誠実にその職務を行わなければならない。	**제72조(작업 감독자의 의무 등)** ① 작업 감독자는 성실히 그 직무를 수행하여야 한다.
2 貯留事業等に従事する者は、作業監督者が貯留事業場等における保安を確保するためにする指示に従わなければならない。	② 저장사업등에 종사하는 자는 작업 감독자가 저장사업장등에서의 보안을 보장하기 위해 하는 지시에 따라야 한다.
(作業監督者の解任命令) 第七十三条 経済産業大臣は、作業監督者がこの法律若しくはこの法律に基づく命令若しくはこれらに基づく処分に違反したとき、又はその者にその職務を行わせることが貯留事業場等にお	**제73조(작업 감독자의 해임 명령)** 경제산업대신은 작업 감독자가 이 법 또는 이 법에 근거한 명령 또는 이에 따른 처분에 위반한 때, 또는 해당 자에게 그 직무를 수행하게 하는 것이 저장사업장등의

원문	번역문
ける保安に支障を及ぼすと認めるときは、貯留事業者等に対し、当該作業監督者を解任すべきことを命ずることができる。	보안에 지장을 초래할 것으로 인정하는 경우 해당 저장사업자에게 해당 작업 감독자를 해임할 것을 명령할 수 있다.
(貯留事業者等による現況調査等) 第七十四条 貯留事業者等は、貯留事業等を開始しようとするときその他経済産業省令で定めるときは、その貯留事業場等の現況について、経済産業省令で定める事項を調査し、経済産業省令で定めるところにより、その結果を記録し、これを保存しなければならない。	**제74조(저장사업자등에 의한 현황 조사 등)** ① 저장사업자등은 저장사업등을 시작하려는 때 그 밖에 경제산업성령에서 정하는 경우에는 해당 저장사업장등의 현황에 대해 경제산업성령에서 정하는 사항을 조사하고, 경제산업성령에서 정하는 바에 따라 그 결과를 기록하여 보존하여야 한다.
2 貯留事業者等は、第六十八条第一項の規定による報告をしたときは、当該報告に係る災害の原因その他の経済産業省令で定める事項を調査し、経済産業省令で定めるところにより、その結果を記録し、これを保存しなければならない。	② 저장사업자등은 제68조 제1항의 규정에 따른 보고를 한 때에는 해당 보고에 관한 재해의 원인 등 경제산업성령에서 정하는 사항을 조사하고, 경제산업성령에서 정하는 바에 따라 그 결과를 기록하여 보존하여야 한다.
3 経済産業大臣は、貯留事業場等における保安を確保するため必要があると認めるときは、貯留事業者等に対し、当該貯留事業場等における保安に関する事項を調査し、経済産業省令で定めるところにより、その結果を記録し、これを保存すべきことを命ずることができる。	③ 경제산업대신은 저장사업장등에 대한 보안을 보장하기 위해 필요한 경우 해당 저장사업자에게 해당 저장사업장등에 대한 보안 관련 사항을 조사하고, 경제산업성령에서 정하는 바에 따라 그 결과를 기록하여 보존할 것을 명령할 수 있다.
4 前三項に定めるもののほか、貯留事業者等は、貯留事業等の実施に際し、必要に応じ、その貯留事業場等における保安に関する事項を調査するよう努めなければならない。	④ 전3항에 규정된 사항 외에도 저장사업자등은 저장사업등의 실시에 있어 필요에 따라 해당 저장사업장등에 대한 보안 관련 사항을 조사하기 위해 노력하여야 한다.
第三款 工事計画及び検査	**제3관 공사 계획 및 검사**
(工事計画) 第七十五条 貯留事業者等は、その貯留等工作物の設置又は変更の工事であって経済産業省令で定め	**제75조(공사 계획)** ① 저장사업자등은 그 저장등 공작물의 설치 또는 변경의 공사로서 경제산업성령

원문	번역문
るものをしようとするときは、その工事の計画を経済産業大臣に届け出なければならない。ただし、その貯留等工作物が滅失し、若しくは損壊した場合又は災害その他非常の場合において、やむを得ない一時的な工事としてするときは、この限りでない。	에서 정하는 바에 따라 하려 할 때는 그 공사의 계획을 경제산업대신에게 신고하여야 한다. 다만, 해당 저장 등 공작물이 파괴되거나 손상된 경우 또는 재해 그 밖에 비상의 경우에는 불가피한 일시적인 공사로서 하는 경우에는 그러지 아니한다.
2　貯留事業者等は、前項の規定による届出に係る工事の計画を変更しようとするときは、経済産業大臣に届け出なければならない。ただし、その変更が経済産業省令で定める軽微なものであるときは、この限りでない。	② 저장사업자등은 전항의 규정에 따른 신고에 관한 공사의 계획을 변경하려 할 때는 경제산업대신에게 신고하여야 한다. 다만, 해당 변경이 경제산업성령에서 정하는 경미한 경우인 경우에는 그러지 아니한다.
3　前二項の規定による届出をした者は、その届出が受理された日から三十日を経過した後でなければ、当該届出に係る工事を開始してはならない。	③ 전2항에 따른 신고를 한 자는 그 신고가 접수된 날로부터 30일을 경과한 후가 아니면 해당 신고에 관한 공사를 개시해서는 아니 된다.
4　経済産業大臣は、第一項又は第二項の規定による届出のあった工事の計画が次に掲げる基準に適合していると認めるときは、前項に規定する期間を短縮することができる。 一　その貯留等工作物が第六十七条第一項の経済産業省令で定める技術上の基準に適合するものであること。 二　その貯留等工作物の設置又は変更の工事が公共の安全の維持及び災害の発生の防止に支障を及ぼすおそれがないものであること。	④ 경제산업대신은 제1항 또는 제2항의 규정에 따른 신고가 있었던 공사의 계획이 다음에 열거한 기준에 적합한다고 인정될 때, 전항에 규정하는 기간을 단축할 수 있다. 1. 해당 저장등 공작물이 제67조 제1항의 경제산업성령으로 정하는 기술적 기준에 적합할 것 2. 해당 저장등 공작물의 설치 또는 변경의 공사가 공공의 안전 유지 및 재해 발생의 방지에 지장을 초래할 우려가 없을 것
5　経済産業大臣は、第一項又は第二項の規定による届出のあった工事の計画が前項各号に掲げる基準のいずれかに適合していないと認めるときは、貯留事業者等に対し、その届出を受理した日から三十日(次項の規定により第三項に規定する期間が延	⑤ 경제산업대신은 제1항 또는 제2항의 규정에 따른 신고가 전항 각 호에 열거된 기준 중 어느 하나에 적합하지 않는 것으로 인정될 때, 저장사업자등에게 해당 신고를 접수한 날로부터 30일(다음 항의 규정에 의해 제3항에 규정하는 기간이 연장된 경

원문	번역문
長された場合にあっては、その延長後の期間)以内に限り、当該工事の計画を変更し、又は廃止すべきことを命ずることができる。	우에 있어서는 그 연장 후의 기간) 내에 한하여 해당 공사의 계획을 변경하거나 폐지할 것을 명령할 수 있다.
6　経済産業大臣は、第一項又は第二項の規定による届出のあった工事の計画が第四項各号に掲げる基準に適合するかどうかについて審査するため相当の期間を要し、その審査が第三項に規定する期間内に終了しないと認める相当の理由があるときは、当該期間を相当と認める期間に延長することができる。この場合において、経済産業大臣は、当該届出をした者に対し、遅滞なく、その延長後の期間及びその延長の理由を通知しなければならない。	⑥ 경제산업대신은 제1항 또는 제2항의 규정에 따른 신고가 제4항 각 호에 열거된 기준에 적합하는지 여부를 검토하기 위해 적절한 기간이 필요하고, 해당 검토가 제3항에 규정하는 기간 내에 종료되지 않을 정당한 이유가 있는 경우에는 해당 기간을 적절한 기간으로 연장할 수 있다. 이 경우, 경제산업대신은 해당 신고를 한 자에게 지체 없이 해당 연장 후의 기간 및 해당 연장의 이유를 통지하여야 한다.
7　貯留事業者等は、第一項ただし書の規定によりやむを得ない一時的な工事をする場合は、当該工事の開始の後、遅滞なく、その旨を経済産業大臣に届け出なければならない。	⑦ 저장사업자등은 제1항 본문의 규정에 의하여 불가피한 일시적인 공사를 하는 경우 해당 공사의 개시 후 지체 없이 그 사실을 경제산업대신에게 신고하여야 한다.
8　貯留事業者等は、第二項ただし書の経済産業省令で定める軽微な変更をする場合は、その工事の計画を変更した後、遅滞なく、その変更した工事の計画を経済産業大臣に届け出なければならない。ただし、経済産業省令で定める場合は、この限りでない。	⑧ 저장사업자등은 제2항 본문의 경제산업성령으로 정하는 경미한 변경을 하는 경우 해당 공사의 계획을 변경한 후 지체 없이 해당 변경된 공사의 계획을 경제산업대신에게 신고하여야 한다. 다만, 경제산업성령에서 정하는 경우에는 그러지 아니한다.
(使用前自主検査)　第七十六条 貯留事業者等は、前条第一項又は第二項の規定による届出をして設置又は変更の工事をする貯留等工作物(その工事の計画について同条第五項の規定による命令があった場合において同条第一項又は第二項の規定による届出をしていないものを除く。)	**제76조(사용전 자주 검사)** ① 저장사업자등은 전조 제1항 또는 제2항의 규정에 따라 신고를 하고 설치 또는 변경의 공사를 한 저장등 공작물(해당 공사의 계획에 대해 동조 제5항의 규정에 따른 명령이 있었을 경우에는 해당하지 않는다)에 대해 경제산업성령으로 정하는 바에 따

원문	번역문
であって経済産業省令で定めるものの設置又は変更の工事を完成したときは、経済産業省令で定めるところにより、その使用の開始前に、当該貯留等工作物について自主検査を行い、その記録を作成し、これを保存しなければならない。	라 해당 저장 등 공작물의 사용을 시작하기 전에 자율 검사를 실시하여 그 기록을 작성하고 보존하여야 한다.
2　前項の自主検査においては、その貯留等工作物が次に掲げる基準に適合していることを確認しなければならない。 一　その工事が前条第一項又は第二項の規定による届出をした工事の計画(同項ただし書の経済産業省令で定める軽微な変更をしたものを含む。)に従って行われたものであること。 二　第六十七条第一項の経済産業省令で定める技術上の基準に適合するものであること。	② 전항의 자주 검사에서는 해당 저장등 공작물이 다음에 열거한 기준에 적합한지 확인하여야 한다. 1. 해당 공사가 전조 제1항 또는 제2항의 규정에 따른 공사의 계획(같은 항 본문의 경제산업성령으로 정하는 경미한 변경을 한 것을 포함한다)에 따라 이루어졌을 것 2. 제67조 제1항의 경제산업성령으로 정하는 기술적 기준에 적합할 것
(定期自主検査)　第七十七条 貯留事業者等は、その貯留等工作物であって経済産業省令で定めるものについては、経済産業省令で定めるところにより、定期に、自主検査を行い、その記録を作成し、これを保存しなければならない。	**제77조(정기 자주 검사)** 저장사업자등은 해당 저장등 공작물에 대해 경제산업성령에서 정하는 바에 따라 정기적으로 자주 검사를 실시하여 그 기록을 작성하고 보존하여야 한다.
第三章 導管輸送事業	**제3장 도관수송사업**
第一節 導管輸送事業の届出等	**제1절 도관수송사업의 신고 등**
(導管輸送事業の届出)　第七十八条 導管輸送事業を行おうとする者は、経済産業省令で定めるところにより、次に掲げる事項を経済産業大臣に届け出なければならない。 一　氏名又は名称及び住所並びに法人にあっては、その代表者の氏名 二 輸送しようとする二酸化炭素が許可貯留区域内の貯留層に貯蔵される場合にあっ	**제78조 (도관수송사업의 신고)** ① 도관수송사업을 하려는 자는 경제산업성령에서 정하는 바에 따라 다음 사항을 경제산업대신에게 신고하여야 한다. 1. 성명 또는 명칭 및 주소 및 법인에 있어는 그 대표자의 성명 2. 수송하려는 이산화탄소가 허가저장구역 내의 저장층에 저장되는 경우에는 해당 허

원문	번역문
ては、当該許可貯留区域に係る貯留事業者に関する次に掲げる事項 イ　氏名又は名称及び住所並びに法人にあっては、その代表者の氏名 ロ 許可貯留区域 三 輸送しようとする二酸化炭素が外国における貯留層に相当するものに貯蔵される場合にあっては、当該外国における貯留事業者に相当する者に関する次に掲げる事項 イ　氏名又は名称及び住所並びに法人にあっては、その代表者の氏名 ロ 当該外国における許可貯留区域に相当する区域 四 導管の設置の場所及び内径その他の導管輸送工作物に関する事項として経済産業省令で定めるもの 五 事業開始の予定年月日 六 その他経済産業省令で定める事項	가저장구역에 관한 저장사업자에 관한 다음 사항 가. 성명 또는 명칭 및 주소 및 법인에 있어는 그 대표자의 성명 나. 허가저장구역 3. 수송하려는 이산화탄소가 외국에서의 저장층에 해당하는 경우 해당 외국에서의 저장사업자에 해당하는 자에 관한 다음 사항 가. 성명 또는 명칭 및 주소 및 법인에 있어는 그 대표자의 성명 나. 해당 외국에서의 허가저장구역에 해당하는 지역 4. 도관의 설치 장소 및 내경 그 밖에 도관 수송 공작물에 관한 사항으로서 경제산업성령에서 정하는 것 5. 사업 개시의 예정 연월일 6. 그 밖에 경제산업성령으로 정하는 사항
2 前項の規定による届出には、経済産業省令で定める書類を添付しなければならない。	② 전항의 규정에 따른 신고에는 경제산업성령에서 정하는 서류를 첨부하여야 한다.
3 導管輸送事業者（第一項の規定による届出をした者をいう。以下同じ。）は、同項各号に掲げる事項に変更があったときは、経済産業省令で定めるところにより、遅滞なく、その旨を経済産業大臣に届け出なければならない。ただし、経済産業省令で定める軽微な変更については、この限りでない。	③ 도관수송사업자(제1항의 규정에 따른 신고를 한 자를 말한다. 이하 같다)는 같은 항 각 호에 열거된 사항에 변경이 있을 때는 경제산업성령에서 정하는 바에 따라 지체 없이 그 사실을 경제산업대신에게 신고하여야 한다. 다만, 경제산업성령에서 정하는 경미한 변경에 대하여는 이에 해당하지 않는다.
（承継）　第七十九条 導管輸送事業の全部の譲渡しがあり、又は導管輸送事業者について相続、合併若しくは分割（当該導管輸送事業の全部を承継させるものに限る。）があったときは、導管輸送事業の全部を譲り受けた者又は相続	**제79조 (사업의 계승)** ① 도관수송사업의 전부를 양도하거나, 도관수송사업자에 대한 상속, 합병 또는 분할(해당 도관 수송 사업의 전부를 계승시키는 경우에 한정한다.)이 있을 때에는 도관수송사업의 전부를 인수한 자 또는 상속인(상속

원문	번역문
人（相続人が二人以上ある場合において、その全員の同意により当該導管輸送事業者が行っていた導管輸送事業を承継すべき相続人を選定したときは、その者）、合併後存続する法人若しくは合併により設立された法人若しくは分割により当該導管輸送事業の全部を承継した法人は、導管輸送事業者の地位を承継する。	인이 둘 이상인 경우, 그 모두의 동의에 의해 해당 도관수송사업자가 이루던 도관수송사업을 계승해야 할 상속인을 선정한 경우에 그 자), 합병 후 존속하는 법인 또는 합병으로 설립된 법인 또는 분할로 해당 도관수송사업의 전부를 계승한 법인은, 도관수송사업자의 지위를 계승한다.
2　前項の規定により導管輸送事業者の地位を承継した者は、遅滞なく、その旨を経済産業大臣に届け出なければならない。	② 전항의 규정에 따라 도관수송사업자의 지위를 계승한 자는 지체 없이 그 사실을 경제산업대신에게 신고하여야 한다.
（事業の休止及び廃止並びに法人の解散）　第八十条 導管輸送事業者は、その事業を休止し、又は廃止したときは、遅滞なく、経済産業省令で定めるところにより、その旨を経済産業大臣に届け出なければならない。	**제80조 (사업의 중단 및 폐지 및 법인의 해산)** ① 도관수송사업자는 해당 사업을 중단하거나, 폐지한 경우 지체 없이 경제산업성령에서 정하는 바에 따라 그 사실을 경제산업대신에게 신고하여야 한다.
2　導管輸送事業者である法人が合併以外の事由により解散したときは、その清算人（解散が破産手続開始の決定による場合にあっては、破産管財人）は、遅滞なく、その旨を経済産業大臣に届け出なければならない。	② 도관수송사업자인 법인이 합병 이외의 사유로 해산된 경우 해당 사업자(해산이 파산절차개시의 결정에 의한 경우에는 파산관재인)는 지체 없이 그 사실을 경제산업대신에게 신고하여야 한다.
（流量等の測定義務）　第八十一条 導管輸送事業者は、経済産業省令で定めるところにより、その輸送する二酸化炭素の流量、圧力その他経済産業省令で定める事項を測定し、その結果を記録し、これを保存しなければならない。	**제81조 (유량 등의 측정 의무)** 도관수송사업자는 경제산업성령에서 정하는 바에 따라 운송하는 이산화탄소의 유량, 압력 그 밖에 경제산업성령에서 정하는 사항을 측정하여 그 결과를 기록하고 이를 보존하여야 한다.
（特定導管輸送事業約款）　第八十二条 特定導管輸送事業者（他の者の委託を受けて行う導管輸送事業であって、他の者の活動に伴って排出された二酸化炭素に係るもの（以下「特定導管輸送事業」とい	**제82조 (특정도관수송사업 약관)** ① 특정도관수송사업자(타인의 위탁을 받아 도관수송사업을 수행하며, 다른 사람의 활동으로 인해 배출된 이산화탄소에 관련된 것을 말한다. 이하 "특정도관수송사업"이

원문	번역문
う。）を行う導管輸送事業者をいう。以下同じ。）は、特定導管輸送事業に係る料金その他の条件について、経済産業省令で定めるところにより、特定導管輸送事業約款を定め、経済産業大臣に届け出なければならない。これを変更しようとするときも、同様とする。	라 한다. 이하 같다)는 특정도관수송사업에 관련된 요금 및 그 밖에 조건에 대해 경제산업성령에서 정하는 바에 따라 특정도관수송사업 약관을 마련하고, 경제산업대신에게 신고하여야 한다. 이를 변경하려는 경우에도 같다.
2 特定導管輸送事業者は、前項の規定による届出をした特定導管輸送事業約款以外の条件により特定導管輸送事業を行ってはならない。ただし、その特定導管輸送事業約款により難い特別の事情がある場合において、経済産業大臣の承認を受けた料金その他の条件により特定導管輸送事業を行うときは、この限りでない。	② 특정도관수송사업자는 전항의 규정에 따라 신고한 특정도관수송사업 약관 이외의 조건으로 특정도관수송사업을 진행해서는 안 된다. 다만, 해당 특정도관수송사업 약관에 따라 어려운 특별한 사정이 있는 경우에는 경제산업대신의 승인을 받은 요금 및 그 밖에 조건으로 특정도관수송사업을 수행하는 경우에는 이에 해당하지 않는다.
3 経済産業大臣は、特定導管輸送事業約款が次の各号のいずれかに該当しないと認めるときは、当該特定導管輸送事業者に対し、相当の期限を定め、その特定導管輸送事業約款を変更すべきことを命ずることができる。 一 第一項の規定による届出に係る特定導管輸送事業約款により導管による二酸化炭素の輸送の役務の提供を受けようとする者が当該役務の提供を受けることを著しく困難にするおそれがないこと。 二 料金の額の算出方法が適正かつ明確に定められていること。 三 特定の者に対して不当な差別的取扱いをするものでないこと。	③ 경제산업대신은 특정도관수송사업 약관이 다음 각 호 중 어느 하나에 해당하지 않는다고 인정할 때, 해당 특정도관수송사업자에게 적절한 기간을 정하여 해당 특정도관수송사업 약관을 변경해야 할 것을 명령할 수 있다. 1. 제1항의 규정에 따른 신고에 따른 특정도관수송사업 약관에 따라 도관으로 이산화탄소를 수송하는 업체가 해당 업무를 뚜렷히 어렵게 만들지 않을 것 2. 요금의 금액 산출 방법이 적정하고 명확하게 정해져 있을 것 3. 특정한 사람에 대해 부당한 차별적 처리를 하지 않을 것
4 特定導管輸送事業者は、第一項の規定による届出をしたときは、経済産業省令で定めるところにより、その特定導管輸送事業約款を公表しなければならない。	④ 특정도관수송사업자는 제1항의 규정에 따라 신고한 경우에는 경제산업성령에서 정하는 바에 따라 해당 특정도관수송사업 약관을 공표하여야 한다.

원문	번역문
5　経済産業大臣は、特定導管輸送事業者が正当な理由なく特定導管輸送事業約款による導管による二酸化炭素の輸送の役務の提供を拒んだときは、当該特定導管輸送事業者に対し、当該役務の提供を行うべきことを命ずることができる。	⑤ 경제산업대신은 특정도관수송사업자가 정당한 이유 없이 특정도관수송사업 약관에 따른 도관으로 이산화탄소를 수송하는 업무를 거부한 경우 해당 특정도관수송사업자에게 해당 업무를 제공할 것을 명령할 수 있다.
（禁止行為等）第八十三条 特定導管輸送事業者は、その特定導管輸送事業の業務その他のその維持し、及び運用する導管に係る業務について、特定の者に対し、不当に優先的な取扱いをし、若しくは利益を与え、又は不当に不利な取扱いをし、若しくは不利益を与えてはならない。	**제83조 (금지 행위 등)** ① 특정도관수송사업자는 해당 특정도관수송사업의 업무 그 밖에 해당 유지 및 운용하는 도관에 관련된 업무에서 특정한 사람에게 불합리하게 우선적인 처리를 하거나 이익을 제공하거나, 또는 불합리하게 불리한 처리를 하거나 불이익을 제공해서는 안 된다.
2　経済産業大臣は、前項の規定に違反する行為があると認めるときは、当該特定導管輸送事業者に対し、当該行為の停止又は変更を命ずることができる。	② 경제산업대신은 전항의 규정을 위반하는 행위가 있다고 인정될 경우 해당 특정도관수송사업자에게 해당 행위의 중지 또는 변경을 명령할 수 있다.
（業務改善命令）　第八十四条 経済産業大臣は、導管輸送事業の適正な運営を確保するため必要があると認めるときは、その必要の限度において、導管輸送事業者に対し、業務の方法の変更その他業務の運営の改善に必要な措置をとるべきことを命ずることができる。	**제84조 (업무 개선 명령)** 경제산업대신은 도관수송사업의 적절한 운영을 확보하기 위해 필요한 경우 해당 업무의 방법 변경 등 업무 운영 개선에 필요한 조치를 취하도록 특정 도관수송사업자에게 명령할 수 있다.
第二節 保安	**제2절 보안**
第一款 導管輸送事業者の義務等	**제1관 도관수송사업자 의무 등**
（導管輸送事業者の義務）　第八十五条 導管輸送事業者は、公共の安全の維持及び災害の発生の防止のために必要な措置を講じなければならない。	**제85조 (도관수송사업자 의무)** 도관수송사업자는 공공의 안전 유지 및 재난 발생 방지를 위해 필요한 조치를 취해야 한다.
（導管輸送工作物の維持等）　第八十六条 導管輸送事業者は、その導管輸送工作物	**제86조 (도관 수송 공작물 유지 등)** ① 도관수송사업자는 해당 도관 수송 공

원문	번역문
を経済産業省令で定める技術上の基準に適合するように維持しなければならない。	작물을 경제산업성령에서 정하는 기술적 기준에 적합하도록 유지해야 한다.
2 経済産業大臣は、導管輸送工作物が前項の経済産業省令で定める技術上の基準に適合していないと認めるときは、導管輸送事業者に対し、当該技術上の基準に適合するようにその導管輸送工作物を修理し、改造し、若しくは移転し、若しくはその使用を一時停止すべきことを命じ、又はその使用を制限することができる。	② 경제산업대신은 도관 수송 공작물이 전항의 경제산업성령에서 정하는 기술적 기준에 부합하지 않는 것으로 인정될 때, 해당 도관수송사업자에게 해당 기술적 기준에 적합하도록 해당 도관 수송 공작물을 수리, 개조, 또는 이전하거나 그 사용을 일시 중단하거나 그 사용을 제한하도록 명령하거나 그 사용을 제한할 수 있다.
3 経済産業大臣は、公共の安全の維持又は災害の発生の防止のため緊急の必要があると認めるときは、導管輸送事業者に対し、その導管輸送工作物を移転し、若しくはその使用を一時停止すべきことを命じ、若しくはその使用を制限し、又はその導管輸送工作物内における二酸化炭素の廃棄その他の必要な措置を講ずべきことを命ずることができる。	③ 경제산업대신은 공공의 안전 유지 또는 재난 발생 방지를 위해 긴급한 필요가 있다고 인정될 때, 도관수송사업자에게 해당 도관 수송 공작물을 이전하거나 그 사용을 일시 중단하거나 그 사용을 제한하도록 명령하거나 그 도관 수송 공작물 내 이산화탄소의 처분 그 밖에 필요한 조치를 취하도록 명령할 수 있다.
（災害時の報告に係る規定の準用） 第八十七条 第六十八条の規定は、導管輸送事業者及び導管輸送事業について準用する。 第二款 自主的な保安	**제87조(재난 시 보고에 관한 규정의 준용)** 제68조의 규정은 도관수송사업자 및 도관 수송 사업에 대해 준용된다.
第二款 自主的な保安	**제2관 자주적인 보안**
（保安規程） 第八十八条 導管輸送事業者は、その導管輸送工作物の工事、維持及び運用に関する保安を確保するため、経済産業省令で定めるところにより、保安規程を定め、導管輸送事業（第九十一条第一項の自主検査を伴う導管輸送工作物の設置又は変更の工事をする場合にあっては、当該工事）の開始前に、経済産業大臣に届け出なければならない。	**제88조 (보안 규정)** ① 도관수송사업자는 해당 도관 수송 공작물의 공사, 유지 및 운용에 관한 보안을 확보하기 위해 경제산업성령에서 정하는 바에 따라 보안 규정을 정하고, 도관수송사업(제91조 제1항의 자율 검사를 수반하는 도관 수송 공작물의 설치 또는 변경 공사를 포함한다)을 시작하기 전에 해당 사항을 경제산업대신에게 신고해야 한다.

원문	번역문
2 導管輸送事業者は、保安規程を変更したときは、遅滞なく、変更した事項を経済産業大臣に届け出なければならない。	② 도관수송사업자는 보안 규정을 변경할 때는 지체 없이 변경된 사항을 경제산업대신에게 신고해야 한다.
3 経済産業大臣は、導管輸送工作物の工事、維持及び運用に関する保安を確保するため必要があると認めるときは、導管輸送事業者に対し、保安規程を変更すべきことを命ずることができる。	③ 경제산업대신은 도관 수송 공작물의 공사, 유지 및 운용에 관한 보안을 확보하기 위해 필요한 경우, 도관수송사업자에게 보안 규정을 변경하도록 명령할 수 있다.
4 導管輸送事業者及びその従業者は、保安規程を守らなければならない。	④ 도관수송사업자 및 그 종업원은 보안 규정을 준수해야 한다.
(保安教育等に係る規定の準用) 第八十九条 第七十条から第七十三条までの規定は、導管輸送事業者について準用する。この場合において、第七十一条第一項、第七十二条第二項及び第七十三条中「貯留事業場等における保安」とあるのは「導管輸送工作物の工事、維持及び運用に関する保安」と、同項中「貯留事業等に従事する者」とあるのは「導管輸送工作物の工事、維持又は運用に従事する者」と読み替えるものとする。	**제89조(보안 교육 등에 관한 규정의 준용)** 제70조부터 제73조까지의 규정은 도관 수송 사업자에 준용된다. 이 경우, 제71조 제1항, 제72조 제2항 및 제73조의 "저장사업장등에 대한 보안"은 "도관 수송 공작물의 공사, 유지 및 운용에 관한 보안"으로, 동항의 "저장사업등에 종사하는 자"는 "도관 수송 공작물의 공사, 유지 또는 운용에 종사하는 자"로 본다.
第三款 工事計画及び検査	**제3관 공사 계획 및 검사**
(工事計画) 第九十条 導管輸送事業者は、その導管輸送工作物の設置又は変更の工事であって経済産業省令で定めるものをしようとするときは、その工事の計画を経済産業大臣に届け出なければならない。ただし、その導管輸送工作物が滅失し、若しくは損壊した場合又は災害その他非常の場合において、やむを得ない一時的な工事としてするときは、この限りでない。	**제90조(공사 계획)** ① 도관수송사업자는 해당 도관 수송 공작물의 설치 또는 변경 공사로서 경제산업성령에서 정하는 것을 하려 할 때는 해당 공사의 계획을 경제산업대신에게 신고해야 한다. 다만, 해당 도관 수송 공작물이 소멸하거나 손상되거나 재난 그 밖에 비상의 경우에 필요한 일시적인 공사로서 하는 경우에는 그러하지 아니한다.

원문	번역문
2 導管輸送事業者は、前項の規定による届出に係る工事の計画を変更しようとするときは、経済産業大臣に届け出なければならない。ただし、その変更が経済産業省令で定める軽微なものであるときは、この限りでない。	② 도관수송사업자는 전항의 규정에 따른 공사의 계획을 변경하려 할 때는 경제산업대신에게 신고해야 한다. 다만, 그 변경이 경제산업성령에서 정하는 경미한 경우에는 그러하지 아니한다.
3 前二項の規定による届出をした者は、その届出が受理された日から三十日を経過した後でなければ、当該届出に係る工事を開始してはならない。	③ 전2항의 규정에 따른 신고를 한 자는 해당 신고가 접수된 날로부터 30일을 경과한 후가 아니면 해당 신고에 관련된 공사를 시작해서는 아니 된다.
4 経済産業大臣は、第一項又は第二項の規定による届出のあった工事の計画が次に掲げる基準に適合していると認めるときは、前項に規定する期間を短縮することができる。 一 その導管輸送工作物が第八十六条第一項の経済産業省令で定める技術上の基準に適合するものであること。 二 その導管輸送工作物の設置又は変更の工事が公共の安全の維持及び災害の発生の防止に支障を及ぼすおそれがないものであること。	④ 경제산업대신은 제1항이나 제2항에 따른 신고가 있는 공사의 계획이 다음 각 호의 기준에 부합하는 것으로 인정되는 경우에는 전항에서 정한 기간을 단축할 수 있다. 1. 해당 도관 수송 공작물이 제86조 제1항의 경제산업성령에서 정하는 기술적 기준에 부합하는 것으로 인정되는 경우 2. 해당 도관 수송 공작물의 설치 또는 변경 공사가 공공의 안전 유지 및 재난 발생 방지에 지장을 미치지 않는 것으로 인정되는 경우
5 経済産業大臣は、第一項又は第二項の規定による届出のあった工事の計画が前項各号に掲げる基準のいずれかに適合していないと認めるときは、導管輸送事業者に対し、その届出を受理した日から三十日（次項の規定により第三項に規定する期間が延長された場合にあっては、その延長後の期間）以内に限り、当該工事の計画を変更し、又は廃止すべきことを命ずることができる。	⑤ 경제산업대신은 제1항이나 제2항에 따른 신고가 있는 공사의 계획이 전항 각 호에 규정된 기준 중 어느 하나에 부합하지 않는 것으로 인정되는 경우에는 도관수송사업자에게 해당 신고를 접수한 날로부터 30일(다음 항의 규정에 따라 제3항에 규정된 기간이 연장된 경우에는 그 연장 후의 기간) 내에 해당 공사의 계획을 변경하거나 폐지하도록 명령할 수 있다.
6 経済産業大臣は、第一項又は第二項の規定による届出のあった工事の計画が第四項各号に掲げる基準に適合するかどうかに	⑥ 경제산업대신은 제1항이나 제2항에 따른 신고가 있는 공사의 계획이 제4항 각 호에 규정된 기준에 부합하는지 여부를 검

원문	번역문
ついて審査するため相当の期間を要し、その審査が第三項に規定する期間内に終了しないと認める相当の理由があるときは、当該期間を相当と認める期間に延長することができる。この場合において、経済産業大臣は、当該届出をした者に対し、遅滞なく、その延長後の期間及びその延長の理由を通知しなければならない。	토하기 위해 적당한 기간을 필요로 하며, 그 검토가 제3항에서 규정된 기간 내에 종료되지 않을 것으로 인정되는 적당한 이유가 있는 경우에는 해당 기간을 적절하다고 인정되는 기간으로 연장할 수 있다. 이 경우, 경제산업대신은 해당 신고를 한 자에게 즉시 해당 연장 후의 기간 및 해당 연장의 이유를 통지해야 한다.
7　導管輸送事業者は、第一項ただし書の規定によりやむを得ない一時的な工事をする場合は、当該工事の開始の後、遅滞なく、その旨を経済産業大臣に届け出なければならない。	⑦ 도관수송사업자는 제1항의 특별한 사정에 따른 일시적인 공사를 하려 할 때 해당 공사를 시작한 후 즉시 해당 사실을 경제산업대신에게 신고해야 한다.
8　導管輸送事業者は、第二項ただし書の経済産業省令で定める軽微な変更をする場合は、その工事の計画を変更した後、遅滞なく、その変更した工事の計画を経済産業大臣に届け出なければならない。ただし、経済産業省令で定める場合は、この限りでない。	⑧ 도관수송사업자는 제2항의 경제산업성령에서 정하는 경미한 변경을 하려 할 때는 해당 공사의 계획을 변경한 후 지체 없이 변경된 공사의 계획을 경제산업대신에게 신고해야 한다. 다만, 경제산업성령에서 정하는 경우에는 그러하지 아니한다.
（使用前検査）　第九十一条 導管輸送事業者は、前条第一項又は第二項の規定による届出をして設置又は変更の工事をする導管輸送工作物（その工事の計画について同条第五項の規定による命令があった場合において同条第一項又は第二項の規定による届出をしていないものを除く。）であって経済産業省令で定めるものの設置又は変更の工事を完成したときは、経済産業省令で定めるところにより、その使用の開始前に、当該導管輸送工作物について自主検査を行い、その結果が次項各号に掲げる基準に適合していることについて経済産業省令で定めるところにより経済産業大臣の登録を受けた者（以	**제91조(사용 전 검사)** ① 도관수송사업자는 전조 제1항 또는 제2항의 규정에 따라 설치 또는 변경 공사를 하려는 도관 수송 공작물(해당 공사의 계획에 대해 동조 제5항의 규정에 따른 명령이 있을 경우 해당 조 제1항 또는 제2항의 규정에 따른 신고를 하지 않은 것을 제외한다)에 대해 경제산업성령에서 정하는 것의 설치 또는 변경 공사를 완료한 경우, 경제산업성령에서 정하는 바에 따라 해당 도관 수송 공작물에 대해 자체 검사를 실시하고, 그 결과가 다음 각 호에 기재된 기준에 부합하고 있는지에 대해 경제산업성령에서 정하는 바에 따라 경제산업대신의 등록을

원문	번역문
下「登録導管輸送工作物検査機関」という。）が行う検査を受け、これに合格した後でなければ、これを使用してはならない。ただし、経済産業省令で定める場合は、この限りでない。	받은 자(이하 "등록도관수송공작물 검사기관"이라 한다)이 실시하는 검사를 받아야 하며, 이를 통과한 후에만 사용할 수 있다. 다만, 경제산업성령에서 정하는 경우에는 그렇지 않다.
2 登録導管輸送工作物検査機関が行う検査においては、導管輸送工作物が次に掲げる基準に適合しているときは、合格とする。 一 その工事が前条第一項又は第二項の規定による届出をした工事の計画（同項ただし書の経済産業省令で定める軽微な変更をしたものを含む。）に従って行われたものであること。 二 第八十六条第一項の経済産業省令で定める技術上の基準に適合するものであること。 三 導管輸送事業者は、経済産業省令で定めるところにより、第一項の自主検査の記録を作成し、これを保存しなければならない。	② 등록도관수송공작물검사기관이 실시하는 검사에서는 도관 수송 공작물이 다음에 기재된 기준에 부합하는 경우 합격으로 인정한다. 1. 해당 공사가 전조 제1항 또는 제2항의 규정에 따른 공사의 계획(동항 단서의 경제산업성령에서 정하는 경미한 변경을 포함한다)에 따라 수행되었을 것 2. 해당 도관 수송 공작물이 제86조 제1항의 경제산업부령으로 정하는 기술적 기준에 부합할 것 3. 도관수송사업자는 경제산업성령에서 정하는 바에 따라 제1항의 자체 검사 기록을 작성하여 보존해야 한다.
（定期自主検査に係る規定の準用） 第九十二条 第七十七条の規定は、導管輸送事業者及び導管輸送工作物について準用する。	**제92조 (정기 자주 검사에 관한 규정의 준용)** 제77조의 규정은 도관수송사업자 및 도관 수송 공작물에 대해 준용된다.
第三節 登録導管輸送工作物検査機関	**제3절 등록도관수송공작물검사기관**
（登録） 第九十三条 第九十一条第一項の登録（以下この節において単に「登録」という。）は、経済産業省令で定めるところにより、同項の検査（以下この節、第百三十一条第五号及び第百四十二条第四号において単に「検査」という。）を行おうとする者の申請により行う。	**제93조(등록)** 제91조 제1항의 등록(이하 이 절에서는 단순히 "등록"이라 한다)은 경제산업성령에서 정하는 바에 따라 해당 조 제1항의 검사(이 절에서는 단순히 "검사"라 한다)를 실시하려는 자의 신청에 따라 이루어진다.
（登録の基準） 第九十四条 経済産業大臣は、前条の規定により登録を申請した者（第二号及び第三号において	**제94조 (등록 기준)** ① 경제산업대신은 전조의 규정에 따라 등록을 신청한 자(제2호 및 제3호에서 "등

원문	번역문
「登録申請者」という。）が次に掲げる基準に適合しているときは、その登録をしなければならない。この場合において、登録に関して必要な手続は、経済産業省令で定める。	록신청자"라 한다)가 다음에 기재된 기준에 부합할 때 해당 등록을 해야 한다. 이 경우 등록에 관한 필요한 절차는 경제산업성령으로 정한다.
一 経済産業省令で定める資格を有する者が検査を実施するものであること。	1. 경제산업성령에서 정하는 자격을 소지한 자가 검사를 실시할 것
二 登録申請者が次のいずれにも該当しないこと。	2. 등록신청자가 다음에 해당하지 않을 것
イ この法律若しくはこの法律に基づく命令又はこれらに基づく処分に違反し、罰金以上の刑に処せられ、その執行を終わり、又は執行を受けることがなくなった日から二年を経過しない者	가. 이 법 또는 이 법에 근거한 명령 또는 이에 따른 처분에 위반하여 벌금 이상의 형을 받고, 그 집행을 종료하거나, 집행을 받지 않게 된 날로부터 2년이 경과하지 않은 자
ロ 第百四条第一項又は第二項の規定により登録を取り消され、その取消しの日から二年を経過しない者	나. 제104조 제1항 또는 제2항의 규정에 따라 등록이 취소되고, 그 취소의 날로부터 2년이 경과하지 않은 자
ハ 法人であって、その業務を行う役員のうちにイ又はロのいずれかに該当する者があるもの	다. 법인인 경우, 그 사업을 수행하는 임원 중에 가 또는 나 중 하나에 해당하는 자가 있는 경우
三 登録申請者が、導管輸送事業者に支配されているものとして次のいずれかに該当するものでないこと。	3. 등록신청자가 도관수송사업자에 지배되어 있는 경우 다음 중 하나에 해당하지 않아야 할 것
イ 登録申請者が株式会社である場合にあっては、導管輸送事業者がその親法人（会社法（平成十七年法律第八十六号）第八百七十九条第一項に規定する親法人をいう。）であること。	가. 등록신청자가 주식회사인 경우에는, 도관수송사업자가 그 상위법(회사법(2005년 법률 제86호) 제877조 제1항에 규정된 상위법을 말한다)일 경우
ロ 登録申請者の役員（会社法第五百七十五条第一項に規定する持分会社にあっては、業務を執行する社員）に占める導管輸送事業者の役員又は職員（過去二年間に当該導管輸送事業者の役員又は職員であった者を含む。）の割合が二分の一を超えていること。	나. 등록신청자의 임원(회사법 제575조 제1항에 규정된 지분회사에 있어서는 사업을 수행하는 사원) 중에 도관수송사업자의 임원이나 직원(지난 2년간 해당 도관 수송 사업자의 임원이나 직원이었던 자를 포함함)의 비율이 2분의 1을 초과하지 않을 것
ハ 登録申請者（法人にあっては、その代	다. 등록신청자(법인에 있어서는, 그 대표권을 가지는 임원)가 도관수송사업자의 임원이나 직원(지난 2년간 해당 도관수송사업

원문	번역문
表権を有する役員）が、導管輸送事業者の役員又は職員（過去二年間に当該導管輸送事業者の役員又は職員であった者を含む。）であること。	자의 임원이나 직원이었던 자를 포함함)일 것
2　登録は、導管輸送工作物検査機関登録簿に次に掲げる事項を記載してするものとする。 一 登録年月日及び登録番号 二 登録導管輸送工作物検査機関の氏名又は名称及び住所並びに法人にあっては、その代表者の氏名 三 登録導管輸送工作物検査機関が検査を行う事業所の名称及び所在地	② 등록은 도관수송공작물검사기관 등록부에 다음에 기재된 사항을 포함하여 이루어진다. 1. 등록 연월일 및 등록 번호 2. 등록된 도관수송공작물검사기관의 이름 또는 명칭 및 주소 및 법인에 있어서는 그 대표자의 이름 3. 등록된 도관수송공작물검사기관이 검사를 수행하는 사업장의 이름 및 소재지
3　経済産業大臣は、登録をしたときは、遅滞なく、前項各号に掲げる事項を告示しなければならない。	③ 경제산업대신은 등록을 한 경우에는 지체 없이 전항에 기재된 사항을 고시하여야 한다.
（登録の更新）　第九十五条 登録は、三年を下らない政令で定める期間ごとにその更新を受けなければ、その期間の経過によって、その効力を失う。	**제95조 (등록 갱신)** ① 등록은 3년을 넘지 않는 정령으로 정하는 기간마다 그 갱신을 받지 않으면 그 기간의 경과로 인해 그 효력을 상실한다.
2　前二条（前条第三項を除く。）の規定は、前項の登録の更新について準用する。	② 전 2조(전조 제3항은 제외한다)의 규정은 전항의 등록 갱신에 대해 준용된다.
3　第一項の登録の更新の申請があった場合において、同項の期間（以下この項及び次項において「登録の有効期間」という。）の満了の日までにその申請に対する処分がされないときは、従前の登録は、登録の有効期間の満了後もその処分がされるまでの間は、なおその効力を有する。	③ 제1항의 등록 갱신의 신청이 있었을 경우에는 동항의 기간(이하 이 항 및 다음 항에서 "등록의 유효기간"이라고 한다)의 만료일까지 그 신청에 대한 처리가 되지 않을 때는, 이전의 등록은 등록의 유효기간의 만료 이후에도 그 처리가 될 때까지는 여전히 그 효력을 가진다.
4　前項の場合において、第一項の登録の更新がされたときは、その登録の有効期間は、従前の登録の有効期間の満了の日の翌日から起算するものとする。	④ 전항의 경우에 등록의 갱신이 이루어졌을 때는 해당 등록의 유효기간은 이전 등록의 유효기간의 만료일 다음 날부터 계산한다.

원문	번역문
5 経済産業大臣は、第一項の規定により登録が効力を失ったときは、遅滞なく、その旨を告示しなければならない。	⑤ 경제산업대신은 제1항의 규정에 따라 등록이 효력을 상실한 경우에는 지체 없이 그 사실을 고시하여야 한다.
（検査の義務） 第九十六条 登録導管輸送工作物検査機関は、検査を行うことを求められたときは、正当な理由がある場合を除き、遅滞なく、検査を行わなければならない。 2 登録導管輸送工作物検査機関は、公正に、かつ、経済産業省令で定める基準に適合する方法により検査を行わなければならない。	제96조(검사 의무) ① 등록된 도관수송공작물검사기관은 검사를 요청 받은 경우 정당한 이유가 있는 경우를 제외하고 지체 없이 검사를 수행하여야 한다. ② 등록된 도관수송공작물검사기관은 공정하고 경제산업성령에서 정한 기준에 부합하는 방법으로 검사를 수행하여야 한다.
（変更の届出） 第九十七条 登録導管輸送工作物検査機関は、その氏名若しくは名称、住所又は検査を行う事業所の名称若しくは所在地を変更しようとするときは、変更しようとする日の二週間前までに、経済産業大臣に届け出なければならない。	제97조 (변경의 신고) ① 등록된 도관수송공작물검사기관은 그 이름 또는 명칭, 주소 또는 검사를 수행하는 사업장의 이름 또는 소재지를 변경하려는 경우 변경하려는 날의 2주 전까지 경제산업대신에게 신고하여야 한다.
2 第九十四条第三項の規定は、前項の規定による届出があったときについて準用する。	② 제94조 제3항의 규정은 전항의 규정에 따른 신고가 있었을 때에 대해 준용한다.
（業務規程） 第九十八条 登録導管輸送工作物検査機関は、検査の業務に関する規程（次項及び第三項において「業務規程」という。）を定め、検査の業務の開始前に、経済産業大臣に届け出なければならない。これを変更しようとするときも、同様とする。	제98조 (업무 규정) ① 등록된 도관수송공작물검사기관은 검사의 업무에 관한 규정(다음 항 및 제3항에서 "업무 규정"이라 한다)을 정하고, 검사의 업무를 시작하기 전에 경제산업대신에게 신고하여야 한다. 이를 변경하려는 경우에도 같다.
2 業務規程には、検査の実施方法、検査に関する料金の算定方法その他の経済産業省令で定める事項を定めておかなければならない。	② 업무 규정에는 검사의 수행 방법, 검사에 관한 수수료 산정 방법 및 그 밖에 경제산업성령에서 정하는 사항을 정하여야 한다.
3 経済産業大臣は、第一項の規定による届出のあった業務規程が検査の適正かつ確	③ 경제산업대신은 제1항의 규정에 따라 신고된 업무 규정이 검사의 적절하고 확실

원문	번역문
実な実施上不適当となったと認めるときは、当該業務規程を変更すべきことを命ずることができる。	한 수행상 부적당하다고 인정하는 경우 해당 업무 규정을 변경하여야 할 것을 명할 수 있다.
（業務の休廃止の届出） 第九十九条 登録導管輸送工作物検査機関は、検査の業務の全部又は一部を休止し、又は廃止しようとするときは、経済産業省令で定めるところにより、休止し、又は廃止しようとする日以前の経済産業省令で定める日までに、その旨を経済産業大臣に届け出なければならない。	제99조 (업무의 중지/폐지의 신고) ① 등록된 도관수송공작물검사기관은 검사의 업무 전부 또는 일부를 중지하거나 폐지하려는 경우 경제산업성령에서 정하는 바에 따라 중지하거나 폐지하려는 날 이전의 경제산업성령에서 정하는 날까지 그 사실을 경제산업대신에게 신고하여야 한다.
2 第九十五条第五項の規定は、前項の規定による届出があったときについて準用する。	② 제95조 제5항의 규정은 전항의 규정에 따른 신고가 있었을 때에 대해서 준용한다.
（財務諸表等の備置き及び閲覧等） 第百条 登録導管輸送工作物検査機関は、毎事業年度経過後三月以内に、その事業年度の財産目録、貸借対照表及び損益計算書又は収支計算書並びに事業報告書（これらの作成に代えて電磁的記録（電子的方式、磁気的方式その他人の知覚によっては認識することができない方式で作られる記録であって、電子計算機による情報処理の用に供されるものをいう。次項第三号及び第四号において同じ。）の作成がされている場合における当該電磁的記録を含む。同項第一号及び第三号並びに第百四十七条において「財務諸表等」という。）を作成し、五年間事業所に備えて置かなければならない。	제100조 (재무제표 등의 작성 및 열람 등) ① 등록된 도관수송공작물검사기관은 매 사업년도 종료 후 3개월 이내에 해당 사업년도의 재산 목록, 대차대조표 및 손익계산서 또는 수입지출 계산서 및 사업 보고서(이러한 작성에 대신하여 전자적 기록(전자적 방식, 자기적 방식 및 그 밖에 사람의 인지로는 인식할 수 없는 방식으로 작성된 기록으로서 전자 컴퓨터에 의한 정보 처리에 사용되는 것을 말한다. 다음 항 제3호 및 제4호에서 같다)이 있는 경우 해당 전자적 기록을 포함한다. 동항 제1호 및 제3호 및 제104조에서 "재무제표등"이라고 한다)를 작성하여야 하며, 5년간 사업장에 보존하여야 한다.
2 導管輸送事業者その他の利害関係人は、登録導管輸送工作物検査機関の業務時間内は、いつでも、次に掲げる請求をすることができる。ただし、第二号又は第四号の請求をするには、登録導管輸送工作物検	② 도관수송사업자 그 밖에 이해관계자는 등록된 도관수송공작물검사기관의 업무 시간 내에 언제든지 다음에 제시된 사항을 요구할 수 있다. 다만, 제2호 또는 제4호의 요구를 하려면 등록된 도관수송공작물검사

원문	번역문
査機関の定めた費用を支払わなければならない。 一 財務諸表等が書面をもって作成されているときは、当該書面の閲覧又は謄写の請求 二 前号の書面の謄本又は抄本の請求 三 財務諸表等が電磁的記録をもって作成されているときは、当該電磁的記録に記録された事項を経済産業省令で定める方法により表示したものの閲覧又は謄写の請求 四 前号の電磁的記録に記録された事項を電磁的方法（電子情報処理組織を使用する方法その他の情報通信の技術を利用する方法であって経済産業省令で定めるものをいう。）により提供することの請求又は当該事項を記載した書面の交付の請求	기관이 정한 비용을 지불하여야 한다. 1. 재무제표등이 서면으로 작성된 경우 해당 서면의 열람 또는 복사 요구 2. 전호 서면의 사본 또는 요약본의 요구 3. 재무제표등이 전자적 기록으로 작성된 경우 해당 전자적 기록에 기록된 사항을 경제산업부령에서 정한 방법으로 표시한 것의 열람 또는 복사 요구 4. 전호의 전자적 기록에 기록된 사항을 전자적 방법(전자 정보 처리 조직을 사용하는 방법 및 그 밖에 정보 통신의 기술을 활용하는 방법으로 경제산업성에서 정하는 것을 말한다)으로 제공하는 것의 요구 또는 해당 사항을 기재한 서면의 교부 청구
（適合命令） 第百一条 経済産業大臣は、登録導管輸送工作物検査機関が第九十四条第一項第一号又は第三号に掲げる基準のいずれかに適合しなくなったと認めるときは、当該登録導管輸送工作物検査機関に対し、これらの基準に適合するために必要な措置をとるべきことを命ずることができる。	**제101조 (적합 명령)** 경제산업대신은 등록된 도관수송공작물검사기관이 제94조 제1항 제1호 또는 제3호에 열거된 기준 중 어느 하나에 부합하지 않게 된 것으로 판단될 때, 해당 등록된 도관수송공작물검사기관에게 이러한 기준에 부합하기 위해 필요한 조치를 취하도록 명령할 수 있다.
（改善命令） 第百二条 経済産業大臣は、登録導管輸送工作物検査機関が第九十六条の規定に違反していると認めるときは、当該登録導管輸送工作物検査機関に対し、検査を行うべきこと又は検査の方法その他の業務の方法の改善に関し必要な措置をとるべきことを命ずることができる。	**제102조 (개선 명령)** 경제산업대신은 등록된 도관수송공작물검사기관이 제96조의 규정을 위반하고 있는 것으로 판단될 때, 해당 등록된 도관수송공작물검사기관에게 검사를 수행하거나 검사 방법 또는 그 밖에 업무 방법 개선에 필요한 조치를 취하도록 명령할 수 있다.
（検査についての申請及び経済産業大臣の命令） 第百三条 導管輸送事業者は、その導管輸送工作物	**제103조 (검사에 대한 신청 및 경제산업대신의 명령)** ① 도관수송사업자는 해당 도관수송공작

원문	번역문
について、登録導管輸送工作物検査機関が検査を行わない場合又は登録導管輸送工作物検査機関の検査の結果に異議のある場合は、経済産業大臣に対し、当該登録導管輸送工作物検査機関が検査を行うこと又は改めて検査を行うことを命ずべきことを申請することができる。	물검사기관이 검사를 수행하지 않는 경우 또는 해당 등록된 도관수송공작물검사기관의 검사 결과에 이의가 있는 경우, 경제산업대신에게 해당 등록된 도관수송공작물검사기관이 검사를 수행하거나 다시 검사를 수행하도록 명령할 수 있도록 신청할 수 있다.
2 経済産業大臣は、前項の規定による申請があった場合において、当該申請に係る登録導管輸送工作物検査機関が第九十六条の規定に違反していると認めるときは、当該申請に係る登録導管輸送工作物検査機関に対し、前条の規定による命令をしなければならない。	② 경제산업대신은 전항의 규정에 따른 신청이 있었을 때, 해당 신청에 관련된 등록된 도관수송공작물검사기관이 제96조의 규정을 위반하고 있는 것으로 판단될 경우, 해당 신청에 관련된 등록된 도관수송공작물검사기관에게 전조의 규정에 따른 명령을 해야 한다.
3 経済産業大臣は、前項の場合において、前条の規定による命令をし、又は命令をしないことの決定をしたときは、遅滞なく、当該申請をした導管輸送事業者に通知しなければならない。	③ 경제산업대신은 전항의 경우에 해당하여, 전조의 규정에 따른 명령을 하거나 명령을 내리지 않는 결정을 한 경우, 즉시 해당 신청을 한 도관수송사업자에게 통지하여야 한다.
（登録の取消し等） 第百四条 経済産業大臣は、登録導管輸送工作物検査機関が第九十四条第一項第二号イ又はハのいずれかに該当するに至ったときは、その登録を取り消さなければならない。	**제104조 (등록 취소 등)** ① 경제산업대신은 등록된 도관수송공작물검사기관이 제94조 제1항 제2호 가 또는 나 중 어느 하나에 해당하는 경우 해당 등록을 취소하여야 한다.
2 経済産業大臣は、登録導管輸送工作物検査機関が次の各号のいずれかに該当するときは、その登録を取り消し、又は二年以内の期間を定めて検査の業務の全部若しくは一部を停止すべきことを命ずることができる。 一 偽りその他不正の手段により登録又はその更新を受けたとき。 二 第九十六条、第九十七条第一項、第九十八条第一項、第九十九条第一項、第百条	② 경제산업대신은 등록된 도관수송공작물검사기관이 다음 각 호 중 어느 하나에 해당하는 경우 해당 등록을 취소하거나 또는 2년 이내의 기간을 정하여 검사 업무의 전부 또는 일부를 중지하도록 명령할 수 있다. 1. 거짓 또는 그 밖에 부정한 수단으로 등록하거나 그 갱신을 받은 경우. 2. 제96조, 제97조 제1항, 제98조 제1항, 제99조 제1항, 제100조 제1항 또는 다음 조

원문	번역문
第一項又は次条の規定に違反したとき。 三 第九十八条第三項、第百一条又は第百二条の規定による命令に違反したとき。 四 正当な理由がないのに第百条第二項の規定による請求を拒んだとき。	의 규정에 위반한 경우. 3. 제98조 제3항, 제101조 또는 제102조의 규정에 따른 명령에 위반한 경우. 4. 정당한 이유가 없이 제100조 제2항의 규정에 따른 요구를 거부한 경우.
3 第九十五条第五項の規定は、前二項の規定による処分をしたときについて準用する。	③ 제95조 제5항의 규정은 전항의 규정에 따른 처분을 한 경우에 대하여 준용한다.
(帳簿の記載) 第百五条 登録導管輸送工作物検査機関は、経済産業省令で定めるところにより、帳簿を備え、検査に関し経済産業省令で定める事項を記載し、これを保存しなければならない。	**제105조 (장부의 기재)** 등록된 도관수송공작물검사기관은 경제산업성령에서 정하는 바에 따라 장부를 갖추고, 검사에 관한 경제산업성령에서 정하는 사항을 기재하여 보존하여야 한다.
(経済産業大臣による検査業務実施) 第百六条 経済産業大臣は、登録を受ける者がいないとき、第九十九条第一項の規定による検査の業務の全部又は一部の休止又は廃止の届出があったとき、第百四条第一項又は第二項の規定により登録を取り消し、又は登録導管輸送工作物検査機関に対し検査の業務の全部若しくは一部の停止を命じたとき、登録導管輸送工作物検査機関が天災その他の事由により検査の業務の全部又は一部を実施することが困難となったときその他必要があると認めるときは、当該検査の業務の全部又は一部を自ら行うことができる。	**제106조 (경제산업대신에 의한 검사 업무 실행)** ① 경제산업대신은 등록을 받을 자가 없을 때, 제99조 제1항의 규정에 따른 검사의 업무의 전부 또는 일부의 중지 또는 폐지의 신고가 있었을 때, 제104조 제1항 또는 제2항의 규정에 따라 등록을 취소하거나 등록된 도관수송공작물검사기관에게 검사의 업무의 전부 또는 일부의 중지를 명할 때, 등록된 도관수송공작물검사기관이 천재지변 그 밖에 사유로 검사의 업무의 전부 또는 일부를 실행하는 것이 어려울 때, 그 밖에 필요한 경우에는 해당 검사의 업무의 전부 또는 일부를 직접 실행할 수 있다.
2 経済産業大臣は、前項の規定により検査の業務の全部若しくは一部を自ら行うものとするとき、又は自ら行っていた検査の業務の全部若しくは一部を行わないこととするときは、その旨を告示しなければならない。	② 경제산업대신은 전항의 규정에 따라 검사의 업무의 전부 또는 일부를 직접 실행할 때, 또는 직접 실행하던 검사의 업무의 전부 또는 일부를 실행하지 않을 때에는 그 사실을 고시하여야 한다.
3 経済産業大臣が第一項の規定により検査の業務の全部又は一部を自ら行う場合に	③ 경제산업대신이 제1항의 규정에 따라 검사의 업무의 전부 또는 일부를 직접 실

원문	번역문
おける検査の業務の引継ぎその他の必要な事項については、経済産業省令で定める。	행하는 경우에 있어서 검사의 업무의 인수 및 이관 등 필요한 사항은 경제산업성령으로 정한다.
第四章 貯留層の探査	**제4장 저장층의 탐사**
(貯留層の探査の許可) 第百七条 貯留層の探査(地下の地層が貯留層に該当するかどうかを調査するために行う地質構造の調査であって、貯留層の掘削を伴わず、かつ、地震探査法その他一定の区域を継続して使用するものとして経済産業省令で定める方法によるものをいう。以下単に「探査」という。)を行おうとする者は、経済産業大臣に申請して、その許可を受けなければならない。	제107조 (저장층의 탐사 허가) ① 저장층의 탐사(지하의 지층이 저장층에 해당하는지 여부를 조사하기 위해 수행되는 지질구조의 조사로서, 저장층의 발굴을 수반하지 않고, 지진탐사법 그 밖에 일정한 지역을 계속해서 사용하는 방법으로 경제산업성령으로 정하는 것을 말한다. 이하 단순히 "탐사"라 한다)를 하려는 자는 경제산업대신에게 신청하여 그 허가를 받아야 한다.
2 前項の規定による申請をしようとする者は、経済産業省令で定めるところにより、次に掲げる事項を記載した申請書に探査を行おうとする区域を表示する図面を添えて、経済産業大臣に提出しなければならない。 一 氏名又は名称及び住所並びに法人にあっては、その代表者の氏名 二 申請の区域の所在地 三 探査の期間 四 探査の方法 五 その他経済産業省令で定める事項	② 전항의 규정에 따른 신청을 하려는 자는 경제산업성령에서 정하는 바에 따라 다음에 열거된 사항을 기재한 신청서에 탐사를 하려는 지역을 표시한 도면을 첨부하여 경제산업대신에게 제출하여야 한다. 1. 성명 또는 명칭 및 주소 및 법인에 있어서는 그 대표자의 성명 2. 신청의 구역의 소재지 3. 탐사 기간 4. 탐사 방법 5. 그 밖에 경제산업성령에서 정하는 사항
3 経済産業大臣は、第一項の許可をしたときは、許可証を交付しなければならない。	③ 경제산업대신은 제1항의 허가를 할 때에는 허가증을 교부하여야 한다.
4 前項の規定により許可証の交付を受けた者は、当該許可に係る探査を行うときは、当該許可証を携帯していなければならない。	④ 전항의 규정에 따라 허가증의 교부를 받은 자는 해당 허가에 관한 탐사를 수행할 때에는 해당 허가증을 지참하여야 한다.
5 第三項の許可証の再交付及び返納その他許可証に関する手続的事項は、経済産業省令で定める。	⑤ 제3항의 허가증의 재교부 및 반환 등 허가증에 관한 절차적 사항은 경제산업성령으로 정한다.

원문	번역문
(探査の許可の基準) 第百八条 経済産業大臣は、前条第一項の規定による申請が次に掲げる基準に適合していると認めるときでなければ、その申請を許可してはならない。	제108조 (탐사 허가 기준) 경제산업대신은 전조 제1항의 규정에 따른 신청이 다음에 열거된 기준에 부합하는 경우가 아니라고 인정될 때에는 그 신청을 허가해서는 안 된다.
一 その申請に係る探査の方法が経済産業省令で定める基準に適合するものであること。	1. 해당 신청에 관한 탐사 방법이 경제산업부령으로 정한 기준에 부합할 것
二 申請者が次のいずれにも該当しないこと。	2. 신청자가 다음에 어느 것에도 해당하지 않을 것
イ この法律に規定する罪を犯し、刑に処せられ、その執行を終わり、又はその執行を受けることがなくなった日から五年を経過しない者	가. 이 법률에서 정한 죄를 범하고, 형을 받고, 그 집행을 마치거나 그 집행을 받지 않게 된 날로부터 5년이 경과하지 않은 자
ロ 第百十条(第四号を除く。ハ及びニにおいて同じ。)の規定により前条第一項の許可を取り消され、その取消しの日から五年を経過しない者	나. 제110조(제4호 제외. 다음 제외한다)의 규정에 따라 전조 제1항의 허가를 취소되어, 그 취소의 날로부터 5년이 경과하지 않은 자
ハ 前条第一項の許可を受けた者で法人であるものが第百十条の規定によりその許可を取り消された場合において、その取消しの日前三十日以内に当該法人の役員であった者で、その取消しの日から五年を経過しないもの	다. 전조 제1항의 허가를 받은 자로서 법인인 자가 제110조의 규정에 따라 그 허가를 취소된 경우에 있어서, 그 취소의 날로부터 5년이 경과하지 않은 자
ニ 前条第一項の許可を受けた者で法人であるものが第百十条の規定によりその許可を取り消された場合において、その取消しの原因となった事実が発生した当時現に当該法人の親会社等であった法人で、その取消しの日から五年を経過しないもの	라. 전조 제1항의 허가를 받은 자로서 법인인 자가 제110조의 규정에 따라 그 허가를 취소된 경우에 있어서, 그 취소의 사유가 발생한 당시에 현재 그 법인의 상위 회사 등이었던 법인인 자로서, 그 취소의 날로부터 5년이 경과하지 않은 자
ホ 暴力団員等	마. 폭력단원 등
ヘ 法人であって、その業務を行う役員のうちにイからハまで又はホのいずれかに該当する者があるもの	바. 법인으로서, 그 업무를 담당하는 임원 중에 가부터 호까지 또는 호에 해당하는 자가 있는 경우
ト 暴力団員等がその事業活動を支配す	사. 폭력단원 등이 그 사업활동을 지배하

원문	번역문
る者 チ　法人であって、その者の親会社等がイ、ロ、ニ、ヘ又はトのいずれかに該当するもの 三　その申請に係る探査が他人の許可貯留区域等の直上の区域で行われる場合においては、当該探査を行うことが当該他人の許可貯留区域等における貯留事業等の実施を著しく妨害するものでないこと。 四　その申請に係る探査が他人の鉱区で行われる場合においては、当該探査を行うことが当該他人の鉱区における鉱業の実施を著しく妨害するものでないこと。 五　その申請に係る探査を行うことが、農業、漁業その他の産業の利益を損じ、公共の福祉に反するものでないこと。 六　前各号に掲げるもののほか、その申請に係る探査を行うことが内外の社会的経済的事情に照らして著しく不適切であり、公共の利益の増進に支障を及ぼすおそれがあるものでないこと。	는 자 아. 법인으로서 그 자의 모회사 등이 가, 나, 라, 바 또는 사 중 하나에 해당하는 경우 3. 해당 신청에 관한 탐사가 타인의 허가저장구역등의 바로 위의 구역에서 이루어지는 경우에 있어서는, 해당 탐사를 실행함으로써 해당 타인의 허가저장구역등에서의 저장사업등의 실행을 심각하게 방해하지 않는 것일 것 4. 해당 신청에 관한 탐사가 타인의 광구에서 이루어지는 경우에 있어서는, 해당 탐사를 실행함으로써 해당 타인의 광구에서의 광업의 실행을 심각하게 방해하지 않는 것일 것 5. 해당 신청에 관한 탐사를 실행함으로써 농업, 어업 그 밖에 산업의 이익을 손상시키고, 공공의 복지에 반하는 것이 아닌 것일 것 6. 전 각호에 열거된 것 이외에도 해당 신청에 관한 탐사를 실행함으로써 국내외의 사회경제적 상황에 비추어 심각하게 부적절하며, 공공의 이익 증진에 장애를 미칠 우려가 없는 것일 것
(変更の許可等)　第百九条 第百七条第一項の許可を受けた者は、当該許可に係る同条第二項各号(第一号を除く。)に掲げる事項の変更をしようとするときは、経済産業省令で定めるところにより、経済産業大臣の許可を受けなければならない。ただし、経済産業省令で定める軽微な変更については、この限りでない。	**제109조 (변경 허가 등)** ① 제107조 제1항의 허가를 받은 자는 해당 허가에 관한 동조 제2항 각 호(제1호를 제외)에 열거된 사항의 변경을 하려는 경우에는 경제산업성령에서 정한 바에 따라 경제산업대신의 허가를 받아야 한다. 다만, 경제산업성령에서 정한 경미한 변경에 대해서는 그러하지 않다.
2　前条の規定は、前項の規定による変更の許可について準用する。	② 전조의 규정은 전항의 규정에 따른 변경의 허가에 관하여 준용한다.

원문	번역문
3 第百七条第一項の許可を受けた者は、同条第二項第一号に掲げる事項に変更があったとき、又は第一項ただし書の経済産業省令で定める軽微な変更をしたときは、遅滞なく、その旨を経済産業大臣に届け出なければならない。	③ 제107조 제1항의 허가를 받은 자는 동조 제2항 제1호에 열거된 사항에 변경이 있었을 때 또는 제1항 단서의 경제산업성령으로 정한 경미한 변경을 했을 때는 지체 없이 해당 사실을 경제산업대신에게 신고하여야 한다.
(探査の許可の取消し) 第百十条 経済産業大臣は、第百七条第一項の許可を受けた者が次の各号のいずれかに該当するときは、当該許可を取り消すことができる。 一 偽りその他不正の手段により第百七条第一項の許可又は前条第一項の規定による変更の許可を受けたとき。 二 その者が行う探査の方法が第百八条第一号の経済産業省令で定める基準に適合しなくなったとき。 三 第百八条第二号イからチまでのいずれかに該当するに至ったとき。 四 その者が行う探査が第百八条第三号から第五号までに掲げる基準のいずれかに適合しなくなったとき。 五 第百三十条第一項の規定により第百七条第一項の許可又は前条第一項の規定による変更の許可に付された条件に違反したとき。	**제110조 (탐사 허가의 취소)** 경제산업대신은 제107조 제1항의 허가를 받은 자가 다음 각 호의 어느 하나에 해당하는 경우에는 해당 허가를 취소할 수 있다. 1. 거짓이나 그 밖에 부정한 수단으로 제107조 제1항의 허가 또는 전조 제1항의 규정에 따른 변경의 허가를 받았을 때 2. 해당 자가 실행할 탐사 방법이 제108조 제1호의 경제산업성령에서 정한 기준에 부합하지 않게 된 때 3. 제108조 제2호 가부터 아까지의 어느 하나에 해당하는 경우에 이르게 된 때 4. 해당 자가 실행할 탐사가 제108조 제3호부터 제5호까지 열거한 기준의 어느 하나에 부합하지 않게 된 때 5. 제130조 제1항의 규정에 따라 제107조 제1항의 허가 또는 전조 제1항의 규정에 따른 변경의 허가에 부여된 조건에 위반했을 때
(違反行為に対する措置) 第百十一条 経済産業大臣は、次の各号のいずれかに該当する者に対し、当該違反行為に係る作業の中止、当該違反行為に係る探査に使用した装置若しくは物件の除去又は原状の回復を命ずることができる。 一 第百七条第一項又は第百九条第一項の規定に違反して探査を行った者 二 第百三十条第一項の規定により第百	**제111조 (위반행위에 대한 조치)** 경제산업대신은 다음 각 호의 어느 하나에 해당하는 자에게 해당 위반행위에 관한 작업의 중지, 해당 위반행위에 사용한 장치나 물건의 제거 또는 원상의 회복을 명령할 수 있다. 1. 제107조 제1항 또는 제109조 제1항의 규정에 위반하여 탐사를 실시한 자 2. 제130조 제1항의 규정에 따라 제107조

원문	번역문
七条第一項の許可又は第百九条第一項の規定による変更の許可に付された条件に違反した者	제1항의 허가 또는 제109조 제1항의 규정에 따른 변경의 허가에 부여된 조건에 위반한 자
(探査の許可を受けた者である法人の合併及び分割) 第百十二条 第百七条第一項の許可を受けた者である法人の合併の場合(同項の許可を受けた者である法人と同項の許可を受けた者でない法人が合併する場合において、同項の許可を受けた者である法人が存続するときを除く。)又は分割の場合(当該許可に係る探査の事業の全部を承継させる場合に限る。)において、あらかじめ当該合併又は分割について経済産業省令で定めるところにより経済産業大臣の承認を受けたときは、合併後存続する法人若しくは合併により設立された法人又は分割により当該事業の全部を承継した法人は、同項の許可を受けた者の地位を承継する。	**제112조 (탐사 허가를 받은 자의 법인의 합병 및 분할)** ① 제107조 제1항의 허가를 받은 법인이 합병의 경우(동항의 허가를 받은 법인과 동항의 허가를 받지 않은 법인이 합병하는 경우에 있어서, 동항의 허가를 받은 법인이 지속되는 경우를 제외한다) 또는 분할의 경우(해당 허가에 관한 탐사 사업의 전부를 승계하는 경우에 한정한다)에 있어서는, 미리 해당 합병 또는 분할에 대해 경제산업성령으로 정한 바에 따라 경제산업대신의 승인을 받았을 때, 합병 후 지속되는 법인 또는 합병으로 설립된 법인 또는 분할로 해당 사업의 전부를 승계한 법인은, 동항의 허가를 받은 자의 지위를 승계한다.
2　第百八条(第二号(ハ及びホを除く。)及び第六号に係る部分に限る。)の規定は、前項の承認について準用する。この場合において、同条第二号中「申請者」とあるのは、「合併後存続する法人若しくは合併により設立される法人又は分割により当該許可に係る探査の事業の全部を承継する法人」と読み替えるものとする。	② 제108조(제2호(다 및 마를 제외한다) 및 제6호에 관한 부분에 한정한다)의 규정은 전항의 승인에 관하여 준용한다. 이 경우에 있어서, 동조 제2호 중 "신청자"란 "합병 후 지속되는 법인 또는 합병으로 설립되는 법인 또는 분할로 해당 허가에 관한 탐사 사업의 전부를 승계하는 법인"으로 본다.
(探査の許可を受けた者の相続) 第百十三条 第百七条第一項の許可を受けた者が死亡した場合においては、相続人(相続人が二人以上ある場合において、その全員の同意により当該許可に係る探査の事業を承継すべき相続人を選定したときは、その者。以	**제113조 (탐사 허가를 받은 자의 상속)** ① 제107조 제1항의 허가를 받은 자가 사망한 경우에 있어서는, 상속인(상속인이 2인 이상인 경우에 있어서는, 그 모두의 동의에 의해 해당 허가에 관한 탐사 사업을 승계해야 할 상속인을 선정한 때는 그 자.

원문	번역문
下この条において同じ。)が当該許可に係る探査の事業を引き続き行おうとするときは、その相続人は、被相続人の死亡後六十日以内に経済産業大臣に申請して、その承認を受けなければならない。	이하 이 조에서 같다)이 해당 허가에 관한 탐사 사업을 계속하여 실시하려는 경우에는, 그 상속인은, 사망 후 60일 이내에 경제산업대신에게 신청하여, 그 승인을 받아야 한다.
2 相続人が前項の承認の申請をした場合においては、被相続人の死亡の日からその承認を受ける日又は承認をしない旨の通知を受ける日までは、被相続人に対してした第百七条第一項又は第百九条第一項の許可は、その相続人に対してしたものとみなす。	② 상속인이 전항의 승인의 신청을 한 경우에 있어서는, 사망일로부터 그 승인을 받는 날 또는 승인을 하지 않겠다는 통지를 받는 날까지는, 사망자에게 한 제107조 제1항 또는 제109조 제1항의 허가는 그 상속인에게 한 것으로 본다.
3 第百八条(第二号イからハまで及びホ並びに第六号に係る部分に限る。)の規定は、第一項の承認について準用する。	③ 제108조(제2호 가부터 다까지 및 마 및 제6호에 관한 부분에 한정.)의 규정은 제1항의 승인에 관하여 준용한다.
4 第一項の承認を受けた相続人は、被相続人に係る第百七条第一項の許可を受けた者の地位を承継する。	④ 제1항의 승인을 받은 상속인은, 사망자에게 해당 제107조 제1항의 허가를 받은 자의 지위를 승계한다.
(国に関する特例) 第百十四条 国の機関が行う探査(国の機関が他の者に委託して行う場合を含む。)については、第百七条第一項の許可を受けることを要しない。この場合において、当該国の機関は、その探査を行おうとするときは、あらかじめ、経済産業大臣に協議しなければならない。	**제114조 (국가에 관한 특례)** 국가기관이 실시하는 탐사(국가기관이 다른 자에게 위탁하여 실시하는 경우를 포함한다)에 관해서는 제107조 제1항의 허가를 받는 것을 요하지 않는다. 이 경우에 있어서, 해당 국가기관은 해당 탐사를 실시하려 할 때는 미리 경제산업대신과 협의하여야 한다.
(探査の結果の報告) 第百十五条 経済産業大臣は、貯留層の存在状況を把握し、又は探査の適正な実施を確保するため必要があると認めるときは、経済産業省令で定めるところにより、第百七条第一項の許可を受けた者に対し、その探査の結果を報告すべきことを命ずることができる。	**제115조 (탐사 결과의 보고)** 경제산업대신은 저장층의 존재 상태를 파악하거나 탐사의 적절한 실시를 보장하기 위해 필요하다고 인정할 때는 경제산업성령으로 정한 바에 따라 제107조 제1항의 허가를 받은 자에게 그 탐사의 결과를 보고해야 할 것을 명령할 수 있다.

원문	번역문
第五章 土地の使用及び収用	**제5장 토지의 사용 및 수용**
(土地の立入り) 第百十六条 貯留事業等を行おうとする者、貯留事業等の許可の申請をした者若しくは貯留事業者等又は導管輸送事業を行おうとする者若しくは導管輸送事業者は、その貯留等工作物又は導管輸送工作物の設置に関する測量、実地調査又は工事のため必要があるときは、経済産業大臣の許可を受けて、他人の土地に立ち入ることができる。	제116조 (토지의 출입) ① 저장사업등을 실시하려는 자, 저장사업등의 허가를 신청한 자 또는 저장사업자등 또는 도관수송사업을 실시하려는 자 또는 도관수송사업자는 해당 저장등 공사물 또는 도관 수송 공사물의 설치와 관련하여 측량, 현지 조사 또는 공사를 위해 필요한 경우, 경제산업대신의 허가를 받아 다른 사람의 토지에 출입할 수 있다.
2 経済産業大臣は、前項の許可の申請があったときは、土地の所有者及び占有者にその旨を通知し、意見書を提出する機会を与えなければならない。	② 경제산업대신은 전항의 허가 신청이 있을 때 토지의 소유자 및 점유자에게 그 사실을 통지하고 의견서를 제출할 기회를 주어야 한다.
3 第一項の許可を受けた者は、他人の土地に立ち入るときは、あらかじめ、土地の占有者に通知しなければならない。	③ 제1항의 허가를 받은 자는 다른 사람의 토지에 출입할 때는 미리 토지의 점유자에게 통지해야 한다.
4 第一項の許可を受けた者は、他人の土地に立ち入るときは、経済産業大臣の許可を受けたことを証する書面を携帯し、関係人に提示しなければならない。	④ 제1항의 허가를 받은 자는 다른 사람의 토지에 출입할 때 경제산업대신의 허가를 받았음을 증명하는 서면을 지참하고 관계인에게 제시해야 한다.
(損失の補償) 第百十七条 前条第一項の許可を受けた者は、同項の規定による行為により他人に損失を与えたときは、その損失を受けた者に対して、通常生ずべき損失を補償しなければならない。	제117조 (손실의 보상) ① 제116조 제1항의 허가를 받은 자는 해당 조항의 규정에 따른 행위로 다른 사람에게 손실을 입힌 경우, 그 손실을 받은 자에게 정상적으로 발생할 손실을 보상해야 한다.
2 前項の規定による損失の補償については、損失を与えた者と損失を受けた者とが協議しなければならない。	② 전항의 규정에 따른 손실의 보상에 대해서는 손실을 입힌 자와 손실을 받은 자가 협의해야 한다.
3 前項の規定による協議が成立しないときは、損失を与えた者又は損失を受けた者	③ 전항의 규정에 따른 협의가 성립하지 않을 때는, 손실을 입힌 자 또는 손실을 받

원문	번역문
は、政令で定めるところにより、収用委員会に土地収用法第九十四条第二項の規定による裁決を申請することができる。	은 자는 정령으로 정한 바에 따라, 수용위원회에 토지수용법 제94조 제2항의 규정에 따른 재결을 신청할 수 있다.
（土地の使用） 第百十八条 貯留事業者等は、許可貯留区域等又はその付近において他人の土地をその貯留事業等に係る次に掲げる目的のために利用することが必要かつ適当であって、他の土地をもって代えることが著しく困難なときは、これを使用することができる。 一 坑井の開設その他貯留等工作物の設置 二 火薬類、燃料その他の重要資材又は土石の置場の設置 三 道路の開設又は電気工作物の設置 四 貯留事業等のための事務所又は貯留事業等に従事する者の宿舎の設置	**제118조 (토지의 사용)** ① 저장사업자등은 허가저장구역등 또는 그 근처에서 타인의 토지를 해당 저장사업등에 관련된 다음 목적을 위해 이용해야 하고, 다른 토지로 대체하기가 현저히 어려울 때에는 이를 사용할 수 있다. 1. 우물의 개설 그 밖에 저장등 공사물의 설치 2. 화약류, 연료 그 밖에 중요 자재 또는 토석의 장소의 설정 3. 도로의 개설 또는 전기 공사물의 설치 4. 저장사업등을 위한 사무실 또는 저장사업등에 종사하는 자의 숙소 설치
2 導管輸送事業者は、その導管輸送事業の用に供するため、他人の土地に導管輸送工作物を設置することが必要かつ適当であって、他の土地をもって代えることが著しく困難なときは、これを使用することができる。	② 도관수송사업자는 해당 도관수송사업의 이에 공급하기 위해 타인의 토지에 도관 수송 공사물을 설치해야 하고, 다른 토지로 대체하기가 현저히 어려울 때에는 이를 사용할 수 있다.
（土地の収用） 第百十九条 貯留事業者は、許可貯留区域又はその付近において他人の土地をその貯留事業に係る前条第一項各号に掲げる目的に供した結果、その土地の形質を変更し、これを原状に回復することが著しく困難となった場合において、なおその土地をその目的に利用することが必要かつ適当であって、他の土地をもって代えることが著しく困難なときは、他人の土地を収用することができる。	**제119조 (토지의 수용)** ① 저장사업자는 허가저장구역 또는 그 주변에서 타인의 토지를 해당 저장사업에 관련된 전조 제1항 각호에 열거된 목적에 제공한 결과, 그 토지의 형질을 변경하고, 이를 원상으로 회복하는 것이 현저히 어려워진 경우에도 그 토지를 여전히 그 목적에 사용하는 것이 필요하고 적절하다고 판단되며, 다른 토지로 대체하는 것이 현저히 어려울 때에는 타인의 토지를 수용할 수 있다.

원문	번역문
2 導管輸送事業者は、その導管輸送事業の用に供するため、他人の土地に導管輸送工作物を設置した結果、その土地の形質を変更し、これを原状に回復することが著しく困難となった場合において、なおその土地をその目的に利用することが必要かつ適当であって、他の土地をもって代えることが著しく困難なときは、他人の土地を収用することができる。	② 도관수송사업자는 해당 도관수송사업의 용도에 공급하기 위해 타인의 토지에 도관수송 공사물을 설치한 결과, 그 토지의 형질을 변경하고, 이를 원상으로 회복하는 것이 현저히 어려워진 경우에 있어서도 그 토지를 여전히 그 목적에 사용하는 것이 필요하고 적절하다고 판단되며, 다른 토지로 대체하는 것이 현저히 어려울 때에는 타인의 토지를 수용할 수 있다.
(許可及び公告) 第百二十条 貯留事業者等又は導管輸送事業者は、前二条の規定により他人の土地を使用し、又は収用しようとするときは、経済産業省令で定めるところにより、経済産業大臣に申請して、その許可を受けなければならない。	**제120조 (허가 및 공고)** ① 저장사업자등 또는 도관수송사업자는 전 2조의 규정에 따라 타인의 토지를 사용하거나 수용하려 할 때에는, 경제산업성령이 정하는 바에 따라 경제산업대신에게 신청하여 그 허가를 받아야 한다.
2 経済産業大臣は、前項の規定による申請があったときは、その申請に係る貯留事業等又は導管輸送事業について関係のある都道府県知事に協議するとともに、貯留事業者等又は導管輸送事業者並びに土地の所有者及び土地に関して権利を有する者の出頭を求めて、公開による意見の聴取を行わなければならない。	② 경제산업대신은 전항의 규정에 따른 신청이 있을 때에는 해당 신청에 관련된 저장사업 등이나 도관수송사업에 대하여 관련이 있는 도도부현지사와 협의하고, 저장사업자등이나 도관수송사업자 및 토지의 소유자 및 토지와 관련된 권리를 가진 자의 출석을 요구하여 공개에 따른 의견 청취를 진행해야 한다.
3 経済産業大臣は、前項の意見の聴取をしようとするときは、その期日の一週間前までに、事案の要旨並びに意見の聴取の期日及び場所を当事者に通知し、かつ、これを公示しなければならない。	③ 경제산업대신은 전항의 의견 청취를 할 때는 그 기일의 1주일 전까지 사안의 개요 및 의견 청취의 기일 및 장소를 당사자에게 통지하고, 이를 공시해야 한다.
4 第二項の意見の聴取に際しては、当事者に対して、当該事案について、証拠を提示し、意見を述べる機会を与えなければならない。	④ 제2항의 의견 청취에 있어서는 당사자에게 해당 사안에 대해 증거를 제시하고 의견을 말할 기회를 주어야 한다.
5 経済産業大臣は、第一項の許可をしたときは、次に掲げる事項を公告しなければ	⑤ 경제산업대신은 제1항의 허가를 할 때 다음 사항을 공고해야 한다.

원문	번역문
ならない。 一　土地を使用し、又は収用しようとする者の氏名又は名称及び住所並びに法人にあっては、その代表者の氏名 二　使用又は収用の目的 三　使用し、又は収用しようとする土地の所在地及び区域 四　使用し、又は収用しようとする土地を表示する図面の縦覧場所	1. 토지를 사용하거나 수용하려는 자의 성명 또는 명칭 및 주소 및 법인에 있어서는 그 대표자의 성명 2. 사용 또는 수용의 목적 3. 사용하거나 수용하려는 토지의 소재지 및 지역 4. 사용하거나 수용하려는 토지를 표시하는 도면의 열람 장소
6　経済産業大臣は、第一項の許可をしたときは、直ちに、第二項に規定する都道府県知事を経由して、使用し、又は収用しようとする土地が所在する市町村の長にその旨を通知するとともに、その土地を表示する図面を送付しなければならない。	⑥ 경제산업대신은 제1항의 허가를 했을 때에는 즉시 제2항에 규정된 도도부현지사를 통하여 사용하거나 수용하려는 토지가 소재하는 시군구의 장에 그 사실을 통지함과 동시에, 그 토지를 표시하는 도면을 송부하여야 한다.
（使用又は収用の手続の保留） 第百二十一条 貯留事業者等又は導管輸送事業者は、第百十八条又は第百十九条の規定により使用し、又は収用しようとする土地の全部又は一部について、前条第一項の許可後の使用又は収用の手続を保留することができる。	**제121조 (사용 또는 수용 절차의 보류)** ① 저장사업자등 또는 도관수송사업자는 제118조 또는 제119조의 규정에 따라 사용하거나 수용하려는 토지의 전부 또는 일부에 대하여, 전조 제1항의 허가 이후의 사용 또는 수용의 절차를 보류할 수 있다.
2　貯留事業者等又は導管輸送事業者は、前項の規定によって使用又は収用の手続を保留しようとするときは、経済産業省令で定めるところにより、前条第一項の規定による申請と同時に、その旨を記載した申立書を提出しなければならない。	② 저장사업자등 또는 도관수송사업자는 전항의 규정에 따라 사용 또는 수용의 절차를 보류하려 할 때는 경제산업성령이 정하는 바에 따라 전조 제1항의 규정에 따른 신청과 동시에, 그 사실을 기재한 신청서를 제출해야 한다.
3　経済産業大臣は、前項の規定による申立てがあったときは、前条第五項又は第六項の規定による公告又は通知の際、併せて同条第一項の許可後の使用又は収用の手続が保留される旨及び手続が保留される土地の区域を公告し、又は通知しなければならない。	③ 경제산업대신은 전항의 규정에 따른 신청이 있을 때는 전조 제5항 또는 제6항의 규정에 따른 공고 또는 통지 시, 함께 전조 제1항의 허가 이후의 사용 또는 수용의 절차가 보류되는 바와 보류되는 토지의 지역을 공고하거나 통지해야 한다.

원문	번역문
(土地収用法の適用) 第百二十二条 第百十八条又は第百十九条の規定による土地の使用又は収用に関しては、この法律に別段の定めがある場合を除くほか、第百二十条第一項又は第五項の規定による許可又は公告があったときは、土地収用法第二十条の規定による事業の認定又は同法第二十六条第一項の規定による事業の認定の告示があったものとみなし、第百二十条第六項の規定による通知は同法第二十六条の二第一項の規定による通知と、第百二十条第六項の規定により市町村長が送付を受けた図面は同法第二十六条の二第二項の規定により公衆の縦覧に供すべき図面と、前条第三項の規定による公告は同法第三十三条の規定による告示とみなして、同法の規定を適用する。	**제122조 (토지수용법의 적용)** ① 제118조 또는 제119조의 규정에 따른 토지의 사용 또는 수용에 관해서는, 본 법에 별도의 규정이 있는 경우를 제외하고는, 제120조 제1항 또는 제5항의 규정에 따른 허가 또는 공고가 있을 때는 토지수용법 제20조의 규정에 따른 사업의 인정 또는 동법 제26조 제1항의 규정에 따른 사업의 인정의 공고가 있었다고 보며, 제122조 제6항의 규정에 따른 통지는 동법 제26조의 2 제1항의 규정에 따른 통지와, 제122조 제6항의 규정에 따라 시군구장이 송부를 받은 도면은 동법 제26조의2 제2항의 규정에 따라 대중의 열람에 공급해야 할 도면으로, 전조 제3항의 규정에 따른 공고는 동법 제33조의 규정에 따른 공고로 간주하여, 동법의 규정을 적용한다.
2 前項の規定による土地収用法の適用については、同法第百二十九条及び第百三十一条第一項中「国土交通大臣」とあり、同条第二項中「国土交通大臣又は都道府県知事」とあり、並びに同法第百三十一条の二中「国土交通大臣若しくは都道府県知事」とあるのは、「経済産業大臣」とする。	② 전항의 규정에 따른 토지수용법의 적용에 관해서는, 동법 제129조 및 제131조 제1항 중 "국토교통대신"이라고 되어 있는 것과, 동조 제2항 중 "국토교통대신 또는 도도부현지사"라고 되어 있는 것, 그리고 동법 제131조의 2 중 "국토교통대신 또는 도도부현지사"라고 되어 있는 것을 "경제산업대신"으로 한다.
3 経済産業大臣は、第百二十条第五項の規定による公告をしたときは、土地収用法第二十六条第二項及び第三項の規定にかかわらず、収用委員会の要求があった場合においては、土地の使用又は収用の許可に関する書類の写しを、収用委員会に送付しなければならない。	③ 경제산업대신은 제122조 제5항의 규정에 따른 공고를 했을 때는, 토지수용법 제26조 제2항 및 제3항의 규정에 관계없이, 수용위원회의 요구가 있을 경우에는, 토지의 사용 또는 수용에 관한 허가에 관한 문서의 사본을 수용위원회에 송부해야 한다.
(水の使用) 第百二十三条 土地の使用及び収用に関する規定は、貯留事業者等の水の使用に関する権利について準用する。	**제123조 (물의 사용)** 토지의 사용 및 수용에 관한 규정은 저장사업자등의 물의 사용에 관한 권리에 대하여 준용한다.

원문	번역문
第六章 損害の賠償	**제6장 손해 배상**
(賠償義務) 第百二十四条 貯留層における二酸化炭素の貯蔵若しくは試掘のための土地の掘削、坑水の放流又は貯留層に貯蔵した二酸化炭素の漏えいによって他人に損害を与えたときは、当該損害の発生の時における当該許可貯留区域等の貯留事業者等が、当該損害の発生の時既に第五十五条第一項の規定により機構に貯留権が移転しているときは当該移転の時に当該貯留権を有していた貯留事業者が、当該損害の発生の時既に貯留権等(貯留権にあっては、貯留開始貯留事業以外の貯留事業に係るものに限る。)が消滅しているときは当該貯留権等の消滅の時における当該許可貯留区域等の貯留事業者等が、当該損害を賠償する責任を負う。	**제124조 (배상 의무)** ① 저장층 내 이산화탄소의 저장 또는 시추를 위한 토지의 발굴, 광산수의 방류 또는 저장층에 저장된 이산화탄소의 유출로 타인에게 손해를 입힌 경우, 그 손해의 발생 시점에 해당 허가저장구역등의 저장사업자가 그 손해의 발생 시점에 이미 제55조 제1항의 규정에 따라 기구에 저장권이 이전되었을 때는 해당 이전 시점에 해당 저장권을 가지고 있던 저장사업자가, 그 손해의 발생 시점에 이미 저장권등 (저장권에 있어서는, 저장개시 저장사업 이외의 저장사업에 관한 것에 한정된다)이 소멸한 경우는 해당 소멸 시점에 해당 허가저장구역등의 저장사업자가 해당 손해를 배상하는 책임을 진다.
2 前項の場合において、損害が二以上の許可貯留区域等の貯留事業者等の行為によって生じたときは、各貯留事業者等は、連帯して損害を賠償する義務を負う。損害が二以上の許可貯留区域等の貯留事業者等の行為のいずれによって生じたかを知ることができないときも、同様とする。	② 전항의 경우, 손해가 두 개 이상의 허가저장구역등의 저장사업자의 행위로 인해 발생한 경우 각 저장사업자는 공동으로 손해를 배상할 의무가 있다. 손해가 두 개 이상의 허가저장구역등의 저장사업자의 행위 중 어느 것에 의해 발생했는지 알 수 없는 경우에도 동일하게 적용된다.
3 前二項の場合において、損害の発生の後に貯留権等の譲渡があったときは、損害の発生の時の貯留事業者等及びその後の貯留事業者等が、連帯して損害を賠償する義務を負う。	③ 전 2항의 경우에 손해 발생 후에 저장권 등의 양도가 있었을 때에는, 손해 발생 시점의 저장사업자 및 이후의 저장사업자가 공동으로 손해를 배상하는 의무를 진다.
4 前三項の規定による賠償については、貯留権等を共有する者の義務は、連帯とする。	④ 전 3항의 규정에 따른 배상에 관해서는, 저장권등을 공유하는 자의 의무는 공동으로 간주된다.
(負担部分と償還請求) 第百二十五条 前条第二項に規定する連帯債務者相互の	**제125조 (부담부분과 상환청구)** ① 전조 제2항에 규정된 공동채무자 상호

원문	번역문
間においては、その各自の負担部分は、等しいものと推定する。	간에는, 그들 각자의 부담부분은 동일하다고 추정한다.
2 前条第三項の場合において、貯留権等を譲り受けた者が賠償の義務を履行したときは、同条第一項又は第二項の規定により損害を賠償すべき者に対し、償還を請求することができる。	② 전조 제3항의 경우에는, 저장권등을 양도 받은 자가 배상의 의무를 이행한 경우에는, 동조 제1항 또는 제2항의 규정에 따라 손해를 배상해야 할 자에 대해 상환을 청구할 수 있다.
(賠償) 第百二十六条 損害は、公正かつ適切に賠償されなければならない。	**제126조 (배상)** ① 손해는 공정하고 적절하게 배상되어야 한다.
2 損害の賠償は、金銭をもってする。ただし、賠償金額に比して著しく多額の費用を要しないで原状の回復をすることができるときは、被害者は、原状の回復を請求することができる。	② 손해의 배상은 금전으로 한다. 다만, 배상금액에 비해 현저히 많은 비용을 요하지 않고 원상의 회복이 가능한 경우에는 피해자는 원상의 회복을 청구할 수 있다.
3 賠償義務者の申立てがあった場合において、裁判所が適当であると認めるときは、前項の規定にかかわらず、金銭をもってする賠償に代えて原状の回復を命ずることができる。	③ 배상의무자의 신청이 있는 경우에는, 법원이 적절하다고 인정할 때에는 전항의 규정에 관계없이 금전으로 하는 배상 대신 원상의 회복을 명할 수 있다.
(賠償についてのしん酌) 第百二十七条 損害の発生又は拡大に関して被害者の責めに帰すべき事由があったときは、裁判所は、損害賠償の責任及び範囲を定めるについて、これをしん酌することができる。天災その他の不可抗力が競合したときも、同様とする。	**제127조 (배상에 대한 참작)** 손해의 발생 또는 확대와 관련하여 피해자의 책임있는 사유가 있는 경우, 법원은 손해 배상의 책임과 범위를 결정할 때 이를 참작 할 수 있다. 천재지변 등의 불가항력이 경합한 경우에도 동일하게 적용된다.
(消滅時効) 第百二十八条 損害賠償請求権は、次に掲げる場合には、時効によって消滅する。 一 被害者が損害及び賠償義務者を知った時から三年間行使しないとき。 二 損害の発生の時から二十年間行使しないとき。	**제128조 (소멸시효)** ① 손해 배상 청구권은 다음과 같은 경우에 시효에 의해 소멸된다. 1. 피해자가 손해 및 배상 의무자를 알게 된 때로부터 3년간 행사하지 않을 때 2. 손해의 발생으로부터 20년간 행사하지 않을 때

원문	번역문
2　人の生命又は身体を害した場合における損害賠償請求権の消滅時効についての前項第一号の規定の適用については、同号中「三年間」とあるのは、「五年間」とする。	② 사람의 생명 또는 신체를 해친 경우에 대한 손해 배상 청구권의 소멸시효에 대한 전항 제1호의 규정의 적용에 관해서는, 해당 제1호 중 "3년간"이라고 되어 있는 것은 "5년간"으로 한다.
3　前二項の期間は、進行中の損害については、その進行のやんだ時から起算する。	③ 전 2항의 기간은 진행 중인 손해에 대해서는 그 진행이 멈춘 때부터 계산된다.
(適用除外) 第百二十九条 この章の規定は、貯留事業等に従事する者の業務上の負傷、疾病及び死亡に関しては、適用しない。	**제129조 (적용 제외)** 이 장의 규정은 저장사업등에 종사하는 자의 업무상 부상, 질병 및 사망과 관련하여 적용되지 않는다.
第七章 雑則	**제7장 잡칙**
(許可等の条件)　第百三十条 この法律の規定による許可、認可又は承認(次項において「許可等」という。)には、条件を付し、及びこれを変更することができる。	**제130조 (허가 등의 조건)** ① 이 법의 규정에 따른 허가, 인가 또는 승인(이하 "허가등"이라 한다)에는 조건을 부과하고, 이를 변경할 수 있다.
2　前項の条件は、許可等の趣旨に照らして、又は許可等に係る事項の確実な実施を図るため必要な最小限度のものに限り、かつ、当該許可等を受ける者に不当な義務を課することとなるものであってはならない。	② 전항의 조건은 허가등의 목적에 부합하거나, 허가 등에 관한 사항의 확실한 이행을 위해 필요한 최소한의 것에 한정되어야 하며, 해당 허가등을 받는 자에게 불필요한 의무를 부과해서는 아니된다.
(手数料)　第百三十一条 次に掲げる者は、政令で定めるところにより、実費を勘案して政令で定める額の手数料を国に納付しなければならない。 一　第四条第一項、第十条第一項、第十二条第一項、第十四条第一項、第十六条第一項、第五十三条第五項(第二十二条第一項の規定により読み替えて適用する場合を含む。)又は第百二十条第一項の許可を申請する者 二　第九条第二項(第十二条第六項におい	**제131조 (수수료)** 다음에 열거된 자는 정령에서 정해진 바에 따라 실비를 감안하여 정령에서 정해진 금액의 수수료를 국가에 납부해야 한다. 1. 제4조 제1항, 제10조 제1항, 제12조 제1항, 제14조 제1항, 제16조 제1항, 제53조 제5항 (제22조 제1항의 규정에 따라 읽어서 적용되는 경우를 포함함.) 또는 제120조 제1항의 허가를 신청하는 자 2. 제9조 제2항 (제12조 제6항에서 준용하는 경우를 포함함)의 갱신을 신청하는 자

원문	번역문
て準用する場合を含む。)の更新を申請する者 三　第二十二条第三項、同条第五項(第五十三条第三項において準用する場合を含む。)又は第五十三条第二項の認可を申請する者 四　第五十三条第四項(第二十二条第一項の規定により読み替えて適用する場合を含む。)の確認を受けようとする者 五　第百六条第一項の規定により経済産業大臣の行う検査を受けようとする者	3. 제22조 제3항, 동조 제5항 (제53조 제3항에 따라 준용하는 경우를 포함함) 또는 제53조 제2항의 인가를 신청하는 자 4. 제53조 제4항 (제22조 제1항의 규정에 따라 읽어서 적용되는 경우를 포함함)의 확인을 받으려는 자 5. 제106조 제1항의 규정에 따라 경제산업대신의 실시하는 검사를 받으려는 자
(報告徴収及び立入検査)　第百三十二条 主務大臣は、この法律の施行に必要な限度において、貯留事業者に対し、その業務に関し必要な報告若しくは資料の提出を求め、又はその職員に、貯留事業者の事業所、事務所その他の事業場に立ち入り、業務の状況若しくは帳簿、書類その他の物件を検査させ、若しくは関係者に質問させることができる。	**제132조 (보고징수 및 출입검사)** ① 주무대신은 이 법의 시행에 필요한 한도 내에서 저장사업자에게 그 업무에 관한 필요한 보고 또는 자료의 제출을 요구하거나, 또는 그 직원에게 저장사업자의 사업장, 사무실 그 밖의 사업장에 출입하여, 업무 상황이나 부채, 문서 그 밖의 물건을 점검하게 하거나, 관련자에게 질문할 수 있다.
2　経済産業大臣は、この法律の施行に必要な限度において、試掘者又は導管輸送事業者に対し、その業務に関し必要な報告若しくは資料の提出を求め、又はその職員に、試掘者又は導管輸送事業者の事業所、事務所その他の事業場に立ち入り、業務の状況若しくは帳簿、書類その他の物件を検査させ、若しくは関係者に質問させることができる。	② 경제산업대신은 이 법의 시행에 필요한 한도 내에서 시추자 또는 도관수송사업자에게 그 업무에 관한 필요한 보고 또는 자료의 제출을 요구하거나, 또는 그 직원에게 시추자 또는 도관수송사업자의 사업장, 사무실 그 밖의 사업장에 출입하여, 업무 상황이나 부채, 문서 그 밖의 물건을 점검하게 하거나, 관련자에게 질문할 수 있다.
3　経済産業大臣は、この法律の施行に必要な限度において、探査を行う者に対し、その行為に関し必要な報告若しくは資料の提出を求め、又はその職員に、探査を行う	③ 경제산업대신은 이 법의 시행에 필요한 한도 내에서 탐사를 하는 자에게 그 행위에 관한 필요한 보고 또는 자료의 제출을 요구하거나, 또는 그 직원에게 탐사를

원문	번역문
者の事業所、事務所若しくは自動車若しくは船舶(以下この項において「自動車等」という。)に立ち入り、その行為の状況、自動車等若しくは帳簿、書類その他の物件を検査させ、若しくは関係者に質問させることができる。	하는 자의 사업장, 사무실 또는 자동차 또는 선박(이하 이 항에서 "자동차등"이라 한다.)에 출입하여, 그 행위의 상황, 자동차등 또는 장부, 문서 그 밖의 물건을 점검하게 하거나, 관련자에게 질문할 수 있다.
4 経済産業大臣は、この法律の施行に必要な限度において、登録導管輸送工作物検査機関に対し、その業務に関し必要な報告若しくは資料の提出を求め、又はその職員に、登録導管輸送工作物検査機関の事業所若しくは事務所に立ち入り、業務の状況若しくは帳簿、書類その他の物件を検査させ、若しくは関係者に質問させることができる。	④ 경제산업대신은 이 법의 시행에 필요한 한도 내에서 등록도관수송공작물검사기관에게 그 업무에 관한 필요한 보고서 또는 자료의 제출을 요구하거나, 또는 그 직원에게 등록도관수송공작물검사기관의 사업장 또는 사무실에 출입하여, 업무 상황이나 장부, 문서 그 밖의 물건을 점검하게 하거나, 관련자에게 질문할 수 있다.
5 前各項の規定により立入検査をする職員は、その身分を示す証明書を携帯し、関係者に提示しなければならない。	⑤ 전 각 항의 규정에 따라 출입검사를 하는 직원은 그 신분을 나타내는 증명서를 지참하고 관련자에게 제시해야 한다.
6 第一項から第四項までの規定による立入検査の権限は、犯罪捜査のために認められたものと解釈してはならない。	⑥ 제1항부터 제4항까지의 규정에 따른 출입검사의 권한은 범죄 수사를 위해 인정된 것으로 해석해서는 아니 된다.
(公害等調整委員会の裁定) 第百三十三条 第四条第一項、第十条第一項、第十二条第一項、第十四条第一項、第十九条第一項若しくは第二項、第百七条第一項、第百九条第一項又は第百十条の規定による経済産業大臣の処分(第十四条第一項の規定による処分にあっては、許可貯留区域等の増加に係るものに限る。)に不服がある者は、その不服の理由が鉱業、採石業又は砂利採取業との調整に関するものであるときは、公害等調整委員会に裁定を申請することができる。この場合には、審査請求をすることができない。	**제133조 (공해 등 조정위원회의 재정)** ① 제4조 제1항, 제10조 제1항, 제12조 제1항, 제14조 제1항, 제19조 제1항 또는 제2항, 제107조 제1항, 제109조 제1항 또는 제110조의 규정에 따른 경제산업대신의 처분(제14조 제1항의 규정에 따른 처분에 있어서는, 허가 저장구역 등의 증가에 관한 것에 한정한다)에 불복이 있는 자는, 그 불복의 이유가 광업, 채석업 또는 모래 채취업과의 조정에 관한 것인 경우에는, 공해 등 조정위원회에 판정을 신청할 수 있다. 이 경우에는 심사청구를 할 수 없다.

원문	번역문
2　行政不服審査法(平成二十六年法律第六十八号)第二十二条の規定は、前項の処分につき、処分をした行政庁が誤って審査請求又は再調査の請求をすることができる旨を教示した場合について準用する。	② 행정불복심사법(2014년 법률 제68호) 제22조의 규정은 전항의 처분에 대하여, 처분을 한 행정청이 잘못하여 심사청구 또는 재조사를 요구할 수 있는 바를 알린 경우에 대하여 준용한다.
(火薬類取締法等の適用除外) 第百三十四条 貯留事業者等が行う貯留事業等の用に供する火薬類については、火薬類取締法第十七条第一項及び第五項並びに第二十一条(経済産業省令で定める数量以下の火薬類の譲渡又は譲受けの場合に限る。)、第二十五条第一項、第二十六条、第二十九条第四項及び第六項(消費者に係る部分に限る。)、第三十条第二項(同項の経済産業省令で定める数量以上の火薬類を消費する者に係る部分に限る。)、第四十一条及び第四十二条(消費者に係る部分に限る。)、第四十三条第一項(消費者又は火薬類を保管する者の消費場所又は保管場所に係る部分に限る。)並びに第四十五条第二号(消費者その他火薬類を取り扱う者に係る部分に限る。)及び第三号の規定は、適用しない。	**제134조 (화약류규제법 등의 적용 제외)** ① 저장사업자등이 수행하는 저장사업등에 사용되는 화약류에 대해서는, 화약류규제법 제17조 제1항 및 제5항 및 제21조(경제산업성령에서 정하는 수량 이하의 화약류의 양도 또는 양수에 한정한다), 제25조 제1항, 제26조, 제29조 제4항 및 제6항(소비자와 관련된 부분에 한정한다), 제30조 제2항(동조의 경제산업성령에서 정하는 수량 이상의 화약류를 소비하는 자와 관련된 부분에 한정한다), 제41조 및 제42조(소비자와 관련된 부분에 한정한다), 제43조 제1항(소비자 또는 화약류를 보관하는 자의 소비 장소 또는 보관 장소에 관련된 부분에 한정한다) 및 제45조 제2호(소비자 그 밖에 화약류를 다루는 자에 관련된 부분에 한정한다)의 규정은 적용되지 않는다.
2　貯留事業者等が行う貯留事業等及びその用に供する貯留等工作物並びに導管輸送事業者が行う導管輸送事業及びその用に供する導管輸送工作物については、高圧ガス保安法(昭和二十六年法律第二百四号)第五条、第十三条、第十五条第一項、第十六条第一項及び第三項、第十七条の二、第二十三条第三項、第二十五条、第三十九条第二号及び第三号、第六十二条第一項並びに第六十三条の規定は、適用しない。	② 저장사업자등이 수행하는 저장사업등 및 그에 사용되는 저장등 공작물 및 도관수송사업자가 수행하는 도관수송사업 및 그에 사용되는 도관 수송 공작물에 대해서는, 고압가스보안법(1951년 법률 제204호) 제5조, 제13조, 제15조 제1항, 제16조 제1항 및 제3항, 제17조의 2, 제23조 제3항, 제25조, 제39조 제2호 및 제3호, 제62조 제1항 및 제63조의 규정은 적용되지 않는다.

원문	번역문
(権限の委任) 第百三十七条 この法律に規定する経済産業大臣の権限は、経済産業省令で定めるところにより、経済産業局長又は産業保安監督部長に委任することができる。	제137조 (권한의 위임) ① 본 법률에서 규정하는 경제산업대신의 권한은 경제산업성령에서 정하는 바에 따라, 경제산업국장 또는 산업보안감독부장에 위임할 수 있다.
2　この法律に規定する環境大臣の権限は、環境省令で定めるところにより、地方環境事務所長に委任することができる。	② 본 법률에서 규정하는 환경대신의 권한은 환경성령에서 정하는 바에 따라, 지방환경사무소장에 위임할 수 있다.
(経済産業省令等への委任) 第百三十八条 この法律に規定するもののほか、この法律の実施のため必要な手続その他の事項は、経済産業省令、環境省令又は主務省令で定める。	제138조 (경제산업성령 등의 위임) 본 법률에서 규정하는 사항 외에도, 본 법의 시행을 위해 필요한 절차 및 그 밖에 사항은 경제산업성령, 환경성령 또는 주무성령에서 정한다.
(経過措置) 第百三十九条 この法律の規定に基づき命令を制定し、又は改廃する場合においては、その命令で、その制定又は改廃に伴い合理的に必要と判断される範囲内において、所要の経過措置(罰則に関する経過措置を含む。)を定めることができる。	제139조 (경과 조치) 본 법률의 규정에 따라 명령을 제정하거나 개정 또는 폐지하는 경우에는 그 명령에서, 그 제정, 개정 또는 폐지에 따라 합리적으로 필요하다고 판단되는 범위 내에서 필요한 경과 조치(벌칙에 관한 경과 조치를 포함한다)를 정할 수 있다.
第八章 罰則	**제8장 벌칙**
第百四十条 次の各号のいずれかに該当する場合には、当該違反行為をした者は、五年以下の拘禁刑若しくは三百万円以下の罰金に処し、又はこれを併科する。 一　第十三条第一項の規定に違反して、貯留事業の許可を受けないで貯留層における二酸化炭素の貯蔵を行ったとき。 二　第十三条第二項の規定に違反して、試掘の許可を受けないで試掘を行ったとき。	제140조 다음 각 호의 어느 하나에 해당하는 경우에는 해당 위반 행위자는 5년 이하의 징역 또는 3백만 엔 이하의 벌금에 처하거나 이를 병과한다. 1. 제13조 제1항의 규정을 위반하여, 저장사업의 허가를 받지 않고 저장층에 이산화탄소를 저장한 경우 2. 제13조 제2항의 규정을 위반하여, 시추 허가을 받지 않고 시추를 실시한 경우

원문	번역문
第百四十一条 次の各号のいずれかに該当する場合には、当該違反行為をした者は、五年以下の拘禁刑若しくは二百万円以下の罰金に処し、又はこれを併科する。 一　第九条第二項(第十二条第六項において準用する場合を含む。)の規定による試掘の許可の更新を受けないで当該試掘の許可の有効期間の満了後に試掘を行ったとき。 二　第二十二条第二項の規定に違反したとき。 三　第五十三条第五項(第二十二条第一項の規定により読み替えて適用する場合を含む。)の許可を受けないで貯留開始貯留事業を廃止したとき。 四　第百七条第一項の許可又は第百九条第一項の規定による変更の許可を受けないで探査を行ったとき。 五　第百十一条の規定による命令に違反したとき。	제141조 다음 각 호의 어느 하나에 해당하는 경우에는 해당 위반 행위자는 5년 이하의 징역 또는 2백만 엔 이하의 벌금에 처하거나 이를 병과한다. 1. 제9조 제2항(제12조 제6항에 준용하는 경우를 포함한다)의 규정에 따른 시추 허가 갱신을 받지 않고 해당 시추 허가 유효기간이 만료된 후에 시추를 실시한 경우 2. 제22조 제2항의 규정을 위반한 경우 3. 제53조 제5항(제22조 제1항의 규정에 따라 읽어서 적용하는 경우를 포함한다)의 허가를 받지 않고 저장개시 저장사업을 폐지한 경우 4. 제107조 제1항의 허가 또는 제109조 제1항의 규정에 따른 변경허가를 받지 않고 탐사를 실시한 경우 5. 제111조의 규정에 따른 명령을 위반한 경우
第百四十二条 次の各号のいずれかに該当する場合には、当該違反行為をした者は、一年以下の拘禁刑若しくは百万円以下の罰金に処し、又はこれを併科する。 一　第二十二条第三項若しくは第四項又は第五十三条第二項の規定に違反したとき。 二　第二十二条第九項(第五十三条第三項において準用する場合を含む。)又は第二十 三条第二項(第五十七条第五項及び第六十四条第三項において準用する場合を含む。)の規定による命令に違反したとき。	제142조 다음 각 호의 어느 하나에 해당하는 경우에는 해당 위반행위자는 1년 이하의 징역이나 100만 엔 이하의 벌금에 처하거나 이를 병과한다. 1. 제22조 제3항 또는 제4항 또는 제53조 제2항의 규정을 위반한 경우 2. 제22조 제9항(제53조 제3항에 준용하는 경우를 포함함.) 또는 제23조 제2항(제57조 제5항 및 제64조 제3항에 준용하는 경우를 포함함)의 규정에 따른 명령을 위반한 경우

원문	번역문
第百四十三条 第五十二条、第六十六条第三項若しくは第八十四条の規定による命令又は第六十七条第二項若しくは第三項若しくは第八十六条第二項若しくは第三項の規定による命令若しくは制限に違反したときは、当該違反行為をした者は、三百万円以下の罰金に処する。	제143조 제52조, 제66조 제3항 또는 제84조의 규정에 따른 명령 또는 제67조 제2항 또는 제3항 또는 제86조 제2항 또는 제3항의 규정에 따른 명령 또는 제한을 위반한 경우에는 해당 위반행위자는 300만 엔 이하의 벌금에 처한다.
第百四十四条 次の各号のいずれかに該当する場合には、当該違反行為をした者は、百万円以下の罰金に処する。 一　第十五条、第四十一条第二項、第四十三条第三項、第四十八条第二項、第五十条第三項若しくは第五項、第五十一条第二項、第六十二条第二項、第六十八条第二項(第八十七条において準用する場合を含む。)、第六十九条第四項、第七十三条(第八十九条において準用する場合を含む。)、第七十四条第三項、第八十二条第三項若しくは第五項、第八十三条第二項又は第八十八条第三項の規定による命令に違反したとき。 二　第五十条第二項、第六十七条第一項、第八十二条第二項又は第八十六条第一項の規定に違反したとき。 三　第六十六条第一項又は第二項の規定による措置を講じなかったとき。 四　第七十一条第一項(第八十九条において準用する場合を含む。)の規定に違反して作業監督者を選任しなかったとき。 五　第七十五条第一項から第三項まで又は第九十条第一項から第三項までの規定に違反して貯留等工作物又は導管輸送工作物の設置又は変更の工事をしたとき。	제144조 다음 각 호의 어느 하나에 해당하는 경우에는 해당 위반행위자는 100만 엔 이하의 벌금에 처한다. 1. 제15조, 제41조 제2항, 제43조 제3항, 제48조 제2항, 제50조 제3항 또는 제5항, 제51조 제2항, 제62조 제2항, 제68조 제2항(제87조에 준용하는 경우를 포함한다), 제69조 제4항, 제73조(제89조에 준용하는 경우를 포함한다), 제74조 제3항, 제82조 제3항 또는 제5항, 제83조 제2항 또는 제88조 제3항의 규정에 따른 명령을 위반한 경우 2. 제50조 제2항, 제67조 제1항, 제82조 제2항 또는 제86조 제1항의 규정을 위반한 경우 3. 제66조 제1항 또는 제2항의 규정에 따른 조치를 취하지 않은 경우 4. 제71조 제1항(제89조에 준용하는 경우를 포함한다)의 규정을 위반하여 작업감독자를 선임하지 않은 경우 5. 제75조 제1항부터 제3항까지 또는 제90조 제1항부터 제3항까지의 규정에 따라 저장등 공작물 또는 도관 수송 공작물의 설치 또는 변경 공사를 한 경우

원문	번역문
六　第七十五条第五項又は第九十条第五項の規定による命令に違反して貯留等工作物又は導管輸送工作物の設置又は変更の工事をしたとき。	6. 제75조 제5항 또는 제90조 제5항의 규정에 따른 명령을 위반하여 저장등 공작물 또는 도관 수송 공작물의 설치 또는 변경 공사를 한 경우
第百四十五条 次の各号のいずれかに該当する場合には、当該違反行為をした者は、三十万円以下の罰金に処する。 一　第三十五条第三項、第三十七条第三項、同条第六項(第五十八条第三項において準用する場合を含む。)、第四十五条第三項、第五十条第一項、第五十七条第一項(第六十四条第二項において準用する場合を含む。)、第五十八条第二項、第六十九条第一項若しくは第二項、第七十一条第二項(第八十九条において準用する場合を含む。)、第七十五条第七項若しくは第八項、第七十九条第二項、第八十条第一項、第八十二条第一項、第八十八条第一項若しくは第二項、第九十条第七項若しくは第八項又は第九十九条第一項の規定による届出をせず、又は虚偽の届出をしたとき。 二　第四十三条第二項、第四十八条第一項、第四十九条(第六十四条第一項において準用する場合を含む。)又は第六十八条第一項(第八十七条において準用する場合を含む。)の規定による報告をせず、又は虚偽の報告をしたとき。 三　第五十条第四項又は第八十二条第四項の規定に違反したとき。 四　第七十四条第一項若しくは第二項、第七十六条第一項、第七十七条(第九十二条において準用する場合を含む。)、第八十一条又は第九十一条第三項の規定に違反して記録を作成せず、若しくは虚偽の記録	제145조 다음 각 호의 어느 하나에 해당하는 경우에는 해당 위반행위자는 30만 엔 이하의 벌금에 처한다. 1. 제35조 제3항, 제37조 제3항, 동조 제6항(제58조 제3항에 준용하는 경우를 포함한다), 제45조 제3항, 제50조 제1항, 제57조 제1항(제64조 제2항에 준용하는 경우를 포함한다), 제58조 제2항, 제69조 제1항 또는 제2항, 제71조 제2항(제89조에 준용하는 경우를 포함한다), 제75조 제7항 또는 제8항, 제79조 제2항, 제80조 제1항, 제82조 제1항, 제88조 제1항 또는 제2항, 제90조 제7항 또는 제8항 또는 제99조 제1항의 규정에 따른 신고를 하지 않거나 거짓된 신고를 한 경우 2. 제43조 제2항, 제48조 제1항, 제49조(제64조 제1항에 준용하는 경우를 포함한다) 또는 제68조 제1항(제87조에 준용하는 경우를 포함한다)의 규정에 따른 보고를 하지 않거나 거짓된 보고를 한 경우 3. 제50조 제4항 또는 제82조 제4항의 규정을 위반한 경우 4. 제74조 제1항 또는 제2항, 제76조 제1항, 제77조(제92조에 준용하는 경우를 포함한다), 제81조 또는 제91조 제3항의 규정에 따라 기록을 작성하지 않거나 거짓된 기록을 작성하거나 기록을 보존하지 않은 경우

원문	번역문
を作成し、又は記録を保存しなかったとき。	
五　第百五条の規定に違反して、帳簿を備えず、帳簿に同条に規定する事項の記載をせず、若しくは虚偽の記載をし、又は帳簿を保存しなかったとき。	5. 제105조의 규정을 위반하여 장부를 작성하지 않거나 해당 규정에 따라 기재하지 않거나 거짓된 기재를 하거나 장부를 보존하지 않은 경우
六　第百七条第四項の規定に違反して許可証を携帯しないで探査を行ったとき。	6. 제107조 제4항의 규정을 위반하여 허가증을 소지하지 않고 탐사를 한 경우
七　第百十五条の規定による命令に違反したとき。	7. 제115조의 규정을 위반한 경우
八　第百十六条第四項の規定に違反して、同項の書面を携帯せず、又はこれを提示しないで他人の土地に立ち入ったとき。	8. 제116조 제4항의 규정을 위반하여 해당 서류를 소지하지 않거나 제시하지 않고 타인의 토지에 출입한 경우
九　第百三十条第一項の規定により付された条件(貯留事業等の許可又は第百七条第一項の許可若しくは第百九条第一項の規定による変更の許可に係るものに限る。)に違反したとき。	9. 제130조 제1항의 규정에 따라 부여된 조건(저장 등 사업의 허가 또는 제107조 제1항의 허가 또는 제109조 제1항의 규정에 따른 변경 허가에 관한 것에 한정한다)에 위반한 경우
十　第百三十二条第一項から第四項までの規定による報告若しくは資料の提出をせず、若しくは虚偽の報告をし、若しくは虚偽の資料を提出し、又はこれらの規定による検査を拒み、妨げ、若しくは忌避し、若しくはこれらの規定による質問に対して答弁をせず、若しくは虚偽の答弁をしたとき。	10. 제132조 제1항부터 제4항까지의 규정에 따른 신고 또는 자료 제출을 하지 않거나 거짓된 신고를 하거나 거짓된 자료를 제출하거나 이러한 규정에 따른 검사를 거부하거나 방해하거나 회피하거나 이러한 규정에 따른 질문에 답변하지 않거나 거짓된 답변을 한 경우
第百四十六条 法人の代表者又は法人若しくは人の代理人、使用人その他の従業者が、その法人又は人の業務に関し、第百四十条から前条までの違反行為をしたときは、行為者を罰するほか、その法人又は人に対して各本条の罰金刑を科する。	**제146조** 법인의 대표자 또는 법인 또는 개인의 대리인, 사용인 또는 그 밖에 종업원이 그 법인 또는 개인의 업무와 관련하여 제140조부터 전조까지의 위반 행위를 한 경우, 행위자를 처벌하는 것 외에도 해당 법인 또는 개인에게 각각 해당 조문의 벌금형을 부과한다.

원문	번역문
第百四十八条 第二十二条第七項(第五十三条第三項において準用する場合を含む。)、第三十九条第二項、第六十条第二項、第七十八条第三項、第八十条第二項又は第百九条第三項の規定による届出をせず、又は虚偽の届出をした者は、十万円以下の過料に処する。	제148조 제22조 제7항(제53조 제3항에 준용하는 경우를 포함한다), 제39조 제2항, 제60조 제2항, 제78조 제3항, 제80조 제2항 또는 제109조 제3항의 규정에 따른 신고를 하지 않거나 거짓된 신고를 한 자에게는 10만엔 이하의 과료를 부과한다.
附 則	**부칙**
(施行期日) 第一条 この法律は、公布の日から起算して二年を超えない範囲内において政令で定める日から施行する。ただし、次の各号に掲げる規定は、当該各号に定める日から施行する。 一 附則第二十二条の規定 公布の日 二 第一章、第四章、第百三十条、第百三十二条第三項、第五項及び第六項、第百三十三条(第百七条第一項、第百九条第一項及び第百十条に係る部分に限る。)、第百三十七条第一項、第百三十八条並びに第百三十九条の規定(これらの規定に係る罰則を含む。)並びに附則第五条、第六条及び第九条の規定 公布の日から起算して三月を超えない範囲内において政令で定める日 三 第二章第一節(試掘に係る部分に限る。)、同章第二節(試掘及び試掘権に係る部分に限る。)、同章第三節第三款、第六十五条(試掘に係る部分に限る。)、同章第四節(試掘に係る部分に限る。)、第五章及び第六章(試掘に係る部分に限る。)、第百三十一条(第一号(第四条第一項、第十二条第一項、第十四条第一項及び第百二十条第一項に係る部分に限る。)に係る部分に限る。)、第百三十二条第二項(試掘者に係る部分に限る。)、第百三十三条(前号に掲げる規定及び第十条第一項に係る部分を除	제1조 (시행일) 본 법률은 공포한 날로부터 만기일이 2년을 넘지 않는 범위 내에서 정령으로 정하는 날부터 시행한다. 다만, 다음 각 호의 규정은 각 호에서 정하는 날로부터 시행한다. 1. 부칙 제22조의 규정: 공포한 날 2. 제1장, 제4장, 제130조, 제132조 제3항, 제5항 및 제6항, 제133조(제107조 제1항, 제109조 제1항 및 제110조에 관한 부분에 한함.), 제137조 제1항, 제138조 및 제139조의 규정(이러한 규정에 관한 벌칙을 포함함) 및 부칙 제5조, 제6조 및 제9조의 규정: 공포한 날로부터 만기일이 3개월을 넘지 않는 범위 내에서 정령으로 정하는 날 3. 제2장 제1절(시추에 관한 부분에 한함.), 동장 제2절(시추 및 시추권 관련 부분에 한함.), 동장 제3절 제3항, 제65조(시추 관련 부분에 한함), 동장 제4절(시추에 관련된 부분에 한함), 제5장 및 제6장(시추 관련 부분에 한함), 제131조(제1호(제4조 제1항, 제12조 제1항, 제14조 제1항 및 제120조 제1항에 관한 부분에 한함)에 관한 부분에 한함), 제132조 제2항(시추자 관련 부분에 한함), 제133조(전호에 언급한 규정 및 제10조 제1항에 관한 부분을 제외하고, 시

원문	번역문
き、試掘に係る部分に限る。)、第百三十四条(試掘に係る部分に限る。)並びに第百三十七条第二項の規定(これらの規定に係る罰則を含む。)並びに附則第七条、第八条、第十条から第十二条まで、第十七条及び第十九条から第二十一条までの規定　公布の日から起算して六月を超えない範囲内において政令で定める日	추에 관한 부분에 한함), 제134조(시추에 관한 부분에 한함) 및 제137조 제2항의 규정(이러한 규정에 관한 벌칙을 포함함) 및 부칙 제7조, 제8조, 제10조부터 제12조까지, 제17조 및 제19조부터 제21조까지의 규정은, 공포한 날로부터 만기일이 6개월을 넘지 않는 범위 내에서 정령으로 정하는 날부터 시행한다.
(検討) 第二条 政府は、この法律の施行後五年を目途として、我が国における貯留事業の実施状況、諸外国における貯留事業に相当する事業の実施状況及び当該事業に係る制度等を勘案し、必要があると認めるときは、この法律の規定について検討を加え、その結果に基づいて必要な措置を講ずるものとする。	제2조(검토) 정부는 이 법률의 시행 후 5년을 목표로 일본에서의 저장사업의 실시상황, 여러 나라의 저장사업에 상당하는 사업의 실시상황 및 해당 사업과 관련된 제도 등을 감안하여 필요하다고 인정하는 때에는 이 법률의 규정에 대하여 검토하고, 그 결과에 기초하여 필요한 조치를 강구한다.
(貯留事業に関する経過措置) 第三条 この法律の施行の際現に貯留事業を行っている者(以下「既存貯留事業者」という。)は、この法律の施行の日(以下「施行日」という。)から起算して六月を経過する日までの間は、第十三条第一項の規定にかかわらず、引き続き貯留事業を行うことができる。既存貯留事業者がその期間内に次項の許可の申請をした場合において、その期間を経過したときは、その申請について許可又は不許可の処分があるまでの間も、同様とする。	제3조(저장사업에 관한 경과조치) ① 본 법률의 시행 당시 현재 저장사업을 수행하고 있는 자(이하 "기존 저장사업자"라 한다)는, 본 법률의 시행일(이하 "시행일"이라 한다)로부터 6개월을 경과하는 날까지는 제13조 제1항의 규정에 관계없이 계속하여 저장사업을 수행할 수 있다. 기존 저장사업자가 해당 기간 내에 다음 항의 허가를 신청한 경우, 그 기간을 경과한 때에는 해당 신청에 대한 허가 또는 불허의 처분이 있을 때까지 동일하게 적용한다.
2　既存貯留事業者は、施行日から起算して六月を経過する日後も引き続きその貯留事業を行っている区域内の貯留層における貯留事業を行おうとするときは、同日までに経済産業大臣に申請して、その許可を受けることができる。	② 기존 저장사업자는 시행일로부터 6개월을 경과하는 날 이후에도 계속하여 해당 저장사업을 수행하려는 경우, 동일일까지 경제산업대신에게 신청하여 그 허가를 받을 수 있다.

원문	번역문
3　前項の規定による申請をしようとする既存貯留事業者は、経済産業省令で定めるところにより、次に掲げる事項を記載した申請書を、経済産業大臣に提出しなければならない。 一　氏名又は名称及び住所並びに法人にあっては、その代表者の氏名 二　当該申請に係る貯留区域（次項及び第六項において「申請貯留区域」という。） 三　貯留事業を開始した年月日 四　貯留事業の概要	③ 전항의 규정에 따른 신청을 하려는 기존 저장사업자는, 경제산업대신에게 다음에 기재된 사항을 기재한 신청서를 제출하여야 한다. 1. 성명 또는 명칭 및 주소 및 법인에 있어서는 그 대표자의 성명 2. 해당 신청에 관련된 저장구역 (다음 항 및 제6항에서 "신청 저장구역"이라고 한다.) 3. 저장사업을 시작한 연월일 4. 저장사업의 개요
4　第四条第三項から第五項までの規定は前項の申請書並びに当該申請書に係る貯留事業及び申請貯留区域について、第六条から第八条までの規定は第二項の許可並びに当該許可に係る貯留事業及び申請貯留区域について、第十条第三項（第三号を除く。）の規定は第二項の規定による申請及び当該申請に係る申請貯留区域について、第三十七条第四項の規定は第二項の許可（当該許可の日において既に申請貯留区域内の貯留層に二酸化炭素を貯蔵している既存貯留事業者に係るものに限る。）をしたときについて、第百三十三条の規定は同項の規定による経済産業大臣の処分について、それぞれ準用する。	④ 제4조 제3항부터 제5항까지의 규정은 앞항의 신청서 및 해당 신청서에 관련된 저장사업 및 신청 저장구역에 대하여, 제6조부터 제8조까지의 규정은 제2항의 허가 및 해당 허가에 관련된 저장사업 및 신청 저장구역에 대하여, 제10조 제3항(제3호를 제외함)의 규정은 제2항의 규정에 따른 신청 및 해당 신청에 관련된 신청 저장구역에 대하여, 제37조 제4항의 규정은 제2항의 허가(해당 허가의 날에 이미 신청 저장구역 내의 저장층에 이산화탄소를 저장하고 있는 기존 저장사업자에 한정한다)를 한 경우에 대하여, 제133조의 규정은 동항의 규정에 따른 경제산업대신의 처분에 대하여, 각각 준용한다.
5　経済産業大臣は、第二項の規定による申請（海域の貯留層における貯留事業に係るものに限る。）について同項の許可をしようとするときは、その申請が前項において準用する第十条第三項第一号（経理的基礎及び技術的能力に係る部分に限る。）及び第四号に掲げる基準に適合していることについて、あらかじめ、環境大臣に協議し、その同意を得なければならない。	⑤ 경제산업대신은 제2항의 규정에 따른 신청(해역의 저장층에 대한 저장사업에 관한 것에 한정한다)에 대하여 해당 신청이 앞항에서 준용하는 제10조 제3항 제1호(경리적 기초 및 기술적 능력에 관한 부분에 한정한다) 및 제4호에 제시한 기준에 부합하는지에 대해 사전에 환경대신과 협의하고, 그 동의를 얻어야 한다.

원문	번역문
6　第二項の許可を受けた既存貯留事業者（以下「許可既存貯留事業者」という。）については、当該許可を受けた日において貯留事業の許可を受けた貯留事業者（同日において既に申請貯留区域内の貯留層に二酸化炭素を貯蔵している場合にあっては、貯留開始貯留事業者）とみなして、この法律の規定（第三十七条第三項前段（貯留開始貯留事業者とみなされる許可既存貯留事業者にあっては、同項）を除く。）を適用する。この場合において、第十九条第三項第二号及び第四項中「第十条第三項第一号」とあるのは「第十条第三項第一号（附則第三条第四項において準用する場合を含む。）」と、第三十八条第一項中「貯留事業を開始する前に」とあるのは「附則第三条第二項の許可後遅滞なく」と、第六十九条第一項中「貯留事業等（第七十六条第一項の自主検査を伴う貯留等工作物の設置又は変更の工事をする場合にあっては、当該工事）の開始前に」とあるのは「附則第三条第二項の許可後遅滞なく」とする。	⑥ 제2항의 허가를 받은 기존 저장사업자(이하 "허가 기존 저장사업자"라 한다)에 대해서는, 해당 허가를 받은 날에 저장사업의 허가를 받은 저장사업자(해당 날에 이미 신청 저장구역 내의 저장층에 이산화탄소를 저장하고 있는 경우에는 저장시작 저장사업자)로 간주하여, 본 법률의 규정(제37조 제3항 전단(저장시작 저장사업자로 간주되는 허가 기존 저장사업자에 한정한다)을 제외한다)을 적용한다. 이 경우에 있어서, 제19조 제3항 제2호 및 제4항 중 "제10조 제3항 제1호"라고 되어 있는 것은 "제10조 제3항 제1호(부칙 제3조 제4항에 준용하는 경우를 포함한다)"으로, 제38조 제1항 중 "저장사업을 시작하는 전에"라고 되어 있는 것은 "부칙 제3조 제2항의 허가 후 지체 없이"로 한다.
7　第二項の許可を申請する者は、政令で定めるところにより、実費を勘案して政令で定める額の手数料を国に納付しなければならない。	⑦ 제2항의 허가를 신청하는 자는, 정령으로 정하는 바에 따라 실비를 감안하여 정령에서 정하는 금액의 수수료를 국가에 납부하여야 한다.
（工事計画に関する経過措置）第四条 第七十五条第一項の規定は、許可既存貯留事業者が前条第二項の許可を受けた時点において既に開始している貯留等工作物の設置又は変更の工事については、適用しない。	**제4조 (공사 계획에 관한 경과조치)** 제75조 제1항의 규정은, 허가 기존 저장사업자가 전조 제2항의 허가를 받은 시점에서 이미 시작된 저장 등 공작물의 설치 또는 변경 공사에 대해서는 적용되지 않는다.
（探査に関する経過措置）第五条 附則第一条第二号に掲げる規定の施行の際現に第百七条第一項に規定する探査を	**제5조 (탐사에 관한 경과조치)** 부칙 제1조 제2호에 제시한 규정의 시행 당시 현재 제107조 제1항에 규정된 탐사를

원문	번역문
行っている者は、同号に掲げる規定の施行の日から起算して一月間(当該期間内に同項の許可の申請をした場合には、当該申請について処分がある日まで)は、同項の規定にかかわらず、引き続き当該探査を行うことができる。	수행하고 있는 자는, 동호에 제시한 규정의 시행일로부터 1개월간(해당 기간 내에 동항의 허가를 신청한 경우에는, 해당 신청에 대한 처분이 있는 날까지)은, 동항의 규정에 관계없이 계속해서 해당 탐사를 수행할 수 있다.
(調整規定) 第六条 刑法等の一部を改正する法律(令和四年法律第六十七号)の施行の日(以下この条において「刑法施行日」という。)の前日までの間における第百四十条から第百四十二条までの規定の適用については、これらの規定中「拘禁刑」とあるのは、「懲役」とする。刑法施行日以後における刑法施行日前にした行為に対するこれらの規定の適用についても、同様とする。	**제6조 (조정 규정)** 형법 등 일부를 개정하는 법률 (2022년 법률 제67호)의 시행일(이하 이 조에서 "형법 시행일"이라 한다)의 전날까지의 기간 중에서 제140조부터 제142조까지의 규정의 적용에 대해서는, 이 규정 중 "구금형"이라고 되어 있는 것은 "형량"으로 한다. 형법 시행일 이후에 형법 시행일 이전에 한 행위에 대한 이러한 규정의 적용에 대해서도, 동일하게 한다.
(罰則に関する経過措置) 第二十一条 この法律(附則第一条第三号に掲げる規定にあっては、当該規定)の施行前にした行為及び附則第十五条第一項の規定によりなお従前の例によることとされる場合におけるこの法律の施行後にした行為に対する罰則の適用については、なお従前の例による。	**제21조 (벌칙에 관한 경과조치)** 본 법률(부칙 제1조 제3호에 게재된 규정에 있어서는, 해당 규정)의 시행 이전에 행한 행위 및 부칙 제15조 제1항의 규정에 따라 여전히 예전의 관행에 따르는 경우에 대한 본 법률의 시행 이후에 행한 행위에 대한 처벌의 적용에 있어서는, 여전히 예전의 관행에 따른다.
(政令への委任) 第二十二条 この附則に規定するもののほか、この法律の施行に関し必要な経過措置(罰則に関する経過措置を含む。)は、政令で定める。	**제22조 (정령 위임)** 본 부칙에 규정된 바 이외에, 본 법률의 시행에 관한 필요한 경과조치(벌칙에 관한 경과조치를 포함한다)는 정령으로 정한다.

[저자 약력]

김 동 련

법무부 법교육 강사
법제처 국민법제관
경찰청 출제위원
현) 신안산대학교 경호경찰행정학과 교수

권 이 균

한국CCUS추진단 단장
한국지질자원연구원 책임연구원
현) 공주대학교 지질환경과학과 교수

김 명 엽

건국대학교 및 동대학원 졸업(법학박사)
한국법제발전연구소 실장
현) 대진대학교 공공인재법학과 강의교수

고 문 현

한국헌법학회 제24대 회장
풀브라이트 연구교수
현) 숭실대학교 법학과 교수
한국환경한림원 정회원
한국ESG학회 회장

이 순 자

현) 서경대학교 공공인재학부 교수
국가행정법제위원회 위원
법령해석심의위원회 위원

본 연구는 산업통상자원부(MOTIE)와 한국에너지기술평가원(KETEP)의
지원을 받아 수행한 연구 과제입니다.
(No. 20214710100040,CCUS 법률안 정비 및 수용성을 포함한 제도적 기반 구축)

CCUS법률의 국외 입법동향

- EU, 독일, 노르웨이, 일본을 중심으로 -

초판인쇄 2024년 6월 15일
초판발행 2024년 6월 20일
지은이 김동련 · 권이균 · 김명엽· 고문현 · 이순자
펴낸이 박노일
총괄기획 최준규
편 집 이상민
펴낸곳 pnc publishing and culture 피앤씨 미디어
경기도 고양시 일산동구 강송로 153 310-1501
등록 제396-2012-000203호
전 화 070)7550-3758 팩 스 02)6280-3758
홈페이지 www.pncmedia.co.kr 이메일 pnc@pncmedia.co.kr
ISBN 979-11-5730-941-2 93360

정 가 50,000원